Christian Puricel

Funktionen von Gesetzeskommentaren

Christian Puricel

Funktionen von Gesetzes-kommentaren

Die zwischen 1910 und 1920 publizierten Kommentare zum Reichsstrafgesetzbuch im Vergleich

DE GRUYTER

Luzerner Dissertation 2021

ISBN 978-3-11-078709-2
e-ISBN (PDF) 978-3-11-078717-7
e-ISBN (EPUB) 978-3-11-078722-1

Library of Congress Control Number: 2022942389

Bibliografische Information der Deutschen Nationalbibliothek
Die Deutsche Nationalbibliothek verzeichnet diese Publikation in der Deutschen Nationalbibliografie; detaillierte bibliografische Daten sind im Internet über http://dnb.dnb.de abrufbar

Druck und Bindung: CPI books GmbH, Leck

www.degruyter.com

Vorwort

Die Idee zu dieser Arbeit entstand in einem Gespräch mit Prof. Dr. Thomas Henne. Das Thema Kommentare wird in der Rechtswissenschaft zwar noch stiefmütterlich behandelt, ich musste aber nicht bei null beginnen. Das methodische Vorgehen ist neu und es werden wichtige Impulse für die Grundlagenforschung geliefert.

Ich möchte mich bei meinem Erstgutachter Prof. Dr. Thomas Henne und bei meinem Zweitgutachter Prof. Dr. Michele Luminati für Inspirationen, kritische Anmerkungen sowie die Begleitung und Unterstützung des Projekts bedanken. Dank geht auch an Prof. Dr. David von Mayenburg, der mir das Verfassen einer Dissertation ermöglicht hat. Ein besonderer Dank geht schließlich an Dr. Silvan Schenkel. Der Austausch mit ihm war sehr bereichernd.

Meine Eltern und meine Geschwister haben mir immer den Rücken gestärkt und mich in allen Lebenslagen unterstützt. Ohne meine großartige Frau, die mir eine wunderbare Tochter geschenkt hat, hätte ich das Projekt nicht abschließen können.

Wildegg, 30.04.2022 Christian Puricel

Inhalt

Abkürzungsverzeichnis — XI

Tabellenverzeichnis — XV

Literaturverzeichnis — XVII

1. Teil: Einleitung — 1

1. Kapitel: Forschungsgegenstand und Eingrenzung des Themas — **2**
- I Die Textgattung „Kommentar" — **2**
  - 1 Definition — **2**
  - 2 Der Kommentar als Medium des juristischen Diskurses — **5**
  - 3 Abgrenzung von anderen Textgattungen — **8**
  - 4 Forschungsstand — **9**
  - 5 Schlussfolgerung — **10**
- II Eingrenzung des Themas — **10**
  - 1 Zeitliche Eingrenzung — **10**
  - 2 Räumliche Eingrenzung — **13**
  - 3 Sachliche Eingrenzung — **13**
  - 4 Schlussfolgerung — **15**
- III Erkenntnisse — **15**

2. Kapitel: Vorüberlegungen — **18**
- I Akteure: Zielgruppe, Autoren und Verlage — **18**
  - 1 Zielgruppe — **18**
  - 2 Autoren — **19**
  - 3 Verlage — **19**
  - 4 Schlussfolgerung — **20**
- II Interdependenzen: Rechtswissenschaft und Rechtsprechung — **20**
  - 1 Die Rechtswissenschaft und die Kommentare — **21**
  - 2 Das Reichsgericht und die Rolle seiner Rechtsprechung im Kommentar — **23**
  - 3 Schlussfolgerung — **24**

3. Kapitel: Funktionen von juristischen Kommentaren — **26**
- I Allgemeines — **26**
- II Vergangenheitsbezogene Funktionen: Wissensorganisation — **28**
  - 1 Organisation des Wissens — **28**
  - 2 Die herrschene Meinung — **30**

3 Formale Bezugnahme auf Literatur und Rechtsprechung — 35
4 Überprüfung der vergangenheitsbezogenen Funktionen — 35
III Zukunftsbezogene Funktionen: Feinsteuerung — 36
1 Erläutern des Textes — 36
2 Bewerten und Systematisieren — 37
3 Lösungen und Rechtsfortbildung — 38
4 Überprüfung der zukunftsbezogenen Funktionen — 39
IV Weitere Ziele — 40
V Forschungsansatz in dieser Arbeit — 41
1 Exemplarische Auswahl von zwei Kommentierungen — 41
2 Vorgehen — 41

2. Teil: Hauptteil — 43
1. Kapitel: Vorstellung der Kommentare — 43
I Kommentar SCHWARTZ — 43
1 Zum Autor — 43
2 Zum Kommentar — 43
A) Organisation des Wissens — 44
B) Feinsteuerung — 44
C) Schlussfolgerung — 45
II Kommentar VON OLSHAUSEN — 45
1 Zum Autor — 45
2 Zum Kommentar — 46
A) Organisation des Wissens — 46
B) Feinsteuerung — 47
C) Schlussfolgerung — 48
III Kommentar FRANK — 48
1 Zum Autor — 48
2 Zum Kommentar — 51
A) Organisation des Wissens — 51
B) Feinsteuerung — 52
C) Schlussfolgerung — 53
IV Leipziger Kommentar — 53
1 Zu den Autoren — 53
A) Zu EBERMAYER — 53
B) Zu EICHELBAUM — 55
C) Zu LOBE — 55
D) Zu ROSENBERG — 56
2 Zum Kommentar — 56
A) Organisation des Wissens — 56

B) Feinsteuerung — 57
C) Schlussfolgerung — 58
2. Kapitel: Analyse der Kommentierungen zu den ausgewählten Normen — 59
I Kommentierung von § 53 RStGB: Notwehr — 59
1 Kommentar SCHWARTZ — 59
A) Analyse der Kommentierung — 59
B) Überblick über die Kommentierung — 86
C) Zusammenfassung der Erkenntnisse — 88
2 Kommentar von OLSHAUSEN — 91
A) Analyse der Kommentierung — 91
B) Überblick über die Kommentierung — 113
C) Zusammenfassung der Erkenntnisse — 115
3 Kommentar FRANK — 119
A) Analyse der Kommentierung — 119
B) Überblick über die Kommentierung — 135
C) Zusammenfassung der Erkenntnisse — 136
4 Leipziger Kommentar — 139
A) Analyse der Kommentierung — 139
B) Überblick über die Kommentierung — 162
C) Zusammenfassung der Erkenntnisse — 164
5 Zwischenergebnis — 167
A) Organisation des Wissens — 167
B) Feinsteuerung — 171
II Kommentierung von § 110 RStGB: Widerstand gegen die Staatsgewalt — 172
1 Kommentar SCHWARTZ und Kommentar FRANK — 172
A) Analyse der Kommentierungen — 172
B) Überblick über die Kommentierungen — 206
C) Zusammenfassung der Erkenntnisse — 208
2 Kommentar VON OLSHAUSEN und Leipziger Kommentar — 211
A) Analyse der Kommentierungen — 212
B) Überblick über die Kommentierungen — 261
C) Zusammenfassung der Erkenntnisse — 264
3 Zwischenergebnis — 267
III Ergebnisse der Analysen — 270
1 Allgemeines — 270
2 Wissensorganisation — 270
3 Feinsteuerung — 271
4 Bewertung der Kommentare — 271
5 Ausblick — 272

3. Teil: Schlussfolgerung — 274
Zusammenfassung — 274

Index — 276

Abkürzungsverzeichnis

Das Abkürzungsverzeichnis beinhaltet auch die in den analysierten Kommentartexten verwendeten Abkürzungen. Manchmal wird das gleiche Wort unterschiedlich abgekürzt.

a.	auch
A.	Auflage; Abschnitt
a.A.	anderer Ansicht
a.a.O.	am angegebenen Ort
Abs.	Absatz
Abschn.	Abschnitt
Abt.	Abteilung
ADHGB	Allgemeines Deutsches Handelsgesetzbuch
a.E.	am Ende
allg.	allgemein
a. M.	anderer Meinung
Anh.	Anhang
a.O.	am Ort
ArchZivPrax	Archiv für zivilistische Praxis (Tübingen)
Art.	Artikel
Auffordrg.	Aufforderung
BayOLGStr.	Entscheidungen des Bayerischen Obersten Landesgerichts in Strafsachen
Bd.	Band
Beil.	Beilage
Beldgg.	Beleidigung
bes.	besonders
Beschl.	Beschluss
betr.	betreffend
bezgl.	bezüglich
BGB	Bürgerliches Gesetzbuch
BGH	Bundesgerichtshof
bzw.	beziehungsweise
CCC	Constitution Carolina criminalis
D.	Delikt; Deutsch(e)
das.	daselbst
DDP	Deutsche Demokratische Partei
Deliktsobl.	Deliktsobligationen
dergl.	dergleichen
ders.	derselbe
d. h.	das heißt
DJZ	Deutsche Juristen-Zeitung (Berlin)
E.	Entscheidung; Erwägung; Entwurf
ebd.	ebenda
EG	Einführungsgesetz
ehem.	ehemaliges

https://doi.org/10.1515/9783110787177-001

Entw.	Entwurf
Enzykl.	Enzyklopädie
et al.	et alii (aliae)
etc.	et cetera
ev.	eventuell
e.V.	eingetragener Verein
f.	folgende (Seite); für
ff.	fortfolgende (Seiten)
Gef.	Gefängnis
gegenwärt.	gegenwärtig
Geldstr.	Geldstrafe
GerS	Gerichtssaal (Stuttgart)
Ges.	Gesetz
gesetzl.	gesetzlich
gew.	gewisser
gg.	gegen
g.M.	geltende Meinung
Goltd.Arch.	Goltdammer's Archiv für Strafrecht (Heidelberg)
Goltd. Mat.	Materialien zum Strafgesetzbuch für die preußischen Staaten herausgegeben von Theodor Goltdammer
Gr.	Grundriss
Grdr.	Grundriss
Grundr.	Grundriss
GS.	Gerichtssaal (Stuttgart)
GVG	Gerichtsverfassungsgesetz
Handb.	Handbuch
Hb.	Handbuch
Hdb.	Handbuch
Hdl.	Handlung
Hdlg.	Handlung
Hdlgen.	Handlungen
HGB	Handelsgesetzbuch
H.H.	von Holtzendorff, Handbuch des Deutschen Strafrechts
hinsichtl.	hinsichtlich
h.M.	herrschende Meinung
HRl.	von Holtzendorff, Rechtslexikon
Hrsg.	Herausgeber
i.F.	in Form
insbs.	insbesondere
i.S.	im Sinn
i.V.m.	in Verbindung mit
i.w.S.	im weiteren Sinne
J.	Jahr
JuS	Juristische Schulung (München)
JZ	Juristenzeitung (Tübingen)
kath.	katholisch
körperl.	körperlich

Körperverletzg.	Körperverletzung
Lb.	Lehrbuch
Lehrb.	Lehrbuch
Leitf.	Leitfaden
letzt.	letzter
M.	Mark
Mat. z. Entw.	Materialien zum Entwurf
Mt.	Monate
N.	Note(n); Fußnote(n); Randnote(n)
namentl.	namentlich
NJW	Neue Juristische Wochenschrift (Frankfurt am Main)
Not.	Notstand
Notstd.	Notstand
Notw.	Notwehr
Notwhdlg.	Notwehrhandlung
Nr.	Nummer(n)
o.	oder
ob.	oben
obrigkeitl.	obrigkeitlich
ObstLG.	Oberstes Landgericht
ORA.	Oberreichsanwalt
ö.	öffentliche
öffentl.	öffentliche(s)
Öffentlchkt.	Öffentlichkeit
PGO	Peinliche Halsgerichtsordnung (Constitution Carolina criminalis)
Pr.	Preußische(r)
Pressr.	Pressrecht
PrStGB	Preußisches Strafgesetzbuch
PrVereinsG	Preußisches Vereinsgesetz
PrVerf	Preußische Verfassung
R	Randnummer
Rechtspr.	Rechtsprechung
rechtsw.	rechtswidrig
RG	Reichsgericht
RGRK	Reichsgerichtsrätekommentar
RGSt.	Entscheidungen des Reichsgerichts in Strafsachen
RGZ	Entscheidungen des Reichsgerichts in Zivilsachen
RMG	Reichsmilitärgericht
ROHG	Reichsoberhandelsgericht
RStGB	Reichsstrafgesetzbuch
RVerG	Rechtsvereinsgesetz
s.	siehe
S.	Seite(n); Sinn
s. o.	siehe oben
sog.	sogenannt
s. u.	siehe unten
Staatsr.	Staatsrecht

staatsrechtl.	staatsrechtlich(en)
Stb.	Stenographische Berichte des Reichstags
StGB	Strafgesetzbuch
StPO	Strafprozessordnung
strafaufhb.	strafaufhebend
strafb. Handl.	strafbare Handlung
strafrechtl.	strafrechtlich
strafr. Nots.	strafrechtlicher Notstand
T.	Tag
Tab.	Tabelle
u.	und
u. a.	unter anderem, und anderes
u. ä.	und ähnliche(s)
ÜbleNachr.	Üble Nachrede
Umst.	Umstände
Ungeh.	Ungehorsam
Ungültigkt.	Ungültigkeit
usw.	und so weiter
v.	von
V.	Verbreiten; Verordnung
VDA	Vergleichende Darstellung des deutschen und ausländischen Strafrechts, Allgemeiner Teil
VDB	Vergleichende Darstellung des deutschen und ausländischen Strafrechts, Besonderer Teil
Verbr.	Verbrechen
Vergl. Darst.	Vergleichende Darstellung
Verteidigg.	Verteidigung
vgl.	vergleiche
VogelschutzG	Vogelschutzgesetz
Vorbem.	Vorbemerkungen
vorl.	vorletzter
vorzitt.	vorzitierte
z.	zu
z. B.	zum Beispiel
zit.	zitiert
ZStW	Zeitschrift für die gesamte Strafrechtswissenschaft (Berlin)
z. T.	zum Teil
Zulässigkt.	Zulässigkeit
Zweikpf.	Zweikampf

Tabellenverzeichnis

Tabelle 1: Notwehr – Literatur bei SCHWARTZ —— **88**
Tabelle 2: Notwehr – Rechtsprechung bei SCHWARTZ —— **88**
Tabelle 3: Notwehr – Begründung bei SCHWARTZ —— **89**
Tabelle 4: Notwehr – Meinungsvielfalt bei SCHWARTZ —— **89**
Tabelle 5: Notwehr – Mengenverhältnisse bei SCHWARTZ —— **90**
Tabelle 6: Notwehr – Verweise und Zitate bei SCHWARTZ —— **90**
Tabelle 7: Notwehr – Literatur bei OLSHAUSEN —— **116**
Tabelle 8: Notwehr – Rechtsprechung bei OLSHAUSEN —— **116**
Tabelle 9: Notwehr – Begründung bei OLSHAUSEN —— **117**
Tabelle 10: Notwehr – Meinungsvielfalt bei OLSHAUSEN —— **117**
Tabelle 11: Notwehr – Mengenverhältnisse bei OLSHAUSEN —— **117**
Tabelle 12: Notwehr – Argumentationsfiguren bei OLSHAUSEN —— **118**
Tabelle 13: Notwehr – Verweise und Zitate bei OLSHAUSEN —— **118**
Tabelle 14: Notwehr – Literatur bei FRANK —— **136**
Tabelle 15: Notwehr – Rechtsprechung bei FRANK —— **136**
Tabelle 16: Notwehr – Begründung bei FRANK —— **137**
Tabelle 17: Notwehr – Meinungsvielfalt bei FRANK —— **137**
Tabelle 18: Notwehr – Mengenverhältnisse bei FRANK —— **138**
Tabelle 19: Notwehr – Verweise und Zitate bei FRANK —— **138**
Tabelle 20: Notwehr – Literatur bei LOBE —— **164**
Tabelle 21: Notwehr – Rechtsprechung bei LOBE —— **164**
Tabelle 22: Notwehr – Begründung bei LOBE —— **165**
Tabelle 23: Notwehr – Meinungsvielfalt bei LOBE —— **165**
Tabelle 24: Notwehr – Mengenverhältnisse bei LOBE —— **166**
Tabelle 25: Notwehr – Verweise und Zitate bei LOBE —— **166**
Tabelle 26: Notwehr – Erscheinungsjahr und Anzahl Seiten —— **167**
Tabelle 27: Notwehr – Lehre und Rechtsprechung —— **168**
Tabelle 28: Notwehr – Begründung —— **169**
Tabelle 29: Notwehr – nur eine Quelle —— **169**
Tabelle 30: Notwehr – Meinungsvielfalt —— **170**
Tabelle 31: Notwehr – Argumentationsfiguren —— **170**
Tabelle 32: Notwehr – Mengenverhältnisse —— **170**
Tabelle 33: Notwehr – Beispiele —— **171**
Tabelle 34: Notwehr – Zitate und Verweise —— **171**
Tabelle 35: Widerstand gegen die Staatsgewalt – Anzahl Seiten bei SCHWARTZ und FRANK —— **209**
Tabelle 36: Widerstand gegen die Staatsgewalt – Lehre und Rechtsprechung bei SCHWARTZ und FRANK —— **209**
Tabelle 37: Widerstand gegen die Staatsgewalt – Begründung bei SCHWARTZ und FRANK —— **210**
Tabelle 38: Widerstand gegen die Staatsgewalt – eine Quelle bei SCHWARTZ und FRANK —— **210**
Tabelle 39: Widerstand gegen die Staatsgewalt – Meinungsvielfalt bei SCHWARTZ und FRANK —— **210**

Tabelle 40: Widerstand gegen die Staatsgewalt – Mengenverhältnisse bei SCHWARTZ und FRANK — **211**
Tabelle 41: Widerstand gegen die Staatsgewalt – Beispiele bei SCHWARTZ und FRANK — **211**
Tabelle 42: Widerstand gegen die Staatsgewalt – Zitate und Verweise bei SCHWARTZ und FRANK — **211**
Tabelle 43: Widerstand gegen die Staatsgewalt – Anzahl Seiten bei OLSHAUSEN und EBERMAYER — **264**
Tabelle 44: Widerstand gegen die Staatsgewalt – Lehre und Rechtsprechung bei OLSHAUSEN und EBERMAYER — **265**
Tabelle 45: Widerstand gegen die Staatsgewalt – Begründung bei OLSHAUSEN und EBERMAYER — **265**
Tabelle 46: Widerstand gegen die Staatsgewalt – eine Quelle bei OLSHAUSEN und EBERMAYER — **265**
Tabelle 47: Widerstand gegen die Staatsgewalt – Meinungsvielfalt bei OLSHAUSEN und EBERMAYER — **266**
Tabelle 48: Widerstand gegen die Staatsgewalt – Mengenverhältnisse bei OLSHAUSEN und EBERMAYER — **266**
Tabelle 49: Widerstand gegen die Staatsgewalt – Beispiele bei OLSHAUSEN und EBERMAYER — **266**
Tabelle 50: Widerstand gegen die Staatsgewalt – Zitate und Verweise bei OLSHAUSEN und EBERMAYER — **267**
Tabelle 51: Lehre und Rechtsprechung bei FRANK — **267**
Tabelle 52: Begründung bei FRANK — **268**
Tabelle 53: Lehre und Rechtsprechung bei SCHWARTZ — **268**
Tabelle 54: Begründung bei SCHWARTZ — **268**
Tabelle 55: Lehre und Rechtsprechung bei OLSHAUSEN — **268**
Tabelle 56: Begründung bei OLSHAUSEN — **269**
Tabelle 57: Lehre und Rechtsprechung im Leipziger Kommentar — **269**
Tabelle 58: Begründung im Leipziger Kommentar — **269**

Literaturverzeichnis

ALTHAUS STEFAN, Die Konstruktion der herrschenden Meinung in der juristischen Kommunikation, München 1994.

ANGEHRN EMIL, Der Text als Norm der Interpretation?, in: Luminati Michele / Müller Wolfgang W. / Rudolph Enno (Hrsg.), Tenor – Text und Normativität 1, Spielräume und Grenzen der Interpretation, Philosophie, Theologie und Rechtswissenschaft im Gespräch, Basel 2010, S. 165–169.

Archiv des Kösener Senioren-Convents-Verbandes und des Verbandes Alter Corpsstudenten e.V. (Kösener Archiv), Kösener Korpslisten, Würzburg 2012.

BECCHI PAOLO, „Interpretation" im antiken, mittelalterlichen und modernen Sprachgebrauch. Ein Überblick, in: Luminati Michele / Müller Wolfgang W. / Rudolph Enno (Hrsg.), Tenor – Text und Normativität 1, Spielräume und Grenzen der Interpretation, Philosophie, Theologie und Rechtswissenschaft im Gespräch, Basel 2010, S. 139–152.

BINDING KARL, Strafgesetzgebung, Strafjustiz und Strafrechtswissenschaft in normalem Verhältnis zu einander, ZStW 1 (1881), S. 4–29.

CALLIESS GRAF-PETER, Kommentar und Dogmatik im Recht, Funktionswandel im Angesicht von Europäisierung und Globalisierung, in: Kästle David / Jansen Nils (Hrsg.), Kommentare in Recht und Religion, Tübingen 2014, S. 381–392.

DERLEDER PETER, Von Schreibern und Textorganisatoren, NJW 60 (2007), S. 1112–1114.

DROSDECK THOMAS, Die herrschende Meinung – Autorität als Rechtsquelle: Funktionen einer juristischen Argumentationsfigur, Berlin 1989.

EBERMAYER LUDWIG, Fünfzig Jahre Dienst am Recht, Erinnerungen eines Juristen, Leipzig 1930.

EBERMAYER LUDWIG / EICHELBAUM JULIUS / LOBE ADOLF / ROSENBERG WERNER, Das Reichsstrafgesetzbuch mit besonderer Berücksichtigung der Rechtsprechung des Reichsgerichts, Berlin und Leipzig 1920.

ENGISCH KARL, Gießener Juristen der letzten 100 Jahre, in: Ludwigs-Universität (Hrsg.), Justus-Liebig-Hochschule 1607–1957: Festschrift zur 350-Jahrfeier, Gießen 1957, S. 17–30.

FLUME WERNER, Die Problematik der Änderung des Charakters der großen Kommentare: erörtert an Beispielen in der Besprechung der zweiten Auflage des Münchener Kommentars zum Allgemeinen Teil des BGB, JZ 40 (1985), S. 470–475.

FRANK REINHARD, Das Strafgesetzbuch für das Deutsche Reich nebst Einführungsgesetzen, 11. bis 14. Auflage, Tübingen 1919.

FRANK REINHARD, Reinhard Frank, in: Planitz Hans (Hrsg.), Die Rechtswissenschaft der Gegenwart in Selbstdarstellungen, Leipzig 1929, S. 1–40. (zit. FRANK, Selbstdarstellung, S.)

FREUDENTHAL BERTHOLD / RITTLER THEODOR, Litteraturbericht, Strafrecht. Allgemeiner Teil, ZStW 36 (1915), S. 617–635.

GAROVI ANGELO, Text, Norm und Recht – rechtslinguistische Aspekte, in: Wagner Franc (Hrsg.), Tenor – Text und Normativität 4, Was ist Text?, Aspekte einer interdisziplinären Texttheorie, Basel 2016, S. 124–132.

GUASTINI RICCARDO, Kognitivismus und Skeptizismus in der Theorie der Interpretation, in: Luminati Michele / Müller Wolfgang W. / Rudolph Enno (Hrsg.), Tenor – Text und Normativität 1, Spielräume und Grenzen der Interpretation, Philosophie, Theologie und Rechtswissenschaft im Gespräch, Basel 2010, S. 153–164.

GUMBRECHT HANS-ULRICH, Die Macht der Philologie, Frankfurt am Main 2003.

https://doi.org/10.1515/9783110787177-002

HATTENHAUER HANS, Das BGB in der Zeitung, in: Häuser Franz et al. (Hrsg.), Festschrift für Walther Hadding zum 70. Geburtstag am 8. Mai 2004, Berlin 2004, S. 57–81.

HEDEMANN JUSTUS WILHELM, Soll es mit den Kommentaren so weitergehen?, Deutsches Gemein- und Wirtschaftsrecht 2 (1936), S. 140–142.

HENCKEL WOLFRAM, Zum gegenwärtigen Stand der Kommentarliteratur des Bürgerlichen Gesetzbuches, JZ 39 (1984), S. 966–971.

HENNE THOMAS, 125 Jahre Reichsgericht – Festkolloquium am 1./2.10.2004. Zeitschrift der Savigny-Stiftung für Rechtsgeschichte. Germanistische Abteilung 122 (2005), S. 1101–1104. (zit. HENNE, Reichsgericht, S.)

HENNE THOMAS, Die Entstehung der Gesetzeskommentare in Deutschland im 19. und 20. Jahrhundert, in: Kästle David / Jansen Nils (Hrsg.), Kommentare in Recht und Religion, Tübingen 2014, S. 317ff. (zit. HENNE, Entstehung der Gesetzeskommentare, S.)

HENNE THOMAS, Die Prägung des Juristen durch die Kommentarliteratur. Zu Form und Methodik einer juristischen Diskursmethode, Betrifft Justiz 2006, S. 352ff. (zit. HENNE, Prägung des Juristen, S.)

HENNE THOMAS, „Jüdische Juristen" am Reichsgericht, in: Wendehorst Stephan (Hrsg.), Bausteine einer jüdischen Geschichte der Universität Leipzig, Leipzig 2006, S. 189–207. (zit. HENNE, „Jüdische Juristen", S.)

HENNE THOMAS, Rechtsharmonisierung durch das „Reichsgericht" in den 1870er Jahren. Startbedingungen, Methoden und Erfolge, Frankfurt am Main 2001. (zit. HENNE, Rechtsharmonisierung, S.)

HOLZLEITHNER ELISABETH / MAYER-SCHÖNBERGER VIKTOR, Das Zitat als grundloser Grund rechtlicher Legitimität, in: Feldner Birgit / Forgö Nikolaus (Hrsg.), Norm und Entscheidung – Prolegomena zu einer Theorie des Falls, Wien 2000, S. 318–347.

JANSEN NILS, Kommentare in Recht und Religion, in: Kästle David / Jansen Nils (Hrsg.), Kommentare in Recht und Religion, Tübingen 2014, S. 1–14.

JANSEN NILS, Rechtssystem und informelle Autorität, in: Becchi Paolo / Lindner Nikolaus / Luminati Michele / Müller Wolfgang W. / Rudolph Enno (Hrsg.), Tenor – Text und Normativität 3, Texte und Autoritäten, Autoritäten der Texte, Basel 2012, S. 52–78. (zit. JANSEN, Rechtssystem und informelle Autorität, S.)

JUNG OTMAR, Der literarische Judenstern, Die Indizierung der „jüdischen" Rechtsliteratur im nationalsozialistischen Deutschland, Vierteljahreshefte für Zeitgeschichte Jahrgang 54 (2006), S. 25–59.

KÄSTLE DAVID, Juristische Kommentare – theologische Kommentare. Von der Farbe des Chamäleons, in: Kästle David / Jansen Nils (Hrsg.), Kommentare in Recht und Religion, Tübingen 2014, S. 393–450. (zit. KÄSTLE, Von der Farbe des Chamäleons, S.)

KÄSTLE DAVID, Welt der Kommentare, Struktur, Funktion und Stellenwert juristischer Kommentare in Geschichte und Gegenwart, Tübingen 2016. (zit. KÄSTLE, Welt der Kommentare, S.)

KOCH ARND, Das Jahrhundert der Strafrechtskodifikation: Von Feuerbach zum Reichsstrafgesetzbuch, ZStW 122 (2010), S. 741–756.

KRAJEWSKI MARKUS / VISMANN CORNELIA, Kommentar, Code und Kodifikation, Zeitschrift für Ideengeschichte III/1 (2009), S. 5–16.

KRAMER HELMUT, Was wir schon immer wissen wollten oder: Wie die „herrschende Meinung" entsteht, Verdikt 2 (2003), Nr. 2, S. 14ff.

KÜHL KRISTIAN, Strafrecht, in: Willoweit Dietmar (Hrsg.), Rechtswissenschaft und Rechtsliteratur im 20. Jahrhundert, Mit Beiträgen zur Entwicklung des Verlages C.H. Beck, München 2007, S. 769–798.

LABAND PAUL, Personalien, DJZ 9 (1904), S. 250. (zit. LABAND, DJZ 9, S.)

LABAND PAUL, Personalien, DJZ 21 (1916), S. 705f. (zit. LABAND, DJZ 16, S.)

LEPSIUS SUSANNE, Fließende Grenzen juristischer Kommentierungstätigkeit im Spätmittelalter, Glosse – Kommentar – Repetito, in: Kästle David / Jansen Nils (Hrsg.), Kommentare in Recht und Religion, Tübingen 2014, S. 141–186.

LIEPMANN MORITZ, Litteraturbericht, Strafrecht allgemeiner Teil, ZStW 42 (1921), S. 235–248. (zit. LIEPMANN, ZStW 42, S.)

LIEPMANN MORITZ, Litteraturbericht, Strafrecht allgemeiner Teil, ZStW 43 (1922), S. 372–386. (zit. LIEPMANN, ZStW 43, S.)

VON LISZT FRANZ, Litteraturbericht, A. Rechtsphilosophie und Strafrecht allg. Teil, ZStW 2 (1882), S. 613–625. (zit. VON LISZT, ZStW 2, S.)

VON LISZT FRANZ, Litteraturbericht, A. Strafrecht. Allgemeiner Teil, ZStW 3 (1883), S. 699–710. (zit. VON LISZT, ZStW 3, S.)

VON LISZT FRANZ, Litteraturbericht, A. Strafrecht, 1. Bericht, ZStW 4 (1884), S. 318–334. (zit. VON LISZT, ZStW 4, S.)

VON LISZT FRANZ / BENNECKE HANS, Litteraturbericht, A. Strafrecht. Allgemeiner Teil, ZStW 5 (1885), S. 711–747.

LOBE ADOLF (Hrsg.), Fünfzig Jahre Reichsgericht am 1. Oktober 1929, Berlin und Leipzig 1929.

MOHNHAUPT HEINZ, Die Kommentare zum BGB als Reflex der Rechtsprechung (1897–1914), in: ders. und Ulrich Falk (Hrsg.), Das Bürgerliche Gesetzbuch und seine Richter. Zur Reaktion der Rechtsprechung auf die Kodifikation des deutschen Privatrechts (1896–1914), Frankfurt am Main 2000, S. 495ff.

MÜLLER CHRISTIAN, Verbrechensbekämpfung im Anstaltsstaat: Psychiatrie, Kriminologie und Strafrechtsreform in Deutschland 1871–1933, Göttingen 2004.

VON OLSHAUSEN JUSTUS, Kommentar zum Strafgesetzbuch für das Deutsche Reich, 10. Auflage, Berlin 1916.

POLLÄHNE HELMUT, Commentare über das Reichsstrafgesetzbuch (RStGB) – zur Entstehung einer Gattung, in: Wabel Thomas / Weichenhan Michael (Hrsg.), Kommentare – Interdisziplinäre Perspektiven auf eine wissenschaftliche Praxis, Frankfurt am Main 2011, S. 145–162.

RABEL ERNST, Rezension: J. v. Staudinger Kommentar zum BGB [7./8. Auflage 1912–1914], in: Rheinische Zeitschrift für Zivil- und Prozesssrecht 7 (1915), S. 508–515.

RIESS PETER, Einige Bemerkungen zum Stellenwert und zur Funktion juristischer Kommentare, in: Böttcher Reinhard et al. (Hrsg.), Festschrift für Walter Odersky zum 65. Geburtstag am 17. Juli 1996, Berlin 1996.

SCHMIDT REIMER, Der Kommentar als Darstellungsform, in: Hundert Jahre Kohlhammer. 1866–1966, Stuttgart 1966, S. 183–194.

SCHROEDER FRIEDRICH-CHRISTIAN, Die Last des Kommentators, Zum strafrechtlichen Publikationswesen in der Bundesrepublik Deutschland, in: Jescheck Hans-Heinrich und Vogler Theo (Hrsg.), Festschrift für Herbert Tröndle zum 70. Geburtstag am 24. August 1989, Berlin 1989, S. 77–88.

SCHWARTZ ERNST, Das Strafgesetzbuch für das Deutsche Reich, Berlin 1914.

SENN MARCEL, Rechtsgeschichte – ein kulturhistorischer Grundriss, 4. Auflage, Zürich 2007.

SEYDEL HELMUT, Der Kommentar, Deutsches Recht 6 (1936), S. 189 – 192.

STAUFER ANDREAS MICHAEL, Ludwig Ebermayer: Leben und Werk des höchsten Anklägers der Weimarer Republik, Leipzig 2010.

STOLLEIS MICHAEL, Vom Verschwinden verbrauchten Rechts, in: Kiesow Rainer Maria / Ogorek Regina / Simitis Spiros (Hrsg.), Summa. Festschrift für Dieter Simon, Studien zur europäischen Rechtsgeschichte, Bd. 193, Frankfurt am Main, S. 539 – 558.

THIER ANDREAS, „Olshausen, Philipp Justus von“, Neue Deutsche Biographie 19 (1999), S. 530 – 531. (zit. THIER, Olshausen, S.)

THIER ANDREAS, Zwischen Exegesensammlung und Ordnungsentwurf, Zur Kommentarliteratur des gelehrten Rechts in der Frühen Neuzeit, in: Kästle David / Jansen Nils (Hrsg.), Kommentare in Recht und Religion, Tübingen 2014, S. 207 – 247 (zit. Thier, Exegesensammlung, S.).

VISMANN CORNELIA, Benjamin als Kommentator, in: Horn Eva u. a. (Hrsg.), Literatur als Philosophie – Philosophie als Literatur, München 2006, S. 347 – 372.

WABEL THOMAS, Vom Verschwinden des Textes in seiner Kommentierung, in: Wabel Thomas / Weichenhan Michael (Hrsg.), Kommentare – Interdisziplinäre Perspektiven auf eine wissenschaftliche Praxis, Frankfurt am Main 2011, S. 163 – 204.

WEICHENHAN MICHAEL, Der Kommentar als Transformationsmedium des Textes, in: Wabel Thomas / Weichenhan Michael (Hrsg.), Kommentare – Interdisziplinäre Perspektiven auf eine wissenschaftliche Praxis, Frankfurt am Main 2011, S. 9 – 25.

WESEL UWE, hM, in: Wesel Uwe, Aufklärungen über Recht. 10 Beiträge zur Entmythologisierung, Frankfurt am Main 1981, S. 14 – 39.

WESTERMANN HARM PETER, Glanz und Elend der Kommentare, in: Eyrich Heinz / Odersky Walter / Jürgen Franz, Festschrift für Kurt Rebmann zum 65. Geburtstag, München 1989, S. 105 – 124.

WILLOWEIT DIETMAR, Juristische Literatur des 20. Jahrhunderts, in: Willoweit Dietmar (Hrsg.), Rechtswissenschaft und Rechtsliteratur im 20. Jahrhundert, Mit Beiträgen zur Entwicklung des Verlages C.H. Beck, München 2007, S. 3 – 61.

ZIMMERMANN RITA, Die Relevanz einer herrschenden Meinung für Anwendung, Fortbildung und wissenschaftliche Erforschung des Rechts, Berlin 1983.

ZÖLLNER WOLFGANG, Das Bürgerliche Recht im Spiegel seiner großen Kommentare, JuS 24 (1984), S. 730 – 735, S. 821 – 824, S. 985 – 990.

1. Teil: Einleitung

Mit der fortschreitenden Technologisierung, Globalisierung und Ausdifferenzierung des menschlichen Alltags nimmt auch die Regelungsdichte zu. Vom praktisch tätigen Juristen wird verlangt, dass er mit dieser Entwicklung Schritt hält. Es ist heute fast unmöglich geworden, alle Publikationen zu einem Rechtsgebiet zu überblicken, geschweige denn zu mehreren. Kommentare sind die Retter in der Not. Sie ermöglichen einen Überblick über die einschlägige Lehre und Rechtsprechung. Die Halbwertszeit dieser Publikationen ist denkbar kurz. Ein Jahr nach Erscheinung sind sie schon veraltet. Eine neue Auflage muss her. Entsprechend aufwendig sind die heutigen Kommentarprojekte. Meist Verlagswerke mit bis zu 50 Autoren. Und schon längst gibt es nicht mehr „den Kommentar". Von der kommentierten Gesetzesausgabe bis zum 20bändigen Großkommentar kann man heute alles kaufen.

Auch das Anwaltshaftungsrecht hat die Kommentare für sich entdeckt: „Er [der Rechtsanwalt] muss sich die für die Beurteilung des Falles erforderliche Rechtskenntnis verschaffen. Er muss den Palandt einsehen."[1] Gewisse Kommentare scheinen „das Recht" zu enthalten. Dieser Schein trügt nicht. Nicht nur Rechtsanwälte, sondern auch Richter, Verwaltungsbeamte und Gesetzesredaktoren sind auf Kommentare angewiesen.

Die Bedeutung der Kommentare für die juristische Alltagspraxis steht in keinem Verhältnis zur Aufmerksamkeit, die sie von der Rechtswissenschaft erhalten. Die Juristen sind so beschäftigt damit, Kommentare zu schreiben, dass sie keine Zeit haben, sich über deren genaue Funktion im Diskurs Gedanken zu machen. Bisher hat nur DAVID KÄSTLE ein ausführliches Werk zu diesem Thema publiziert: „Welt der Kommentare – Struktur, Funktion und Stellenwert juristischer Kommentare in Geschichte und Gegenwart". Es ist „das Grundlagenwerk" zu diesem Thema. Daneben gibt es einige sehr gute Festschriftenbeiträge und Aufsätze.

KÄSTLE nimmt in seinem Werk die sog. Vogelperspektive ein. In dieser Arbeit werden Kommentare aus der sog. Froschperspektive betrachtet. Wohl wissend, dass Wissenschaft eine kollektive Angelegenheit ist, sollen die von KÄSTLE und anderen Autoren definierten Kommentarfunktionen anhand von konkreten Kommentartexten überprüft werden. Weil der Fokus bisher vor allem auf Privatrechtskommentaren lag, sollen im Rahmen dieser Arbeit Strafrechtskommentierungen analysiert werden. Ausgangspunkt ist das Geburtsjahr des Leipziger Kommentars, noch heute „der Großkommentar" zum deutschen Strafrecht.

1 Zitat aus KÄSTLE, Welt der Kommentare, S. 334.

https://doi.org/10.1515/9783110787177-003

Kommentierungen aus der ersten Auflage dieses Werkes sollen mit Kommentierungen aus drei anderen Kommentaren zum Reichsstrafgesetzbuch, die zwischen 1910 und 1920 erschienen sind, verglichen werden. Die historische Perspektive macht diese Aufgabe leichter, weil die Kommentarlandschaft damals noch nicht derart ausdifferenziert war wie heute. Sie macht die Aufgabe aber auch schwerer, weil die Analyse den damaligen Kontext berücksichtigen muss. Dieses Problem wird aber durch den Vergleich gelöst. Die Qualität der Kommentierungen lässt sich nur anhand der anderen Kommentierungen dieser Zeit beurteilen. Außerdem soll diese Arbeit als methodische Anregung verstanden werden, als eine mögliche Vorlage für die Analyse von Kommentartexten

1. Kapitel: Forschungsgegenstand und Eingrenzung des Themas

I Die Textgattung „Kommentar"

Heute bezeichnen Juristen viele verschiedene Texte als „Kommentar": Im deutschsprachigen Raum gibt es etwa Kommentierte Gesetzesausgaben, Kurzkommentare, Großkommentare, Praxiskommentare, Lehrkommentare, Studienkommentare, Alternativkommentare, Referentenkommentare und viele andere. Bei genauer Betrachtung wird man feststellen können, dass zwischen diesen „Kommentaren" erhebliche Unterschiede bestehen. Der Großkommentar hat zum Beispiel einen ganz anderen Umfang als die Kommentierte Gesetzesausgabe.

1 Definition

Mehrere Autoren definieren den Kommentar als einen Text, der sich auf einen anderen Text (Primärtext, Basistext, Referenztext) bezieht.[2] Der Kommentar ist damit kein ausschließlich juristisches Phänomen. Auch die Literaturwissenschaftler und Theologen arbeiten mit Kommentaren. Inhalt dieser Arbeit sind aber nur juristische Kommentare. Forschung zu Kommentartraditionen in anderen Disziplinen wird nur am Rande berücksichtigt.

Dem Referenztext aller Kommentare wird eine gewisse Autorität zugeschrieben.[3] Referenzobjekt des juristischen Kommentars ist „Recht, soweit es in einem

---

2 KÄSTLE, Von der Farbe des Chamäleons, S. 448 (vgl. auch S. 396); KÄSTLE, Welt der Kommentare, S. 9; KRAJEWSKI/VISMANN, S. 9; RIESS, S. 82; SEYDEL, S. 189; WEICHENHAN, S. 11.

3 Vgl. KÄSTLE, Welt der Kommentare, S. 289, der von einem „autoritativen Referenztext" spricht; RIESS, S. 82, der von einem „verbindlichen Primärtext" spricht und auch SEYDEL, S. 189.

konkreten Text Gestalt gewonnen hat“[4]. Im Fokus dieser Arbeit stehen die modernen Gesetzeskommentare, deren Referenzobjekt ein Gesetz, d.h. kodifiziertes Recht, ist. „Die Autorität von Gesetzen hebt sich dabei wegen deren hoheitlichen Anwendungsbefehl von der Autorität anderer Referenztexte in besondere Weise ab“[5]. Schon der Begriff „Gesetzeskommentar“ macht deutlich, dass eine Verbindung zur „Idee der umfassenden Kodifikation einer Materie“[6] besteht. Kodifikationen haben „oft zu einer Blüte der Kommentarliteratur geführt“[7], sodass der Aufstieg des Kommentars als natürliche Folge der Kodifikation erscheint.[8]

Der Bezug auf den Referenztext bedeutet eine strukturelle Anlehnung an diesen.[9] Zudem wird die fortlaufende Erläuterung als weiteres Element genannt. Der Text hat einen Anfang und ein Ende, der Kommentar hingegen ist unabschließbar.[10] Die Autorität der Form ist ein weiteres Element des Kommentars. Dieser zwingt den Autor, sich der Form zu unterwerfen.[11] Die formale Orientierung am Referenztext kann sehr unterschiedlich sein, eher lose oder eher streng an der Struktur des Referenztextes orientiert.[12] Sie variiert je nach Umfang, Systematik und Anlage der Kodifikation.[13] Die technische und inhaltliche Ausgestaltung der Erläuterung des Referenztextes im Kommentar kann aus methodischer Sicht analysiert werden.[14]

Die modernen Gesetzeskommentare zeichnen sich durch ein „Intercisum“-Format aus, d.h., der Kommentar ist abschnittsweise zwischen die einzelnen Paragrafen des Normtextes eingefügt und der Gesetzestext wird mit abgedruckt und klar vom Kommentar abgehoben (Fettdruck oder größere Schriftart). So wird der Unterschied zwischen Gesetz (mit seiner Autorität) und Auslegung visuell deutlich gemacht. Dabei wird aufgrund dieser Struktur auch klar, dass die Rechtsprechung dem Gesetz verpflichtet ist. Diese Unterordnung des Gesetzesanwenders unter den kodifikatorischen Willen entsprach den Postulaten des Gesetzespositivismus.[15] „Die politisch und verfassungsrechtlich abgesicherte

---

4 Kästle, Welt der Kommentare, S. 10.
5 Ebd., S. 291.
6 Riess, S. 82.
7 Kästle, Welt der Kommentare, S. 294.
8 Ebd.
9 Ebd., S. 289.
10 Krajewski/Vismann, S. 6, wonach Deutungen bekanntlich endlos sind; vgl. zur Offenheit von Texten im Allgemeinen Angehrn, S. 173.
11 Vismann, S. 359.
12 Kästle, Welt der Kommentare, S. 11.
13 Ebd., S. 293.
14 Vgl. Kästle, Von der Farbe des Chamäleons, S. 449.
15 Kästle, Welt der Kommentare, S. 310.

Normativität eines Gesetzestextes kann in der Textform des Kommentars augenscheinlich gemacht werden“[16].

Gemäß WABEL tritt der Kommentar vielfach an die Stelle des zugrundeliegenden Textes.[17] „Insofern verschwindet dieser Text weitgehend in seinem praktischen Gebrauch“[18]. KÄSTLE charakterisiert den Kommentar als eine der Grundstruktur nach paradoxe Erscheinung, wobei der Rekurs auf den Referenztext wesentlich ist[19]:

> „Der Kommentar geriert sich als juristischer Sekundärtext, der zum Recht hinzutritt.
>
> Andererseits aber nimmt der Kommentar für sich in Anspruch den Text zu interpretieren, seinen Sinn zu klären, den Text zu konkretisieren, ihm Detail und Substanz zu verleihen. Er denkt den Text weiter. Den Rezipienten lässt er den Primärtext durch die Brille des Sekundärtextes lesen. Damit lenkt der Kommentar den Blick auf sich selbst. Der juristische Kommentar vermittelt die Botschaft, doch selbst das „eigentliche Recht“ zu repräsentieren, das „Recht hinter dem Recht“. Der Kommentar wird zum Haupttext, der Primärtext zum Subtext, der ebenso wenig ohne den Kommentar auskommt wie der Kommentar ohne den Text. Nicht ohne Grund hat man in diesem Verhältnis von Text und Kommentar die Dialektik von Herr und Knecht wiedererkannt, die bald diesen, bald jenen als den eigentlichen Dirigenten des Geschehens erscheinen lässt. [...] Der Kommentar lässt den Blick ‚hin- und herwandern‘ zwischen Text und Kommentar. [...]
>
> Er kann in seiner dienenden Funktion als Ausdrucke geistiger Unselbstständigkeit gedeutet werden, die kritischer Distanz zu einem vorgefundenen Text oder wissenschaftlicher Originalität keinen Raum gibt. Er kann aber auch umgekehrt als heimliche Übermacht empfunden werden, die den Text in den Hintergrund drängt und verdeckt, die Auslegung steuert, die Souveranität des Lesers beschneidet, den Text für seine Zwecke instrumentalisiert.“[20]

Kommentar meint also immer einen Text, der auf einen Referenztext Bezug nimmt, indem er sich formal an diesen anlehnt. Der Gesetzeskommentar lehnt sich formal an das Gesetz an. Legt man diese Definition zugrunde, so kann immer noch ein breites Spektrum an unterschiedlichen Textformen unter die Gattungsbezeichnung Gesetzeskommentar zusammengefasst werden.[21] Will man innerhalb dieser Gattung verschiedene Kommentare unterscheiden, so kann nach dem Kreis (Richter, Wissenschaftler, Praktiker) und der Vielzahl der Autoren[22], dem

16 Ebd.
17 WABEL, S. 200.
18 Ebd.
19 KÄSTLE, Welt der Kommentare, S. 12.
20 Ebd., S. 12f.
21 Vgl. KÄSTLE, Von der Farbe des Chamäleons, S. 394.
22 Vgl. zu Kommentaren mit mehren Autoren HENCKEL, S. 966.

Adressatenkreis, der Bezeichnung[23], dem äußeren Erscheinungsbild bzw. der Publikationsform (Auflagenfolge, Seitenlayout, Buchformat, Lieferungen oder bandweise), der Methodik und Darstellungsform (lemmatisch, systematisch), der Zielsetzung sowie dem Umfang differenziert werden.[24] Bezogen auf den Umfang lassen sich z. B. der Großkommentar, der Kommentar mittleren Umfangs und der Kurzkommentar unterscheiden.[25] Bezogen auf die Autoren lassen sich z. B. der Referentenkommentar und der Praktikerkommentar unterscheiden. „Im Referentenkommentar zu einem jungen Gesetz nehmen die Materialien einen viel größeren Raum ein als im Praktikerkommentar zu älteren Normen".[26]

Schließlich kann anhand des Diskursumfelds, der möglichen institutionellen Bezüge, der diskursiven Funktionalität des Kommentars sowie des Grades an Autorität, den der Kommentar eventuell selbst als Referenzquelle gewinnt, unterschieden werden.[27] Diese Faktoren beziehen sich auf die Funktion des Kommentars im juristischen Diskurs, weshalb auch kurz darauf eingegangen werden soll.

2 Der Kommentar als Medium des juristischen Diskurses

„Kommentare stehen [...] für die Kommunikation innerhalb einer „Textgemeinschaft", also einer Diskursgemeinschaft, die sich maßgeblich in Bezug auf bestimmte Basistexte konstituiert."[28] Der Kommentar ist so ein Medium des juristischen Diskurses und kein Objekt.[29] Im Kommentar wird diskutiert, aber es wird nicht über den Kommentar diskutiert.

Kommentare sorgen dafür, dass der Referenztext, der vom Veralten und Vergessen bedroht ist, in Diskussion bleibt. Gleichzeitig bewahren sie den Text vor seiner Erstarrung und seinem Unverständlichwerden.[30]

Juristische Normativität setzt die allgemeine Anerkennung durch die Diskurspartner voraus. Kommentare machen Regeln und Gebote, diskursive Grundbegriffe und Ordnungsvorstellungen sowie methodische und epistemische Stan-

---

23 Gemäß Riess, S. 82, ist zu berücksichtigen, dass heute einiges unter der Flagge des Kommentars segelt. Somit sind nicht alle Werke, die als Kommentar bezeichnet werden, auch wirklich Kommentare der Textgattung nach.

24 Vgl. Kästle, Welt der Kommentare, S. 12; Riess, S. 83 ff.; Zöllner, S. 732 f.

25 Riess, S. 83 ff.

26 Schmidt, S. 189.

27 Kästle, Welt der Kommentare, S. 12.

28 Kästle, Von der Farbe des Chamäleons, S. 396.

29 Henne, Die Prägung des Juristen, S. 353; vgl. auch Krajewski/Vismann, S. 6, die vom Medium der Tradierung sprechen.

30 Krajewski/Vismann, S. 7.

dards sichtbar und dadurch präsent. Durch den Kommentar kann der Jurist juristisches Wissen inszenieren.[31]

Im professionellen Diskurs, um den es hier geht, sind Juristen Autoren und Adressaten. Ziel der Textgemeinschaft ist „die hermeneutische Erschließung eines Referenztextes“[32] für den Diskurs. Dabei ist die „Gemeinschaft der Interpreten durch vielfältige diskursive und institutionelle Bezüge geprägt“[33]. Gemeint sind zum Beispiel das Spannungsverhältnis zwischen Rechtswissenschaft und Rechtspraxis oder die Frage der Autonomie des Kommentierens gegenüber möglichen institutionellen Bindungen.[34]

Schon die ersten Gesetzeskommentare im 19. Jahrhundert waren auf die juristische, insbesondere gerichtliche Praxis ausgerichtet. Der Referenztext sollte mithilfe der Judikatur erschlossen werden. Die frühen Kommentare im Handelsrecht und Strafrecht waren von Praktikern für Praktiker geschrieben. Nach Inkrafttreten des BGB kommentierten vermehrt auch Professoren. In dieser Zeit entwickelte sich der Anspruch, Theorie und Praxis inhaltlich zu verbinden, zu einem „Proprium der Kommentarliteratur“[35]. Kommentare waren so ein besonderer Kommunikationsraum zwischen Wissenschaft und Praxis. Rechtsdogmatik, die auf die Anwendung des geltenden Rechts abzielte, wurde zum verbindenden Moment.[36]

In diesem Zusammenhang spielt die Frage nach der Leitfunktion eine wichtige Rolle. Um 1900 wurde teilweise die Wissenschaft als Führerin der Praxis gesehen, teilweise die Praxis als Vorbereiterin der Wissenschaft. Dem Kommentar kam die Funktion zu, die Rechtsprechung dogmatisch einzuordnen. Er wurde zum normativen Mittler zwischen Gesetzgebung und richterlicher Rechtsfortbildung. Im HGB-Kommentar von HERRMANN STAUB erscheinen die unterschiedlichen Perspektiven nicht exklusiv, sondern komplementär zueinander (Methode STAUB):[37] „Die praktische Vorarbeit der Rechtsprechung wird systematisch-abstrahierend eingefasst, wodurch die Praxis wiederum angeleitet wird“[38].

Da innerhalb der Textgemeinschaft Kommentare (oder Kommentatoren) die Aufgabe haben, den Referenztext verständlich zu machen, können sie den Dis-

---

31 KÄSTLE, Welt der Kommentare, S. 308.
32 Ebd., S. 301.
33 Ebd.
34 Ebd.
35 Ebd., S. 302.
36 Ebd.
37 Ebd., S. 302 f.; vgl. auch ZÖLLNER, S. 990, wonach „früher Professorenhochmut gegenüber den Gerichten und heute Richterhochmut gegenüber der Rechtswissenschaft“ herrscht.
38 Ebd., S. 303.

kurs stark beeinflussen. Sie erscheinen oft als maßgebliche Repräsentanten der herrschenden Meinung.[39] Eine funktionierende freiwillige Selbstkontrolle des Diskurses soll dafür sorgen, dass „die herrschende Meinung nicht als Meinung des Herrschenden“[40] wahrgenommen wird.[41] Eine solche Meinung des Herrschenden kann sich durch „absolutistisch strukturierte Zitierkartelle“[42] selbstreferenziell abstützen. Da sich Kommentare sowohl auf den Referenztext als auch auf den Diskurs beziehen, spielen sie eine wichtige Rolle für die Fremdkontrolle und auch für die Selbstkontrolle des Diskurses.[43]

Die professionelle Anerkennung eines Kommentars als „Standardkommentar“ führt dazu, dass ein solcher Kommentar zur Autorität wird, dem das Recht selbst entnommen wird (Kommentar als faktische Rechtsquelle). Der autoritative Primärtext wird vom Kommentar überlagert, verdeckt, verdrängt. Der Gesetzespositivismus kann sich so in einen Kommentarpositivismus verwandeln. Der Verweis auf den Standardkommentar kann die Argumentation abkürzen (Autorität des Kommentars als argumentative Kraft). Es besteht die Gefahr einer Erosion der Gewaltenteilung, wenn das geltende Recht nicht dem Gesetz, sondern dem Standardkommentar entnommen wird. Letztlich geht es um die Reduktion von Komplexität, d. h., die Begründung soll nur abgekürzt und nicht ersetzt werden. Die Autorität des Kommentars im Diskurs ist mit Verantwortung gegenüber dem Recht und dem Rechtsanwender verbunden.[44]

KÄSTLE äußert sich zur Frage, welche Autorität einem Kommentar zukommt, folgendermaßen:

> „Dabei ist schwer messbar, welche Autorität, also welches praktische argumentative Gewicht einem Kommentar konkret zukommt. Quantitative Kriterien wie die Häufigkeit von Zitaten oder der Verkaufserfolg von Kommentarauflagen bieten gewisse Anhaltspunkte; mehr aber auch nicht. Auch die Rezeption durch Wissenschaft und Praxis, wie sie in Rezensionen zum Ausdruck kommt, bringt nur die Spitze des Eisbergs zur Anschauung. Stärkeren empirischen Rückhalt würden hier allenfalls qualitative Untersuchungen des Nutzerverhaltens bieten, die konkret auf die Autorität der Kommentare gemünzt wären. Fragt man andererseits nach den Gründen für den praktischen Erfolg einzelner Kommentare, kann auf eine Vielzahl relevanter Faktoren verwiesen werden, und zwar sowohl textbedingter als auch diskursbedingter: Form, Stil, Präsentation des Kommentars, die Adaption diskursiver Bedürfnisse (etwa Filterung, Systematisierung, Aktualisierung), praktische Eignung (Handhabbarkeit,

39 Vgl. HENNE, Entstehung des Gesetzeskommentars, S. 322f.

40 Vgl. zu diesem Ausdruck DROSDECK, S. 5; POLLÄHNE, S. 148; vgl. zum Thema den Aufsatz von UWE WESEL, hM.

41 KÄSTLE, Welt der Kommentare, S. 305.

42 HENNE, Entstehung des Gesetzeskommentars, S. 323.

43 KÄSTLE, Welt der Kommentare, S. 305f.

44 Ebd., S. 332ff.; vgl. auch JANSEN, Rechtssystem und informelle Autorität, S. 65.

Verständlichkeit, Übersichtlichkeit), die Person des Kommentators, geschicktes Marketing, die Zulassung eines Kommentars als Hilfsmittel für die Staatsprüfung usw. Welche Faktoren im Einzelnen als maßgebend zu betrachten sind, lässt sich nicht mit letzter Gewissheit sagen. Selbst bei Kommentaren, die evidente Vorteile gegenüber Konkurrenzwerken aufweisen wie der Staub'sche Kommentar zum ADHGB 1893, mag der Erfolg sich als ungeahnter einstellen. Auch hier gilt das alte Sprichwort: *habent sua fata libelli.*"[45]

3 Abgrenzung von anderen Textgattungen

Um die Kommentare von anderen Textgattungen abzugrenzen, kann auf den Bezug zum Referenztext abgestellt werden. Urteilsanmerkungen und Rezensionen orientieren sich nicht an der Struktur des Referenztextes.[46] Zudem folgen Kommentare der Gesetzessystematik.[47]

Zur Abgrenzung kann aber auch auf den Zweck verwiesen werden. So ermöglichen Kommentare einen schnelleren Zugang auf die Dogmatik und Kasuistik als die systematische Gesamtdarstellung[48] und sollen der Praxis als Nachschlagebuch dienen[49]. Damit verbunden ist auch das Bedürfnis nach Aktualität. Kommentare sind dann für die Praxis brauchbar, wenn sie fortlaufend aktualisiert werden. Ein Kommentar verschwindet, sobald ein neuer erschienen ist.[50] In der Regel wachsen Kommentare von Auflage zu Auflage, um Recht möglichst vollständig zu erläutern.[51]

Die systematische Aufbereitung des Rechtsstoffes ist kein alleiniges Merkmal des Kommentars[52] und somit auch kein taugliches Abgrenzungskriterium. Sowohl Lehrbücher als auch Kommentare sind systematisch aufgebaut, wobei Kommentare sich in der Regel stärker an der Gesetzessystematik orientieren. „Einleitungen und Vorbemerkungen sollten in einem Kommentar immer nur Ergänzungen der den Schwerpunkt bildenden Einzelerläuterung sein"[53]. Im Gegensatz zum Lehrbuch hat aber der Kommentar einen stärkeren Praxisbezug, berücksichtigt mehr Informationen und ist bei der Darstellung der eigenen Meinung

---

45 KÄSTLE, Welt der Kommentare, S. 335 f.

46 Ebd., S. 11.

47 RABEL, S. 512; SCHMIDT, S. 189; ZÖLLNER, S. 731.

48 ZÖLLNER, S. 731; vgl. aber FLUME, S. 475, der richtigerweise auf die Tendenz hinweist, wonach Kommentare sich von einem Erläuterungswerk zu einem Zwittergebilde zwischen Monografie und Kommentierung entwickeln.

49 RABEL, S. 512.

50 KRAJEWSKI/VISMANN, S. 6.

51 RIESS, S. 83 f.

52 Vgl. ZÖLLNER, S. 731.

53 RIESS, S. 87.

zurückhaltender.[54] Darüber, ob sich Lehrbuch und Kommentar zu einem Mischtyp vereinen lassen, herrscht in der Literatur keine Einigkeit.[55]

Schließlich haben andere Textgattungen nicht die gleiche Funktion und Relevanz im juristischen Diskurs wie der Kommentar.

4 Forschungsstand

„Die juristische Literatur selbst ist – soweit sie nicht in Biographien als zugehöriges Lebenswerk behandelt wurde – in geringerem Maße Gegenstand der Forschung gewesen“[56]. Auch mit der Literaturgattung des Kommentars im Spezifischen hat sich die Wissenschaft wenig auseinandergesetzt.[57] KÄSTLE bezeichnet den Forschungsstand zu Kommentaren als „dürftig“.[58]

Es fehlt eine intensive Reflexion über Struktur, Stellenwert und Funktionen juristischer Kommentare[59], die selbstverständliche Arbeitshilfsmittel für die juristische Praxis sind[60].

Die Monografie von DAVID KÄSTLE widmet sich der historischen Untersuchung der Kommentarliteratur, wobei sich die Untersuchungen auf das Privatrecht konzentrieren; dies aufgrund der „Dominanz des Privatrechts über den juristischen Diskurs, wie sie bis weit ins 20. Jahrhundert Bestand hatte“[61]. Im Hinblick auf Struktur, Funktion und Stellenwert liefert KÄSTLE einige Ansätze zu einer Phänomenologie des juristischen Kommentars, wobei er dem Kommentar als Diskursmedium von Juristen gerecht zu werden versucht. Gleichzeitig ist aufgrund der historischen Varianz einzelner Kommentarformen eine geschlossene Theorie des juristischen Kommentars nicht möglich. Das theoretische Gerüst, welches der Arbeit zugrunde liegt, kann für weitergehende Analysen von Kommentaren und Kommentarliteratur fruchtbar gemacht werden.[62]

---

54 Ebd., S. 89.

55 HENCKEL, S. 967, spricht von einer Tendenz zur Überschneidung der Literaturgattungen; RIESS, S. 87, schreibt, dass Lehrbuch und Kommentar unterschiedliche Literaturformen sind, die sich nicht zu einem Mischtyp vereinen lassen.

56 WILLOWEIT, S. 4; vgl. auch KÄSTLE, Welt der Kommentare, S. 6, wonach die Bedeutung von Textformen für den juristischen Diskurs wenig erforscht ist.

57 Vgl. POLLÄHNE, S. 146, der sich vor allem auf die Strafrechtswissenschaft bezieht und auf S. 148 Stichworte liefert, unter denen eine Grundsatzdebatte geführt werden könnte.

58 KÄSTLE, Welt der Kommentare, S. 1.

59 Ebd., S. 6.

60 Vgl. RIESS, S. 82.

61 KÄSTLE, Welt der Kommentare, S. 16, der auch darauf hinweist, dass das Strafrecht und das Verfassungsrecht sowohl historisch als auch rechtstheoretisch Probleme eigener Art aufweisen.

62 Ebd., S. 17 f.

5 Schlussfolgerung

Der hier unternommene Versuch, die Textgattung Kommentar zu definieren, ihre Funktion im juristischen Diskurs aufzuzeigen und sie von anderen Textgattungen abzugrenzen, stützt sich auf verschiedene Quellen zum Thema „Kommentare“. Nicht alle diese Texte haben eine rechtshistorische Betrachtung des Phänomens zum Inhalt. Es lassen sich wohl – das hat KÄSTLE mit seiner Dissertation bewiesen[63] – Merkmale definieren, die auf Kommentare aus unterschiedlichen Epochen zutreffen. Ziel dieser Arbeit ist es aber, sich mit Textbeispielen aus vier verschiedenen Kommentaren, die in einer genau definierten Zeitspanne erschienen sind, auseinanderzusetzen. Darum muss eine Kontextualisierung dieser Kommentare vorgenommen werden. Die Aussage von DERLEDER aus dem Jahr 2007 etwa, wonach das deutsche Recht durch eine überreiche Begründungsjudikatur und eine überbordende Kommentar- und Lehrbuchkultur geprägt ist, trifft auf das Jahr 1920 so nicht zu.[64] Heute gibt es mehr Gesetze und mehr Kommentare, die sich voneinander unterscheiden.

II Eingrenzung des Themas

1 Zeitliche Eingrenzung

Die im Rahmen dieser Arbeit analysierten Kommentare aus dem ersten Viertel des 20. Jahrhunderts lassen sich historisch zwar als eine Weiterentwicklung der Glossen[65] sowie der frühneuzeitlichen Kommentarliteratur[66] betrachten. Im Rahmen dieser Arbeit soll aber nicht die Geschichte der Kommentare geschrieben werden. Ziel ist vielmehr eine Textanalyse, die dem historischen Kontext Rechnung trägt.

„Das rechtswissenschaftliche Schrifttum des 18. und 19. Jahrhunderts zog die systematische Darstellung derjenigen des Kommentars vor.“[67] Was aber führte dazu, dass der Kommentar die systematische Darstellung ablöste? Diese Frage wurde eingehend anhand der BGB-Kommentare untersucht. Nach MOHNHAUPT differenzierten sich „die ursprüngliche und weitgehend ungeteilte Autorität des

63 KÄSTLE, Die Welt der Kommentare.

64 DERLEDER, S. 1112ff.

65 Vgl. dazu SENN, S. 186f. und den Aufsatz von SUSANNE LEPSIUS, Fließende Grenzen juristischer Kommentierungstätigkeit im Spätmittelalter, Glosse – Kommentar – Repetitio; vgl. auch BECCHI, S. 142ff., der einen historischen Überblick zum Begriff der „Interpretation“ liefert.

66 Vgl. dazu den Aufsatz von ANDREAS THIER, Zwischen Exegesensammlung und Ordnungsentwurf, Zur Kommentarliteratur des gelehrten Rechts in der Frühen Neuzeit.

67 SCHMIDT, S. 186.

Lehrbuchs sowie seine Aufgaben systematisch-begrifflicher Formung des Stoffs"[68] und „gingen auf das BGB und mit ihm auf den Kommentar sowie auf Rechtsprechung und Lehrbuch zugleich über"[69]. „Im Garten des neuen bürgerlichen Rechts" blühte die Kommentarform auf. Der Aufstieg des Kommentars als Medium des juristischen Diskurses erscheint so als natürliche Folge der Kodifikation.[70] Der diskursive Paradigmenwechsel durch die Einführung des BGB führte dazu, dass die neue Kodifikation zum Zentrum der privatrechtlichen Studien wurde.[71] Anfangs bestand ein Spannungsverhältnis zwischen der Berücksichtigung von Kontinuitäten und der Notwendigkeit, einen Paradigmenwechsel zu vollziehen. Die Kommentare zum BGB vollzogen äußerlich den Paradigmenwechsel von der Pandektenwissenschaft zum BGB.[72]

Auch die Gesetzeskommentare zum Strafrecht lassen sich nur in ihrem Verhältnis zu den Strafrechtskodifikationen verstehen und hängen eng mit diesen zusammen. Von Interesse sind Kommentare zum Reichsstrafgesetzbuch (RStGB) von 1871, welches am 01. Januar 1872 in Kraft trat.[73] Dieses beruhte weitgehend auf dem Preußischen Strafgesetzbuch von 1851 und war keine „Neuschöpfung". Denn das Strafgesetzbuch für den Norddeutschen Bund von 1870 wurde nur auf die süddeutschen Staaten ausgedehnt,[74] was letztlich eine Vereinheitlichung der auf deutschem Boden bis 1870 geltenden, zersplitterten Partikulargesetzgebung bedeutete.[75] Beide Fassungen wurden durch zahlreiche kleinere und größere Kommentare kommentiert. Erfolgreiche Standardwerke waren die Kommentare von Oppenhoff, Schwarze und später Olshausen, dessen Kommentar auch Gegenstand dieser Arbeit ist. In der Literatur zu dieser Zeit ist von einem Wetteifer die Rede. Man wollte möglichst schnell eine Erläuterung des neuen Gesetzbuches am Markt lancieren. Auch zu den Reichsjustizgesetzen wurde sehr viel publiziert.[76] Die Kommentare zum Strafgesetzbuch des Norddeutschen Bundes, von denen es im Jahr 1870 viele gab, konnten mit einer überarbeiteten zweiten Auflage leicht auf das nun reichsweit geltende Gesetzbuch umstellen.[77] Die Kommenta-

---

68 Mohnhaupt, S. 503.
69 Ebd.
70 Kästle, Welt der Kommentare, S. 230; vgl. zum Modell der modernen Kodifikationen auch Becchi, S. 146 ff.
71 Kästle, Welt der Kommentare, S. 231.
72 Ebd., S. 232.
73 Vgl. dazu den Aufsatz von Arnd Koch, Das Jahrhundert der Strafrechtkodifikationen: Von Feuerbach zum Reichsstrafgesetzbuch; vgl. auch Kühl, S. 769 ff.
74 Kühl, S. 769 f.
75 Ebd., S. 772.
76 Kästle, Welt der Kommentare, S. 70 f.
77 Ebd., S. 218.

toren konnten außerdem auf Rechtsprechung und Schrifttum zum Preußischen Strafgesetzbuch zurückgreifen[78], insbesondere auch auf die vielen Kommentare dazu[79]. Es gab, anders als im Fall des BGB, kein eigentlich „neues" Gesetz, keine eigentliche Zäsur.

Vor diesem Hintergrund erschien der Leipziger Kommentar, verglichen mit seinen handelsrechtlichen und zivilrechtlichen Pendants, relativ spät, d. h. erst rund 50 Jahre nach Inkrafttreten des RStGB und 40 Jahre nach Gründung des Reichsgerichts. Gleichzeitig wurde der Kommentar von OLSHAUSEN noch bis in die 30er Jahre des 20. Jahrhunderts neu aufgelegt.[80]

Je nach Alter der Kodifikation hat der Kommentar eine andere Rolle. Ein neues Gesetz muss erst erklärt und verstanden werden.[81] Später muss das Gesetz fortgeschrieben und seine Lücken müssen gefüllt werden: Das Recht muss weiterentwickelt werden.[82] Dementsprechend fokussierten sich die ersten Kommentare vor allem auf die Gesetzesvorschrift an sich (sog. Auslegung aus sich selbst heraus) oder auf die parlamentarischen Materialien.[83] Erst mit der Zeit zeigten sich Tendenzen zur Abstraktion und der Umfang nahm zu, weil man die neu entstandene Literatur und Rechtsprechung berücksichtigen wollte.[84] Aufgrund dieser Überlegungen macht es Sinn, späte Kommentare zum RStGB zu untersuchen. Zudem ist das Erscheinen des Leipziger Kommentars Ausgangspunkt dieser Analyse.

Drei der im Rahmen dieser Arbeit analysierten Kommentare sind vor Gründung der Weimarer Republik, also noch zur Zeit des Kaiserreichs, erschienen. Lediglich der Leipziger Kommentar wurde im Jahr 1919 publiziert. Es kann aber davon ausgegangen werden, dass die einschlägigen Texte im Leipziger Kommentar sehr wahrscheinlich vor Gründung der Weimarer Republik verfasst wurden. Folglich spielt der politische Systemwechsel für die vorliegende Analyse keine Rolle. Es sei auch auf die Reformdiskussionen im Strafrecht verwiesen, die durch den Ersten Weltkrieg unterbrochen wurden. Diese Diskussionen wurden in

---

78 OLSHAUSEN, S. XI, führt die Kommentare zum Preußischen Strafgesetzbuch von BESELER und von OPPENHOFF-DELIUS auf.

79 Vgl. KÄSTLE, Welt der Kommentare, S. 70.

80 Vgl. dazu BINDING, S. 22 f., der den Kommentar von OLSHAUSEN als „durchdacht" lobt.

81 Vgl. KÄSTLE, Welt der Kommentare, S. 294.

82 Ebd., S. 233 f.; vgl. auch MOHNHAUPT, S. 505 f.

83 KÄSTLE, Von der Farbe des Chamäleons, S. 413.

84 Ebd., S. 414; vgl. dazu auch CALLIESS, S. 382, der die Erläuterung des Wortlautes, die Erschließung der Rechtsprechung und die systematisch-dogmatische Grundlegung des Gesetzes als Aufgaben nennt.

der neuen Republik weitergeführt. In den zwanziger Jahren des 20. Jahrhunderts wurden erste Entwürfe für ein neues Strafgesetzbuch präsentiert.[85]

2 Räumliche Eingrenzung

Die für diese Arbeit maßgeblichen Publikationen wurden in Deutschland publiziert und beziehen sich auf deutsche Kommentare. Eine auf dieser Forschung beruhende Arbeit kann sich deshalb primär nur auf deutsche Kommentare beziehen. Gleichzeitig wäre es interessant, gerade weil es in der Schweiz wenige Publikationen zu diesem Thema gibt, eine Dissertation zu den frühen schweizerischen Kommentaren zu schreiben.

Diese Arbeit grenzt sich durch ihre Methodik von anderen Abhandlungen ab, indem sie Kommentare zu Objekten des juristischen Diskurses macht. Es wäre zu ambitiös, eine Arbeit zu schweizerischen Kommentaren zu schreiben, ohne dafür auf bereits bestehende Analyseinstrumente zurückgreifen zu können, die den spezifischen Gegebenheiten des Diskurses Rechnung tragen. Zwar ließen sich die Kommentarfunktionen auch anhand von schweizerischen Kommentierungen überprüfen, jedoch können die Ausführungen zum Verhältnis von Wissenschaft und Praxis sowie zum deutschen juristischen Diskurs nicht einfach auf die Schweiz übertragen werden. Der schweizerische Markt für Kommentare ist zudem viel kleiner als der deutsche, und es wäre noch heute schwierig, vier vergleichbare Kommentare zu einem Gesetz zu finden. Zudem ist fraglich, ob die Kommentardefinition auf gewisse Kommentare, z. B. den Zürcher und Berner Kommentar, zutrifft. Dies dürfte zumindest unter Berücksichtigung ihres heutigen Umfangs fraglich sein, haben doch gewisse Kommentierungen einen Umfang von mehr als 100 Seiten. Schließlich könnte in der Schweiz auch heute keine Analyse von mehreren strafrechtlichen Kommentaren vorgenommen werden. Aufgrund der geringen Einwohnerzahl und der wenigen Fälle in bestimmten Bereichen des Strafrechts gibt es wenige Kommentare zum StGB.

3 Sachliche Eingrenzung

Es werden nur juristische Kommentare analysiert, d. h., es wird nicht auf die Literatur zu religiösen und literarischen Kommentaren eingegangen. JANSEN hält dazu fest, dass die Unterschiede zwischen religiösen und juristischen Kommentaren zu offensichtlich seien[86], und auch KÄSTLE geht auf den unterschiedlichen

85 KÜHL, S. 780.

86 JANSEN, S. 1; auf S. 2 führt er aus, dass ein Vergleich von Kommentaren in Theologie und Recht differenzierter nach der Stellung von Kommentaren im jeweiligen Wissenschaftsdiskurs fragen

Stellenwert von Kommentaren der Rechtswissenschaften und der christlichen Theologie ein[87]. Juristisches Arbeiten weist stets einen Anwendungsbezug auf, von dem auch juristische Kommentare geprägt sind. Damit gehen sie über eine philologische Textanalyse hinaus. Jurisprudenz ist somit Entscheidungswissenschaft.[88]

Die hier analysierten Kommentartexte sind Gesetzeskommentaren entnommen, welche nicht mit juristischen Kommentaren im Allgemeinen gleichzusetzen sind.[89] Von Interesse sind sodann Kommentare zum Strafrecht, wobei aber auch Literatur zu privatrechtlichen Kommentaren berücksichtigt wird. Die Untersuchung von Strafrechtskommentaren bietet sich an, weil die meisten Publikationen zu Kommentaren sich auf Privatrechtskommentare beziehen. Auch die Dissertation von Kästle hat primär BGB-Kommentare zum Inhalt. Insofern besteht eine Lücke in der Forschung, die gefüllt werden kann. Gemäß Pollähne ist die Rolle des Kommentars als Medium der Kommunikation über Strafrecht empirisch und theoretisch nicht erforscht.[90] „Eine erste Analyse zur Entstehung einer ‚neuen' Gattung, nämlich der Kommentare über das einheitliche deutsche (R)StGB am Ende des 19. Jahrhunderts, sollte hierfür einen Einstieg bieten"[91].

Aufgrund des Bestimmtheitsgebotes (nulla poana sine lege) kommt Gesetzeskommentaren im Strafrecht eine herausragende Bedeutung zu. Es scheint, dass der Strafrechtsprakiker auf den aktuellen Gesetzestext von Strafvorschriften in besonderem Maße angewiesen ist. Eine Kommentierung oder Erläuterung des Gesetzestextes ist dabei hilfreich.[92] So erscheint der Strafrechtskommentar als Gesetzeskommentar „par excellence". Zudem waren die Kommentare zum Strafrecht, neben jenen zum Handelsrecht, Vorbilder für die BGB-Kommentare. Nach der Verabschiedung des BGB konnten die Juristen an die Kommentierungstradition aus dem Handels- und Strafrecht anknüpfen.[93] Da die Kommentare zu den Partikulargesetzbüchern zwar in der Praxis wertvolle Hilfsmittel waren, aber aufgrund der Partikularität des Rechts nur eine begrenzte diskursive Funktion

müsse, namentlich bestimme sich das Verhältnis von Recht und Gesetz anders als das der Religion zum Offenbarungstext der Bibel.

87 Kästle, Von der Farbe des Chamäleons, S. 394; vgl. auch die ausführlichen Erläuterungen auf S. 397 ff.; zur Autorität des kommentierten Referenztextes und zu den Ausgangsbedingungen für Kommentare von Gesetzen und heiligen Schriften vgl. S. 403 ff.; vgl. zu Kommentaren in der Philologie Gumbrecht, S. 69 ff.

88 Kästle, Von der Farbe des Chamäleons, S. 397.

89 Vgl. dazu Kästle, Von der Farbe des Chamäleons, S. 408.

90 Pollähne, S. 162.

91 Ebd.

92 Vgl. Kühl, S. 772, der auf den Bestimmtheitsgrundsatz verweist.

93 Kästle, Welt der Kommentare, S. 213.

hatten[94], kann von einer Analyse der Kommentare zum RStGB mehr erwartet werden. Sie erscheinen „als Vorboten eines Aufstiegs des Kommentars zum führenden Genre der juristischen Literatur“ [95]

4 Schlussfolgerung

Alle in dieser Arbeit vorgestellten Gesetzeskommentare beziehen sich auf das RStGB von 1871 (Referenztext). Sie sind zwischen 1914 und 1919 erschienen. Der Kommentar von SCHWARTZ und der Leipziger Kommentar in der 1. Auflage, der Kommentar von FRANK in der 11.–14. Auflage und der Kommentar von OLSHAUSEN in der 10. Auflage. Alle Kommentare sind formal ähnlich gestaltet, d. h., sie sind im „Intercisum“-Format gedruckt[96] und vom Umfang her vergleichbar. Sie folgen nicht der Annotationsmethode[97]. Abgesehen von diesen Ähnlichkeiten sind es die einzigen Kommentare zum Reichsstrafgesetzbuch, die zeitlich so eng beieinander liegen.

III Erkenntnisse

Kommentare lassen sich aufgrund der Gestaltung und des Referenztextes unterscheiden. Eine Analyse muss neben diesen Faktoren auch die Funktion der Kommentare als Medien des juristischen Diskurses berücksichtigen. Dabei spielen institutionelle Bezüge eine Rolle: Was ist für die Auslegung des Gesetzes maßgeblich? Die Wissenschaft oder die Rechtsprechung? Anders formuliert geht es um die Frage nach der Leitfunktion[98], namentlich im deutschen Strafrecht des frühen 20. Jahrhunderts.

Im Strafrecht gab es eine mit dem römischen Recht vergleichbare Dogmatik lange nicht. Als rechthistorisch bedeutende Quellen sind die Constitutio Crimi-

---

94 Ebd., S. 214 f., wonach diese Kommentare unterschiedlicher Natur waren. Es gab kleine Handausgaben, aber auch dreibändige Kommentare. Im Vordergrund stand die Verarbeitung der Gesetzgebungsmaterialien und nicht die Auseinandersetzung mit Literatur und Judikatur. Autoren waren häufig Ministerialbeamte und Richter.

95 Ebd., S. 218.

96 Vgl. S. 3.

97 Vgl. KÄSTLE, Welt der Kommentare, S. 255 ff., der auch schreibt, dass die Entwicklung der Kommentarliteratur sich simplifizierend als Aufstieg von annotativen zu systematischen Erläuterungen beschreiben lässt.

98 Vgl. S. 6.

nalis Carolina aus dem Jahr 1532 und das „gemeine Strafrecht" zu nennen.[99] In der zweiten Hälfte des 19. Jahrhunderts hatte sich aber auch im Strafrecht eine Dogmatik entwickelt. Es gab eine Strafrechtswissenschaft, deren prominente Vertreter KARL BINDING und FRANZ V. LISZT waren. Diese Größen veröffentlichten Lehrbücher zum Strafrecht, nicht Kommentare.[100] Aber welche Rolle hatte die Rechtsprechung?

Am Beispiel der ADHGB-Kommentare, die von Richtern des Reichsoberhandelsgericht (ROHG) verfasst wurden, zeigt sich, wie Kommentare mit einer Institution und deren Rechtsprechung verbunden sein können. Der Kommentator ist gleichzeitig Richter und sorgt so dafür, dass die Rechtsprechung bei der Erschließung des Referenztextes maßgeblich wird.[101] Es bestehen Parallelen zum Leipziger Kommentar, einer der in dieser Arbeit analysierten Kommentare. Gemäß der These von THOMAS HENNE setzten sich in Deutschland diejenigen Kommentare zum Privat- und Strafrecht durch, die im ersten Viertel des 20. Jahrhunderts von Richtern des Reichsgerichts verfasst wurden. Diese Richter setzten ihre eigene Rechtsprechung in das Zentrum des Kommentars. Diese damals begründeten Kommentare sind noch heute als sogenannte Großkommentare bekannt.[102] Erklärten die Kommentare die höchstrichterliche Rechtsprechung für wesentlich, weil die Praxis von der Präjudizwirkung der Entscheide ausging? Und waren die Reichsgerichtsräte-Kommentare demnach so erfolgreich, weil sie diesem Bedürfnis der Praxis entsprachen? Oder waren es erst die Kommentare, die durch die Positionierung der Rechtsprechung innerhalb der Kommentierung die Leser so beeinflussten, dass diese die Entscheide als wesentlich ansahen?

Diese Fragen können im Rahmen dieser Arbeit nicht abschließend beantwortet werden. Anhand der Textanalyse kann aber untersucht werden, ob nicht schon der Kommentar von OLSHAUSEN oder die Kommentare von SCHWARTZ und FRANK die Rechtsprechung ins Zentrum stellten. Das würde bedeuten, dass der Fokus auf die höchstrichterliche Rechtsprechung kein Alleinstellungsmerkmal des Leipziger Kommentars war. Vermutlich löste der Leipziger Kommentar jenen von OLSHAUSEN als Standardkommentar ab. Wurde damit auch die Strafrechtswissenschaft in ihrer Leitfunktion von der Rechtsprechung des Reichsgerichts abgelöst? Ermöglichte also der Leipziger Kommentar diese Ablösung? Daneben kann anhand der Analyse der verschiedenen Kommentierungen der juristische

99 KOCH, S. 744 f., der dann die historische Entwicklung bis zum Reichsstrafgesetzbuch aufzeigt und folgenden Schluss zieht: „Ein Strafrecht, das auf der Carolina und der gemeinrechtlichen Doktrin basierte, [hatte] gegen Ende des 18. Jahrhunderts keine Zukunft" (S. 745).

100 Vgl. die Analysen im 2. Teil, 3. Kapitel.

101 Vgl. 2. Kapitel, II. 2.

102 HENNE, Entstehung der Gesetzeskommentare, S. 327.

Diskurs im Strafrecht um 1920 wenigstens zum Teil nachvollzogen werden (Kommentar als Medium des juristischen Diskurses). Die Analyse erfolgt anhand von definierten Funktionen. Dabei sollen die analysierten Kommentierungen zu Objekten des juristischen Diskurses gemacht werden. Die Art und Weise der Argumentation und die Verweise auf Lehre und Rechtsprechung sollen untersucht werden. Dabei kann festgestellt werden, auf welche Autoritäten sich welcher Kommentar stützte.

2. Kapitel: Vorüberlegungen

I Akteure: Zielgruppe, Autoren und Verlage

Vor der Analyse der Kommentierungen muss geklärt werden, welchen Hintergrund die Autoren hatten und für welche Zielgruppe sie Kommentare schreiben wollten. So kann nachvollzogen werden, warum ein Text auf eine bestimmte Art und Weise geschrieben wurde.

1 Zielgruppe

Der Kommentar ist Diskursraum für Wissenschaft und Praxis bzw. Theorie und Praxis, wobei Praxis im Kontext dieser Arbeit die Judikatur meint.[1] Er scheint die Bedürfnisse der Praxis und der Wissenschaft besser zu befriedigen als andere Informationsvermittlungsformen[2], z. B. die Gesamtdarstellung[3]. Neben Wissenschaft und Rechtsprechung werden teilweise Studenten und Referendare als Zielgruppen genannt.[4] Primär werden Kommentare aber für in der Alltagspraxis tätige Juristen geschrieben[5], nicht für Laien.[6]

Diese Ausführungen scheinen für Kommentare im Allgemeinen zu gelten, d. h. unabhängig vom zeitlichen Kontext. Es stellt sich aber die Frage, ob im Hinblick auf die analysierten Kommentare zu differenzieren ist. In seinen Analysen zu den frühen BGB-Kommentaren stellt KÄSTLE auf die Vorworte ab. Er geht davon aus, dass kleinere Werke für den täglichen Gebrauch in der Praxis gedacht waren, während größere Kommentare den Anspruch erhoben, der Theorie und Praxis zu dienen.[7] An anderer Stelle hält er ganz klar fest, dass der Gesetzeskommentar der Moderne durch den Praxisbezug gekennzeichnet sei.[8]

1 KÄSTLE, Von der Farbe des Chamäleons, S. 415; vgl. auch SEYDEL, S. 189 und WILLOWEIT, S. 25.

2 RIESS, S. 82.

3 Vgl. ZÖLLNER, S. 731.

4 RIESS, S. 86; vgl. auch ZÖLLNER, S. 990 und KÄSTLE, Welt der Kommentare, S. 237, der in Zusammenhang mit den frühen BGB-Kommentaren auch gebildete Laien als Zielgruppe nennt.

5 WESTERMANN, S. 106, der auch darauf hinweist, dass dies ein Unterschied zwischen Kommentar und Lehrbuch sei.

6 RIESS, S. 88.

7 KÄSTLE, Welt der Kommentare, S. 236 f.

8 KÄSTLE, Von der Farbe des Chamäleons, S. 417; vgl. dazu auch WILLOWEIT, S. 23 f., wonach der Verweis auf die Praxisdienlichkeit in vielen Vorworten der frühen Kommentare als Distanzierung gegenüber dem akademischen, überwiegend dem gemeinen Recht gewidmeten Lehrbetrieb der Universitäten verstanden werden konnte. Es war Ausdruck „eines berechtigten Selbstwertgefühls der praktisch tätigen Juristen, die im 20. Jahrhundert ganz wesentlich gerade die Geschichte des Kommentarwesens geprägt haben".

Im Rahmen dieser Arbeit werden die Vorworte der einzelnen Kommentare analysiert, um die Zielgruppe zu ermitteln.

2 Autoren

Kommentare wurden vor allem von Praktikern (Richter, Anwälte, Mitglieder der Gesetzgebungskommission) geschrieben. Erst zum Ende des 20. Jahrhunderts wurden Professoren als Kommentatoren tätig, neuerdings wird eine paritätische Besetzung der Autorenteams angestrebt.[9] Der praktische tätige Kommentator kann in seinem Kommentar die Bedürfnisse der Praxis besser befriedigen, weil er die alltäglichen Probleme und auch seine Kollegen, für die er schreibt, kennt.

Bei den frühen BGB-Kommentaren etablierte sich die Idee von Autorenteams. Zum einen konnte den Erwartungen des Marktes an einer Fortführung des Kommentars entsprochen werden, auch wenn einzelne Autoren ausschieden oder ersetzt werden mussten. Zum anderen konnte der Zunahme des zu verarbeitenden Stoffes, d.h. der Rechtsprechung und Literatur, besser begegnet werden. Von Autorenteams verfasste Kommentare wurden mit dem Namen des Herausgebers gekennzeichnet (der „Planck" und der „Staudinger"). Bei solchen Kommentaren bestand die Gefahr, dass durch die unterschiedlichen Darstellungen und Stile eher eine Werksammlung entstand als ein einheitlicher Kommentar.[10]

3 Verlage

Die Geschichte der Kommentare ist mit jener der jeweiligen Verlage verknüpft. Das Marktpotenzial und die Vermarktungsstrategie sind für den Erfolg oder das Scheitern eines Kommentars von Bedeutung.[11]

Um die Jahrhundertwende wurde die Kommunikation über Recht neu geordnet. Der juristische Büchermarkt explodierte und es erfolgte eine strukturelle Neuorientierung der Privatrechtsliteratur, die Grundlage für den Aufstieg des Kommentars bildete. Es wird sogar von einer Popularisierung der Kommentarliteratur gesprochen. Die öffentliche Kommunikation verdichtete sich und die Wissenschaft wurde in die Marktprozesse des Buchhandels einbezogen. Zudem wuchs der Einfluss der Verleger, insbesondere bei Kommentaren, für die ein hoher Absatz angestrebt wurde.[12] Die Analysen von KÄSTLE lassen sich wohl nicht auf

---

9 WILLOWEIT, S. 58f.; KÄSTLE, Welt der Kommentare, S. 240f.; vgl. dazu auch WESTERMANN, S. 106f., der schreibt, dass Kommentare oft von Hochschullehrern geschrieben werden, die mit dem Alltag der Entscheidungspraxis nur begrenzt vertraut seien.

10 KÄSTLE, Welt der Kommentare, S. 241f.

11 Ebd., S. 243.

12 Ebd.

die hier analysierten strafrechtlichen Kommentare übertragen. Es ist auch nicht Ziel dieser Arbeit, verlagspolitische und marktbedingte Faktoren zu ermitteln und zu berücksichtigen.

Was im Vergleich zur heutigen Zeit noch in Zusammenhang mit der Analyse wichtig sein dürfte, ist die Frage, ob die Juristen von damals mit nur einem oder mit mehreren Kommentaren arbeiteten. Es war sicherlich so, dass die Kommentare um 1920 teurer waren als die heutigen.[13] Aufgrund des Preises liegt die Vermutung nahe, dass früher mit weniger Kommentaren gearbeitet wurde, während heute mehr Kommentare auf dem Markt sind, die sich gegenseitig ergänzen.[14] Allgemein kann gesagt werden, dass die Kommentarliteratur heute ausdifferenzierter und pluralisierter ist. Dies zum einen im Hinblick auf den Umfang, zum anderen im Hinblick auf spezifische Bedürfnisse. Nicht jedes Werk, das heute als Kommentar bezeichnet wird, kann auch tatsächlich dieser Textgattung zugerechnet werden. Bei Großkommentaren kann auch noch die Pluralisierung innerhalb des Kommentars aufgrund der Aufteilung auf mehrere Autoren festgestellt werden.[15]

4 Schlussfolgerung

Es ist davon auszugehen, dass auch die hier analysierten Kommentare für praktisch tätige Juristen geschrieben wurden. Bei der Vorstellung der Kommentare soll aber aufgrund einer Analyse des Vorworts die Zielgruppe ermittelt werden.

Nur FRANK war Professor, alle anderen Autoren der analysierten Kommentare waren Richter. Es wird zu prüfen sein, ob sich der Kommentar von FRANK wesentlich von den anderen Kommentaren unterscheidet. Drei der in dieser Arbeit analysierten Kommentare wurden von einem Autor verfasst. Nur der Leipziger Kommentar hatte vier Autoren. Bei drei der analysierten Kommentare stand vermutlich der Autor im Vordergrund, während der Leipziger Kommentar wohl eher ein Verlagsprojekt gewesen sein dürfte.

II Interdependenzen: Rechtswissenschaft und Rechtsprechung

In Bezug auf das BGB hält KÄSTLE fest, dass in den ersten Jahrzehnten die Wissenschaft nicht mehr als Rechtsquelle verstanden wurde, sondern sich das

---

13 HEDEMANN, S. 141, der 1936 von hohen Preisen spricht. Daraus lässt sich wohl schließen, dass die Werke um 1920 auch verglichen mit den heutigen teuer waren.

14 Vgl. HENCKEL, S. 971,

15 KÄSTLE, Welt der Kommentare, S. 91 ff.

Richterrecht als selbstständige Rechts- bzw. Rechtsgewinnungsquelle etablierte und die Verarbeitung der ergangenen Judikatur eine zentrale Funktion der Kommentarliteratur wurde. Die Rechtsprechung wurde neben dem Gesetz zu einem zweiten Bezugspunkt. Die Kommentare wurden zu normativen Mittlern zwischen Gesetzgebung und richterlicher Rechtsfortbildung.[16]

Welche Bedeutung hatten die Rechtswissenschaft und die Rechtsprechung in den Strafrechtskommentaren zum RStGB? Diese Frage kann im Rahmen dieser Arbeit nicht ganz allgemein, sondern nur im Hinblick auf die analysierten Kommentierungen beantwortet werden. Dennoch sollen einige allgemeine Überlegungen zu Rechtswissenschaft und Rechtsprechung gemacht werden, um ein Vorverständnis zu entwickeln. Dabei soll auch kurz erläutert werden, wie die Strafrechtswissenschaft sich zu Kommentaren positionierte und wie oberste Richter durch das Verfassen von Kommentaren den rechtlichen Diskurs dominieren können.

1 Die Rechtswissenschaft und die Kommentare

Die Regelungsdichte war schon in der Mitte des 19. Jahrhunderts sehr hoch. Die Gesamtheit der geltenden Gesetze wurde mit der Rechtsordnung gleichgesetzt.[17] Aus diesem Grund bestand schon zur Zeit der Reichsgründung eine lange Tradition der Kommentierung von Gesetzestexten. Dennoch gab es Widerstände gegen die Kommentierung als Art von Jurisprudenz. Der hohe wissenschaftliche Anspruch der Historischen Rechtsschule dominierte in der zweiten Hälfte des 19. Jahrhunderts. Es wurde klar zwischen der Wissenschaft als akademische Angelegenheit und der Rechtspraxis unterschieden.[18] Die Kommentare, die Ende des 19. Jahrhunderts publiziert wurden, waren sehr umfangreich und erschienen oft in mehreren Bänden. Diese Kommentare waren zwar als wissenschaftliche Werke anerkannt, aber kaum praxistauglich.[19] Diese Ausführungen beziehen sich vor allem auf das Privatrecht, dürften aber auch für das Strafrecht, zumindest teilweise, gelten.

Binding reflektierte in seinem 1881 erschienenen Aufsatz „Strafgesetzgebung, Strafjustiz und Strafrechtswissenschaft in normalem Verhältnis zu einander" die neue Rolle der Strafrechtswissenschaft und ging dabei auch auf die damaligen Strafrechtskommentare ein. Der Aufsatz ist deswegen interessant, weil er nach Inkrafttreten des RStGB und kurz nach der Gründung des Reichsgerichts

16 Kästle, Welt der Kommentare, S. 72.

17 Willoweit, S. 5.

18 Ebd., S. 16.

19 Ebd., S. 17 f.

1879 verfasst wurde. Darin wurde das damalige diskursive Umfeld im Strafrecht aus Sicht eines Vertreters der Strafrechtswissenschaft analysiert.

Er kritisierte in diesem Aufsatz die Gesetzes-, Präjudizien- und Materialienkulte[20] und vertrat die Auffassung, dass die Leistungsfähigkeit der Strafgesetzgebung überschätzt werde[21]. Das Urteil des Richters sei zugleich ein Akt wissenschaftlicher und gesetzgeberischer Tätigkeit.[22]

Gegenstand des Strafurteils sei der einzelne Fall, während die Strafgesetzgebung sich mit der Summe von Strafbestimmungen befasse, die der gesetzlichen Form nicht widerstreben. Der Gegenstand der Strafrechtswissenschaft sei hingegen viel weiter. Er sei das ganze positive geschriebene wie ungeschriebene Strafrecht als solches und in seinem Zusammenhang mit den übrigen Rechtsteilen.[23] Daraus abgeleitet habe die Wissenschaft des geltenden positiven Rechts eine doppelte Aufgabe zu lösen: „der Gegenwart das Bewusstsein ihres Rechtszustands zu vermitteln, und der Zukunft besseres Recht vorzubereiten“[24]. Die echte Rechtswissenschaft müsse stets eine Wissenschaft des positiven praktischen Rechts sein.[25]

Zur Textgattung des Kommentars schrieb BINDING, dass der gute Kommentar ebenso unentbehrlich wie unvollkommen sei. Der Kommentar unterliege der Gefahr, das Gesetz mit dem Recht zu verwechseln und statt Jurisprudenz Gesetzeskunde zu bieten. Aus diesen Grund würden die meisten und besten Kommentare nicht von Theoretikern, sondern von Praktikern bearbeitet, wobei die Praxis glaube, auf die Hilfe der theoretischen Werke verzichten zu können.[26] In der Folge ging BINDING auf verschiedene Kommentare ein und lobte jenen von OLSHAUSEN.[27]

Danach äußerte er sich zur Zentralisation der Strafrechtspraxis in Deutschland seit dem 01. Oktober 1879.[28] Er schrieb von der unfehlbaren Autorität des Reichsgerichts[29], obwohl die Praxis der unteren Instanzen für den Theoretiker belehrender und anregender sei als die Praxis höherer Instanzen[30].

---

20 BINDING, S. 6 und 17; vgl. dazu auch KÄSTLE, Welt der Kommentare, S. 271 ff.
21 BINDING, S. 7 ff., wonach die Mittel der Gesetzgebung beschränkt seien und nicht alles Recht sich für die gesetzliche Form eigne.
22 Ebd., S, 14 f.
23 Ebd., S. 17.
24 Ebd., S. 17 f.
25 Ebd., S. 19.
26 Ebd., S. 22.
27 Ebd., S. 22 f.
28 BINDING, S. 24 f.; vgl. dazu HENNE, Reichsgericht, S. 20 f., wonach das Reichsgericht seit seiner Gründung über ein Revisionsgericht für Strafsachen und über drei Strafsenate verfügte.
29 BINDING, S. 24 f.

Abschließend forderte er eine praktische Wissenschaft, die gleichzeitig den Bedürfnissen der Rechtspflege wie der künftigen Gesetzgebung zu dienen habe; dies ohne Abhängigkeit von Autoritäten. Die Gesetzgebung müsse der Theorie und Praxis die Freiheit lassen, Lücken zu füllen. Die Praxis dürfe über dem Paragrafen und Gesetz das Recht nicht übersehen, die Wissenschaft müsse praktische Wissenschaft des positiven Strafrechts werden.[31]

Die Bedeutung des Aufsatzes sollte nicht überschätzt werden, gleichzeitig dürfte nicht nur BINDING so gedacht haben. Interessant ist, dass er zwar Kommentare kritisierte, jedoch auch Kommentare nannte, die seiner Meinung nach gut seien. Der Kommentar von OLSHAUSEN als einer der vier Kommentare, auf die sich die vorliegende Abhandlung bezieht, wurde als ein positives Beispiel genannt. Daraus lässt sich schließen, dass dieses Werk in einer wissenschaftlichen Tradition stand oder zumindest von der Wissenschaft akzeptiert war.[32]

2 Das Reichsgericht und die Rolle seiner Rechtsprechung im Kommentar

Die Gründung des Reichsgerichts betrachtete BINDING skeptisch. HENNE hat in seiner Habilitation die Rechtsharmonisierung durch das Reichsoberhandelsgericht in den 1870er Jahren untersucht. Er fokussiert sich dabei auf das Handels- und nicht auf das Strafrecht. Nach seiner Annahme ging das ROHG in das Reichsgericht über.[33]

Die Rechtsprechung des Leipziger Gerichts[34], so HENNE, wurde von Rechtswissenschaft und Rechtspraxis zunächst ganz unterschiedlich wahrgenommen. Während die Rechtswissenschaft einzelnen Entscheidungen keine Präjudizwirkung zusprach, sondern die Judikatur an den Voraussetzungen des Gewohnheitsrechts maß[35], ging die Rechtspraxis von Anfang an von der Präjudizwirkung aller Entscheidungen des Leipziger Gerichts aus[36].

Entscheidsammlungen, Zeitschriften, Handelslehrbücher und Kommentare förderten die judikative Rechtsharmonisierung.[37] Dabei spielten Publikationen

30 Ebd., S. 26.

31 Ebd., S. 28 f.

32 Vgl. auch zu BINDING und LISZT über Kommentare KÄSTLE, Welt der Kommentare, S. 71 und POLLÄHNE, S. 155 ff.

33 HENNE, Rechtsharmonisierung.

34 HENNE, Rechtsharmonisierung, S. 133: „bezogen auf Elsass-Lothringen hatte das Leipziger Gericht auch Kompetenzen im Strafrecht, so dass die Entscheidungen des Leipziger Gerichts auch in diesem Rechtsgebiet schnell maßgebend wurden."

35 Ebd., S. 67, das dürfte der Position von Binding entsprochen haben.

36 Ebd., S. 68.

37 Ebd., S. 268, wobei das materielle Recht im Vordergrund stand (S. 304).

von Richtern eine wichtige Rolle. „1874/75 erschienen gleich drei umfangreiche Werke aus der Feder von ROHG-Richtern, die die judikative Rechtsharmonisierung des Leipziger Gerichts reflektierten, systematisierten und verstärkten“[38]. Die maßgeblichen Beiträge erschienen, nachdem eine rund dreijährige Judikatur genügend Material geboten hatte und ausreichend Zeitraum zur Erstellung der Werke parallel zur richterlichen Tätigkeit vorhanden gewesen war.[39] Die faktische Letztentscheidungskompetenz lag bei den ROHG-Richtern, welche die Publikation von ADHGB-Großkommentaren monopolisierten.[40] Sie konnten relativ schnell die Meinungsführerschaft im Diskurs übernehmen.[41] Dabei wurde die Präjudizwirkung partikularer Entscheidungen abgelehnt und den eigenen Entscheidungen absolute Präjudizwirkung zugeschrieben.[42]

Die Habilitation von Henne zeigt, wie Richter durch eigene Publikationen ihre Entscheidungen in den Diskurs einbringen und die Meinungsführerschaft übernehmen können. Ob im Hinblick auf das Strafrecht ähnliche Schlussfolgerungen gezogen werden können, kann nicht ganz allgemein beantwortet werden. Die Rolle der strafrechtlichen Rechtsprechung des Reichsgerichts in den analysierten Kommentierungen soll untersucht werden und es soll auch geklärt werden, ob erst der Leipziger Kommentar diese Rechtsprechung ins Zentrum der Kommentierung stellte. Anders als im Handelsrecht erschien der von Reichsrichtern verfasste Kommentar im Strafrecht sehr spät. Das könnte mit der Entstehungsgeschichte des RStGB zusammenhängen.

3 Schlussfolgerung

Der Vergleich mit den frühen Kommentaren zum BGB und auch zum ADHGB ist nur beschränkt möglich, da eine eigentliche Zäsur fehlte. Auch konnten die Kommentatoren auf die Lehre und Rechtsprechung zum Preußischen Strafgesetzbuch und zum Strafgesetzbuch für den Norddeutschen Bund zurückgreifen. Vielleicht prägte die Rechtswissenschaft die Kommentare über eine längere Zeit. Ein Hinweis darauf könnte der von der Wissenschaft akzeptierte Kommentar von Olshausen sein, welcher vor dem Leipziger Kommentar als der Standardkommentar zum Reichsstrafgesetzbuch galt.

Ob der Referenztext primär mit Verweis auf die Materialien, die Lehre (bzw. die Wissenschaft) oder auf die Rechtsprechung ausgelegt wird, ist eine weitere

38 Ebd., S. 269; vgl. auch S. 277.
39 Ebd., S. 278.
40 Ebd., S. 284.
41 Ebd., S. 291.
42 Ebd., S. 310; vgl. dazu auch Zimmermann, S. 36.

zentrale Frage. Gemäß SCHMIDT nimmt die relative Bedeutung von Rechtsprechung in allen Kommentaren von Auflage zu Auflage zu.[43] Was für die Auslegung maßgeblich ist, hängt zum Teil auch vom Alter des Gesetzes ab. Wenn ein neues Gesetz eingeführt wird, steht dessen Erläuterung, häufig mithilfe der Materialien, im Vordergrund.[44] Mit der Zeit ergehen Urteile und es wird Literatur zum neuen Gesetz publiziert.[45] Der Kommentator muss dann diese Informationen berücksichtigen und sich entscheiden, was nun maßgeblich sein soll. Ist ein Gesetz sehr alt, so muss der Kommentator für die Fortentwicklung des Gesetzes sorgen. Im Vordergrund steht die kreative Auslegung im Sinne der Aktualisierung des Gesetzes, während hingegen die Dogmatik in den Hintergrund rückt.[46] Die Art und Tiefe der Verarbeitung von Materialien, Judikatur und Literatur wurde für Rezensenten der frühen Kommentare zum BGB ein Qualitätsmaßstab.[47]

Die analysierten Kommentierungen sollen eine Skizze des strafrechtlichen Diskurses von 1910 bis 1920 ermöglichen und so auch die Relevanz von Lehre und Rechtsprechung für die Auslegung offenbaren. An dieser Stelle kann die Hypothese aufgestellt werden, dass der Kommentar von OLSHAUSEN vermutlich einer wissenschaftlichen Tradition verpflichtet war, während der Leipziger Kommentar sich vermutlich an der Rechtsprechung orientierte. Wie die Kommentare von SCHWARTZ und FRANK einzuordnen sind, wird sich noch zeigen.

43 SCHMIDT, S. 187.

44 Vgl. dazu WILLOWEIT, S. 18.

45 Vgl. dazu WESTERMANN, S. 113, wonach die Vollständigkeit der Materialverarbeitung heute nicht mehr vom Kommentator ernstlich angestrebt werde (nur in monografischen Arbeiten möglich unter Verzicht auf Aktualität); vgl. auch KÄSTLE, Welt der Kommentare, S. 91, wonach die Kommentare ständig dickleibiger werden und entsprechend die Anforderungen an die Bewältigung des umfangreichen Stoffes steigen.

46 Vgl. WESTERMANN, S. 107 f.

47 KÄSTLE, Welt der Kommentare, S. 212.

3. Kapitel: Funktionen von juristischen Kommentaren

I Allgemeines

Der Kommentar ist Entscheidungshilfe für den Juristen und erleichtert ihm das Denken.[1] Die abstrakt gefassten Normen müssen konkretisiert werden, sodass sie auf konkrete Lebenssachverhalte angewendet werden können. Der Anwendungsbezug ist somit für den juristischen Kommentar charakteristisch.[2] Als Entscheidungshilfe übt der Kommentar einen starken Einfluss auf die Praxis aus. Gemäß HENCKEL hat der Autor eine besondere Verantwortung. Er muss dafür sorgen, dass der Benutzer das richtige Recht findet. Deswegen soll alles Wesentliche, was zu einer Streitfrage gedacht worden ist, nachgewiesen werden, sodass eine Abwägung möglich ist.[3]

Ausgangspunkt dieser Dissertation bilden einige der von THOMAS HENNE in seinem Aufsatz „Die Entstehung der Gesetzeskommentare in Deutschland im 19. und 20. Jahrhundert" zu juristischen Kommentaren aufgestellten Thesen.[4] Zudem sollen die von DAVID KÄSTLE in seiner Dissertation definierten Funktionen berücksichtigt werden.[5] Die definierten Funktionen wurden bisher noch nicht wissenschaftlich überprüft, jedoch besteht, wie bereits erläutert[6], ein wissenschaftliches und auch praktisches Interesse an der kritischen Auseinandersetzung mit ihnen.

Aus heutiger Sicht ist es aufgrund der Schnelligkeit der Entwicklungen in den verschiedenen Rechtsgebieten fast unmöglich, einen vom Autor abgeschlossenen Text so schnell herauzubringen, dass er nicht bei seinem Erscheinen schon veraltet ist. Der Kommentator kann dem zumindest teilweise entgegenwirken, indem er den geltenden Rechtszustand würdigt, aber auch möglichst gut abgesicherte Prognosen bezüglich künftiger Entwicklungen macht.[7] Daneben haben – gemäß eines Aufsatzes aus dem Jahr 1989 zum Strafrecht, dessen Feststellungen aber auch heute zutreffend dürften – die Publikationen zugenommen.[8] Der Umfang des Leipziger Kommentars hat sich aufgrund dessen von 1957 bis 1978 mehr als

1 Vgl. RIESS, S. 93.

2 KÄSTLE, Welt der Kommentare, S. 291.

3 HENCKEL, S. 971.

4 HENNE, Entstehung der Gesetzeskommentare, S. 317 ff.

5 KÄSTLE, Welt der Kommentare, S. 311 ff.; vgl. auch KÄSTLE, Von der Farbe des Chamäleons, S. 425 ff.

6 Vgl. S. 10.

7 WESTERMANN, S. 112 f.

8 SCHROEDER, S. 77 und auch S. 82 f., wo er konkrete Zahlen anführt.

vervierfacht.[9] Die juristische Diskussion hat sich verdichtet und die Wissenschaftler haben mit Spezialisierung reagiert. Die Dokumentation der fremden Publikationen tritt in den Vordergrund und es bleibt weniger Raum für die eigene Auslegung.[10]

Zwischen 1910 und 1920 wurde wohl weniger publiziert als heute, aber auch schon damals war die Dokumentation eine wichtige Aufgabe der Kommentare. Die Dokumentation in der Kommentierung ist dabei immer vergangenheitsbezogen. Die relevante Lehre und Rechtsprechung im Zeitpunkt der Textproduktion soll berücksichtigt werden. Im Zeitpunkt der Finalisierung des Manuskripts sind bereits weitere relevante Abhandlungen erschienen und Entscheide ergangen. Bis das Manuskript korrigiert und der Kommentar gedruckt wird, erscheinen weitere relevante Quellen. Wenn der Kommentar auf den Markt kommt, ist er schon veraltet.

Der Kommentar soll einen eindeutigen Sinn herausarbeiten, sodass die praktische Anwendung eines Normsatzes widerspruchsfrei möglich und die Rechtssicherheit gewährleistet ist.[11] Wie soll ein veralteter Kommentar so etwas leisten können? Er muss in die Zukunft schauen. Der Anwendungsbezug verlangt vom Kommentator Prognosen. Der Kommentar dokumentiert vergangene Lehre und Rechtsprechung und macht sie für die Auslegung fruchtbar, indem er zukünftige Rechtsprobleme antizipiert. Aufgrund der Vergangenheit schaut der Kommentator in die Zukunft, um Lösungen für die Gegenwart zu finden.

Im Hinblick auf das BGB hat KÄSTLE festgehalten, dass mehr Rechtsprechung und Literatur zu einer Verschiebung des Fokus vom Verstehen hin zum Verarbeiten geführt haben; dies im Sinn einer kreativen Entfaltung. Man kam zum Schluss, dass das BGB nicht auf jede Frage eine Antwort hatte. Die Rechtsprechung wurde zur zusätzlichen Autoritätsquelle.[12]

Nachfolgend werden die Thesen von HENNE und die von KÄSTLE definierten Funktionen in zwei Kategorien eingeteilt: vergangenheitsbezogene und zukunftsbezogene Funktionen. Dabei soll berücksichtigt werden, dass Funktionen die doppelte Beziehung des Kommentars zu Referenztext und Diskurs operationalisieren. Kommentare erläutern den Referenztext für den Diskurs. Sie vermitteln zwischen Text und Diskurs und stabilisieren den Text innerhalb des Diskurses.[13]

---

9 Ebd., S. 82.
10 Ebd., S. 85 ff.
11 KÄSTLE, Welt der Kommentare, S. 172.
12 Ebd., S. 300.
13 Ebd., S. 311.

II Vergangenheitsbezogene Funktionen: Wissensorganisation

1 Organisation des Wissens

Henne bringt es auf den Punkt: „Der Kommentar ist eine memoria-Maschine: Nur das, was in der jeweils aktuellen Auflage des Standardkommentars zu lesen ist, findet Eingang in die alltägliche Rechtspraxis.“[14]

Kästle differenziert diese Funktion weiter aus. Er sieht den Kommentar als Wissensspeicher, dessen Aufgabe es ist, zu dokumentieren, zu konservieren und zu informieren. Dabei greift der Kommentator auf früheres Wissen und frühere Deutungsansätze zurück. Er gibt die Meinung anderer Autoren wieder und zeigt Kontroversen sowie Dogmatisierungsprozesse auf. Der Stand der Diskussionen zu den relevanten Textstellen und Themen wird präsentiert. Unter Umständen wird auch über die herrschende Meinung informiert. Charakteristisch für die modernen Kommentare ist die Auseinandersetzung mit Gerichtsentscheidungen, insbesondere mit höchstrichterlicher Rechtsprechung (Sammlung von Präjudizien). Aber auch andere Textformen, wie Aufsätze und Monografien, werden berücksichtigt. So werden in diesen Texten präsentierte Deutungsansätze in den Diskurs transportiert.[15] Der Kommentar soll aber nicht nur über Lehre und Rechtsprechung informieren, sondern der Praxis auch den Stand der Rechtstheorie und Rechtsmethode nahebringen.[16]

Dabei ist er auch Wissensfilter. Er selektiert, kanalisiert und reduziert. Anders als in einer Datenbank erfolgt eine inhaltliche Auswertung der Informationen. Zum einen werden Wissensbestände zusammengefasst. Zum anderen werden aber auch weniger relevante, veraltete oder fehlerhafte Wissensbestände herausgefiltert (weggelassen). Schmidt spricht von einer „rechtshygienischen“ Aufgabe.[17] Dadurch soll Komplexität reduziert werden. Ziel ist die „Organisation des kollektiven Gedächtnisses“[18] und die „Organisation des Vergessens“[19]. Kommentare müssen in Neuauflagen „entrümpelt werden“[20]. Auch der neue Stoff muss gefiltert werden. Der Kommentar muss aus der Publikationsflut die für die

14 Henne, Entstehung der Gesetzeskommentare, S. 318 f.; vgl. dazu auch Stolleis, S. 539 ff., der von der Entsorgung des alten Rechts spricht und verschiedene Formen aufzeigt, wie dies erfolgen kann. Er nennt dabei auch das Vergessen als eine zentrale Methode.

15 Kästle, Welt der Kommentare, S. 313 ff.; vgl. auch Riess, S. 90 f.; Seydel, S. 191; Zöllner, S. 731 und 732 f.

16 Zöllner, S. 822.

17 Schmidt, S. 191.

18 Kästle, Welt der Kommentare, S. 317.

19 Ebd.

20 Riess, S. 92; vgl. auch Krajewski/Vismann, S. 6 und Seydel, S. 190, der darauf hinweist, dass die Form des Kommentars dazu drängt, dass sich Veraltetes anhäuft.

Praxis wichtigen Bestände herausfiltern.[21] Oft werden neue Gedanken und Thesen in Fachzeitschriften präsentiert. Erst der Kommentar sorgt dafür, dass Fachartikel bei der Auslegung berücksichtigt werden und so in die Praxis gelangen.[22]

Der Kommentar organisiert das Wissen, d. h., er ordnet, strukturiert und systematisiert und ermöglicht so eine professionelle Kommunikation über das Recht. Begriffe werden aufgeschlüsselt, differenziert, verfeinert oder generalisierend entwickelt. Zur Systematisierungsaufgabe moderner Kommentare gehört auch die Abstraktion im Gesetz immanenter Rechtsgrundsätze. Dabei spielt das Verhältnis von Abstraktion und Kasuistik eine wichtige Rolle. Oft werden aufgrund von Gerichtsentscheidungen Fallgruppen gebildet, welche die Norm in Teilregelungen aufschlüsseln.[23] Normen werden mit diesen Fallgruppen angereichert.[24] Dabei geht der Kommentar „bei der Auswertung der Rechtsprechung den logisch umgekehrten Weg von dem konkreten Richterspruch zur Abstraktion zurück, dabei soll er die Leitsätze nicht ungeprüft übernehmen und obiter dicta kennzeichnen"[25]. Unabhängig von der zufälligen und der soziologisch begründeten Entscheidungsballung kann der Kommentator entscheiden, ob und welche Entscheidungen er berücksichtigt.[26] Die Entscheidungsballung dürfte aber ein Indiz für praktisch relevante Fragestellungen sein.

Aufgabe des Kommentars ist es auch, Wissen zu gestalten, d. h. zu steuern, zu gestalten und zu dogmatisieren. Er soll Wertungsgesichtspunkte analysieren und sowohl logische Widersprüche als auch Wertungswidersprüche offenlegen. So wird der Kommentar zum „Meinungsbildner"[27] und „Steuerungsmedium"[28] des juristischen Diskurses und leistet einen wichtigen Beitrag zu Dogmatisierungsprozessen. Manche Kommentare liefern Stellungnahmen und Entscheidungen über Streitfragen, andere sind eher meinungsoffen. Manche Kommentare sind stark von der subjektiven Meinung des Verfassers geprägt, andere eher zurück-

21 Kästle, Welt der Kommentare, S. 316 ff.; vgl. auch Henckel, S. 967; Hedemann, S. 141; Jansen, Rechtssystem und informelle Autorität, S. 64 f., wonach auch Argumente gefiltert werden; schließlich von Liszt, ZStW 4, S. 328, wonach die „Zusammenfassung der Ergebnisse wissenschaftlicher Erörterung in bestimmt formulierten Sätzen" die Aufgabe des Kommentars sei.

22 Vgl. dazu Westermann, S. 115.

23 Kästle, Welt der Kommentare, S. 318 ff.; vgl. dazu auch Rabel, S. 512, wonach die Gesetzessystematik den Kommentar einer weitreichenden Objektivität der Darstellung unterwirft; Schmidt, S. 190, wonach auch die Zusammenhänge zwischen dem kommentierten Gesetz und anderen Gesetzen oder Rechtsgebieten aufgezeigt werden sollen.

24 Holtzleithner/Mayer-Schönberger, S. 334

25 Schmidt, S. 188.

26 Ebd., S. 191.

27 Riess, S. 90.

28 Henne, Die Prägung des Juristen, S. 352.

haltend, neutral und ausgewogen. Dabei können verschiedene Lösungen nebeneinander präsentiert werden. Die Entscheidung liegt dann beim Leser. Es wird eine Darstellung der verschiedenen Meinungen erwartet, wobei die eigene Meinung als solche gekennzeichnet werden soll.[29] Gemäß RIESS sollen Kommentare keine meinungsmonopolisierende und -manipulierende Funktion haben: Kommentare sind nur Hilfsmittel bei der Gewinnung der eigenen Auffassung.[30]

Der Kommentar ist Wissensspeicher, muss aber auch als Wissensfilter agieren. Der Kommentator kann nicht die gesamte bis dato publizierte Literatur und Rechtsprechung berücksichtigen. Eine Auswahl muss getroffen werden. Anders als eine Datenbank muss der Kommentator das Wissen auswerten und organisieren, damit er auch als Wissensgestalter auftreten kann. Bei der Wissensgestaltung spielt die Argumentationsfigur der herrschenden Meinung eine wichtige Rolle.

2 Die herrschene Meinung

Bei der Auseinandersetzung mit Lehre und Rechtsprechung wird im Kommentar häufig auf die herrschende Meinung oder die herrschende Lehre verwiesen. Diese Begriffe sind bereits untersucht worden. Meines Wissens gibt es drei Dissertationen zu diesem Thema von ALTHAUS, DROSDECK und ZIMMERMANN. Die Erkenntnisse von DROSDECK und ZIMMERMANN scheinen mir für die vorliegende Arbeit besonders interessant, weshalb ich kurz darauf eingehen werde.

Die herrschende Meinung als Argumentationsfigur entstand im Laufe des 19. Jahrhunderts. Bestehende Dogmatik traf mit noch nicht dogmatisierten Texten zusammen. Die Gesetze gaben keine Antworten auf die neuen Rechtsfragen, weshalb auf Dogmatik und Präjudizien zurückgegriffen werden musste. Die juristische Kommunikation differenzierte sich weiter aus und es bildeten sich Spezialisten. Gleichzeitig sollten sich nichtspezialisierte Juristen einen Überblick über das Gesamtsystem verschaffen können.[31] Zudem konnte die Rechtsprechung erst nach Gründung des Reichsgerichts vereinheitlichend und rechtsgestaltend

29 KÄSTLE, Welt der Kommentare, S. 321 ff.; vgl. dazu auch CALLIESS, S. 389; HENCKEL, S. 970; RIESS, S. 89 f.; RABEL, S. 509 f., und FLUME, S. 470, sind der Meinung, dass es nicht die Aufgabe des Kommentars sei, umwälzende Theorien zu entwickeln.

30 RIESS, S. 91; vgl. auch WESTERMANN, S. 123 f., wonach Kommentare das Nachdenken nicht überflüssig machen und selten abgeschlossen und abgerundet sind.

31 DROSDECK, S. 115 f.

wirken. Erst ab diesem Zeitpunkt kann von einem Zusammenspiel von Meinungen in der Literatur und gerichtlichen Entscheiden gesprochen werden.[32]

Die „herrschende Meinung besteht aus der Übereinstimmung der wichtigsten Stimme in der Rechtsprechung mit den wichtigsten Meinungen der rechtswissenschaftlichen Literatur".[33] Sie repräsentiert einen umfassenden überinstitutionellen Konsens, d. h. eine Meinungskongruenz zwischen der Rechtsprechung und zumindest Teilen der Literatur.[34] Davon lässt sich die herrschende Lehre als Meinung in der Literatur abgrenzen.[35] Herrschende Rechtsprechung bezieht sich auf den Meinungsstand in der Rechtsprechung.[36] Präjudizien scheinen eine Vermutung der Richtigkeit zu haben, die im Einzelfall widerlegt werden muss.[37] Ihnen wird der „Vorzug vor dogmatischer Argumentation gegeben, weil sie zwar nicht unbedingt Konsens, aber Autorität der autorisierten Entscheidungsinstanzen vermitteln"[38].

Neben herrschender Meinung liest man manchmal allgemeine oder einhellige Meinung. Gemeint ist eine allgemein verbreitete Auffassung, wobei aber kein Machtanspruch impliziert wird wie bei der herrschenden Meinung, welche die andere Meinung, Mindermeinung oder abweichende Meinung beherrscht.[39] Interessant ist, dass inhaltlich kein signifikanter Unterschied zwischen Mindermeinung und herrschender Meinung besteht.[40]

---

32 Vgl. dazu Zimmermann, S. 36, wonach die regionale Rechtsprechung vor Gründung des Reichsgerichts aufgrund ihrer Struktur keinen starken Einfluss auf die Bildung einer einheitlichen herrschenden Meinung haben konnte.

33 Wesel, S. 32 f.; vgl. dazu auch Drosdeck, S. 20, der herrschende Ansicht (Auffassung), allgemeine Meinung (Auffassung), überwiegende Meinung als Synonyme aufführt. Er verweist auch auf seine Analyse von Urteilen und Zitatblöcken, wo eine geringe Zahl der Verfasser, welche die andere Meinung repräsentieren, angeführt wird, sodass für den Leser klar wird, welches die herrschende Meinung und die Mindermeinung ist; schließlich auch der Aufsatz von Kramer, Was wir schon immer wissen wollten oder: Wie die „herrschende Meinung" entsteht.

34 Drosdeck, S. 30, der aber auch festhält, dass die Beantwortung der Frage, aus welchen Komponenten herrschende Meinung sich im Einzelfall zusammensetzt, mit einer begrifflichen Differenzierung nur begrenzt zu leisten ist (S. 29).

35 Zimmermann, S. 25; vgl. auch Drosdeck, S. 27 f.

36 Zimmermann, S. 25; vgl. dazu auch Holtzleithner/Mayer-Schönberger, S. 326 ff., wenn auf Präjudizien zurückgegriffen wird, wird diesen autoritative Kraft zugemessen, was nicht unproblematisch ist. Denn eigentlich sollte das von der Legislative erlassene Gesetz maßgeblich sein.

37 Zimmermann, S. 39 f., wonach der herrschenden Lehre deutlich weniger Orientierungskraft beigemessen wird als dem Richterrecht.

38 Drosdeck, S. 137.

39 Zimmermann, S. 26 f.

40 Ebd., S. 28.

Die herrschende Meinung basiert auf schriftlichen, veröffentlichten Ansichten.[41] Sie entsteht im Rahmen eines Diskussionsprozesses, wobei die Diskussion in der veröffentlichten Fachliteratur, in Monografien, Zeitschriften, Kommentaren und Entscheidsammlungen stattfindet.[42] Bei der Bildung der herrschenden Meinung wird nicht nur die sachliche Argumentation beachtet. Die Persönlichkeit des Verfassers spielt eine wichtige Rolle, d. h., die Äußerung eines Spezialisten oder einer Kapazität wird mehr beachtet. Auch die Meinung eines höheren oder höchsten Gerichts hat ein größeres Gewicht als jene von unterinstanzlichen Gerichten.[43] Konventionelle Meinungen werden problemloser akzeptiert, wobei es nicht auf die besten Argumente ankommt: Wichtig ist die Konsensfähigkeit.[44] Oft entscheidet ein Kommentar, ob bestimmte Veröffentlichungen erwähnt und so einem weiten Leserkreis zur Kenntnis gebracht werden. Wenn bestimmte Meinungen im Standardkommentar nicht berücksichtigt werden, sind sie von einer weiteren Diskussion ausgeschlossen.[45] Hier zeigt sich die Funktion des Kommentars als Wissensfilter. DROSDECK schreibt dazu:

> „[Die herrschende Meinung] ersetzt die Beschäftigung mit jeder publizierten Auffassung und garantiert doch Wissenschaftlichkeit. […] Kommentare sind das Konnexsystem zwischen Rechtsprechung und rechtswissenschaftlicher Literatur: sie befriedigen auf der einen Seite den Wunsch der Praxis nach Vorschlägen für Entscheidungen, indem sie Präjudizien einschlägig und fallgeordnet katalogisieren und erfüllen andererseits das Bedürfnis der Wissenschaft, diese Entscheidungen – wenn auch meist in allzu begrenztem Umfang – zu diskutieren. Dabei ist es gerade der begrenzte wissenschaftliche Umfang, der die Kommentare zum Bildungsfaktor der herrschenden Meinung werden lässt. […] Damit wird der Kommentar zum Entscheidungsprogramm. […] Der RGRK verdeutlicht den Konnex zwischen Rechtsprechung und Wissenschaft, der in diesem Fall durch persönliche Identität gekennzeichnet ist. […] vielmehr perpetuiert dieser Kommentar die einschlägigen Präjudizien. Ein kurzer Rundblick in der Literatur offenbart denn auch, dass der RGRK sich zumeist auf der Seite der herrschenden Meinung findet."[46]

41 Ebd.

42 Ebd., S. 43, vgl. auch S. 45, wonach eine Meinung, die beachtet werden soll, veröffentlicht sein und von einem Verfasser mit juristischer Bildung stammen muss. Zudem muss sie mit einem Minimum an Argumenten belegt sein. Schließlich muss sich eine Mehrzahl von Diskussionsteilnehmern dieser Meinung anschließen.

43 Ebd., S. 60.

44 Ebd., S. 73 f.

45 Ebd., S. 63 f.

46 DROSDECK, S. 105 f.

Nach DROSDECK bilden Dogmatik[47] und Präjudizien[48] den argumentativen Hintergrund, der als autoritativ relevant bestimmt werden kann.[49] Dabei erweitern herrschende Meinung, ständige Rechtsprechung und herrschende Lehre eine dogmatische oder mit Präjudizien abgesicherte Begründung um eine evaluative Komponente.[50] Die herrschende Meinung befindet sich in einer Gemengelage zwischen Präjudiz und Dogmatik.[51] Sie entsteht bei Kontroversen und gibt einen Hinweis darauf, wie Richter entscheiden und eine Mehrzahl von Rechtswissenschaftler bestimmte Fälle lösen werden. „Herrschend" deutet darauf hin, dass keine Änderung der Auslegung in naher Zukunft zu erwarten ist.[52] Ursprünglich von bestimmten Personen formuliert, löst sich die herrschende Meinung in der Diskussion und wird anonym.[53] Hinter ihr wird eine Autorität vermutet, auf die man sich zur Stärkung seines Standpunktes berufen kann. Da Rechtswissenschaft Entscheidungswissenschaft ist, dürfen Gerichte Fragen nicht offenlassen. Als dogmatisch orientierte Wissenschaft braucht die Rechtswissenschaft eine verbindliche Meinung[54], die Komplexität reduziert und eine Entscheidung ermöglicht, indem die Entscheidungsalternativen auf eine einzige autoritativ abgesicherte Meinung reduziert werden.[55] Sie ersetzt scheinbar die Begründung für eine bestimmte Lösung, ohne dass Sachargumente offengelegt werden.[56] Die sachliche

47 Vgl. zur Legitimation von Dogmatik DROSDECK, S. 90 ff.

48 Vgl. zur Struktur von Präjudizien DROSDECK, S. 92 f.

49 Ebd., S. 90.

50 Ebd., S. 94.

51 Ebd., S. 119.

52 ZIMMERMANN, S. 17; vgl. dazu auch Drosdeck, S. 72, wonach das Prädikat „herrschend" Macht symbolisiert, die wenigstens kurzfristig Überzeugung sichert.

53 ZIMMERMANN, S. 22; vgl. dazu auch DROSDECK, S. 121, wonach sich herrschende Meinung schlecht überprüfen lässt. Sie entlastet nur, wenn auf Transparenz verzichtet wird, sie nicht rechtshistorisch reflektiert wird und sie ihre Anonymität bewahren kann (erfüllt nicht die Rationalitätsanforderungen).

54 ZIMMERMANN, S. 23 f.; vgl dazu auch DROSDECK, S. 73, wonach der juristische Diskurs auf Autorität angewiesen ist.

55 DROSDECK, S. 73 und auch S. 95, wonach die herrschende Meinung Stabilisierung, Orientierung, Entlastung und Kontrolle bringt sowie die Rechtssicherheit garantiert. Sie strukturiert den Diskurs, weil ablehnende und zustimmende Auffassungen ihren Ausgangspunkt in der herrschenden Meinung haben; vgl. auch ZIMMERMANN, S. 93, wonach die herrschende Meinung den Blickwinkel verengt; vgl. dazu auch in Zusammenhang mit Präjudizien HOLTZLEITHNER/MAYER-SCHÖNBERGER, S. 333: „Die unmittelbare legitimierende Plausibilität der Berufung auf ein Präjudiz ermöglicht die Absicherung der neuen Entscheidung im Sinne der Kontinuität der Rechtsordnung und der individuellen Psychohygiene. Vereinfachte Deutungsschemata führen zu einer Reduktion des Problemlösungsaufwandes".

56 ZIMMERMANN, S. 102.

Argumentation wird verkürzt[57], und es wird ein argumentativer sowie rethorischer Vorsprung geschaffen, der verlangt, dass abweichende Meinungen ausführlich und vielschichtig begründet werden[58]. Die eigene Auffassung oder Begründung wird durch Bezugnahme auf die herrschende Meinung als das Resultat von Konsensprozessen dargestellt.[59] Wenn konkrete Fälle nach der herrschenden Meinung entschieden werden, dann hat diese dieselbe faktische Geltung wie ein Gesetz.[60] Sie wirkt normativ.[61]

„Die Berufung auf eine herrschende Meinung genügt [aber] nicht den Anforderungen, die an eine wissenschaftliche Argumentation zu stellen sind".[62] Auch im Hinblick auf das Demokratieprinzip ist sie problematisch.[63] Letztlich handelt es sich um eine kaum legitimierte formale Legitimation, „die das in seiner Vergangenheitsorientiertheit ohnehin fragwürdige Ziel formaler Gerechtigkeit durch Gleichbehandlung auch nur in fragwürdiger Weise verwirklicht"[64]. Im Vordergrund stehen nicht Argumentation und sachliche Überzeugungskraft, sondern eine institutionalisierte Akzeptanz. „Eine Orientierung an der herrschenden Meinung offenbart ein Begründungsdefizit"[65]. Die herrschende Meinung ist ein affirmatives Rechtfertigungssymbol ohne eigenen Begründungswert.[66]

---

57 Drosdeck, S. 98, wonach die juristische Praxis die entlastende Entscheidungsfunktion von herrschender Meinung den rationalen diskursiven Anforderungen aufgrund von Zeitdruck und vielen Verfahren vorzieht (S. 98 f.).

58 Ebd., S. 80.

59 Ebd., S. 94.

60 Zimmermann, S. 86.

61 Ebd., S. 89; vgl. dazu auch Drosdeck, S. 21 ff., der in seiner Analyse der BGH-Urteile eine überwiegend normative Verwendung konstatiert. Er konnte auch eine affirmative (Anschluss an eine bestehende Meinung) und informative Verwendung feststellen. Abwendungen und Abweichungen waren selten und wurden meist aufwendig begründet.

62 Zimmermann, S. 105; vgl. dazu Drosdeck, S. 101: „Eine autoritativ-autoritäre Rhetorik ist juristisch aus diesem Grund allgemein akzeptiert, wie man an der allseitigen Zitierpraxis erkennt, die von der Prämisse ausgeht, dass der Beleg eine wissenschaftliche Arbeitsweise impliziert, und diese Rhetorik wird über die Sozialisation der Juristen tradiert, wodurch sich letztendlich der Glaube an die Effizienz von herrschender Meinung stabilisiert."

63 Zimmermann, S. 125.

64 Ebd., S. 124.

65 Ebd., S. 125.

66 Ebd., S. 134.

3 Formale Bezugnahme auf Literatur und Rechtsprechung

Der Umgang des Kommentars mit Literatur und Rechtsprechung trägt dazu bei, dass „die Textschichten, die Recht ausmachen" im Zuge ihrer Deutung nicht nur bestätigt und verfestigt, sondern immer auch geändert werden.[67] Der Rechtsdiskurs erscheint so als „struppig wachsendes Geflecht von Texten [...], die untereinander zitatförmig in Beziehung stehen".[68] Dieses System funktioniert aber nur, wenn Verweise verstanden werden[69] und die Quellen, auf die verwiesen wird, einfach und öffentlich verfügbar für die Rezipienten sind (Bibliotheken und Entscheidsammlungen).[70] Recht erscheint so als ein System der Legitimation durch Verweisung.[71]

In ihrer Analyse von Gerichtsentscheidungen unterscheiden Holtzleithner/Mayer-Schönberger zwei Formen von Zitaten. In inhaltlichen Zitaten wird auf die Argumentation der Entscheidungen hingewiesen, um diese zu übernehmen oder zu differenzieren. So wird die Effizienz gesteigert und der Diskurs mit früheren Entscheidungen ermöglicht. Mit „String"-Zitaten hingegen soll die Legitimität der verweisenden Entscheidung erhöht werden, indem eine Kette von Entscheidungen angeführt wird. Je länger die Kette, desto höher auch die Legitimität. Quantität schlägt in Qualität um.[72] Mit der Zunahme der ergangenen Entscheidungen wächst auch die Anzahl der zitierten Entscheidungen. Untergerichte legitimieren Entscheide mit Verweis auf Entscheidungen von Obergerichten. Obergerichte verweisen auf eigene Entscheidungen und externe legitimierende Quellen, wobei auch Höchstgerichte mehrheitlich String-Zitate nutzen.[73] Diese Unterscheidung lässt sich verallgemeinern, d. h. auch auf Literaturzitate anwenden und für die Analyse in dieser Arbeit verwenden. Im Medium Kommentar erfolgt über Zitate eine Argumentationsverkürzung. Die Effizienz der Arbeit wird gesteigert.

4 Überprüfung der vergangenheitsbezogenen Funktionen

Um die vergangenheitsbezogenen Funktion zu überprüfen, müssen die Zitate analysiert werden: Was wird zitiert und wie wird zitiert?

---

67 Holtzleithner/Mayer-Schönberger, S. 334; vgl. dazu auch Schmidt, S. 184, wonach „statische" Texte mit Hilfe der „dynamischen" Rechtsprechung interpretiert werden.

68 Holtzleithner/Mayer-Schönberger, S. 334.

69 Ebd., S. 335 f. mit Beispielen von Verweisregeln aus Österreich und den USA, wobei aufgezeigt wird, dass in Österreich nicht die Wiederauffindbarkeit der Quelle im Vordergrund steht.

70 Ebd., S. 337.

71 Ebd., S. 338.

72 Ebd., S. 338 f.

73 Vgl. ebd., S. 340 ff.

Ob sämtliche Literatur und Rechtsprechung zur Zeit der Abfassung des Kommentars berücksichtigt wurde, kann in dieser Arbeit nicht geklärt werden, weil es nicht Ziel ist, die gesamte strafrechtliche Lehre und Rechtsprechung in Deutschland um 1920 zu sichten. Jedoch kann die Funktion des Wissensfilters untersucht werden, d. h., aufgrund eines Vergleichs der verschiedenen Kommentierungen kann ermittelt werden, welcher Kommentator sehr viel Literatur und Rechtsprechung zitiert und welcher sich auf einige wenige wesentliche Quellen beschränkt hat. Die Texte dürften offenbaren, ob der Kommentator nach Vollständigkeit oder Verständlichkeit strebte.

Weiter kann ermittelt werden, welche Quellen für den Kommentator im Vordergrund standen. Wie organisierte der Kommentator das Wissen? Stand die Rechtsprechung im Vordergrund oder systematisierte er vor allem aufgrund von Lehrbüchern, Kommentaren und Aufsätzen? Interessant ist auch, ob mehrheitlich Kommentare und Lehrbücher oder Aufsätze und Monografien zitiert wurden.

Die Funktion der Wissensgestaltung kann anhand der Darstellung von verschiedenen Meinungen geprüft werden. Ist die Kommentierung eher zurückhaltend, neutral und ausgewogen oder steht die subjektive Meinung des Kommentators im Vordergrund? Wird eine „richtige“ Lösung präsentiert oder soll der Leser die für ihn „richtige“ Meinung ermitteln?

Zu prüfen ist auch, wie häufig auf die herrschende Meinung oder ähnliche Argumentationsfiguren, also z. B. herrschende Lehre oder Rechtsprechung, Bezug genommen wurde. Schließlich soll auch geklärt werden, ob inhaltliche Zitate oder String-Zitate verwendet wurden. Aus diesen Analysen kann dann abgeleitet werden, ob die Argumentation häufig verkürzt wurde oder eine differenzierte Auseinandersetzung mit den Fragen stattfand.

III Zukunftsbezogene Funktionen: Feinsteuerung

1 Erläutern des Textes

Unter Berücksichtigung der Lehre und Rechtsprechung und mit unterschiedlicher Gewichtung dieser beiden Quellen erläutert der Kommentar den Referenztext. Erläutern kann Verschiedenes bedeuten: Der Text kann aufgeschlüsselt, fortgebildet oder ergänzt werden. Der Kommentar kann dabei sinnentfaltend oder sinnstiftend sein. Er kann dem Text dienen oder diesen souverän fortführen.[74] Die Hauptaufgabe des juristischen Kommentars ist die Erklärung des Gesetzestextes, d. h., Begriffe werden definiert, erklärt und mit Details angereichert. Dabei geht es

74 Kästle, Welt der Kommentare, S. 296 f.

nicht nur um die Ausräumung sprachlicher Verständnisschwierigkeiten. Wenn das Wort des Textes zentral ist, wird die Erläuterungsfunktion wichtig. Werden hingegen Auslegungstraditionen, weitere Normtexte, Literatur oder Rechtsprechung beigezogen, tritt diese Funktion in den Hintergrund.[75] Zu berücksichtigen ist auch, dass normative Rechtstexte in der Rechtssprache verfasst sind und auch Kommentare mit Begriffen der Rechtssprache arbeiten.[76]

2 Bewerten und Systematisieren

Aufgabe eines Kommentares ist es auch, bereits Bestehendes zu würdigen, zu prüfen und abzuwägen. Zudem sollen Entwicklungstendenzen aufgezeigt und neue, bessere Lösungen präsentiert werden.[77] Darüber hinaus sollen neue Rechtsfindungsprobleme systematisch-dogmatisch eingeordnet werden. Dabei sollen die gefundenen Lösungen auf ihre dogmatische Richtigkeit hin kontrolliert und in der Folge wertungskonform und widerspruchsfrei in die bestehende Dogmatik eingefügt werden.[78] Der Kommentator soll sogar ein System zwecks dogmatischer Durchdringung des Rechtsstoffes herausarbeiten.[79]

Der Kommentator möchte die herrschende Meinung bestimmen und Probleme aufgrund der Aufarbeitung von Lehre und Rechtsprechung sowohl dokumentieren als auch beeinflussen. Da der Bearbeiter aber mit sehr viel Material konfrontiert ist, ist es für ihn schwierig, zu neuer und besserer Erkenntnis zu kommen. Es ist also fraglich, ob er die Leistung eines Wissenschaftlers erbringen kann.[80] Oft ist der Kommentator nur Krisenmanager, der sich auf das Registrieren und Systematisieren der Unordnung beschränkt.[81] Dabei muss er dafür sorgen, dass die Problemerörterungen nicht „in die Diskussion einzelfallbezogener Wertungen zerfallen und die Interpretations- und Entscheidungsspielräume ins Unangemessene wachsen“.[82]

75 Kästle, Welt der Kommentare, S. 312 f.; vgl. zu den Theorien der Auslegung Guastini, S. 159 ff.

76 Vgl. dazu Garovi, S. 124 ff.

77 Henckel, S. 967.

78 Zöllner, S. 731.

79 Ebd., S. 733; vgl. auch Kästle, Welt der Kommentare, S. 327, wonach Inhalte und Strukturen des Textes durch die Reproduktion und exegetische Bezugnahme im Kommentar verfestigt werden (Dogmatisierung); Schmidt, S. 184, wonach der Kommentar „wissenschaftlich klärend, systematisierend zurückhaltend oder richtungsweisend“ sein kann. Er kann auch nur die Rolle eines registrierenden Chronisten einnehmen.

80 Westermann, S. 105.

81 Ebd., S. 109.

82 Ebd., S. 109.

Der Kommentar stabilisiert die Autorität des Textes, indem er diesen kommentiert und so für kommentierungswürdig erklärt. Aus dem kommentierten Text bezieht aber auch der Kommentar eigene Autorität und Legitimität. Es entsteht ein stabilisierender Zirkel.[83] Eine Stabilisierung erfolgt sogar dann, wenn im Kommentar inhaltliche Kritik geübt wird.[84]

3 Lösungen und Rechtsfortbildung

„Der Kommentar zwingt den Leser in eine zentrierte Rechtslandschaft“[85] und „reduziert Rechtsmassen auf Verwertbares“[86]. Somit renoviert der Kommentar das Gesetz, „leistet die Feinsteuerung, die die Gesetzgebung strukturell nicht vornehmen kann“.[87] Feinsteuerung bedeutet Konkretisierung des Textes, d.h. eine Erklärung, in welchen Fällen eine Regel gilt und in welchen nicht. Dabei soll die Regel im Hinblick auf verschiedene Anwendungsfälle rekonkretisiert werden.[88] Ziel ist die Rechtsanwendung am Tatbestand und am Beispiel, wobei auch die Wertungsgesichtspunkte analysiert werden.[89] Die materielle Gerechtigkeit unterschiedlicher Fallgestaltungen rückt in den Vordergrund[90] und die Einzelfallentscheidung eines Gerichts wird vorbereitet, ja sogar die Aufgabe der Rechtsprechung übernommen[91].

Der Kommentar ist auch mitverantwortlich für die Ausdifferenzierung und Kompliziertheit der Rechtsordnung. Er gestaltet das Gesetz und wirkt unmittelbarer auf die Rechtspraxis.[92] Oft sind Praxisprobleme im Gesetz nicht oder nur lückenhaft geregelt. Manchmal hat der Gesetzgeber nicht an bestimmte Fälle gedacht, die aber von der Formulierung erfasst werden oder aber es werden Konstellationen nicht erfasst, die nach der gesetzlichen Wertentscheidung eigentlich hätten erfasst werden sollen. Ziel ist somit nicht nur die Konkretisierung des Gesetzestextes, als vielmehr Lösungen für Probleme zu erarbeiten. Es werden

---

83 KÄSTLE, Welt der Kommentare, S. 327 f.

84 Ebd., S. 330.

85 HENNE, Entstehung der Gesetzeskommentare, S. 319.

86 Ebd., S. 321.

87 Ebd., S. 321 f.

88 KÄSTLE, Welt der Kommentare, S. 324.

89 SCHMIDT, S. 193.

90 KÄSTLE, Welt der Kommentare, S. 324.

91 Ebd., S. 324 f.; vgl. auch CALLIESS, S. 388, wonach der Kommentar Mittler zwischen Norm und Anwendung ist sowie die Rechtsfortbidlung argumentativ vorbereitet.

92 RIESS, S. 93.

Grundsätze maßgeblich, die dem Gesetz zugrunde liegen könnten.[93] Der Kommentar, der Lösungen bieten will, muss innovativ sein.[94] Er soll neue Fragen an alte Texte stellen und diese durch einen hermeneutischen Rückgriff auf diesen beantworten.[95] Dabei ist zu beachten, dass bereits Rechtsprechung und Wissenschaft das Recht fortbilden. Der Kommentator soll über den Text des Gesetzes und seine überkommene Interpretation hinaus nach seinem Sinn fragen. Dabei soll er die historischen Grundlagen aufdecken und prüfen, ob veränderte Situationen bei einer unkritischen Auslegung nach dem Wortlaut den Sinn des Gesetzes verfälschen.[96] Letztlich wird das Gesetz renoviert und perfektioniert[97], wobei der Kommentar aber eng am Text argumentieren muss[98].

Eine Renovierung des Gesetzes ist aber aufgrund des retrospektiven Charakters des Inhalts nur möglich, wenn der Kommentator Anwendungsschwierigkeiten vorausahnt (Prognose)[99], d. h., wenn er künftige Fallgestaltungen und Fragestellungen, aber auch mögliche Fehlentwicklungen voraussieht und dazu Lösungen vorschlägt oder sogar neue Rechtssätze schafft[100]. Das kann zum Beispiel erfolgen, indem die Kommentierung das Begriffsgerüst einer Norm mit Sachproblemen ausfüllt und so den Blick intensiver in die Zukunft richtet.[101]

4 Überprüfung der zukunftsbezogenen Funktionen

Bei den einzelnen Kommentierungen ist zu prüfen, wie die Begriffe erläutert werden. Erfolgt die Erläuterung rein sprachlich, anhand von Lehre oder Rechtsprechung oder spielen andere Bezugspunkte eine Rolle? Weiter ist zu ermitteln, ob der Gesetzestext nur aufgeschlüsselt oder weiterentwickelt bzw. ergänzt wird.

---

93 Westermann, S. 107; vgl. auch Kästle, Welt der Kommentare, S. 331, wonach je nach Alter des Referenztextes der Kommentator entweder prospektiv kommentieren oder Lücken schließen sowie offene Fragen beantworten muss.

94 Westermann, S. 115.

95 Kästle, Welt der Kommentare, S. 326.

96 Henckel, S. 71; vgl. dazu auch Krajewski/Vismann, S. 9: „Der Kommentar [darf] sagen, was doch schon gesagt worden ist, und muss unablässig das wiederholen, was eigentlich niemals gesagt worden ist."

97 Vismann S. 360; vgl. auch Kästle, Welt der Kommentare, S. 331, der von Optimierung des Gesetzes spricht; letztlich geht es um eine kreative Interpretation im konstruktivistischen Sinn wie bei Angehrn, S. 176, beschrieben.

98 Vismann, S. 361; vgl. dazu auch Seydel, S. 189, wonach der Kommentar als Kind des Positivismus an den Buchstaben und an das Wort gebunden ist.

99 Riess, S. 92.

100 Westermann, S. 114.

101 Willoweit, S. 26.

Hinsichtlich Struktur soll analysiert werden, ob der Kommentator sich am Normtext orientiert oder eine eigenwillige Struktur wählt. So kann auch festgestellt werden, welche Rolle allenfalls die Dogmatik spielt und inwieweit der Kommentator systematisiert.

Allfällige Exkurse und zu ausführliche einzellfallbezogene Wertungen sind zu identifizieren. Auch die „Reduktion auf Verwertbares" soll überprüft werden. Außerdem ist zu klären, ob Fragen offengelassen werden, sodass Interpretations- und Entscheidungsspielräume entstehen. Juristische Probleme sollen abschließend gelöst werden. Verschiedene denkbare Varianten sollen erfasst und abschließende Aufzählungen verwendet werden. Auf Generalklauseln sollte verzichtet werden.

Die Feinsteuerung oder Konkretisierung gelingt dann, wenn mit Beispielen gearbeitet wird und die Sprache der Kommentierung nicht zu abstrakt ist, d. h., abstrakte Begriffe sollten nicht mit Begriffen desselben Abstraktionsniveaus erklärt werden. Die Verwendung juristischer Begriffe und saubere Abgrenzungen helfen dem Leser.

IV Weitere Ziele

Die These von Henne, wonach der „Richterkönig" über dem Kommentarkaiser steht[102], kann im Rahmen dieser Arbeit nicht geprüft werden. Es kann aber nach Passagen gesucht werden, in denen der Kommentator dem Richter Anweisungen erteilt, also z. B. die Beurteilung nach bestimmten Kriterien fordert.

Neben der Überprüfung der Funktionen ist auch ein Vergleich der analysierten Kommentare Ziel dieser Arbeit. Dabei soll eine abschließende Würdigung unter Berücksichtigung der beschriebenen Kommentarfunktionen vorgenommen werden. Es wird von der Hypothese ausgegangen, dass der Leipziger Kommentar die verschiedenen Funktionen „besser" erfüllte und deshalb für den Praktiker brauchbarer war.

102 Henne, Entstehung der Gesetzeskommentare, S. 323.

V Forschungsansatz in dieser Arbeit

1 Exemplarische Auswahl von zwei Kommentierungen

Da eine Analyse anhand der beschriebenen Funktionen nur eng am Kommentartext erfolgen kann, war die Auswahl von zwei Tatbeständen nötig, um den Rahmen der Arbeit nicht zu sprengen.

Der Tatbestand der Notwehr eignet sich gut, weil es sich um ein sehr altes Rechtsinstitut handelt und die Kommentatoren deshalb auf Dogmatik zurückgreifen konnten. Es stellt sich die Frage, ob in der Kommentierung der Fokus auf dem Gesetzestext liegt oder auch dogmatische Überlegungen präsentiert werden, die keine Entsprechung im Normtext haben. Es kann also untersucht werden, wie die Kommentatoren mit dem Anspruch der Orientierung am Normtext umgehen und ob sie tatsächlich einen Kommentar schreiben oder eher einen Lehrbuchtext verfassen. Weiter kann davon ausgegangen werden, dass zum Thema Notwehr zur Zeit der Abfassung der Kommentare viel Material (Literatur und Rechtsprechung) vorlag, sodass die Funktion der „Wissensorganisation“ gut untersucht werden kann. Bei der Eingrenzung des Themas war weiter klar, dass es Sinn macht, einen Normtext aus dem Allgemeinen Teil und einen aus dem Besonderen Teil zu wählen.

Der Tatbestand des Widerstands gegen die Staatsgewalt eignet sich gut, weil es sich um eine neue Regelung handelt. Der Nationalstaat ist ein Konzept des 19. Jahrhunderts. Vermutlich haben sich die Kommentatoren in diesem Fall stärker am Normtext orientiert, da es wohl um 1920 kaum dogmatische Abhandlungen zu diesem Thema gab. Es wird interessant sein zu sehen, wie die Kommentatoren mit einem Normtext umgegangen sind, zu dem es vermutlich weniger Material gab und mehr eigene Überlegungen nötig waren.

2 Vorgehen

In einem ersten Schritt werden die vier Kommentare, d. h. deren Autoren und Entstehungsgeschichten, vorgestellt. Aufgrund dieser Hintergrundinformationen kann besser verstanden werden, welche Ziele die Autoren mit ihrem Kommentar verfolgten[103] und wie sie sich im Diskurs positionierten. Zudem lässt sich den Vorworten bereits entnehmen, welche Literatur veraltet war und deshalb nicht mehr berücksichtigt wurde und welche neue Literatur neu in den Kommentierungen eingearbeitet wurde.

Es folgen vier separate Analysen der Kommentierungen zur Notwehr. Formal gesehen werden Kommentare zu Kommentaren geschrieben, d. h., zuerst wird die

---

103 Es geht um die „intentio auctoris“ (ANGEHRN, S. 168).

zu analysierende Passage präsentiert und darunter erfolgt die Analyse. Beim Widerstand gegen die Staatsgewalt werden je zwei Kommentierungen miteinander verglichen. Auch in diesem Fall werden zunächst die zu analysierenden Passagen präsentiert.

2. Teil: Hauptteil

1. Kapitel: Vorstellung der Kommentare

Die Informationen werden den Kommentaren selbst, vorhandener Literatur und Rezensionen entnommen. Von Interesse sind insbesondere die Wertungen anderer Diskursteilnehmer.

I Kommentar Schwartz

1 Zum Autor

Über den Autor ist wenig bekannt. Aus dem Kommentar geht hervor, dass der Autor zur Zeit der Abfassung in Altona (Hamburg) lebte.[1]

Liest man das Vorwort, stößt man auf folgenden Satz:

„Wie in meiner ganzen schriftstellerischen Tätigkeit, bin ich auch hier beflissen gewesen, ein gutes Deutsch zu schreiben und mich nicht bloß gefällig und klar, sondern auch bestimmt auszudrücken, damit der Leser, wenn auch gewiss oft im Zweifel, ob meine Ansicht richtig, es doch niemals darüber ist, was denn eigentlich meine Ansicht sei.“[2]

Dieser Satz und der Umstand, dass der Autor vor seinem Namen die Titel Dr. jur. und phil. trägt[3], lässt darauf schließen, dass er neben dem Studium der Rechtswissenschaft auch ein geisteswissenschaftliches, vermutlich germanistisches Studium absolviert hat.

2 Zum Kommentar

Der Kommentar ist im Jahr 1914 beim Verlag von Julius Springer erschienen.[4] Recherchen haben ergeben, dass es sich um die einzige Auflage handelt. Daraus lässt sich schließen, dass das Werk vermutlich nicht mit Erfolg verkauft werden konnte.

---

1 Schwartz, S. I und V.

2 Ebd., S. III.

3 Ebd., S. I.

4 Ebd.

https://doi.org/10.1515/9783110787177-006

A) Organisation des Wissens

Als Literatur werden „diejenigen Bücher zitiert, die sich mehr oder weniger in den Händen der Praktiker befinden und daher stets verglichen werden können“[5]. Im Einzelnen werden die Kommentare von FRANK, OLSHAUSEN, OPPENHOFF-DELIUS, RÜDORFF-STENGLEIN und V. SCHWARZE erwähnt. Im Hinblick auf die Spezialliteratur werden V. LISZT und BINDING erwähnt.[6]

Als Rechtsprechung werden grundsätzlich nur die von den Räten selbst veröffentlichten Entscheidungen des Reichsgerichts zitiert, wobei eine erschöpfende Statistik der Entscheide nicht bezweckt sei, aber eher zu viel als zu wenig zitiert werde.[7]

Gegenüber den Autoritäten der Theorie als auch dem Reichsgericht bemühe sich der Autor, die Selbstständigkeit des eigenen Urteils zu wahren.[8]

Auf Erörterungen de lege ferenda werde verzichtet, da eine Erklärung des geltenden Rechts erkennen lasse, welche Vorschläge der Verfasser machen würde.[9] Dieser Punkt wird im Literaturbericht bestätigt.[10] Nichtsdestotrotz äußert sich der Autor im Vorwort zu den im Zeitpunkt der Publikation bestehenden Reformbestrebungen und fordert eine Reform des gesamten Strafrechts im großen Stil.[11]

B) Feinsteuerung

Der Autor hält fest, dass es sich weder um ein Lehrbuch in Kommentarform noch um ein Repetitorium der strafrechtlichen Literatur und Rechtsprechung handle. Vielmehr solle sich das Werk zwischen den Kommentaren von FRANK und OLSHAUSEN stellen. Das Werk des letztgenannten lasse einen zwar niemals im Stich, jedoch habe es einen nicht bloß für den Sitzungsdienst unbehaglichen Umfang gewonnen. Der Kommentar des erstgenannten sei hingegen für den praktischen Gebrauch zu mager. Ziel des vorliegenden Werkes sei es, durch Vereinigung der Vorzüge der beiden genannten Werke deren Fehler zu vermeiden.[12]

Im Literaturbericht von 1915 wurde anerkannt, dass der Kommentar von SCHWARTZ quantitativ mehr gebe als jener von FRANK. Im Verhältnis zu OLSHAUSEN wird gesagt, dass SCHWARTZ zwar weniger biete, dadurch aber auch den Überblick weniger erschwere. OLSHAUSEN wolle sich gar nicht auf das We-

5 SCHWARTZ, S. III.
6 Ebd.
7 Ebd.
8 Ebd.
9 Ebd., S. IV.
10 FREUDENTHAL/RITTLER, S. 618.
11 SCHWARTZ, S. IV.
12 Ebd., S. III.

sentliche beschränken. Dass SCHWARTZ nicht – wie OLSHAUSEN und FRANK – die ganze Strafrechtsliteratur berücksichtigen wolle, sei für Praktiker letztlich nicht sinnvoll. Denn der Praktiker sei auch an den Meinungen in der monografischen Literatur interessiert. FRANK und OLSHAUSEN würden wohl auch nach dem Erscheinen des SCHWARTZ'SCHEN Kommentars ihren Wert behalten, dass SCHWARTZ neben ihnen von großem Nutzen sein könne, solle darum nicht bezweifelt werden.[13]

Der Kommentar sei sachlich scharf durchdacht und voll Verständnis für die Bedürfnisse der Praxis. Von der Form her sei er klar und durchsichtig. Die vertretenen Positionen stünden dem Reichsgericht nahe, der Autor sei diesem gegenüber jedoch kritisch.[14] Kritisiert wurde, dass es zum Teil geschichtliche Einleitungen gebe und zum Teil nicht.[15] Zudem wurde angeregt, dass die Einleitung des Stoffes zu den einzelnen Paragrafen klar hervortreten solle (vor den Zahlen untergeordnete Erläuterungen).[16]

C) Schlussfolgerung

Der Kommentar soll die Feinsteuerung besser leisten als die Kommentare von FRANK und OLSHAUSEN, d. h., er soll weder zu umfangreich noch zu mager sein. Dabei steht die Verständlichkeit und nicht die Vollständigkeit im Vordergrund, d. h. der Kommentar ist Wissensfilter und sortiert Literatur sowie Rechtsprechung aus. Aus dem Literaturbericht ergibt sich zudem, dass z. T. geschichtliche Einleitungen gemacht werden. Solche Passagen gehören nicht in einen Kommentar.

II Kommentar VON OLSHAUSEN

1 Zum Autor

Anlässlich seines 50-jährigen Dienstjubiläums wurde Dr. VON OLSHAUSEN in der DJZ gewürdigt. Er begann seine Karriere als Auskultator im preußischen Justizdienst. 1871 wurde er Gerichtsassessor und 1873 Staatsanwaltschaftsgehilfe. 1878 amtete er als Kreisrichter. 1879 war er kommissarisch bei den Reorganisationsarbeiten im Justizministerium beschäftigt. Von 1880 bis 1885 war er als Landrichter in Berlin tätig und zugleich Schriftführer bei der Immediatkommission der Militärstrafprozessordnung. 1885 wurde er Landgerichtsdirektor in Schneide-

13 FREUDENTHAL/RITTLER, S. 617 f.
14 Ebd., S. 618.
15 Ebd., S. 619.
16 Ebd.

mühl, 1887 beförderte man ihn zum Kammergerichtsrat. Zugleich war er Dozent an der Forstakademie in Eberswalde. Von 1890 bis 1899 hatte er das Amt eines Reichgerichtsrichters inne und war bis 1907 Oberreichsanwalt. Bis 1909 war er Präsident des 3. Strafsenats des Reichsgerichts und zugleich Mitglied des Kaiserlichen Disziplinarhofes. Gewürdigt wurde auch seine Tätigkeit als Mitglied der Ständigen Deputation des Deutschen Juristentages. [17]

Aus diesen Informationen lässt sich schließen, dass VON OLSHAUSEN sowohl Wissenschaftler als auch Praktiker war. Hervorzuheben ist, dass er sowohl an unterinstanzlichen als auch an oberinstanzlichen Gerichten tätig war. Deshalb dürfte er die Rechtspraxis sehr gut gekannt haben.

Neben dem Strafrechtskommentar, der Gegenstand dieser Arbeit ist, hat OLSHAUSEN auch Monografien publiziert.[18]

2 Zum Kommentar

Bereits 1877 begann VON OLSHAUSEN mit den Vorbereitungsarbeiten zum großen RStGB-Kommentar. Die erste Auflage erschien von 1879 bis 1883. 1916, als die im Rahmen dieser Arbeit analysierte 10. Auflage erschien, galt das Werk als führender Kommentar und unerlässliches Hilfsmittel für jeden Juristen.[19]

Die 11. Auflage des Kommentars erschien 1927 und wurde von K. LORENZ, H. FREIESLEBEN, E. NIETHAMMER, C. KIRCHNER sowie G. GUTJAHR bearbeitet. Die 12. Auflage erschien 1936 unter dem Titel „Justus von Olshausens Kommentar zum Strafgesetzbuch“. Bearbeitet wurde diese Auflage von H. FREIESLEBEN.[20]

Da noch weitere Auflagen erschienen sind, kann gesagt werden, dass der Kommentar noch einige Zeit als der Standardkommentar zum RStGB galt. Vermutlich wurde er in den 30er Jahren des 20. Jahrhunderts vom Leipziger Kommentar abgelöst.

A) Organisation des Wissens

Im Vorwort zur 10. Auflage äußert sich der Verfasser zu diversen Gesetzgebungsprojekten und zum Ersten Weltkrieg. Trotz dieses Krieges wurde die 10. Auflage auf Wunsch von Verfasser und Verleger publiziert; dies weil die 9. Auflage vergriffen war.[21]

---

17 LABAND, DJZ 21, S. 705 f.
18 Vgl. ebd., S. 706.
19 Ebd., S. 706.
20 THIER, Olshausen, S. 530 f.
21 OLSHAUSEN, S. V.

Der Verfasser war bestrebt, möglichst zu kürzen. Im Einzelnen wurde die Einleitung „Zur Geschichte des Strafgesetzbuches" gekürzt sowie Quellennachweise hinter jedem einzelnen Paragrafen. Hingegen beibehalten wurden die Hinweise auf in anderen Reichgesetzen vorkommende Zitate einzelner Paragrafen des RStGB und es wurde bei jedem abgeänderten oder neu eingestellten Paragrafen angegeben, auf welcher gesetzlichen Grundlage die geltende Fassung beruhe. Die Schlussnoten zu den einzelnen eine Strafandrohung enthaltenden Paragrafen wurden kürzer gefasst.[22]

Die Literaturzitate betreffend wurde darauf hingewiesen, dass ältere Werke weniger zitiert, dafür aber wichtige Neuerscheinungen berücksichtigt worden seien. Einige wurden im Vorwort sogar mit Autor und Titel genannt. Auch Zitate aus der älteren Rechtsprechung wurden gestrichen, während reichsgerichtliche Urteile aus der Deutschen Strafrechtszeitung und der Leipziger Zeitschrift berücksichtigt wurden.[23]

B) Feinsteuerung

VON LISZT schrieb 1882 zur ersten Auflage von OLSHAUSEN, dass der Kommentar alle anderen gleichartigen Arbeiten weit hinter sich zurücklasse. Er lobte die musterhafte Gründlichkeit in der Sammlung des Materials und die Klarheit der Darstellung. Zudem kenne der Verfasser die neuesten Leistungen der Literatur und berücksichtige diese unter Wahrung seines eigenen Standpunktes. Kritisiert wurde hingegen die verhältnismäßige Dürftigkeit des Allgemeinen Teils. Wichtig ist die Bemerkung, dass der Typus des älteren Kommentars, wie OPPENHOFF ihn darstelle, mit der Vollendung des OLSHAUSEN'SCHEN Werkes endlich gründlich überwunden sei, und dies gewiss nicht zum Nachteil der Praxis.[24] Im Literaturbericht zur 2. Auflage wird nochmals festgehalten, dass der Kommentar von OLSHAUSEN den „unvermeidlichen OPPENHOFF allmählich verdrängen möge".[25]

In anderen Literaturberichten wird die wissenschaftliche Vertiefung des Kommentars betont, was den Bedürfnissen der Praxis entspreche. Die wissenschaftlichen Arbeiten des Reichsstrafrechts seien vom Verfasser ohne Aufgabe der selbstständigen eigenen Auffassung verwertet worden. Weiter würde sowohl die Rechtsprechung der oberen Landesgerichte als auch jene des Reichsgerichts berücksichtigt, ohne dem „Präjudizienkultus" zu verfallen. Das zugrunde gelegte Interpretationsmaterial sei vollständiger und besser eingearbeitet als bei den

---

22 Ebd.

23 Ebd., S. VI.

24 V. LISZT, Litteraturbericht 1882, S. 621f.

25 V. LISZT/BENNECKE, Litteraturbericht 1885, S. 723.

übrigen Kommentatoren. Kritisiert wurde die Ungleichheit in den verschiedenen Teilen.[26] BINDING hielt fest, dass die Anmerkungen von OLSHAUSEN durchdacht seien.[27] 1914 schrieb aber SCHWARTZ, dass der Kommentar OLSHAUSEN einen nicht bloß für den Sitzungsdienst unbehaglichen Umfang gewonnen habe.[28]

C) Schlussfolgerung

Zusammenfassend kann gesagt werden, dass es sich um einen wissenschaftlichen Kommentar mit Anspruch auf Vollständigkeit handelt, der aber offensichtlich organisch gewachsen und in den späteren Auflagen zu umfangreich geworden war; dies obwohl der Kommentator bestrebt war, Kürzungen vorzunehmen.

III Kommentar FRANK

1 Zum Autor

ENGISCH nennt REINHARD FRANK in einem Satz mit FRANZ V. LISZT, ADOLF MERKEL und ERNST BELING. Er bezeichnet diese Personen als „bedeutende Kriminalisten, die alle durch Gießen durchgegangen sind".[29] Berühmt wurden auch die sogenannten „Frank'schen Formeln". Zum einen geht es dabei um das Kriterium zur Abgrenzung des dolus eventualis von der bewussten Fahrlässigkeit[30], zum anderen darum, den „Anfang der Ausführung" und den Rücktritt vom Versuch zu bestimmen[31].

REINHARD FRANK studierte in Marburg zunächst Philologie und Mathematik, wechselte aber bald zur Rechtswissenschaft. Während seiner Studienzeit in Marburg war er Mitglied in der Studentenverbindung Germania. Er war ein Jahr als Freiwilliger beim Hessischen Jägerbataillon und wechselte danach nach München, wo ihn zunächst das Römische Recht interessierte. Nachhaltig geprägt wurde er von FRANZ V. HOLTZENDORFF, der sein juristisches Interesse weckte und ihn förderte. Im Herbst 1882 wechselte er nach Kiel, wo er 1883 die erste juristische Prüfung bestand.[32]

---

26 V. LISZT, Litteraturbericht 1883, S. 703; vgl. auch V. LISZT, Litteraturbericht 1884, S. 328, wo die wissenschaftliche Vertiefung von OLSHAUSEN nochmals erwähnt wird.

27 BINDING, S. 23.

28 SCHWARTZ, S. III.

29 ENGISCH, S. 18.

30 FRANK, Selbstdarstellung, S. 19.

31 ENGISCH, S. 20.

32 FRANK, Selbstdarstellung, S. 8 ff.

Das erste halbe Jahr als Referendar absolvierte FRANK am Amtsgericht Battenberg. In dieser Zeit beschäftigte sich FRANK mit Privatrecht und verstand die Rechtswissenschaft als eine Art Volkskunde. Im Sommer 1884 ging er dann an das Landgericht Marburg (Zivilkammer), wo er FRANZ VON LISZT kennenlernte, der ihn für das Strafrecht begeisterte. Nachher arbeitete er zunächst für die Staatsanwaltschaft in Hanau und ließ sich dann zur Erledigung des rechtsanwaltschaftlichen Kursus nach Göttingen versetzen. Nachdem er den Kursus beendet hatte, arbeitete er am Amtsgericht Kassel. 1887 erschien seine Dissertation mit dem Titel „Die Wolffsche Strafrechtsphilosophie und ihr Verhältnis zur kriminalpolitischen Aufklärung des 18. Jahrhunderts", die sich gemäß LISZT zur Habilitation eignete. Zudem übertrug ihm LISZT das Referat über strafrechtliche Literatur in seiner Zeitschrift. Als Fach für seine Habilitation wählte FRANK neben dem Strafrecht das Zivilprozessrecht. Sein Habilitationsvortrag trug den Titel „Über Teil- und Zwischenurteile". Nach der Habilitation blieb FRANK als Referendar am Amtsgericht Marburg, um zu gegebener Zeit die große Staatsprüfung abzulegen.[33]

An der Fakultät in Marburg hielt FRANK die Vorlesung über Strafprozess und las über mehrere Semester das Zivilprozess- und Konkursrecht. Nach einiger Zeit entschied er sich, aus dem Vorbereitungsdienst auszuscheiden und konzentrierte sich auf seine akademische Karriere. Während seiner Privatdozentenzeit publizierte er Arbeiten zum Zivilprozessrecht, zum Kirchenrecht und auch zum Strafrecht. Von großer Bedeutung ist seine Arbeit über „Vorstellung und Wille in der modernen Doluslehre".[34] 1890 übernahm er die ordentliche Professur für Strafrecht und Zivilprozessrecht in Gießen und bezeichnete sich selbst mit 29 Jahren als der jüngste ordentliche Professor Deutschlands.[35]

In seiner ersten Gießener Zeit besuchte FRANK auch Vorlesungen und Übungen zur Philosophie sowie Psychiatrie. Zudem studierte er die strafrechtliche Rechtsprechung des Reichsgerichts. Er publizierte eine Arbeit zur Rechtsgeschichte und Rechtsphilosophie sowie Arbeiten zu Strafgerichten und zur Strafe. In dieser Zeit erschien auch seine Sammlung strafrechtlicher Aufgaben. Ab 1893 arbeitete er an einem Strafrechtskommentars, der 1897 unter dem Titel „Das Strafgesetzbuch für das Deutsche Reich" erschien[36]. Aufgrund dieses Kommentars wurde FRANK für zahlreiche Gutachten angefragt. In der Zeit, in der er an der ersten Auflage des Kommentars arbeitete, publizierte er auch Arbeiten zur staatlichen Staatsgewalt und zum Polizeirecht.[37]

---

33 Ebd., S. 12ff.
34 Ebd., S. 18f.
35 Ebd., S. 21f.
36 Vgl. dazu weiter unten.
37 FRANK, Selbstdarstellung, S. 22ff.

Auf Empfehlung von LISZT hin erhielt FRANK einen Ruf nach Halle, den er 1899 annahm und somit LISZTS Nachfolger wurde. Er knüpfte dort Kontakt zu ENDEMANN, HECK und STAMMLER und lernte auch den im benachbarten Leipzig lehrenden BINDING kennen. Neu las FRANK nicht mehr Zivilprozessrecht, sondern Völkerrecht. Literarisch fokussierte er sich auf die Neuauflage des Kommentars und übte in dieser Zeit auch stark Kritik an den strafrechtlichen Entwicklungen.[38] 1902 folgte er einem Ruf nach Tübingen, wo er sich mit strafrechtlichen Themen und dem deutschen Auslieferungsrecht beschäftigte.[39]

Kurz nach Aufnahme der Tätigkeit in Tübingen wurde FRANK vom Reichsjustizamt angefragt, ob er bereit sei, einem Komitee beizutreten, das die Ausarbeitung eines neuen Strafgesetzbuches durch eine vergleichende Darstellung des deutschen und ausländischen Strafrechts vorbereiten solle. Im Besonderen Teil musste sich FRANK mit Raub und Erpressung beschäftigen. Im Allgemeinen Teil bearbeitete er die Lehre von Vollendung und Versuch. Noch bevor das wissenschaftliche Komitee seine Tätigkeit abgeschlossen hatte, berief das Reichsjustizamt eine nur aus Praktikern bestehende Kommission, die im Jahr 1909 einen Vorentwurf zum StGB veröffentlichte. Diesen Vorentwurf kritisierte FRANK namentlich mit seiner Abhandlung „Strafausschließungs- und Strafmilderungsgründe“.[40]

1911 ging er nach Berlin, um am neuen Entwurf eines deutschen Strafgesetzbuches zu arbeiten. 1913 erhielt er einen Ruf nach München und zog 1914 mit seiner Familie dorthin. Der Lehrauftrag umfasste nicht das Zivilprozessrecht, das FRANK in Tübingen noch gelesen hatte. Die entstehende Lücke schloss er, indem er an seine Tätigkeit in Halle im Völkerrecht und an seine Studien zum Auslieferungsrecht anknüpfte. Der Beginn des Ersten Weltkriegs bot die Gelegenheit, sich mit vielen völkerrechtlichen Fragen auseinanderzusetzen. 1920 wurde er Rektor in München.[41]

FRANK behauptete von sich selbst, er habe Interesse und Verständnis für die Nöte des „vierten Standes“, weil er mit Arbeiterkindern aufgewachsen sei.[42] Seinen Vater und dessen Freunde bezeichnet er als „gute Deutsche“[43], er selbst war Mitglied der Burschenschaft Germania.[44] Völkerrechtlich erachtete FRANK den

38 Ebd., S. 26 f.
39 Ebd., S. 26 ff.
40 Ebd., S. 30 ff.
41 Ebd., S. 33 ff.
42 Ebd., S. 3.
43 Ebd., S. 4.
44 Ebd., S. 9.

Einmarsch Deutschlands in Belgien als gerechtfertigt[45] und war der Auffassung, das Saargebiet sei nicht zu einem Staate geworden, sondern gehöre zu Deutschland[46]. Aus all diesen Informationen und dem Stolz, mit dem FRANK von seiner Familie sprach, lässt sich auf eine eher konservative politische Einstellung schließen.

REINHARD FRANK war Wissenschaftler und arbeitete an Gesetzesentwürfen mit, gleichzeitig hielt er sich mit Kritik nicht zurück.

2 Zum Kommentar

FRANK publizierte die erste Auflage im Jahr 1897.[47] Gemäß eigener Aussage habe er im Kommentar einzelne theoretische Fragen klären und in einzelnen Punkten die Rechtsprechung auf seine Seite ziehen können.[48] Interessant ist auch die Aussage, wonach FRANK durch Vermittlung des Kommentars die gewünschte Beziehung zur Praxis pflegte.[49]

Die 5. bis 7. Auflage wurde als eigenes Werk präsentiert, weil es sich stark von den vorherigen Auflagen unterschied. Nicht mehr der lehrhafte Charakter stand im Vordergrund, sondern die wissenschaftliche Erörterung der strafrechtlichen Fragen. Dies entspreche einem Bedürfnis der Praxis, zudem sei der Kommentar weiterhin für Studenten brauchbar.[50]

Im Rahmen dieser Arbeit werden Kommentierungen aus der 14. Auflage, die 1919 erschienen ist, analysiert.[51] Die 18. und zugleich letzte Auflage erschien 1932.[52]

A) Organisation des Wissens

Im Vorwort zur 11. bis 14. Auflage wurde zunächst die äußerliche Umgestaltung angesprochen. Sodann wurden Anregungen aus den Verhandlungen der Strafrechtskommission berücksichtigt, weshalb der Kommentar auch den Mitgliedern der Kommission gewidmet sei. Relevant im vorliegenden Kontext ist der Verweis, wonach die seit dem Frühjahr 1914 ergangenen Gesetze und Verordnungen berücksichtigt seien. Neue Literatur konnte nicht eingearbeitet werden. Es wurden

45 FRANK, Selbstdarstellung, S. 35.
46 Ebd., S. 36.
47 Ebd., S. 24.
48 Ebd.
49 Ebd.
50 FRANK, S. V.
51 Ebd., S. I.
52 KÜHL, S. 782.

nur Versehen korrigiert. Die wichtigsten seit dem Erscheinen der Auflage veröffentlichten Urteile wurden in den „Zusätzen und Berichtigungen" erwähnt (am Schluss mit Verweisen auf die Seiten).[53]

Gemäß Literaturbericht wurden Neuerscheinungen in Praxis und Theorie (auch in monografischer Form) berücksichtigt und innerlich verarbeitet; dies in knapper Form und ohne die Praxis zu belasten. Zudem werde die Praxis „angeregt, auch zur Wissenschaft immer von neuem Stellung zu nehmen, allzu starkem Glauben an die Autorität der Vorentscheidung oder einiger weniger Autoren sich fernzuhalten".[54]

B) Feinsteuerung

SCHWARTZ bezeichnete den Kommentar von FRANK als für den praktischen Gebrauch zu mager.[55] Dieser Kritik wird im Literaturbericht nicht zugestimmt. Der FRANK'SCHE Kommentar sei von praktischem Sinne getragen und im Aufbau der Erläuterungen systematisch wie ein Lehrbuch.[56] Er gehöre zu dem besten, was die deutsche Strafrechtswissenschaft geleistet habe. Die Ergebnisse der Wissenschaft würden für die Praxis dienstbar gemacht und umgekehrt. Mit scharfer theoretischer Kritik verbinde sich unbestechlicher Sinn für das Gerechte und nüchterne Erwägung des Zweckmäßigen.[57]

In seiner Selbstdarstellung betonte FRANK, dass sein Kommentar aus dem Lehrbetrieb hervorgegangen sei. Seinen Erfahrungen zufolge würden Studenten die theoretischen Meinungen zu einem strafrechtlichen Problem kennen, wüssten aber nicht, welche Stellung das positive Recht dazu einnehme. Das Studium des Strafrechts lasse sich nur mithilfe eines Kommentars quellenmäßig gestalten. Vorlesungen und Übungen seien dafür nicht geeignet. Andere Kommentare enthielten nur zusammenhangslose Notizen und seien wegen ihres großen Umfangs für Studenten nicht geeignet. FRANK wollte einen kurzen, für Studenten bestimmten Kommentar schreiben, der, um seinen Zweck zu erfüllen, wissenschaftlich gehalten werden musste.[58]

---

53 FRANK, S. V f.
54 FREUDENTHAL/ RITTLER, S. 620.
55 SCHWARTZ, S. III.
56 FREUDENTHAL/RITTLER, S. 617 f.
57 Ebd., S. 620.
58 FRANK, Selbstdarstellung, S. 23 f.

C) Schlussfolgerung

Wie beim von OLSHAUSEN verfassten Kommentar kann auch hier gesagt werden, dass das Werk erfolgreich war. Es erschienen mehrere Auflagen, sodass von einem Nutzen für die Praxis ausgegangen werden kann. Es handelt sich um ein Werk mit wissenschaftlichem Anspruch, das aber gleichzeitg nicht sehr umfangreich ist. Außerdem scheinen auch die späteren Auflagen sehr übersichtlich und nicht zu umfangreich zu sein.

IV Leipziger Kommentar

1 Zu den Autoren

Die Literaturlage zu LUDWIG EBERMAYER ist gut.[59] Es gibt kaum Publikationen über die drei anderen Autoren.

Die analysierte Bestimmung zur Notwehr wurde von KARL ADOLF LOBE kommentiert, der Paragraf zum Widerstand gegen die Staatsgewalt von LUDWIG EBERMAYER.[60]

A) Zu EBERMAYER

1875 begann LUDWIG EBERMAYER an der Universität Würzburg klassische Philologie zu studieren, wechselte dann nach kurzer Zeit aber zu den Rechtswissenschaften.[61] Aufgrund seiner guten schulischen und studentischen Leistungen wurde ihm nach dem vierten Semester (1877) die Aufnahme in das Maximilianeum in München angeboten.[62] Im Juli 1879 bestand er die erste juristische Staatsprüfung für den höheren Justiz- und Verwaltungsdienst in Bayern. Von 1879 bis 1882 war er Referendar in München und bestand im Dezember 1882 die zweite juristische Staatsprüfung.[63]

1883 war EBERMAYER Konzipient und Rechtspraktikant in München, 1884 Staatsanwalt in Straubing.[64] 1884 wurde er nach seiner Tätigkeit als Staatsanwalt Amtsrichter in Neuenburg an der Donau. Er blieb bis 1890 Amtsrichter.[65] Von 1890

---

59 Vgl. etwa LUDWIG EBERMAYER, Fünfzig Jahre Dienst am Recht, Erinnerungen eines Juristen, Leipzig 1930 und ANDREAS MICHAEL STAUFER, Ludwig Ebermayer: Leben und Werk des höchsten Anklägers der Weimarer Republik, Leipzig 2010.

60 EBERMAYER ET. AL., S. V.

61 STAUFER, S. 33; vgl. auch S. 34 ff.

62 Ebd., S. 39; vgl. auch S. 40 ff.

63 STAUFER, S. 42 ff.; vgl. zu den Lehrjahren auch EBERMAYER, S. 12 ff.

64 Ebd., S. 47 ff.

65 Ebd., S. 58 f.

bis 1893 war er Staatsanwalt in Bayreuth, von 1894 bis 1901 Landgerichtsrat und Staatsanwalt in Bamberg.[66]

Ende 1901 wurde EBERMAYER angefragt, ob er in den Reichgerichtsrat wechseln wolle. Am 1. April 1902 nahm er seine Tätigkeit im dritten Strafsenat auf und gehörte diesem bis zum 1. Januar 1919 fast ununterbrochen an. Nur vom 1. Januar 1913 bis zum 1. Oktober 1914 wurde er dem ersten Strafsenat zugeteilt.[67] Von Herbst 1919 bis 1921 war er Senatspräsident des zweiten Strafsenats am Reichsgericht.[68]

Von 1908 bis 1910 gehörte EBERMAYER zudem dem Ehrengerichtshof für die Deutschen Rechtsanwälte an.[69] Von 1911 bis 1913 und 1918 bis 1919 gehörte er der Kommission an, die mit der Ausarbeitung des Entwurfs eines Neuen Deutschen Strafgesetzbuches betraut war.[70] Von 1921 bis 1926 war er Oberreichsanwalt.[71]

Am 31. August 1926 wurde EBERMAYER auf seinen Antrag hin in den Ruhestand versetzt. Von Januar 1927 bis zu seinem Tod 1933 war er Honorarprofessor der Juristischen Fakultät der Universität Leipzig.[72] Auch im Ruhestand beteiligte sich EBERMAYER noch an der Strafrechtsreform.[73]

EBERMAYER befasste sich in seinen zahlreichen Veröffentlichungen mit Strafrecht und Medizinrecht. Im vorliegenden Kontext sind insbesondere seine strafrechtlichen Arbeiten relevant. Wissenschaftliche Beachtung erlangte er mit dem 1908 publizierten „Gutachten über das Strafmittelsystem des künftigen Strafgesetzbuches“. Zu erwähnen ist auch seine Mitarbeit an der vierten Auflage (1909) des „Stenglein'schen Kommentar zu den strafrechtlichen Nebengesetzen“. Ab 1914 publizierte er Monografien zur Strafrechtsreform. Sein wichtigstes Werk ist aber der hier analysierte Leipziger Kommentar, der lange Zeit nach seinem Tod als „Der Ebermayer“ bekannt war.[74]

LUDWIG EBERMAYER konnte auf seine Erfahrungen als Staatsanwalt und als Richter zurückgreifen. Außerdem publizierte er auch zahlreiche wissenschaftliche Abhandlungen.

---

66 Ebd., S. 59 ff.; vgl. zu den Tätigkeiten in Bayern auch EBERMAYER, S. 23 ff.
67 STAUFER, S. 65 ff.; vgl. auch EBERMAYER, S. 54 ff.
68 STAUFER, S. 78 f.; vgl. auch EBERMAYER, S. 93 ff.
69 Ebd., S. 71.
70 STAUFER, S. 72 f.; vgl. auch EBERMAYER, S. 217 ff.
71 STAUFER, S. 82 ff.; vgl. auch EBERMAYER, S. 142 ff.
72 STAUFER, S. 131 ff.; vgl. auch EBERMAYER, S. 202 ff.
73 STAUFER, S. 136; vgl. auch EBERMAYER, S. 202 ff.
74 STAUFER, S. 159 ff.

B) Zu Eichelbaum

Julius Jakob Eichelbaum studierte Rechtswissenschaften in Königsberg und war ab 1868 Mitglied der freien Landsmannschaft Littuania.[75] Am 1. November 1872 wurde er vereidigt und war ab 1878 Kreisrichter. 1883 wurde er zum Amtsrichter ernannt und 1890 zum Landrichter. Ab 1891 war er Landgerichtsrat, bis er dann 1894 ans Kammergericht kam.[76] 1904 wurde er zum Reichsgerichtsrat ernannt.[77] Am 1. Januar 1920 trat er in den Ruhestand und verstarb am 22. Juli 1921.[78] Obwohl Eichelbaum evangelisch getauft war, galt er für die Antisemiten als „jüdischer" Jurist.[79]

Eichelbaum konnte auf seine Erfahrungen als unter- und oberinstanzlicher Richter zurückgreifen.

C) Zu Lobe

Internetrecherchen zufolge studierte Karl Adolf Lobe Rechtswissenschaften in Leipzig. Er wurde am 15. September 1884 erstmals vereidigt. 1892 wurde er Landrichter, 1899 Landgerichtsrat, 1902 Oberlandesgerichtsrat und schließlich am 16. September 1910 Hilfsrichter beim Reichsgericht. Am 1. Januar 1912 wurde er Reichsgerichtsrat. Vom 1. April 1921 bis 1. April 1928 (Ruhestand) war er Senatspräsident beim Reichsgericht.[80]

Am Reichsgericht galt Lobe als „markante Persönlichkeit", die „zuweilen aus der Reihe tanzte".[81] Er setzte sich im Rahmen der Diskussion über den BGB-Entwurf für mehr Gemeinverständlichkeit des Gesetzbuches ein. Zu dieser Zeit war er noch Landrichter.[82]

Internetrecherchen haben ergeben, dass Lobe neben seiner Tätigkeit als Richter auch politisch aktiv war. Anfangs betätigte er sich nur kommunalpolitisch, 1928 wurde er aber Reichstagsabgeordneter für den Wahlkreis 30 (Chemnitz-Zwickau). Zunächst war er Mitglied der Reichspartei für Volksrecht und Aufwertung, trat aber 1929 in die Deutsche Demokratische Partei (DDP) über.[83]

---

75 Kösener Archiv, S. 609.

76 Lobe, S. 371.

77 Laband, DJZ 9, S. 250.

78 Lobe, S. 371.

79 Henne, „Jüdische Juristen", S. 199 FN 59.

80 Lobe, S. 346.

81 Hattenhauer, S. 73, wo er in FN 8 aus der Deutschen Juristen Zeitung zitiert.

82 Ebd., S. 73.

83 Vgl. zur politischen Tätigkeit auch die Verweise auf einen von Lobe unterstützten Antrag zur Sterilisation von Verbrechern bei Müller auf S. 207 und S. 212.

Auch LOBE konnte auf seine Erfahrungen als Richter zurückgreifen. Zudem ist zu berücksichtigen, dass er politisch aktiv war.

D) Zu ROSENBERG

WERNER ROSENBERG wurde am 16. Mai 1881 erstmals vereidigt. 1888 wurde er Amtsrichter, 1890 Staatsanwalt, 1897 Landrichter, 1899 Staatsanwaltsrat, 1904 Landgerichtsrat, 1908 Oberlandesgerichtsrat und 1912 Landgerichtsdirektor. Am 1. Oktober 1915 trat er in das Reichsgericht ein und war dort bis zum 16. Mai 1927 tätig.[84] WERNER ROSENBERG wurde auf der Tagung der Reichsgruppe Hochschullehrer im Jahr 1936 irrtümlicherweise als Jude bezeichnet.[85]

ROSENBERG war wie EBERMAYER als Staatsanwalt und Richter tätig.

2 Zum Kommentar

1916 fragte der Verlag Walter de Gruyter EBERMAYER, LOBE, ROSENBERG und SCHMITT an, ob sie einen Kommentar zum Strafgesetzbuch schreiben wollen. Da die Strafrechtsreform aufgrund des Krieges nicht vorankam, war nicht damit zu rechnen, dass bald ein neues Strafgesetzbuch zustande kommen würde. Leider verstarb GOTTFRIED SCHMITT, ohne ein Manuskript zu hinterlassen, sodass der von ihm übernommene Stoff aufgeteilt werden musste. EICHELBAUM übernahm die Bearbeitung einzelner besonders wichtiger Abschnitte. Daneben gab es noch technische Schwierigkeiten wie Papier- und Arbeitermangel sowie andere durch den Krieg bedingte Probleme. Dennoch konnte die erste Auflage – etwas verspätet – 1919 erscheinen.[86]

Der Leipziger Kommentar gilt noch heute als Standardkommentar zum Strafrecht in Deutschland. Die 12. Auflage wurde im November 2019 abgeschlossen und besteht aus 13 Bänden.

A) Organisation des Wissens

Im Vorwort heißt es, der Kommentar sei von Praktikern für die Praxis geschrieben. Er solle über den Stand der Wissenschaft sowie „insbesondere über die Ergebnisse der Rechtsprechung" informieren. Außerdem solle er einen Beitrag zur Lösung der im StGB bestehenden Streitfragen leisten.[87] Weiter findet sich ein Hinweis zum Umgang mit dem vorhandenen Wissen. Veraltete und erledigte

---

84 LOBE, S. 380.

85 JUNG, S. 44 FN 110.

86 EBERMAYER, S. 65; EBERMAYER ET. AL., S. III; STAUFER, S. 167.

87 EBERMAYER ET. AL., S. IV.

Streitfragen sollen nicht behandelt werden und auf Gesetzesmaterialien sowie historische Erörterungen, die nicht dem Verständnis dienen, solle nicht Bezug genommen werden. Bei Streitfragen werden nur die wichtigsten Kommentare und Lehrbücher berücksichtigt. Wenn die herrschende Meinung vertreten werde, werde darauf verzichtet, eine Reihe anderer Wissenschaftler anzuführen, die der gleichen Meinung seien. „In weitgehendem Maße" werde die Rechtsprechung, insbesondere jene des Reichsgerichts, berücksichtigt. Dabei werden nicht nur Urteile aus der offiziellen Sammlung, sondern auch anderweitig oder gar nicht publizierte Urteile zitiert. Die benutzen Quellen werden bis in die neuste Zeit reichen.[88] Als Richter des Reichsgerichts betonten die Autoren aber ihre wissenschaftliche Selbstständigkeit gegenüber dem höchsten Gericht.[89]

Gemäß Literaturbericht beinhalte der Kommentar eine klare und zuverlässige Berichterstattung über die Rechtsprechung des Reichsgerichts.[90] Er halte sich in allen Fragen des Allgemeinen Teils „von einer selbstgenügsamen Beschränkung auf die Weisheit des Reichsgerichts fern". Die Probleme werden selbstständig geprüft und die Mängel der reichsgerichtlichen Rechtsprechung in aller Schärfe aufgezeigt.[91]

B) Feinsteuerung

Wissenschaftliche Erörterungen zu Begriffen, die auf „dem Wege der Rechtsentwicklung" entstanden seien, fänden sich in einer Einleitung zum Allgemeinen Teil, in dessen Bereich sie inhaltlich fielen. Es folgten Ausführungen zu Bestimmungen des Besonderen Teils, die seit der Revolution ihre Bedeutung verloren hätten, deren vor der Revolution niedergeschriebene Erläuterungen aber abgedruckt worden seien. Mit dem Entwurf sei grundsätzlich der ursprüngliche Kommissionsentwurf gemeint. Schließlich wurde noch festgehalten, dass auch im Verhältnis zueinander die volle Freiheit und Selbstständigkeit der Meinung gewahrt sei, sodass der Kommentar vereinzelt auch Widersprüche enthalte.[92]

Gemäß Literaturbericht erfolge die Beurteilung der strafrechtlichen Probleme von hoher wissenschaftlicher Warte aus.[93] Der Kommentar orientiere über die Praxis der Gerichte. Einzelne Ausführungen wurden als „kleine Kabinettsstücke der Kommentarliteratur" bezeichnet; dies aufgrund ihrer plastischen und konzi-

---

88 Ebermayer et. al., S. IV.

89 Ebd.

90 Liepmann, ZStW 43, S. 374

91 Liepmann, ZStW 42, S. 241 f.; vgl. auch Liepmann, ZStW 43, S. 374:

92 Ebermayer et. al., S. IV f.

93 Liepmann, ZStW 42, S. 243; Liepmann, ZStW 43, S. 374

sen Kürze. Kritisiert wurde die Uneinheitlichkeit aufgrund der verschiedenen Ansichten der Verfasser.[94]

Schon vom ersten Tag der Veröffentlichung an war der Leipziger Kommentar bei Praktikern sehr beliebt. Noch heute gilt er als traditioneller Großkommentar und hat einen hervorragenden Ruf in der Fachwelt.[95]

C) Schlussfolgerung

Der Schwerpunkt des Kommentars scheint, wie auch schon vermutet, auf der Rechtsprechung zu liegen. Da mehrere Verfasser am Werk waren, bestehen Widersprüche, die aber in Kauf genommen wurden. Es handelt sich um die erste Auflage. Der Kommentar hat sich durchgesetzt und erscheint noch heute.

---

94 Ebd., S. 372.

95 Staufer, S. 169.

2. Kapitel: Analyse der Kommentierungen zu den ausgewählten Normen

I Kommentierung von § 53 RStGB: Notwehr

Nachfolgend werden die vier Kommentierungen zu § 53 RStGB nacheinander analysiert. Da dem Leser die Kommentare nicht vorliegen, werden die behandelten Passagen aus der Kommentierung wiedergegeben. Unter 5. werden die Ergebnisse der Analyse präsentiert.

1 Kommentar Schwartz

A) Analyse der Kommentierung

1. Die Selbsthilfe, die eigenmächtige Geltendmachung eines Rechtes, ist entweder eine aggressive, indem zur Verwirklichung eines Anspruches oder zur Verhinderung einer Rechtsstörung in die Rechte des Verpflichteten eingegriffen wird. Die Voraussetzungen und Bedingungen, unter welchen diese aggressive Selbsthilfe eine rechtswidrige nicht ist, werden durch das bürgerliche Recht gesetzt. Oder sie ist eine defensive, die eigenmächtige Abwehr eines rechtswidrigen Angriffes. Diese, die Notwehr im eigentlichen Sinne, wird im *§ 53* geregelt. Danach ist Notwehr diejenige Verteidigung, welche erforderlich ist, um eine gegenwärtigen, rechtswidrigen Angriff von sich oder einem Anderen abzuwenden.[1]

Die Kommentierung beginnt mit dem Oberbegriff der „Selbsthilfe“, der so nicht im Normtext steht. Dieser Begriff wird mit den Wörtern „eigenmächtig“, „Geltendmachung“ und „Recht“ erklärt. Die gewählten Wörter sind allesamt juristische Termini und deshalb immer noch sehr abstrakt, ermöglichen aber einem Juristen, sich die Bedeutung des Wortes „Selbsthilfe“ zu erschließen.

Der Kommentator unterscheidet die aggressive und die defensive Selbsthilfe, wobei erstere im BGB geregelt ist, d.h., dort ist geregelt, wann die aggressive Selbsthilfe nicht rechtswidrig ist. Wenn man die Kommentierung liest, entsteht der Eindruck, dass nur bei der aggressiven Selbsthilfe in die Rechte des Verpflichteten eingegriffen wird. Jedoch wird auch bei der Notwehr in die Rechte des Angreifers eingegriffen. Somit bleibt der Angriff der einzige Unterschied zwischen aggressiver und defensiver Selbsthilfe.

Die Intention des Kommentators, eine Abgrenzung vorzunehmen, ist grundsätzlich gut. Die Selbsthilfe als dogmatischer Begriff steht aber über dem BGB und dem RStGB. Ausgangspunkt ist somit nicht der Normtext, sondern die Dogmatik.

---

1 Vgl. Schwartz, § 53 N. 1. Abs. 1.

Weiter kann man sich fragen, warum in einem Kommentar zum Strafrecht mit der Abgrenzung zu einer Rechtsfigur aus dem BGB begonnen wird, zumal der Kommentator keine Quelle nennt. Er allein erachtet diesen privatistischen Ansatz als sinnvoll, anstatt z. B. direkt mit dem Angriff zu beginnen.

Die Notwehr ist nicht eine Pflicht, sondern ein Recht. Im Fall der Notwehr ist es daher demjenigen, der zu ihrer Ausübung berechtigt ist, unbenommen, sie nicht auszuüben. Aus welchen Beweggrund er von ihr Gebrauch macht, ist gleichgültig. Macht er von ihr Gebrauch, so ist seine Handlung, wenn sie durch die zur Abwehr des Angriffs erforderliche Verteidigung geboten ist, auch dann keine rechtswidrige, wenn durch sie der objektive Tatbestand einer strafbaren Handlung gegeben wird, sondern ist eine rechtlich erlaubte, eine strafbare Handlung also nicht vorhanden. Die Rechtswidrigkeit aber entfällt, weil die Güter des Angreifers dem Angegriffenen gegenüber, soweit als das Erfordernis der Verteidigung reicht, nicht unter rechtlichem Schutz stehen, denn das Recht würde andernfalls für das Unrecht Partei ergreifen und in direktem Widerspruch mit seiner Aufgabe, die legitimen Interessen zu schützen, diese vielmehr in den hier in Betracht kommenden Fällen schutzlos stellen.[2]

Im nächsten Absatz wird die „Notwehr“ als „Recht“ und nicht als „Pflicht“ kategorisiert. Die Zuordnung zu einer solchen Kategorie ist sinnvoll, da ein Jurist weiß, was Rechte sind. Das Begriffspaar Rechte und Pflichten erinnert aber weniger an das Strafrecht, sondern mehr an das Privatrecht. Insofern führt der Kommentator seinen privatistischen Ansatz weiter. Das Strafgesetzbuch soll strafbares Verhalten definieren und enthält auch Normen, die erklären, wann ein scheinbar strafbarer Tatbestand nicht strafbar ist. Der nach der Zuordnung folgende Satz ist überflüssig. Denn jeder Jurist weiß, dass ein Recht ausgeübt werden kann, aber nicht ausgeübt werden muss.

Man kann sich ebenfalls fragen, ob der nächste Satz, wonach es nicht auf den „Beweggrund“ der Ausübung ankommt, wirklich notwendig ist. Denn wenn kein besonderer Beweggrund bzw. keine besonderen Beweggründe genannt wird bzw. werden, kann davon ausgegangen werden, dass es auf Beweggründe im Allgemeinen nicht ankommt. Der Normtext äußert sich nicht zum Beweggrund.

Die danach folgenden Ausführungen scheinen auf den ersten Blick hilfreich. Denn der Jurist, welcher mit einer Notwehrsituation zu tun hat, wird sich die Frage einer strafbaren Handlung zwingend stellen. Wieder verwendet der Kommentator juristische Begriffe für die Erklärung und bezieht sich erstmals auf den Normtext. Dieser beginnt mit dem Passus „eine strafbare Handlung ist nicht vorhanden,

2 Ebd., § 53 N. 1. Abs. 2.

wenn die Handlung durch Notwehr geboten war". Der Inhalt der Erläuterungen geht nicht über jenen im Normtext hinaus. Die zentralen Begriffe „Abwehr", „Angriff", „erforderlich" und „geboten", die sich in Absatz 2 des Normtextes finden, werden erst später definiert.

Warum die Notwehr trotz strafbarer Handlung nicht rechtswidrig ist, wird mit rechtlichen Kategorien erklärt. Ein scheinbarer Widerspruch bei Vorhandensein von zwei strafbaren Handlungen wird so durch Bezugnahme auf den Zweck der Rechtsordnung aufgelöst. Der Kommentator möchte nach der Paraphrase des Normtextes auch gleich die Erklärung liefern, warum die Strafbarkeit entfällt.

In diesem Abschnitt nennt der Kommentator keine Quellen. Vielmehr versucht er eine grundsätzliche dogmatische Begründung der Notwehr zu liefern. Dabei holt er weit aus und ist zu ausführlich. Zentral ist nur der Passus „denn das Recht würde andernfalls für das Unrecht Partei ergreifen und in direktem Widerspruch mit seiner Aufgabe, die legitimen Interessen zu schützen, diese vielmehr in den hier in Betracht kommenden Fällen schutzlos stellen". Denn letztlich ist das die Begründung. Die anderen Sätze sagen nicht viel mehr aus als der Normtext.

Wie der Verteidiger selbst, so sind auch die Teilnehmer an der Verteidigung schuld- und straflos. Sie sind es nicht bloß wegen der akzessorischen Natur der Teilnahme, sondern auch deshalb, weil die Notwehr auch zur Verteidigung eines Anderen ausgeübt werden darf, sie also zur Begehung der Haupttat selbst befugt sein würden: *Schütze 109 N. 5.*[3]

In diesem Absatz wird eine doppelte Begründung geliefert. Nach den Regeln des Allgemeinen Teils und nach dem Wortlaut der Norm sind „Teilnehmer" straflos („von sich oder einem Anderen"). Erneut begründet der Kommentator die Ansicht mit Verweis auf die Dogmatik, geht aber auch auf den Wortlaut ein. Wieder steht die Begründung und nicht die bloße Präsentation der Ansicht im Vordergrund. Zum ersten Mal wird eine andere Lehrmeinung zitiert.[4]

2. Bei der Notwehr ist zu unterscheiden der Stand der Notwehr an sich, also die Erfordernisse des Rechts zur Notwehr, und ihre Ausübung, d.h. die Frage, wie man bei der Ausübung sich zu verhalten hat.

Die Erfordernisse sind ein gegenwärtiger, rechtswidriger Angriff auf den Verteidiger oder einen Anderen. Daß sie erfüllt sind, braucht der Täter nicht zu wissen, da die Schuld- und Strafausschließungsgründe auch ohne Kenntnis wirken; weiß er es nicht, so liegt ein sog. Putativdelikt vor: *Ols-*

3 Ebd., § 53 N. 1. Abs. 3.
4 SCHÜTZE, Lehrbuch des deutschen Strafrechts, 2. Auflage, Leipzig 1874.

hausen § 59 N. 24b, v. Wächter 180; a. M. Hälschner I 271, Rüdorff-Stenglein § 59 N. 15.[5]

Nach den lehrbuchartigen Ausführungen in N. 1. fokussiert sich der Kommentator auf den Normtext und differenziert zwischen den „Erfordernissen" („Stand der Notwehr an sich") und der „Ausübung" („Verhalten") der Notwehr. Gemeint sind Angriff und Verteidigung. Ersteres macht er deutlich, indem er den Normtext wiedergibt: „Die Erfordernisse sind ein gegenwärtiger, rechtswidriger Angriff auf den Verteidiger oder einen Anderen." Auf die Verteidigung geht er in N. 3. ein.

Im zweiten Absatz geht es um das Wissen des Täters über die Erfüllung dieser Erfordernisse, welches nicht vorhanden sein muss. An dieser Stelle nimmt der Kommentator erstmals Bezug auf den subjektiven Tatbestand. Um die fehlende Notwendigkeit des Wissens zu begründen, kategorisiert der Kommentator die Notwehr als einen der „Schuld- und Strafausschließungsgründe", die auch ohne Kenntnis wirken. Wie bei der Kategorisierung als ein Recht führt auch diese Zuordnung zu einem Erkenntnisgewinn. Die Ausführungen zum Wissen gehen über den Normtext hinaus. Der Kommentator nimmt hier eine eigene Systematisierung vor. Schließlich spricht er beim Nichtwissen des Täters von einem „Putativdelikt". Auch dieser Begriff ist dem Juristen geläufig. Im Gegensatz zu N. 1. steht an dieser Stelle die Feststellung im Vordergrund. Die Begründung erfolgt nur in einem kurzen Nebensatz. Als Ersatz für die ausführliche Begründung werden zwei Lehrmeinungen[6] zu § 59[7] angeführt, in dem es um den Tatbestandsirrtum geht. Zudem werden zwei abweichende Meinungen genannt („a. M.").[8]

Der Kommentator scheint hier in einen anderen Modus zu wechseln. Die Ausführungen sind kurzgehalten. Wenn der Leser mehr erfahren will, muss er die zitierten Werke konsultieren. Unklar bleibt, welche Meinung maßgeblich bzw. die „herrschende Meinung" ist. Die Kommentierung ist hier vergangenheitsbezogen und organisiert das vorhandene Wissen. Der Kommentator entscheidet sich für

---

5 SCHWARTZ, § 53 N. 2. Abs. 1 und Abs. 2.

6 Die 8. Auflage des Kommentars von OLSHAUSEN (der Kommentar von SCHWARTZ ist 1914 erschienen, die in dieser Arbeit analysierte 10. Auflage von OLSHAUSEN erst 1916) und v. WÄCHTER, Deutsches Strafrecht, 1881.

7 „Wenn jemand bei Begehung einer strafbaren Handlung das Vorhandensein von Thatumständen nicht kannte, welche zum gesetzlichen Thatbestande gehören oder die Strafbarkeit erhöhen, so sind ihm diese Umstände nicht zuzurechnen. Bei der Bestrafung fahrlässig begangener Handlungen gilt diese Bestimmung nur insoweit, als die Unkenntnis selbst nicht durch Fahrlässigkeit verschuldet ist."

8 HÄLSCHNER, Das gemeine deutsche Strafrecht, 1881/87 und der Kommentar von RÜDORFF-STENGLEIN, 4. Auflage, 1892.

eine Meinung und weist darauf hin, dass auch noch eine andere Meinung vertreten wird, auf die er aber nicht weiter eingeht.

a) Erforderlich ist ein Angriff, ein positives angriffsweises Verhalten, nicht ein reines Unterlassen, insbesondere nicht ein bloßes Nichtleisten, indem gegen dieses, gegen die Nichterfüllung eines Anspruchs unter den Voraussetzungen des *§ 229 BGB*. Selbsthilfe statthaft ist: *Binding Handb. I 736, Frank N. 1, Hälschner I 485 N. 1, v. Liszt 114 N. 2, Merkel 162, Meyer-Allfeld 228, Olshausen N. 5 Abs. 1, Rüdorff-Stenglein N. 7; RG. 6./6. 89 E. 19 298.*[9]

Die Aussage wird mit Verweis auf acht Lehrmeinungen und einen Entscheid des Reichsgerichts gestützt. Der Definition lässt sich lediglich entnehmen, dass ein aktives Tun notwendig ist. Das allein definiert aber noch keinen Angriff. Weitere Konkretisierungen finden sich bei den Ausführungen zur Körperlichkeit. Der Verweis auf die Selbsthilfe im BGB knüpft an die einleitenden Ausführungen an (auch hier offenbart sich der privatistische Ansatz des Kommentators).

Der Kommentator gibt hier lediglich wieder, was andere Strafrechtler vertreten. Dadurch bestätigt er die offensichtlich herrschende Ansicht. Angeführt werden fünf Lehrbücher.[10] Sodann werden wieder die bereits oben zitierten Kommentare[11] und zusätzlich noch der Kommentar von FRANK[12] zitiert. Erstmals wird auch auf einen Entscheid des Reichsgerichts verwiesen. Die lange Kette von Verweisen dient der Legitimität und ersetzt die Begründung.

Wieder ist die Kommentierung vergangenheitsbezogen. Anders als im vorherigen Abschnitt wird aber nur eine Meinung präsentiert, die von Lehre und Rechtsprechung einhellig vertreten wird. Der Leser wird davon ausgehen, dass es keine abweichende Meinung gibt, der Kommentator vermittelt Sicherheit.

b) Der Angriff muss von einem Menschen ausgehen. Die vielfach, z. B. von *Frank N. I und Olshausen N. 5*, beliebte Formulierung „von einem lebenden Wesen“ ist nicht zutreffend. Bei einer Gefährdung durch die Naturgewalt und durch eine leblose Sache liegt ein Notstand nach *§ 54 und BGB. § 228* vor. Geht die Gefährdung von einem Tier aus – ein Fall der Notwehr liegt vor, wenn ein Mensch sich des Tieres als Werkzeug bedient –, so ist in gleicher Weise zu unterscheiden, ob der Notstand des *§ 54* vorliegt

9 SCHWARTZ, § 53 N. 2. a).

10 BINDING, Handbuch des Strafrechts, Berlin 1885; das bereits zitierte Lehrbuch von HÄLSCHNER; V. LISZT, Lehrbuch des Deutschen Strafrechts, 16.–17. Auflage, 1908; MERKEL, Lehrbuch des deutschen Strafrechts, 1889, und MEYER-ALLFELD, Lehrbuch des deutschen Strafrechts, 6. Auflage, 1907.

11 OLSHAUSEN und RÜDORFF-STENGLEIN

12 Der Kommentar von SCHWARTZ ist 1914 erschienen, die in dieser Arbeit analysierte Auflage von FRANK 1919. Deshalb wird die 1908 erschienene 5.–7. Auflage zitiert.

oder eine nach *§ 228* statthafte Schutzhandlung. Die Schutzhandlung setzt jedoch, um nicht rechtswidrig zu sein, voraus, daß der durch sie verursachte Schaden nicht außer Verhältnis zu der Gefahr steht. Ist das Tier ein nicht in fremdem Eigentum stehendes jagdbares Wild, so ist *EG. zu BGB. Art. 69* zu berücksichtigen. *Vgl. Finger I 387, v. Lilienthal 41, v. Liszt 144 N. 3, Meyer-Allfeld 227, Olshausen N. 6 Abs. 1; RG. 17./6. 01 E. 34 295, 30./4. 03 E. 36 230.* Wenn *Binding Grundr. 190 und Frank N. 1* dem *§ 228* die Bedeutung für das Strafrecht absprechen, weil er sich auf die Verpflichtung zum Schadensersatz beziehe, so übersehen sie, dass ein Zivilgesetzbuch nur zivilistische, nicht kriminalistische Folgen zu normieren hat, dagegen das StGB. die Entscheidung über die Rechtswidrigkeit einer Handlung nur unter Heranziehung des gesamten geltenden Rechts treffen kann, *§ 228* aber bei vorhandener Verhältnismäßigkeit die Rechtswidrigkeit verneint. Allerdings ist das Endresultat ein wenig befriedigendes: „Das Kind, das mein Eigentum bedroht, darf ich ohne weiteres, den Hund nur „bei überwiegendem Interesse niederschießen“ *(v. Liszt a.a.O.).*[13]

Es erfolgt die Präzisierung, wonach der „Angriff von einem Menschen ausgehen“ muss. Liest man den ganzen Abschnitt, wird klar, dass es sich hier offensichtlich um eine in der Lehre intensiv geführte Diskussion handelt. Erstmals setzt sich der Kommentator differenziert mit verschiedenen Meinungen auseinander.

Er verweist zunächst auf die von Frank und Olshausen vertretene Lehrmeinung und taxiert diese als unzutreffend. Sodann beginnt er die Analyse des Problems, indem er zunächst auf die Gefährdung durch leblose Sachen eingeht und in solchen Fällen von Notstand ausgeht (§ 54[14] und BGB § 228[15]). Bezüglich der Gefährdung durch ein Tier, das nicht als Werkzeug gebraucht wird, unterscheidet der Kommentator, ob Notstand nach § 54 vorliegt oder eine statthafte Schutzhandlung nach § 228 BGB, auf die er auch genauer eingeht. Schließlich geht es um Angriffe von jagdbarem Wild, das niemandem gehört. Dazu verweist der Kommentator auf das Einführungsgesetz zum BGB (Art. 69). Der Hinweis auf § 54 (Notstand) macht Sinn, jener auf BGB § 228 und auf das Einleitungsgesetz zum BGB nicht unbedingt. Dadurch knüpft der Kommentator wieder an seine Einleitung aus N. 1. an und vermischt das Strafrecht mit dem Privatrecht.

---

13 Schwartz, § 53 N. 2. b).

14 „Eine strafbare Handlung ist nicht vorhanden, wenn die Handlung außer dem Falle der Nothwer in einem unverschuldeten, auf andere Weise nicht zu beseitigenden Nothstande zur Rettung aus einer gegenwärtigen Gefahr für Leib und Leben des Thäters oder einses Angehörigen begangen worden ist.“

15 In diesem Paragrafen ist der zivilrechtliche Notstand, die statthafte Schutzhandlung geregelt.

Für den Praktiker sind die Ausführungen zu den verschiedenen Konstellationen, in denen von Notstand oder von Notwehr auszugehen ist, hilfreich. Er muss nur einige Seiten weiterblättern und findet den Tatbestand des Notstandes. Der Verweis auf fünf Lehrmeinungen und zwei Entscheide des Reichsgerichts suggeriert, dass diese Diskussion relevant ist, und zeigt, dass der Kommentator an dieser Stelle keine neuen Überlegungen präsentiert, sondern bestehende Meinungen bestätigt (String-Zitat). Neben den bereits zitierten Lehrbüchern von v. Liszt und Meyer-Allfeld werden zwei weitere Lehrbücher[16] zitiert. Interessant ist, dass Olshausen wieder genannt wird, obwohl seine Meinung weiter oben als unzutreffend bezeichnet wurde. Oben war die Rede von N. 5, hier wird auf N. 6 verwiesen. Entweder widerspricht sich der Kommentator oder Olshausen.

Am Ende dieses Abschnittes wird auf Binding (Lehrbuch) und Frank (Kommentar) Bezug genommen, die § 228 BGB die Bedeutung für das Strafrecht absprechen. Der Kommentator führt ein eigenes Argument an, anerkennt aber mit Verweis auf das Lehrbuch von v. Liszt, dass das Ergebnis klar stoßend ist. Letztlich kann er so den Leser nicht überzeugen.

Der Abschnitt b) zeigt, wie der Diskurs in einem Kommentar funktioniert. Bestimmte Fragen und Diskussionen werden immer wieder rezipiert. Häufig wird zu den Fragen auch selbst Stellung genommen. Der Leser wird an dieser Stelle davon ausgehen, dass diejenige Meinung gilt, die gemäß Kommentar von den meisten Autoren vertreten wird.

c) Angriff ist nicht auf das körperliche Anfassen beschränkt, sondern bedeutet jeden Angriff in die Rechtssphäre einer anderen Person: Leben, Leib, Freiheit, Vermögensrecht (Eigentum und Besitz), Hausfriede, Familienrecht, Ehre, Namensrecht, Personenstand, staatsbürgerliche Rechte. Auch gegen Verbal- und symbolische Injurien ist die Notwehr gestattet, nicht bloß falls die Verteidigung der Vollendung des Delikts zuvorkommen kann, also unterbrechend, sondern auch unter Berücksichtigung des Umstands, daß der Angriff nicht notwendig mit der Vollendung des Delikts beendigt ist: *Hälschner 485*. Es ist überhaupt gleichgültig, um welches Gut es sich handelt, vorausgesetzt nur, daß es ein Gut ist, also einen Wert hat, wozu auch der Affektionswert gehört, soweit ein solcher im konkreten Fall vernünftigerweise angenommen werden kann. Ein Angriff mit Bezug auf ein noch nicht erworbenes, wenn auch in sicherer Aussicht stehendes Rechtsgut genügt nicht, es muß sich gegen einen bestehenden Zustand richten: *v. Liszt 145*. Das *RG*. hat die Notwehr für zulässig erklärt gegen eine Pfändung:

16 Finger, Lehrbuch des deutschen Strafrechts, 1904 und v. Lilienthal, Grundriß zu Vorlesungen über deutsches Strafrecht, 2. Auflage, 1900.

***13./1. 81 E. 3 222;* einen Angriff der Ehefrau auf Sachen des Ehemanns während eines Scheidungsprozesses: *20./4. 83 E. 8 210*, was unbedenklich mit *Meyer-Allfeld 227 N. 14* auf die an sich straflosen Diebstähle und Unterschlagungen seitenes eines Aszedenten oder eines Ehegatten ausgedehnt werden kann *(§ 247 Abs. 2)*; gegen Beleidigungen: *24./11. 90 E. 21 S. 168, 14./12. 96 E. 29 240. Vgl. Berner 110–112.*[17]**

Aus dem Normtext ergibt sich lediglich, dass der Angriff gegen einen selbst oder eine andere Person gerichtet sein kann. Es werden keine Rechtsgüter genannt. Die Aufzählung an dieser Stelle ist sinnvoll und für den Juristen klar. Denn dieser weiss, was mit „Rechtssphäre" gemeint ist. Zudem werden konkrete Beispiele genannt und mit Verweis auf das Lehrbuch von HÄLSCHNER weitere Fälle definiert und präzisiert. Die Kommentierung legt hier nicht nur den Text aus, sondern entwickelt diesen weiter. Neben den verschiedenen Fallgruppen sucht der Kommentator sodann nach einer Generalklausel und findet ein Gut, das einen Wert haben muss. Er ergänzt noch bezugnehmend auf v. LISZT, dass der Angriff sich immer gegen einen bestehenden Zustand richten muss. Schließlich werden Fallbeispiele aus der Rechtsprechung angeführt. Eines davon wird unter Berücksichtigung der Meinung von MEYER-ALLFELD diskutiert. Ganz am Ende wird auf das Lehrbuch von BERNER[18] verwiesen.

Dieser Abschnitt ist sehr gelungen, da er abschließend klärt, gegen was sich der Angriff richten muss. Schön ist die Kombination von konkreten Beispielen und abstrakter Formulierung. Die Fallbeispiele aus der Rechtsprechung komplettieren die Ausführungen. Erstmals rückt der Kommentator die Rechtsprechung in den Vordergrund.

d) Der Angriff muss ein rechtswidriger sein. Ob er dieses, ist lediglich vom Standpunkt desjenigen, wider dessen Recht sich der Angriff richtet, also von dem des Angegriffenen aus, zu beurteilen, und rechtswidrig ist jeder Angriff, den der Angegriffene nicht von Rechts wegen über sich ergehen zu lassen braucht. Ob der Angreifer strafbar oder nicht strafbar, ob ein Schuldaufhebungs- oder ein Schuldausschließungsgrund für ihn gegeben ist, ob der Angriff objektiv den Tatbestand eines Delikts erfüllt oder nicht (*v. Liszt 145* nennt als Beispiel die nicht strafbare Gebrauchsanmaßung), das ist auf die Frage der Rechtswidrigkeit ohne Einfluß.[19]

Der Kommentator beginnt mit der Aussage, dass die Rechtswidrigkeit „vom Standpunkt des Angegriffenen aus" zu beurteilen ist. In der Folge definiert er den

17 SCHWARTZ, § 53 N. 2. c).

18 BERNER, Lehrbuch des deutschen Strafrechts, 18. Auflage, 1898.

19 SCHWARTZ, § 53 N. 2. d) Abs. 1.

rechtswidrigen Angriff als einen „Angriff, den der Angegriffene von Rechts wegen nicht über sich ergehen zu lassen braucht". Mit dieser Erklärung ist jedoch nichts gewonnen, da der Leser sich aufgrund der Ausführungen nicht vorstellen kann, welche Angriffe man nicht dulden muss. Der dritte Satz sagt aus, dass so ziemlich jeder Angriff infrage kommt. Das Beispiel von v. Liszt hilft ebenfalls nicht weiter, da der Kommentator von einer ganz allgemeinen Aussage zu einem spezifischen Einzelfall springt.

Die Notwehr ist somit auch dann zulässig, wenn der Angreifer nach *§§ 51, 55* unzurechnungsfähig ist oder nach *§§ 52, 54* vom Gesetz als unzurechnungsfähig fingiert wird oder in unvermeidbarem Irrtum handelt: *Binding Handb. I 735 und Grundr. 190, Birkmeyer-Encykl. 1120, Finger I 385, 387, Frank N. I 2b, v. Liszt 144, Merkel 163, Meyer-Allfeld 227, Olshausen N. 6 Abs. 1, Rüdorff-Stenglein N. 10; RG. 19./2. 95 E. 27 44.* Speziell wegen des Notstandes vgl. unten *§ 54 N. 2b.* Dagegen bestreiten *Hälschner I 479, Oppenhoff-Delius N. 6, v. Schwarze 228, Schütze 113* die Notwehr gegen einen Unzurechnungsfähigen und lassen die Abwehr gegen seinen Angriff nur unter den Voraussetzungen und Beschränkungen des *§ 54*, also als Notstandsakt zu. Nach ihnen würde, falls es sich nicht um eine unverschuldete Gefahr für Leib und Leben handelt, nur *BGB. § 228* Anwendung finden, wobei allerdings der unzurechnungsfähige Mensch als „fremde Sache" erschiene, obgleich ein lebender Mensch niemals Sache ist.[20]

An dieser Stelle beginnt der Kommentator von Lehre und Rechtsprechung entwickelte Fallgruppen zu präsentieren. Die Kommentierung bezieht sich hier auf die Vergangenheit und organisiert das Wissen.

Die Möglichkeit der Notwehr gegen „unzurechnungsfähige" oder sich irrende „Angreifer" wird von neun Autoren (davon drei Kommentatoren) und dem Reichsgericht bejaht. Zwei Werke[21] werden an dieser Stelle zum ersten Mal erwähnt. Danach verweist der Kommentator erstmals auf seine eigene Kommentierung zum Notstand und zeigt so, dass der Kommentar vollständig ist. Es folgt die Wiedergabe der von nur vier Autoren (darunter zwei Kommentatoren) vertretenen (Minder)Meinung. Erstmals werden die Kommentare von v. Schwarze[22] und von Oppenhoff-Delius[23] zitiert. In diesem Zusammenhang wird wieder auf BGB § 228 verwiesen und die Konsequenz aus der Anwendung kritisiert.

---

20 Ebd., § 53 N. 2. d) Abs. 2.

21 Binding, Grundriß des deutschen Strafrechts, 7. Auflage, 1907 und Birkmeyer, Enzyklopädie, 2. Auflage, 1904.

22 5. Auflage 1884.

23 14. Auflage 1901.

Hier steht die Wiedergabe der zwei verschiedenen Meinungen im Vordergrund, ohne detailliert auf eine davon einzugehen. Die Kommentierung bleibt vergangenheitsbezogen, da nur vorhandenes Wissen wiedergegeben wird.

Die Notwehr ist ferner zulässig gegen Angriffe seitens derjenigen Personen, welche strafrechtliche Immunität besitzen, *§ 3 N. 4*. Ebenso gegen die von den Landtagsmitgliedern in Ausübung ihres Berufes getanen Äußerungen, *§ 11 N. 6*, und gegen die wahrheitsgetreuen Berichte über die Landtagsverhandlungen, *§ 12 N. 3*, was beides nach *Reichsverf. Art. 30, 22* auch von dem Reichstag gilt. Wenn *Binding Handb. I 738 und Olshausen N. 6 Abs. 2* gegen den Souverän keine Notwehr zulassen, weil damit der Grundsatz der Unverletzlichkeit beseitigt sein würde, so ist, abgesehen davon, dass Unverletzlichkeit, Heiligkeit, von Gottes Gnadentum überhaupt keine juristischen Begriffe sind, dieser Ansicht entgegenzuhalten, daß trotz des benannten „majestas ossibus principis inhaeret" der Verfassungsstaat der Gegenwart keine sklavische Unterwürfigkeit kennt und, wie *Olshausen § 3 N. 19 b α* selbst einräumt, die Immunität des Monarchen keineswegs ein Schuld-, sondern nur ein Strafausschließungsgrund ist. Dies wird völlig klar, wenn man einen drastischen Fall nimmt. Wenn ein Bundesfürst eine bei ihm zu Besuch weilende Tochter des Kaisers zu vergewaltigen versucht, so ist nach Binding und Olshausen das in seiner jungfräulichen Ehre angegriffene Mädchen auf die passive Resistenz, also schließlich auf das Davonlaufen beschränkt, aber eventuell mit lebenslänglichem Zuchthaus zu bestrafen *(§ 94)*, wenn es zwecks seiner Verteidigung dem Angreifer das Angesicht zerkratzt oder mit einem Stock auf ihn einschlägt. Als einmal ein Landesherr – der letzte Kurfürst von Hessen – seinen Kammerdiener geprügelt und dieser sich aktiv verteidigt hatte, lehnte das Kasseler Obergericht die Einleitung eines Strafverfahrens wegen begründeter Notwehr ab. Übereinstimmend gegen die Binding-Olshausensche Ansicht *Finger I 386, Frank N. I 2, v. Liszt 144, Meyer-Allfeld 227 N. 14, v. Wächter 176.*[24]

Der Kommentator geht auf eine weitere, in der Lehre diskutierte Fallgruppe ein und verweist zunächst auf seine Kommentierungen zu anderen Normen sowie auf die Reichsverfassung. In der Folge setzt er sich mit den Meinungen von OLSHAUSEN und BINDING auseinander, wonach die Notwehr gegen den „Souverän" nicht zulässig sei. Er argumentiert gegen diese Ansicht und führt zwei Beispiele an. In einem der Fälle lehnte ein unterinstanzliches Gericht die Einleitung eines Strafverfahrens wegen begründeter Notwehr ab. Schließlich führt er fünf

24 SCHWARTZ, § 53 N. 2. d) Abs. 3.

Lehrmeinungen auf, die ebenfalls der Ansicht von BINDING und OLSHAUSEN widersprechen.

Erstmals verweist der Kommentator auf einen unterinstanzlichen Entscheid, Leider wird die genaue Fundstelle nicht genannt. Der Leser kann die Ausführungen so nicht selbst kontrollieren. Außerdem geht es erstmals um ein politisches Thema.

Anders als im vorhergehenden Abschnitt wird hier konkret auf eine Lehrmeinung eingegangen und ein eigener Beitrag zu Diskussion geleistet. Der Kommentator vermag den Leser, insbesondere durch die zwei Beispiele, von seiner (fortschrittlichen) Meinung zu überzeugen. Die Kommentierung bleibt nicht vergangenheitsbezogen.

Dagegen ist keine Notwehr gegeben, wenn der Angriff kein rechtswidriger, sondern ein solcher ist, den der Angegriffene von Rechtes wegen über sich ergehen lassen muss. Also: wenn die Obrigkeit innerhalb des ihr zustehenden Wirkungskreises: *RG. 27./2. 95 E. 25 150;* wenn Eltern, Vormünder Lehrer usw. in Ausübung ihres Züchtigungsrechts handeln; wenn ein Akt der Notwehr oder Selbsthilfe vorliegt. Stets muss ein solcher Angriff sich innerhalb der von dem Gesetz gesteckten formellen wie materiellen Schranken bewegen, widrigenfalls er ein rechtswidriger ist: *Berner 108, Binding Lehrb. II 751, 765 N. 2, 777, Finger I 387, Frank § 113 N. III, v. Liszt 144, Merkel 163, Meyer-Allfeld 227, Olshausen N. 8, Rüdorff-Stenglein N. 8, Schütze 109, v. Wächter 176.* Es kann aber bei einem rechtswidrigen Angriff das natürliche Recht der Verteidigung durch sein wie immer gestaltetes öffentliches oder privatrechtliches Subjektionsverhältnis ausgeschlossen werden. Hieran ist auch festzuhalten gegenüber der schimpflichen Behauptung, dass das Militärstrafrecht eine Notwehr des Untergebenen gegen den Vorgesetzten nicht anerkenne. Auch die von der Anerkennung der Notwehr ausgehenden Erörterungen bei *Herz-Ernst 63* können nicht gebilligt werden, indem nach ihnen z. B. eine nicht lediglich in Abwehr bestehende Notwehr des Untergebenen nur bei Gefahr für Leib und Leben, dagegen bei Beleidigungen, auch bei tätlichen („leichte Berührungen“) regelmässig nur ein Beschwerderecht gegeben sein soll. Wenn daselbst ein „strenger“ Maßstab der Prüfung der Frage verlangt wird, ob die Tat in ihrer konkreten Gestaltung durch Notwehr geboten war, so wird dadurch der Weg eröffnet, im vermeintlichen Interesse der Disziplin die Notwehr im konkreten Fall stets zu bestreiten. Die Frage, wer sich schwerer gegen die militärischen Disziplin vergeht, ob der Vorgesetzte, welcher ehrlos genug ist, sein überlegene Stellung zu Mißhandlungen seines Untergebenen auszunutzen, oder der Untergebene, welcher sich zuletzt aus Verzweiflung zur Wehr setzt, diese

Frage scheint für die Theorie und Praxis des Militärstrafrechts gar nicht zu existieren.[25]

An dieser Stelle geht es um nicht rechtswidrige Angriffe, d. h. um diejenigen Angriffe, die „der Angegriffene von Rechtes wegen über sich ergehen lassen muss".

Es werden drei Beispiele angeführt. Zu einem Beispiel wird auch ein Entscheid angegeben. Die Kommentierung ist hier verständlich und geht über eine einfache Auslegung hinaus. Auf diese Ausführungen folgt die Aussage, dass „ein solcher Angriff sich innerhalb der von dem Gesetz gesetzten formellen und materiellen Schranken bewegen" soll, „widrigenfalls er ein rechtswidriger ist". Offenbar findet sich diese schwer verständliche Aussage in vielen Kommentaren und Lehrbüchern, denn es wird auf elf Lehrmeinungen verwiesen. Die Kommentierung bestätigt nur, was bereits bekannt ist. Der Satz ist viel zu abstrakt und deshalb nicht sehr aussagekräftig, außerdem fehlen konkrete Beispiele. Für das Verständnis wichtig ist hingegen der folgende Satz (der Begriff des „Subjektionsverhältnisses" dürfte dem Juristen bekannt sein). In diesem Zusammenhang geht der Kommentator auf das Notwehrrecht des „Untergebenen" gegen den „Vorgesetzten" ein. Dabei setzt er sich auch mit der Meinung von HERZ-ERNST[26] auseinander. Der Fokus liegt auf einem Problem aus dem Militärstrafrecht, das dem Kommentator wichtig zu sein scheint. Der Satz zum „Subjektionsverhältnis" hätte mit mehreren verschiedenen Beispielen veranschaulicht werden können, anstatt ausführlich eine Fallgruppe zu behandeln, welche für das allgemeine Strafrecht kaum von Relevanz ist.

Daß es eine Notwehr gegen die durch das Interesse der Sicherheit des Angegriffenen selbst gebotenen Handlungen gibt, ist zu verneinen, wenn die Sicherstellung zu den Obliegenheiten des Handelnden, z. B. der Polizei, der Eltern und der Erzieher u. ä., gehört; vgl. auch *§ 221.* Die Notwehr ist ferner dadurch ausgeschlossen, daß Angriff und Verteidigung nur als Bestandteile eines vom Gesetze unter Strafe gestellten Gesamtvorganges, insbesondere des Zweikampfes, erscheinen: *Meyer-Allfeld 228.* Dagegen ist sie möglich bei der Retorsion der *§§ 199, 233,* und bei der Beteiligung des *§ 227* kann der wegen dieser Beteiligung Strafbare wegen der einzelnen Verletzungen durch Notwehr entschuldigt sein: *Meyer-Allfeld 228 N. 24; RG. 27./11. 80 E. 3 236.*

25 Ebd., § 53 N. 2. d) Abs. 4.

26 Strafrecht der Militärpersonen, erschienen 1905.

Da die Verteidigung des Angegriffenen keine rechtswidrige, kann sich ihr gegenüber der Angreifer, wofern nicht – *N. 4* – der Angegriffene einen Notwehrexzeß begeht, seinerseits auf Notwehr nicht berufen.[27]

Am Ende des Absatzes d) werden noch kurz einige Fälle diskutiert, in denen keine Notwehr vorliegt.

Eine erste Gruppe von Fällen sind jene in Zusammenhang mit der „Sicherstellung" des „Angegriffenen" sowie jene von § 221[28]. Es wird nicht auf Lehre und Rechtsprechung verwiesen. Weitere Fälle sind im Wesentlichen jene, die unter den Begriff des „Zweikampfes" fallen. Diese Meinung wird von MEYER-ALLFELD vertreten. Bei „Retorsion" (geregelt in § 199 und § 233) sowie bei der „Beteiligung" an einer Schlägerei (§ 227) soll hingegen Notwehr möglich sein. Auch diese Meinung wird von MEYER-ALLFELD und zudem noch vom Reichsgericht vertreten. Schließlich wird klargestellt, dass keine Notwehr gegen Notwehr möglich ist, es sei denn, es liege ein „Notwehrexzess" (der Begriff wird das erste Mal genannt) vor.

Die Ausführungen sind klar und verständlich. Der Kommentator systematisiert, indem er auf andere Normen eingeht und so die Notwehr im Gesamtkontext des RStGB betrachtet.

e) Der Angriff muß ein gegenwärtiger sein. Ist er es nicht, so liegt ein sog. Extensiver Exzeß vor, bei welchem die Berufung auf Notwehr nicht entschuldigt; *unten N. 4 Abs. 1.*[29]

Hier wird das Thema von e) fixiert: die Gegenwärtigkeit des Angriffs. Sogleich folgt die Feststellung, dass bei fehlender Gegenwärtigkeit von einem „extensiven Exzess" auszugehen ist. In einem solchen Fall führt die „Berufung auf Notwehr" nicht zur Entschuldigung. Erstmals wird auf einen anderen Abschnitt der Kommentierung verwiesen, d.h., es wird klar gemacht, dass die Kommentierung vollständig ist.

In den folgenden Absätzen geht es um die Gegenwärtigkeit in räumlicher und zeitlicher Beziehung. Dies ist insofern interessant, als der Leser bei Gegenwär-

---

27 SCHWARTZ, § 53 N. 2. d) Abs. 5 und 6.

28 „Wer eine wegen jugendlichen Alters, Gebrechlichkeit oder Krankheit hülflose Person aussetzt, oder wer eine solche Person, wenn dieselbe unter seiner Obhut steht oder wenn er für die Unterbringung, Fortschaffung oder Aufnahme derselben zu sorgen hat, in hülfloser Lage vorsätzlich verläßt, wird mit Gefägnis nicht unter drei Monate bestraft. Wird die Handlung von leiblichen Eltern gegen ihr Kind begangen, so tritt Gefängnisstrafe nicht unter sechs Monate ein. Ist durch die Handlung eine schwere Körperverletzung der ausgesetzten oder verlassenen Person verursacht worden, so tritt Zuchthausstrafe bis zu zehn Jahren und, wenn durch die Handlung der Tod verursacht worden ist, Zuchthausstrafe nicht unter drei Jahren ein."

29 SCHWARTZ, § 53 N. 2. e) Abs. 1.

tigkeit primär nur an eine zeitliche Beziehung denkt. Der Kommentator geht über den Normtext hinaus und systematisiert, indem er die Gegenwärtigkeit aufbricht und zwei Aspekte identifiziert.[30]

Will man dies Erfordernis in räumlicher Beziehung auffassen, so ist die Notwehr ausgeschlossen, wenn der Angegriffene von dem Angreifer so weit entfernt ist, daß er tatsächlich von dem Angriff gar nicht getroffen wird. Dies trifft naturgemäß nur bei solchen Angriffen zu, welche in einer unmittelbaren Einwirkung auf die Leiblichkeit oder auf die Vermögensstücke bestehen. Die Gegenwärtigkeit würde also nicht gegeben sein, wenn der mit einem Säbelhieb drohende Angreifer durch einen unter Umständen geringen Zwischenraum von dem Angegriffenen getrennt ist und bleibt, wogegen eine Verbalinjurie soweit gegenwärtig ist, wie die Stimme des Rufenden schallt.[31]

Der Kommentator erklärt die „räumliche Beziehung" abschließend. Der Text ist insbesondere wegen der Beispiele sehr gut verständlich. Es wird nicht auf Lehre und Rechtsprechung verwiesen. Es handelt sich somit um einen selbstständigen Text. Der Normtext wird nicht einfach nur ausgelegt, sondern weiterentwickelt.

Seine Hauptbedeutung hat das Erfordernis der Gegenwärtigkeit in zeitlicher Beziehung, indem die Notwehr einerseits durch die, einen solchen Angriff nicht enthaltende, auf die Zukunft sich beziehende Bedrohung des Rechtsguts, anderseits durch die Vollendung der Rechtsverletzung begrenzt wird.[32]

Die Erläuterungen zur „zeitlichen Beziehung" „der Gegenwärtigkeit" sind ausführlicher (dieser Absatz ist nur die Einleitung). Der Kommentator definiert an dieser Stelle ein Zeitfenster, in welchem die Notwehr möglich ist. Für die Beurteilung der Notwehr muss man zwei Dinge wissen: Wann ist der Beginn des Angriffs und wann endet er? Diese Systematisierung erleichtert das Verständnis, geht aber klar über den Normtext hinaus. Es entsteht ein eigenes Schema zur „Gegenwärtigkeit".

Der Angriff muss begonnen haben. Die bloße Drohung, angreifen zu wollen, genügt nicht. Sie berechtigt nur zu Sicherungsmaßregeln, wogegen zur Übung der Notwehr nur der wirkliche, nicht der bloß mögliche Angriff berechtigt. Weil der Angriff aber nicht notwendig schon in seinem Beginn einen Eingriff in die Rechtssphäre des Angegriffenen enthält und auf der

---

30 Ebd., § 53 N. 2. e) Abs. 2ff.

31 Schwartz, § 53 N. 2. e) Abs. 2.

32 Ebd., § 53 N. 2. e) Abs. 3.

anderen Seite eine zeitlich verlaufende Handlung ist, welche in ihrem Beginn in der Regel als eine Drohung erscheinen wird, wo wird im konkreten Fall zu unterscheiden sein, ob die Drohung sich wirklich nur auf die Zukunft bezog oder der Beginn eines gegenwärtigen Angriffs, darum selbst ein solcher war. In dem letzteren Fall ist der Bedrohte unbedenklich berechtigt, dem sich weiter entwickelnde Angriffe durch einen Akt der Notwehr zuvorzukommen. Somit ist der Angriff begonnen, wenn er in jedem Augenblick erwartet werden kann, wenn er unmittelbar bevorsteht. So *Berner 108, Binding Handb. I 746, Frank N. I 1, Hälschner I 477, v. Liszt 145, Meyer-Allfeld 228, Olshausen N. 9 a α, Rüdorff-Stenglein N. 6, Schütze 110, v. Wächter 176. A.M. anscheinend Merkel 162.* Daß nicht eine wirkliche Verletzung, eine laesio inchoata, erforderlich, drückt schon *PGO. Art. 140* mit den Worten aus: „ist auch mit seiner gegenweer bis er geschlagen wirdt zu warten nit schuldig“, „als“ – so fügt die *Bambergensis* hinzu – „etliche unverständige leut meynen“. Dem Angriff zuvorzukommen, ist oft bessere Notwehr, als ihn zurückzuschlagen *(Berner a.a.O.)*, oder nach der Fechterregel: die beste Parade ist der Hieb.[33]

Der Kommentator versucht zunächst, den Beginn des „Angriffs“ zu definieren und ringt mit verschiedenen Formulierungen. Diese Formulierungen befinden sich alle auf demselben Abstraktionsniveau. Hilfreicher wären konkretere Formulierungen oder Beispiele.

Wie weiter oben gibt der Kommentator auch hier einen Satz wieder, der sich wahrscheinlich in vielen Lehrbüchern und Kommentaren findet, nämlich „der Angriff ist dann begonnen, wenn er in jedem Augenblick erwartet werden kann, wenn er unmittelbar bevorsteht“. Allein der Umstand, dass zehn andere Juristen diesen Satz schreiben, führt nicht zu einem besseren Verständnis der Norm aufgrund dieses Satzes. Es wird eine abweichende Meinung genannt. Immerhin erfolgt am Schluss mit Verweis auf die „Peinliche Halsgerichtsordnung (Constitutio Criminalis Carolina)“, die „Bambergensis“, die Meinung von BERNER sowie die Fechterregel eine Präzisierung.

Erstaunlich ist, dass der Kommentator hier auf Quellen zum Strafrecht aus dem 16. Jahrhundert verweist. Da es sich nicht um eine rechtshistorische Abhandlung, sondern um einen Kommentar für die Praxis handelt, hätte der Kommentator diese Quellen aussortieren müssen (Wissensfilter).

Der Angriff muss ferner noch nicht beendigt sein. Er ist beendigt, wenn er völlig durchgeführt oder freiwillig aufgegeben oder fehlgeschlagen ist: *RG. 14./12. 96 E. 29 240,* wofern in den letzten beiden Fällen eine Fortsetzung

33 SCHWARTZ, § 53 N. 2. e) Abs. 4.

nicht zu befürchten steht. Die Vollendung der verletzenden Handlung ist aber unabhängig von dem größeren oder geringeren Umfange, in welchem die Verletzung zur Ausführung kommt. Darum dauert für den Angegriffenen die Gefahr und die Berechtigung zur Notwehr auch dann noch fort, wenn die Verletzung strafrechtlich als eine vollendete erscheint, der Angreifer aber seine verletzende Tätigkeit noch weiter fortsetzt. Nicht das vollendete Verbrechen, sondern die vollbrachte Beschädigung bildet die Grenze für die Notwehr, und vollbracht erscheint sie, sowie der Angreifer von seiner rechtsverletzenden Tätigkeit völlig absteht. Dies gilt insbesondere von der strafbaren Besitzesentziehung. Solange der auf der Tat ertappte Dieb durch Weigerung der Herausgabe, durch Widerstand oder Flucht sich im Besitz zu behaupten sucht, wird auch eine Gewaltübung zum Zwecke der Wiedererlangung der gestohlenen, geraubten Sache als berechtigte Notwehr erscheinen. Erst dann kann nicht mehr von Notwehr die Rede sein, wenn der Dieb die gestohlene Sache in Sicherheit gebracht hat. *So Binding Handb. I 746, Finger I 398, Frank N. I, 1 Hälschner I 478, Merkel 163, Meyer-Allfeld 228, Olshausen N. 9 a β, Rüdorff-Stenglein N. 11, Schütze 110 N. 13.* Dagegen hält *v. Liszt 144* Notwehr gegen den flüchtigen Dieb nur solange für zulässig, als der Gewahrsam des Inhabers „noch nicht völlig gebrochen ist"; andernfalls sei nur die Selbsthilfe des BGB. gestattet. Da er aber *426* unter dem diebischen Wegnehmen das Brechen des fremden und Begründen des eigenen Gewahrsams versteht, so ist der Unterschied von der obigen Ansicht nur ein scheinbarer.[34]

Der einleitende Satz ist klar. Mit Verweis auf einen Entscheid des Reichsgerichts wird sodann abstrakt definiert, wann „der Angriff" beendet ist. Der Kommentator versucht anschließend, weitere Präzisierungen zu machen und definiert die „vollbrachte Beschädigung" als Grenze der Notwehr. Die einleitenden Sätze werden erst durch die Erläuterungen zur strafbaren Besitzesentziehung verständlich. Das genannte Beispiel und dessen Erklärung finden sich bei neun Autoren. Der Kommentator greift also nur auf, was andere bereits vor ihm gesagt haben. Eine Lehrmeinung vertritt scheinbar eine andere Ansicht. Scheinbar, weil bei Berücksichtigung einer anderen Stelle im zitierten Lehrbuch kein Unterschied mehr besteht.

Die Kommentierung ist an dieser Stelle vergangenheitsbezogen, da nur Wissensbestände verarbeitet werden.

f) Nicht erforderlich ist, dass der Angegriffene den Angriff nicht verschuldet hat. Auch wenn er ihn bewußt provoziert, hat er das Recht der

34 SCHWARTZ, § 53 N. 2. e) Abs. 5.

Notwehr, denn daß der Angriff von dem Angegriffenen irgendwie veranlaßt wurde, kann, sofern nur die Veranlassung nicht selbst in einem rechtswidrigen Angriffe besteht, die Rechtswidrigkeit des Angriffs selbst dann nicht tilgen, wenn der Provokant unter dem Deckmantel der Notwehr dem anderen an den Leib kommen will: *Finger I 387, Frank N. 1 letzter Abs., Hälschner I 480 N. 2, Merkel 163, Meyer-Allfeld 228, Olshausen N. 7.* Die gegenteilige Ansicht von *Oppenhoff-Delius N. 7 und Rüdorff-Stenglein N. 10* beruft sich vergebens auf das bekannte volenti non fit iniuria, denn weder will der Provokant verletzt werden, noch wird der Angriff auf ihn durch die Provokation zu einem berechtigten, und es wäre eine wunderliche Art, die Provokation zu strafen, wenn man den Provokanten schutzlos jeder Gewalt preisgeben wollte.

Noch weniger ist erforderlich, dass der Angriff ein unvorhergesehener, der Angegriffene also von dem Angreifer überrumpelt worden ist. [35]

Die Formulierung im ersten Satz ist etwas umständlich. Einfacher formuliert bedeutet sie, dass Notwehr auch gegen einen selbstverschuldeten Angriff möglich ist. Die „Veranlassung" zum „Angriff" darf nur „nicht selbst" ein „rechtswidriger Angriff" sein, selbst „Provokation" soll mit Verweis auf sechs Lehrmeinungen möglich sein. Die Kommentierung ist hier vergangenheitsbezogen und gibt wieder, was andere bereits geschrieben haben. Sodann erfolgt eine Auseinandersetzung mit der gegenteiligen Ansicht, die von zwei Kommentatoren vertreten wird. Dabei ist nach Ansicht des Kommentators auch der Verweis auf den Grundsatz „Dem Einwilligenden geschieht kein Unrecht" nicht hilfreich. Schließlich wird im letzten Absatz festgehalten, dass der Angriff kein unvorhergesehener sein muss.

Es macht wenig Sinn, zu definieren, was nicht erforderlich ist. Denn es kann nicht abschließend erläutert werden, was nicht gegeben sein muss. Offensichtlich werden hier Diskussionen aus der Lehre aufgegriffen, weil der Kommentator eine vollständige Kommentierung liefern möchte.

g) Die Notwehr ist statthaft nicht bloß im eigenen Interesse, sondern auch in dem eines Anderen. Der Andere braucht kein Angehöriger im Sinne des *§ 52 Abs. 2* zu sein. Auf seine Zustimmung oder auch nur auf seine Kenntnis der Nothilfe kommt es nicht an. Wie der einzelnen physischen Person, so kann auch einer juristischen Person Nothilfe geleistet werden, zumal dem Staate, jedoch nur soweit dieser Subjekt eines der in *N. b* genannten Rechte ist, nicht aber lediglich im Interesse der öffentlichen Ordnung und Sicherheit: *Binding Handb. I 733, Meyer-Allfeld 226, Olshausen N.*

35 Ebd., § 53 N. 2. f).

10. **Handelt es sich um den Bestand des Staates, so ist die Verteidigung keine Notwehr, sondern Erfüllung einer allgemeinen Staatsbürgerpflicht.**[36]

Dass Notwehr „im Interesse“ „eines anderen“ möglich ist, steht so auch schon im Normtext. Die Präzisierung, wonach „der andere“ „kein Angehöriger“ gemäß § 52 Abs. 2[37] zu sein braucht, ist nicht notwendig, sonst würde im Normtext „Angehöriger“ und nicht „anderer“ stehen. Dass „Zustimmung“ und „Kenntnis der Nothilfe“ nicht notwendig sind, dürfte ebenfalls klar sein. Wenn sie nicht erwähnt werden, dann sind sie auch nicht relevant. Die vorgenommenen Präzisierungen zu „juristischen Personen“ und zum „Staat“ sind hingegen hilfreich. In den Ausführungen zum Staat verweist der Kommentator auf eine andere Stelle in der Kommentierung, in der es um die Rechte geht, in welche eingegriffen wird.[38] Liest man den Normtext, könnte man meinen, dass nur Nothilfe für natürliche Personen möglich ist. Der Verweis auf drei Lehrmeinungen zeigt, dass hier die geltende Lehre wiedergegeben wird. Der Abschnitt wird mit einem letzten Satz des Kommentators abgeschlossen, der einen bestimmten Fall der Verteidigung klar einordnet.

3. Für die zweite Frage, wie man sich bei der Ausübung der Notwehr zu verhalten hat, also welches Mittel der die Notwehr Übende gegen den Angreifer anzuwenden befugt ist, kommt in Betracht.[39]

Thema ist die Verteidigung, wobei nicht Ausführungen zum Begriff der Verteidigung an sich, sondern zum erlaubten „Mittel“ folgen. Der Normtext wird an dieser Stelle renoviert, weil nicht an den Begriff im Normtext angeknüpft wird.

a) das notwendige Verhältnis dieses Mittels zur drohenden Gefahr.

In dieser Hinsicht entscheidet lediglich die Not. An sich ist die Anwendung eines jeden Mittels, also einer jeden Gewalt gegen den Angreifer, aber auch nur desjenigen Mittels und derjenigen Gewalt gerechtfertigt, welche zur Abwendung des Angriffs und zur Erhaltung des bedrohten Gutes notwendig sind, oder die der die Notwehr Übende in der konkreten Lage, in der er sich durch den Angriff befand, für erforderlich halten durfte: *Binding Handb. I 751, Finger I 392, Rüdoff-Stenglein N. 13, v. Wächter 177 Beil. Nr. I, 179.* Wenn dagegen mehrere Autoren, z. B. *Frank N. II Abs. 2, Meyer-Allfeld 229 und Olshausen N. 11* unter Berufung auf mehrere Entscheidungen des

---

36 SCHWARTZ, § 53 N. 2. g) Satz 1 und 2.

37 „Als Angehörige im Sinne dieses Strafgesetzes sind anzusehen Verwandte und Verschwägerte auf- und absteigender Linie, Adoptiv- und Pflege-Eltern und –Kinder, Ehegatten, Geschwister und deren Ehegatten, und Verlobte.“

38 Angeführt wird N. 2 b), wo der Tierangriff behandelt wird, gemeint ist wahrscheinlich N. 2 c), wo es um die Rechtssphäre geht.

39 SCHWARTZ, § 53 N. 3. Abs. 1.

Reichsgerichts die Erforderlichkeit der Verteidigung als eine objektive nehmen, bei welcher es auf die subjektive Auffassung des Angegriffenen nicht ankomme, so kann dieser Ansicht nicht beigetreten werden. Abgesehen davon, daß sie in Widerspruch steht mit *Abs. 3*, da die subjektive Auffassung des Täters durch Bestürzung, Furcht oder Schrecken, welche ja subjektive Zustände sind, beeinflusst sein kann, verlangt sie allgemein eine abmessende Überlegung, welche weder jedesmal möglich noch jedesmal für den Überlegenden ungefährlich ist (deliberante Roma Saguntum perit), und verschiebt den allein angemessenen Standpunkt des Richters, welcher ohnehin leicht in Fehler verfällt, von seiner gesicherten Stellung aus in ruhiger Abwägung aller Eventualitäten den Angegriffenen als weniger bedroht anzusehen, als dieser in Wirklichkeit war oder zu sein glauben konnte. Wenn zur Abwendung des Angegriffenen keine Gewalt erforderlich ist, so ist der Fall der Notwehr natürlich nicht vorhanden. Ob sie aber notwendig war und wie weit, „hat der Richter ganz vom Standpunkt des Bedrängten aus zu beurteilen, also nach dem, was einem Angegriffenen in seiner Lage und unter dem ihm erkennbaren Umständen nach Wahrscheinlichkeit zur Abwehr nötig erscheinen mußte, und dabei zu beachten, dass in einer solchen Lage nicht alle Umstände sich übersehen lassen und man zu raschem Handeln genötigt ist, auch in der Überraschung, in die ein Angriff versetzt, nicht alles gehörig überlegt werden kann“: *v. Wächter 179. Vgl. auch Berner 113, 114.* [40]

Im ersten Satz soll die „Not“ über das „Mittel“ „entscheiden“. Der zweite Satz ist sehr umständlich formuliert: Erst ist „jedes Mittel“ bzw. „jede Gewalt“ recht, dann nur das „notwendige“ „Mittel“ bzw. die „notwendige“ „Gewalt“ und schließlich nur jenes „Mittel“ bzw. jene „Gewalt“, „die der Notwehr Übende für erforderlich halten durfte“. Der erste Satz und der erste Teil des zweiten Satzes können gestrichen werden. Denn sie werden sogleich relativiert. Die verbliebenen Teile des zweiten Satzes liefern keine eindeutige Lösung: Entweder die Notwendigkeit oder die Erforderlichkeit aus Sicht des „Notwehr Übenden“. Verwirrend ist auch, dass „Mittel“ mit „Gewalt“ gleichgesetzt wird. Ersteres meint etwas, was zur Erreichung eines Ziels dient, während Zweiteres einen körperlichen oder psychischen Zwang bezeichnet. Unter diesen Umständen wäre es für den Leser einfacher, wenn der Kommentator einfach von Verteidigung reden würde. Aufgrund des Verweises auf vier Lehrmeinungen kann geschlossen werden, dass dieser schwer verständliche Satz vermutlich so oder ähnlich in verschiedenen Lehrbüchern und Kommentaren vorkommt.

40 Ebd., § 53 N. 3. a) Abs. 1.

In den folgenden Sätzen setzt sich der Kommentator ausführlich mit der Gegenmeinung auseinander, d. h., er führt Argumente an, um diese zu widerlegen. Diese Gegenmeinung beruht auf Entscheidungen des Reichsgerichts und wird von mehreren Autoren vertreten, von denen er aber nur drei „z. B." nennt. Erstmals in der Kommentierung führt er nicht alle Autoren auf. Seine Ausführungen beendet er mit einem wörtlichen Zitat, welches sich bei VON WÄCHTER findet. Zudem nennt er auch BERNER, der die gleiche Meinung vertritt.

An dieser Stelle werden zwei verschiedene Lehrmeinungen genannt, von denen aber keine eine Mindermeinung zu sein scheint. Interessant ist, dass die Rechtsprechung offenbar nicht mehr Gewicht hat als die Lehrmeinungen. Denn der Autor kritisiert die Meinung derjenigen Autoren, die sich bei der Begründung auf die Rechtsprechung stützen. Zudem wird erstmals der Standpunkt des Richters eingenommen.

Aus dem Umfang des Abschnittes 3. a) (etwa eineinhalb Seiten) lässt sich schließen, dass es sich um einen für das Normverständnis wichtigen Punkt handelt, der auch in der Lehre und Rechtsprechung viel diskutiert wird. Der Kommentator ist bemüht, die gesamte Lehre und Rechtsprechung zu berücksichtigen, und gibt Anweisungen an den Richter. In der Tat gilt in diesem Fall, dass der Kommentarkaiser über dem Richterkönig steht.

Hiernach hat das Gesetzeswort „erforderlich" seine juristische Bedeutung nur in bezug auf den Exzeß der Notwehr. Jedes Mittel, durch welches der Angriff abgewendet werden kann, von der Bedrohung mit einer an sich strafbaren Handlung bis zur Vernichtung der Existenz des Angreifers, ist unter der einzigen Bedingung statthaft, daß dem die Notwehr Übenden ein anderes gleich wirksames, aber schwächeres Mittel nicht sofort zu Gebote steht, sei es weil es überhaupt nicht zur Hand ist, sei es weil er von dem Zurhandsein nichts weiß. Und zwar unmittelbar zu Gebote steht, indem der Verteidiger nicht erst nach einem weniger scharfen Mittel zu suchen braucht, wenn ein anderes wirksames Mittel zur Hand ist. Die frühere Ansicht, daß die Notwehrhandlung nur subsidiär, also nur dann erlaubt sei, wenn die Möglichkeit ausgeschlossen ist, sich durch Anrufung der Obrigkeit oder durch Flucht zu schützen, ist völlig unbegründet, wie schon aus dem Gesetze selbst folgt, wenn man mit *Olshausen* die im Abs. 2 gegebene Begriffsbestimmung an die Stelle des im Abs. 1 gebrauchten Ausdruckes setzt: *Binding Handb. I 732, Birkmeyer Enzykl. 1120, Finger I 390, Frank N. II letzter Abs., Hälschner I 478, v. Liszt 146, Meyer-Allfeld 239, Olshausen N. 2. Mehr oder minder anderer Meinung sind Geyer I 82 und H.H. IV 95 N. 7, Oppenhoff-Delius N. 3, Schütze 110, wegen der Anrufung der Obrigkeit auch Rüdorff-Stenglein N. 2.* Am allerwenigsten ist der Angegriffene verpflichtet die Flucht zu ergreifen. „Der Staat, welcher Davonlaufen fordern wollte, würde

Staatsbürger wünschen, die Memmen sind" *(Schütze 110 N. 14)*. Abgesehen von der Unsicherheit dieses Mittels – der Entfliehende kehrt dem Angreifer den Rücken zu, ist also dem Angriff von hinten ausgesetzt –, spricht dagegen der sprachliche und daher der logische Widerspruch: wer davonläuft, wehrt nicht den Angriff ab, sondern entzieht sich ihm, und Entfliehen ist nicht eine Verteidigungshandlung, sondern das Gegenteil der Verteidigung. Die hierin liegende Schonung der Person des Angreifers wird zu einer Ungerechtigkeit gegen die Person des Angegriffenen, wenn sie mit *RG. 13./5. 87 E. 16 69* mit dem Ehrbegriff vereinigt und nur demjenigen das Nichtdavonlaufen nachgesehen wird, der zu einem mit einem Ehrgefühl feinerer Art erfüllten Stande gehört. Dies führt zurück zu der heillosen Rechtsprechung früherer Jahrhunderte, nach welcher der Adlige, der Offizier seine Waffe sofort, der Kaufmann sie aber erst nach dreimaligem Fluchtversuch gebrauchen durfte.[41]

Im vorhergehenden Abschnitt geht es um die Frage, aus welcher Sicht die Notwendigkeit zu beurteilen ist. In diesem Abschnitt wird genauer erläutert, welche „Mittel" infrage kommen.

Zunächst stellt der Kommentator klar, dass Erforderlichkeit die Grenze zum Notwehrexzess markiert und somit für die vorliegende Frage nicht von Bedeutung ist. Im nächsten Schritt umschreibt der Kommentator, welche „Mittel" infrage kommen. Dabei nennt er auch Beispiele. Die Ausführungen sind für den Leser verständlich. Die „frühere Ansicht", wonach „Notwehrhandlung nur subsidiär" sei, wird vom Kommentator mit Verweis auf acht Lehrmeinungen als unbegründet bezeichnet. Er nennt dann auch diejenigen fünf Autoren, welche „mehr oder minder" andererer Meinung sind, wobei unklar ist, was „mehr oder minder" genau bedeutet. Erstmals werden GEYER[42] und v. HOLTZENDORFF[43] zitiert. Schließlich geht der Kommentator ausführlich auf die „Flucht" ein, d. h., er stellt klar, dass „der Angegriffene" nicht verpflichtet ist, „die Flucht zu ergreifen". Er zitiert SCHÜTZE wörtlich, erläutert, warum Flucht nicht Verteidigung bedeutet und lehnt mit Verweis auf einen Entscheid des Reichsgerichts die heillose „Rechtsprechung früherer Jahrhunderte" ab, wonach „der Adlige seine Waffe sofort, der Kaufmann nur nach dreimaligem Fluchtversuch ziehen dürfe".

Erneut werden zwei verschiedene Meinung genannt, ohne gleichzeitig darauf hinzuweisen, welche Meinung die „herrschende" ist. Klar wird nur, welche der Meinungen der Kommentator teilt. Erstmals ist von einer „früheren" Meinung und

41 Ebd., § 53 N. 3. a) Abs. 2.

42 Grundriß zur Vorlesungen über Gemeines Deutsches Strafrecht, 1. Band 1884, 2. Band 1885.

43 Handbuch des Deutschen Strafrechts in Einzelbeiträgen, Band 1–3 1871–1874, Band 4 1877.

einer Rechtsprechung „früherer Jahrhunderte" die Rede, was wohl „nicht mehr zeitgemäß" heißen soll. Der Kommentator unterstreicht, dass er fortschrittlich denkt, und möchte die Bibliothek zur Notwehr „entrümpeln".

Wird mehrfach, z. B. von *Binding Handb, I 750, Finger I 394, Meyer-Allfeld 230, Olshausen N. 12 d und RG. 13./5. 87 E. 16 89,* erläutert, dass die Notwehr nicht bloß in Form der Abwehr, sondern auch in der eines Gegenangriffs statthaft sei, so ist dies im Grunde schon durch die Existenz des *§ 53* gegeben, weil eine bloße Abwehr niemals strafbar sein kann.[44]

Der Kommentator stellt hier klar, dass auch der „Gegenangriff" unter den § 53 fällt, und sagt gleichzeitig, dass die „bloße Abwehr" unabhängig von § 53 „niemals strafbar sein kann". Diese Ausführungen legen den Schluss nahe, dass, nach Auffassung des Kommentators, Abwehr nicht mit Verteidigung gleichzusetzen ist. Für den Leser bleibt aber dieser Satz, ohne eine genaue Definition von Abwehr und Angriff, unverständlich, insbesondere der Teil „bloß in Form einer Abwehr". Klar ist in jedem Fall, dass auch ein „Gegenangriff" zulässig ist.

Wie aus dem Erfordernis der Gegenwärtigkeit des Angriffs hervorgeht, ist das Recht der Notwehr nicht begründet gegen zukünftige Übel und Verletzungen. Das Veranstalten von Vorbeugungs- und Schutzmaßregeln, wie Legen von Selbstgeschossen, Fußangeln, Fußeisen usw., ist, abgesehen vom Falle des *§ 367 Nr. 8,* an sich nicht strafbar. Daher hat, wer ein Grundstück betritt, auf welchem, wie er weiß, solche Veranstaltungen getroffen sind, etwaige Verletzungen sich selbst zuzuschreiben, wogegen, wenn er es nicht weiß, der Veranstalter für etwaige Verletzungen nach den allgemeinen Regeln haftet. Wird jedoch das Grundstück in Ausübung eines rechtswidrigen Angriffs betreten, so kann lediglich in Frage kommen, ob nicht in der Wahl dieses bestimmten Verteidigungsmittels gegen diesen bestimmten Angriff ein Exzeß in der Notwehr vorliegt. *Vgl. Finger I 390, Frank N. IV, v. Liszt 145, Meyer-Allfeld 228, Olshausen N. 12c, Rüdorff-Stenglein N. 12, Schütze 110 N. 11.*[45]

Der erste Satz rekapituliert das zum gegenwärtigen Angriff bereits Gesagte und ist eine sinnvolle sowie verständliche Einleitung. Die folgende Aussage und auch der Verweis auf § 367 Nr. 8[46] sind soweit klar und aufgrund der Beispiele auch verständlich, wobei „an sich" bereits auf weitere Präzisierungen hinweist.

---

44 Schwartz, § 53 N. 3. a) Abs. 3.

45 Ebd., § 53 N. 3. a) Abs. 4.

46 „Mit Geldstrafe bis zu einhundertfünfzig Mark oder mit Haft wurd bestraft: wer ohne polizeiliche Erlaubnis an bewohneten oder von Menschen besuchten Orten Selbstgeschosse, Schlageisen oder Fußangeln legt, oder an solchen Orten mit Feuergewehr oder anderem Schießwerkzeuge schießt, oder Feuerwerkskörper abbrennt;"

Tatsächlich ist es dann vom Wissen des durch die Schutzmaßnahmen Verletzten abhängig, ob der Veranstalter haftet oder nicht. Im Fall eines rechtswidrigen Angriffs stellt sich die Frage nach dem Notwehrexzess. Leider bleibt diese Frage offen. Der Leser kann darauf hoffen, eine Antwort bei den sieben zitierten Autoren zu finden.

Endlich erhebt sich noch die Frage, ob in Ausübung der Notwehr Rechte unbeteiligter Dritter oder der Allgemeinheit verletzt werden dürfen. Überwiegend wird diese Frage verneint: die Verteidigung müsse sich gegen den Angreifer selbst richten, die Verletzung der einem Dritten gehörenden Angriffsmittel falle noch unter den Begriff der Notwehr, die Verletzung des Dritten selbst sei aber nur als Notstandshandlung nach *§ 54* straflos: *Finger I 393, Hälschner I 485, v. Liszt 146, Meyer-Allfeld 231, Olshausen N. 12 Abs. 2, Oppenhoff-Delius N. 11.* In einem konkreten Fall war ein am Gottesdienst teilnehmender Gemeindebeamter von dem Geistlichen von der Kanzel herab beleidigt worden, hatte sich erhoben, „Ruhe" gerufen und die Kirche verlassen, und war – es klingt geradezu unglaubhaft! – nach *§ 167* angeklagt worden. Das *Reichsgericht* hat *24./11. 90 E. 21/168* Notwehr angenommen, weil das Recht dem Unrecht nirgends zu weichen brauche, der Angegriffene den Ort nicht wählen könne, dieser ihm vielmehr durch den Angriff aufgedrängt werde, das Verlassen der Kirche – d.h. Fliehen – kein Mittel der Notwehr sei. Diese Motivierung ist völlig richtig, besagt aber für die vorliegende Frage zu wenig. Man muß eben mit *Binding Grundr. 189 und Frank N. II Abs. 1* die Frage allgemein bejahen; denn das Gesetz erklärt die Notwehr schlechthin für straflos und, wie *Binding* richtig bemerkt, das notwendige Mittel zur erlaubten Handlung anzuwenden, ist stets erlaubt, so sehr erlaubt, daß der Dritte, der dem Angegriffenen hindernd in den Weg tritt, dadurch den Angreifer tatsächlich unterstützt. Daß zur Notwehr auch die fremde Sache mit dem Risiko ihrer Beschädigung gebraucht werden darf, erkennt *RG.* ausdrücklich an: *5./5. 92 E. 23 116.* Dass die Bejahung der Frage für den Dritten zu bitteren Konsequenzen führen kann, ist unzweifelhaft, aber die Verneinung würde zu solchen für den Angegriffenen führen.[47]

Der Kommentator stellt eine Frage und beantwortet diese sogleich in verständlicher Weise. Dabei verweist er auf den Notstand. Aufgrund der Formulierung „überwiegend wird diese Frage verneint" weiß der Leser, dass die Mehrheit der Lehre gemeint ist (es werden sechs Autoren zitiert). Es wird auch klar, dass der Kommentator die Meinung nicht teilt. Unklar ist, warum ein Beispiel angeführt wird, das „für die vorliegende Frage zu wenig" besagt. Es wäre sinnvoller, ein

47 SCHWARTZ, § 53 N. 3. a) Abs. 5.

aussagekräftigeres Beispiel zu wählen. Schließlich präsentiert der Kommentator die von ihm, von zwei Autoren und wohl auch vom Reichsgericht vertretene Meinung. Er begründet diese Meinung aber nicht ausführlich, sondern stellt am Schluss nur fest, dass diese Position zu „bitteren Konsequenzen" für „den Dritten" führen kann. So vermag er den Leser nicht zu überzeugen.

In diesem Abschnitt kann die überwiegende Meinung von der Mindermeinung unterschieden werden. Der Autor folgt der Mindermeinung.

b) Für die Frage, welches Mittel der die Notwehr Ausübende anzuwenden befugt ist, muss die übrigens gegenwärtig ganz vereinzelte Ansicht, daß der Wert des gefährdeten Gutes für das Maß der Verteidigung bestimmend, eine gewisse Verhältnismäßigkeit zwischen beiden erforderlich sei, zurückgewiesen werden; *vgl. Wächter 177 Beilage II.* Jedes Gut, wofern es überhaupt nur einen Wert hat, darf bis aufs äußerste verteidigt werden. Ein irgendwie fester, objektiver Maßstab ist zudem nicht bloß deshalb unmöglich, weil der Wert eines und desselben Gegenstandes bei gleicher Örtlichkeit zeitlich und bei gleicher Zeitlichkeit örtlich verschieden sein kann, sondern weil die persönliche Lage und Verhältnisse des Angegriffenen beständig in Betracht kommen. Zwanzig Mark sind für den reichen Bankier eine Bagatelle, für den ländlichen Tagelöhner der Lohn einer saueren Arbeitswoche, aber der Bankier darf die Bagatelle mit gleicher Energie verteidigen wie der Taglöhner den Wochenlohn. Die Proportionalität müßte zudem nach beiden Seiten erwogen werden. Wer den mit der gestohlenen Uhr entfliehenden Dieb in Ermangelung eines leichteren Mittels niederschießt, handelt auch proportional völlig berechtigt, denn für ihn ist die Uhr 150 M., das Leben des Diebes gar nichts wert, wogegen der Dieb die Uhr seinem Leben gleich wertet, da er ja für sie sein Leben aufs Spiel setzt. Hier mit *Geyer* sogar von einer Totschlägermoral zu sprechen, ist geradezu abgeschmackt.[48]

Der Kommentator weist hier eine Meinung zurück, die nicht von vielen Autoren vertreten wird. Diese wird nicht nur „vereinzelt" vertreten, sondern „ganz vereinzelt". Er nennt denn auch nur einen Autor. Sodann argumentiert er ausführlich und selbstständig, warum die Meinung nicht zutreffend ist. Dabei arbeitet er mit eigenen Beispielen und ist sehr konkret. Die Ausführungen behandeln das Thema abschließend und der Jurist weiß nun, dass jedes Mittel erlaubt ist.

4. Wie *N. 2 e* ausgeführt wurde, kann von keiner Notwehr gesprochen werden, wenn der rechtswidrige Angriff noch nicht begangen oder wenn er

48 Ebd., § 53 N. 3. b).

schon beendigt ist. Richtig betrachtet liegt bei dem extensiven Exzeß in Wirklichkeit der Fall der Notwehr gar nicht vor. Werden gleichwohl Notwehrhandlungen vorgenommen, der sog. extensive Notwehrexzeß, so macht der Handelnde sich strafbar und der auctor rixae kommt eventuell selbst in den Stand der Notwehr. Wenn der Angriff bereits begonnen hat und noch nicht beendigt ist, so liegt allerdings der Stand der Notwehr vor, aber der sie Ausübende hat das erforderliche Maß der Verteidigung gemäß den *sub 3 a* gegebenen Ausführungen einzuhalten. Hält er das nicht ein – man spricht in diesem Fall von einem intensiven Notwehrexzeß – , so macht er sich wiederum strafbar, und der auctor rixae darf sich wiederum als nunmehriger Angegriffener nach den Grundsätzen über die Notwehr verteidigen.

Der intensiv Exzedierende – natürlich kann auch der in Notwehr gedrängter auctor rixae exzedieren – ist als vorsätzlicher Täter strafbar, wenn er die Grenzen der Verteidigung vorsätzlich überschreitet, als fahrlässiger, wenn er dies infolge eines schuldhaften Irrtums tut. Im letzteren Fall kommt es wiederum darauf an, ob das betreffende Delikt fahrlässig begangen werden kann.[49]

Anknüpfungspunkt ist nicht der Normtext, wo von „Überschreitung der Notwehr“ die Rede ist, sondern die Dogmatik. Die Erklärungen des intensiven und des extensiven Notwehrexzesses sind gut verständlich und die beiden Begriffe lassen sich aufgrund der Ausführungen gut voneinander abgrenzen, insbesondere auch, weil auf die relevanten Passagen weiter oben in der Kommentierung verwiesen wird.

Der Kommentator systematisiert an dieser Stelle. Die Ausführungen scheinen aber nicht fehl am Platz, weil sie das Verständnis erleichtern. Interessant ist, dass der extensive Notwehrexzess gar nicht vom Normtext erfasst wird, d. h., es wird nicht die „Überschreitung der Notwehr“ gemäß Absatz 3 kommentiert, sondern der Notwehrexzess als dogmatischer Begriff erläutert.

Hier greift nun Abs. 2 des Gesetzes ein, welcher sich, wie aus dem Obigen hervorgeht und gegen *Hälschner I 484* allgemein anerkannt wird, nur auf den intensiven Notwehrexzeß bezieht. Er kann somit nur dann Anwendung finden, wenn festgestellt wird, daß ein gegenwärtiger rechtswidriger Angriff vorgelegen hat: *RG: 2. 12. 90 E. 21 189.* Wird dies festgestellt, so liegt allerdings ein rechtswidriger Exzeß vor, aber der Exzedent soll gleichwohl mit Strafe verschont werden, wenn er in, d. h. aus – *Merkel 164, Olshausen N. 16, Oppenhoff-Delius N. 16, v. Schwarze N. 16* – Bestürzung, Furcht oder Schre-

49 Ebd., § 53 N. 4. Abs. 1.

cken über die Grenzen der Verteidigung hinausgegangen ist. Ob er dies dolos oder kulpos getan hat, ist gleichgültig: *Frank N. II Abs. 4, Meyer-Allfeld 230, Olshausen N. 16; RG. a.a.O.; a.M. Binding Handb. I 753.* Unter Handeln in Bestürzung ist ein Handeln ohne Überlegung, ein Handeln in Verwirrung zu verstehen, nicht ein Handeln in dem Gefühl der Angst vor der Wiederholung des Angriffs, welches Gefühl unter den Begriff Furcht fällt.[50]

Im ersten Satz meint der Kommentator Absatz 3. Denn dort ist die „Überschreitung der Notwehr" geregelt. Während er im vorhergehenden Abschnitt sagt, dass der Fall der Notwehr gar nicht vorliegt, wird hier, anders als von HÄLSCHNER vertreten und mit Verweis auf einen Entscheid des Reichsgerichts, explizit gesagt, dass § 53 nur den intensiven Notwehrexzess erfasst. Folglich kommt auch nur für diese Variante die Straflosigkeit in den von Absatz 3 aufgezählten Fällen infrage. Diese Erkenntnis ist für den Leser sehr wichtig. Nach dem Verweis auf den Gerichtsentscheid wird klargestellt, dass es im Absatz 3 nicht um eine Rechtfertigung geht. Auch diese Erkenntnis ist für den Praktiker hilfreich. Die nach dieser Aussage folgende Wiedergabe des Normtextes mit Verweis auf vier Autoren ist für sich allein genommen nicht notwendig. Wichtig ist hingegen der Hinweis auf dolus und culpa. Der Kommentator schließt sich hier der von drei Autoren und dem Reichsgericht vertretenen Meinung an. Eine abweichende Meinung wird genannt, ohne weiter darauf einzugehen. Der letzte Satz klärt, was genau mit Bestürzung gemeint ist, und nennt eine Variante der Furcht. Die Begriffe „Schrecken" und „Furcht" werden nicht definiert. Zudem wären Beispiele zu den drei Varianten sinnvoll.

Abs. 2 ist eine Ausnahmevorschrift und schon aus diesem Grunde nicht auf andere Geisteszustände auszudehnen, welche nur bei der Strafzumessung in Betracht kommen. Dies ergibt auch die Entstehungsgeschichte, indem die in dem Friedbergschen Entwurf folgenden Worte „oder anderen ähnlichen Geisteszuständen" später gestrichen sind. So die *g.M.*

Das Gesetz sagt nicht, dass eine strafbare Handlung nicht vorhanden, sondern das der Exzeß nicht strafbar sei. Er ist somit ein persönlicher Strafausschließungsgrund, der nur demjenigen Teilnehmer zugute kommt, der die Grenzen der Verteidigung aus Bestürzung, Furcht oder Schrecken überschritten hat: *Finger I 392, v. Liszt 146, Meyer-Allfeld 187 N. 14 und 230 N. 38. Olshausen N. 18, Oppenhoff-Delius N. 14, Rüdorff-Stenglein N. 16 Abs. 2. Schütze 111 N. 18.* Bleibt der Exzeß trotz der Straflosigkeit des Exzedenten

50 Ebd., § 53 N. 4. Abs. 2.

eine rechtswidrige Handlung, so ist gegen ihn wiederum die Notwehr des auctor rixae gestattet.[51]

Der Kommentator begründet im ersten Absatz, warum die Aufzählung der „Geisteszustände" abschließend ist. Dabei wird erstmals auf einen Vorentwurf verwiesen und von der „g.M.", d.h. von der „Geltenden Meinung" gesprochen. Im zweiten Absatz wird klargestellt, dass es sich beim Exzess um einen „persönlichen Strafausschließungsgrund" handelt, was – so ist der Verweis auf sieben Lehrmeinungen zu verstehen – der „Geltenden Meinung" entsprechen dürfte. Die im letzten Satz beschriebene Konsequenz dieser Kategorisierung ist sehr hilfreich.

In diesen zwei Absätzen gehen die dogmatischen Ausführungen über den Normtext hinaus, sind aber für das Verständnis wichtig.

5. Während ein Irrtum über den Begriff der Notwehr strafrechtlich nicht zu beachten ist: *RG. 6./6. 89 E. 19 298,* wird durch den tatsächlichen Irrtum, daß ein zur Notwehr berechtigender gegenwärtiger rechtswidriger Angriff vorliege (sog. Putativnotwehr), die Strafbarkeit des Handelnden, soweit es sich um ein vorsätzliches Delikt handelt, wegen mangelnden Dolus ausgeschlossen, wobei es unerheblich ist, ob der Irrtum ein unverschuldeter, unvermeidlicher war oder nicht, wogegen es bei einem fahrlässigen Delikt darauf ankommt, ob die irrtümliche Annahme selbst nicht durch Fahrlässigkeit verschuldet ist: *Merkel 164, Meyer-Allfeld 230 N. 34, Olshausen § 59 N. 25 d Abs. 2, 3, v. Wächter 180; RG. 9./4. 81 E. 4, 98, 2./12. 90 E. 21 189.* Die Frage der putativen Notwehr im einzelnen Falle zu prüfen und hiernach in dem Urteil die Feststellung vorzunehmen, ist der Richter nur dann verpflichtet, wenn ihm hierzu entweder die Behauptung des Angeklagten oder die durch die Beweisaufnahme geschaffene Sachlage Veranlassung gibt. Zur Annahme der Putativnotwehr bedarf es jedoch nicht der positiven Überzeugung von ihrem Vorhandensein, sondern der Schutz des *§ 53 Abs. 1* kommt dem Angeklagten schon dann zugute, wenn der Richter nicht die Überzeugung von ihrer Unbegründetheit gewinnen kann. Der Strafausschließungsgrund des Abs. 3 greift aber nicht Platz, weil eine Überschreitung der der Notwehr gesteckten Grenzen nur dann möglich ist, wenn die Voraussetzungen der Notwehr vorliegen: *RG. 2./12. 90 E. 21 189.* Der exzedierende Täter ist jedoch straflos, wenn er die gewählte Art der Verteidigung infolge eines tatsächlichen Irrtums für geboten erachtete.[52]

An dieser Stelle erläutert der Kommentator wieder dogmatische Aspekte, die sich nicht im Normtext finden. Er bemüht sich, alle denkbaren Fälle abzuhandeln,

---

51 Ebd., § 53 N. 4. Abs. 3 und 4.

52 Schwartz, § 53 N. 5.

und nimmt wieder eine Systematisierung vor. Zudem wird der Begriff der „Putativnotwehr“ eingeführt. Die Ausführungen stützen sich auf insgesamt vier Entscheide des Reichsgerichts und vier Lehrmeinungen.

Zum zweiten Mal geht der Kommentator auf die Rolle des Richters ein und wie dieser zu prüfen hat. Strenggenommen dienen diese Überlegungen nicht dem Verständnis des materiellen Rechts, sondern sind prozessualer Natur. Durch das Erteilen von Anweisungen an den Richter wird deutlich, dass der Kommentarkaiser über dem Richterkönig steht.

6. Die Materie der Notwehr ist in dem StGB. in erschöpfender, auch die Landesgesetzgebung bindender Weise geregelt. Landesgesetzliche Vorschriften, nach welchen die in Notwehr verübten Tötungen und Verletzungen zur Anzeige gebracht werden müssen, gehen neben *§ 53* her, ohne seine Bestimmungen irgendwie zu berühren, sind daher nicht aufgehoben und auch künftig zulässig: *Berner 114, Olshausen N. 20; a.M. Meyer-Allfeld 231 N. 44.*[53]

Die Einbettung der Vorschrift in das gesamte Strafrecht und das Verhältnis zu ähnlichen Normen sind für das Verständnis wichtig und sinnvoll. Auch an dieser Stelle systematisiert der Kommentator und erleichtert so das Verständnis. Auf die abweichende Meinung geht er nicht näher ein.

7. Im schwurgerichtlichen Verfahren werden Nebenfragen weder über die Notwehr noch über ihre Überschreitung gestellt, sondern deren Vorlegung durch die Beantwortung der Hauptfrage zum Ausdruck gebracht.[54]

Hier macht der Kommentator erneut prozessuale Ausführungen, die strenggenommen nicht in die Kommentierung gehören, für den Praktiker aber hilfreich sind.

B) Überblick über die Kommentierung[55]

Die Kommentierung beginnt mit der Definition der Selbsthilfe (1.). Dieser Begriff steht nicht im Normtext. Gemäß dem Text unter N. 1. ist die Notwehr eine Form der Selbsthilfe. Der Kommentator entfernt sich zunächst vom Normtext, indem er mit dogmatischen Überlegungen beginnt.

Unter 2. fokussiert sich der Kommentator auf den Begriff der Notwehr. Er nähert sich also wieder dem Normtext an und systematisiert, indem er zwischen den Erfordernissen des Rechts zur Notwehr und der Ausübung dieses Rechts unterscheidet. N. 2. befasst sich mit den Erfordernissen und ist in a) bis g) un-

---

53 SCHWARTZ, § 53 N. 6.

54 Ebd., § 53 N. 7.

55 Vgl. dazu Ebd., § 53 N. 1–7.

terteilt. Unter a) wird der Angriff erläutert, b) spezifiziert, dass der Angriff von einem Menschen ausgehen muss, und c) präzisiert, dass der Angriff nicht auf das körperliche Anfassen beschränkt ist. D) handelt von der Rechtswidrigkeit des Angriffs, während e) das Erfordernis der Gegenwärtigkeit beschreibt. Unter f) wird erklärt, dass nicht erforderlich ist, dass der Angegriffene den Angriff nicht verschuldet hat. Schließlich erklärt der Kommentator unter g), dass Notwehr nicht bloß in eigenem Interesse statthaft ist, sondern auch im Interesse eines anderen. Thema ist also die Passage, den „gegenwärtigen, rechtswidrigen Angriff von sich oder einem anderen abzuwenden"[56], wobei der Kommentator auf drei weitere Erfordernisse eingeht und so den Normtext weiterdenkt. Nach der dogmatischen Einführung beginnt unter 2. die eigentliche Kommentierung. Es ist sinnvoll, mit dem Angriff zu beginnen, da der Praktiker sich erst bei Vorliegen eines solchen auf Notwehr berufen wird.

Unter N. 3. geht es darum, wie man sich bei der Ausübung der Notwehr zu verhalten hat, also welches Mittel angewendet werden darf. Während es unter N. 3. a) um das notwendige Verhältnis dieses Mittels zur drohenden Gefahr geht, weist der Kommentator unter N. 3. b) die Meinung zurück, wonach der Wert des gefährdeten Gutes für das Maß der Verteidigung bestimmend und eine gewisse Verhältnismässigkeit zwischen beiden erforderlich sei, zurück. Thema ist hier die Ausübung der Notwehr, d. h. eigentlich die „Verteidigung"[57]. Auch hier geht der Kommentator über den Normtext hinaus, wo weder vom Verhältnis des Mittels zur drohenden Gefahr noch vom Wert des gefährdeten Gutes die Rede ist.

Unter N. 4. finden sich Ausführungen zum sog. Notwehrexzess. Gemeint ist die „Ueberschreitung der Notwehr"[58]. Der Kommentator handelt die verschiedenen Formen des Exzesses ab, wobei er auch Situationen beschreibt, in denen überhaupt keine Notwehr vorliegt. Hier rückt die Dogmatik zum Exzess in den Vordergrund und der 3. Absatz der Norm[59] wird dieser Dogmatik untergeordnet.

N. 5. handelt vom Irrtum über den Begriff der Notwehr und vom tatsächlichen Irrtum über einen zur Notwehr berechtigenden Angriff. Hier präsentiert der Kommentator dogmatische Überlegungen unter Berücksichtigung des Allgemeinen Teils. N. 6., wonach die Materie der Notwehr im StGB abschließend geregelt ist, und die prozessualen Aspekte unter N. 7. richten sich an den Praktiker.

Zusammenfassend kann gesagt werden, dass es sich um eine moderne Kommentierung handelt, weil der Kommentator die Begriffe des Normtextes nicht

56 § 53 RStGB Abs. 2.
57 § 53 RStGB Abs. 2.
58 § 53 RStGB Abs. 3.
59 § 53 RStGB Abs. 3: „Die Ueberschreitung der Notwehr ist nicht strafbar, wenn der Thäter in Bestürzung, Furcht oder Schrecken über die Grenzen der Vertheidigung hinausgegangen ist".

durch Annotationen erläutert. Er wählt eine eigene Struktur und berücksichtigt auch die Dogmatik. Aus Sicht des Praktikers scheinen die Erläuterungen zur Selbsthilfe überflüssig. Diese gehören eher in ein Lehrbuch als in einen Kommentar. N. 5., N. 6. und N. 7. passen nicht zur übrigen Kommentierung. Sie ermöglichen aber die Einbettung der Norm in das Gesamtsystem des Straf- und Strafprozessrechts und helfen so dem Praktiker.

C) Zusammenfassung der Erkenntnisse

Der Kommentator zitiert Literatur, die zwischen 1871 und 1910 erschienen ist. Er beschränkt sich dabei auf Kommentare, Lehrbücher und Vorlesungsunterlagen (vgl. Tab. 1). Es werden keine Monografien und Zeitschriften zitiert. Neben den Vorauflagen der Kommentare von OLSHAUSEN und FRANK wird auf die Kommentare von OPPENHOFF-DELIUS (14. Auflage 1901), RÜDORFF-STENGLEIN (4. Auflage 1892) und v. SCHWARZE (5. Auflage 1884) verwiesen.[60] In der Kommentierung wird nicht zwischen den verschiedenen Textgattungen unterschieden: Die Werke sind gleichwertig und die Gerichtsentscheide stehen auf der gleichen Stufe wie die Literatur. In der Regel folgt der Kommentator der Meinung des Reichsgerichts, auf die zitierten Entscheide geht er selten ein (vgl. Tab. 2).

Tabelle 1: Notwehr – Literatur bei SCHWARTZ

	Anzahl in der Kommentierung
Kommentare	5
Lehrbücher und Vorlesungsunterlagen	16
Monografien	0
Zeitschriftenartikel	0

Tabelle 2: Notwehr – Rechtsprechung bei SCHWARTZ

	Reichsgericht	Untere Instanzen
Anzahl zit. Entscheider	19[61]	1
Zustimmung	15	0

60 Vgl. dazu SCHWARTZ, S. VI.

61 Z.T. wird auf mehr als nur einen Entscheid verwiesen, weshalb das Total von Zustimmung und Ablehnung nicht 19 ist.

Tabelle 2: Notwehr – Rechtsprechung bei SCHWARTZ *(Fortsetzung)*

	Reichsgericht	Untere Instanzen
Ablehnung	2	1
Erläuterungen[62]	5	1

Der Kommentator stützt seine Begründung häufig auf Meinungen aus der Literatur und vergleichsweise selten auf die Rechtsprechung (vgl. Tab. 3). An 23 Stellen in der Kommentierung wird nur auf einen Autor oder einen Entscheid verwiesen.

Tabelle 3: Notwehr – Begründung bei SCHWARTZ

	Anzahl Stellen
Nur Literatur	29
Nur Rechtsprechung	8
Literatur und Rechtsprechung	9
Total	46

In der Regel führt der Kommentator Argumente ins Feld, wenn er die Gegenmeinung kritisieren möchte. Ansonsten steht häufig nicht die Begründung einer Meinung im Vordergrund, sondern deren Präsentation.[63] Der Kommentator verwendet String-Zitate, um die Argumentation zu verkürzen. Häufig schließt er sich der Mehrheitsmeinung oder er zitiert Befürworter (vgl. Tab. 5). Einmal erwähnt der Kommentator die „Geltende Meinung" („g.M.") ohne Nennung einzelner Autoren. An einer Stelle wählt er die Formulierung „mehr oder minder anderer Meinung".

Tabelle 4: Notwehr – Meinungsvielfalt bei SCHWARTZ

	Zwei Meinungen
Anzahl Stellen	16[64]

62 An einer Stelle nennt der Kommentator drei Beispiele, die aus vier Entscheiden des Reichsgerichts stammen. In zwei Fällen geht er auch auf den Sachverhalt ein.

63 Das gilt nicht für die Ausführungen in N. 1., wo die Begründung im Vordergrund steht.

64 Die vom Autor nicht vertretene Meinung wird nur einmal genannt und zehnmal, z.T. sehr ausführlich, kritisiert. Einmal begründet der Autor die von ihm vertretene Meinung ausführlich.

Tabelle 5: Notwehr – Mengenverhältnisse bei SCHWARTZ

Anzahl Stellen[65]	10	2	1
Meinung Kommentator	mehr Autoren	gleich	weniger Autoren
Andere Meinung	weniger Autoren	gleich	mehr Autoren

An 16 Stellen in der Kommentierung arbeitet der Kommentator mit Beispielen. Der Lesefluss wird selten durch wörtliche Zitate und Verweise unterbrochen (vgl. Tab. 6). Die Kommentierung scheint abgeschlossen.

Tabelle 6: Notwehr – Verweise und Zitate bei SCHWARTZ

	wörtliche Zitate	**Stellen Komm.**	**Normen RStGB**	**Andere Normen**	**Total**
Anzahl Stellen	4	4	9	5	22

Zusammenfassend kann gesagt werden, dass der Kommentator wohl die vorhandene allgemeine Literatur berücksichtigt. Er zitiert vor allem Literatur und vergleichsweise wenig Rechtsprechung. Dabei geht er auf die Diskussionen in der Lehre ein und kritisiert die nicht von ihm vertretene Meinung z.T. sehr ausführlich. Für den Leser ist nicht ganz klar, welche Meinung die „herrschende" oder „geltende" ist. Er muss davon ausgehen, dass die von der Mehrheit vertretene Meinung maßgeblich ist. Ansonsten steht aber die Präsentation der Inhalte im Vordergrund und weniger die Begründung der einzelnen Meinungen. Die Rechtsprechung hat keine besondere Autorität.

Die dogmatischen Ausführungen unter N. 1. unterscheiden sich vom Rest der Kommentierung, weil sie sich nicht auf den Normtext beziehen. Auch in den folgenden Abschnitten geht der Kommentator teilweise von der Dogmatik aus, insbesondere in N. 4. (Notwehrexzess) und in N. 5. (Irrtum), stellt aber einen Bezug zum Normtext her. In N. 6. und N. 7. möchte er die Norm in das System des Straf- und Strafprozessrechtes einordnen. N. 2. und N. 3. sind der Kern der Kommentierung, weil es um Angriff und Verteidigung geht. Der Kommentator wählt in diesen Abschnitten z.T. neue Begriffe und systematisiert.

Die Sprache und auch der Satzbau sind mehrheitlich verständlich. Einzelne, z.T. übernommene Passagen sind schwer verständlich. Die verwendeten juristi-

---

65 In drei Fällen bleibt das Verhältnis aufgrund der Formulierung offen, daher ein Total von 13 und nicht 16. Grundlage ist hier die Darstellung des Kommentators, wonach sich dieser in der Regel der Mehrheitsmeinung anschließt. Es kann nicht überprüft werden, ob die Verhältnisse tatsächlich stimmen.

schen Begriffe waren einem Juristen zur damaligen Zeit vermutlich bekannt. Der Kommentator hätte jedoch mit mehr Beispielen arbeiten können. Da es nicht sehr viele Verweise gibt, ist der Text gut lesbar.

2 Kommentar von Olshausen

A) Analyse der Kommentierung

Entstehungsgeschichte. N. 1.

1) *§ 53* ist, wie die Motive ausdrücklich hervorheben, dem *§ 41 PrStGB.* nachgebildet und stimmt mit diesem im *Abs. 1 und 2* fast wörtlich, dem Sinne nach aber ganz überein, während *§ 41_3 PrStGB.* lautet:

„Der Notwehr ist gleichzuachten, wenn der Täter nur aus Bestürzung, Furcht oder Schrecken über die Grenzen der Verteidigung hinausgegangen ist."

Abweichend vom *PrStGB.* enthielt *§ 48 Entw. I* noch die im *Entw. II* wieder fallen gelassenen Generalklausel „oder anderen ähnlichen Geisteszuständen".

Mit *Abs. 2* stimmt jetzt *BGB. § 227 Abs. 2* wörtlich überein.[66]

Hier geht der Kommentator auf die Entstehungsgeschichte der Norm ein, indem er alte Gesetzesbestimmungen sowie alte Fassungen zitiert und diese mit § 53 vergleicht. Zudem erwähnt er auch Absatz 2 der Notwehrbestimmung aus dem BGB. Aus dem Vergleich der Normen zieht der Kommentator keine Schlussfolgerungen im Hinblick auf den Inhalt der Norm, sodass die Ausführungen überflüssig scheinen.

Zu § 53 Absatz 1. N. 2 u. 3.

2) Wenn man die in *Abs. 2* von der „Notwehr" gegebene Begriffsbestimmung an die Stelle dieses im *Abs. 1* gebrauchten Ausdrucks setzt, so erhält man den Satz: „Eine strafb. Hdlg. ist nicht vorhanden, wenn die Hdlg. durch diejenige Verteidigung, welche erforderlich ist, um einen gegenwärtigen, rechtswidrigen Angriff von sich oder einem anderen abzuwenden, geboten war". Hieraus folgt, daß nur das entscheidend ist, ob die Handlung bzw. Unterlassung *(§ 51 N. 3_2)* durch die näher gekennzeichnete Verteidigung geboten war, während die Anwendung des *§ 53* nicht dadurch bedingt ist, daß die Verteidigung selbst behufs Abwendung des Angriffs erforderlich war und nicht etwa ein anderes Mittel, wie namentl. die Flucht oder Anrufung obrigkeitlicher Gewalt, zur Erreichung des gleichen Zweckes freistand *(vgl. Goltd. Mat. 1 361f., 419f.)*. Es ist also nicht notwendig, daß die N. selbst geboten war; das ist vielmehr niemals der Fall, da N. nicht eine Pflicht,

66 Olshausen, § 53 N. 1).

sondern ein Recht ist. So: *Binding Hb. 1 732, Oetker VDA. 2 261, 267, Birkmeyer Enzykl. 1120, Finger 1 390, insbs. N. 495, Hälschner 1 478, 481, Meyer-A. 186, Wachenfeld 119 N. 1, Frank N. II aE., Schwartz N. 3a. AM.: Dresden 7. VII. 73, München 10. V. 78, St. 3 82, 8 76, Beling 40, Geyer 1 82, HH. 4 95 N. 7 u. HRl. „Notw.", v. Wächter 176.* Eine Mittelstellung nimmt *Schütze 110* ein, indem er N. bei vorhandenem „nichtverletzenden und ausreichenden Abwendungsmittel" für ausgeschlossen erachtet, dagegen nicht durch die Möglichkeit der Flucht; in diesem Punkte grundsätzlich ebenso *RG. IV 16. XI. 97 E. 46 31 u. namentl. v. Bar 3 199,* während *RG. II 13. V. 87 E. 16 69* ausführt, es habe bei der Entstehung des *PrStGB § 41,* der mit Ausdehnung auf strafb. Hdlgen jeder Art in den *§ 53* übernommen worden sei, eine auf die konkrete Lage des Falles Gewicht legende Mittelmeinung sich gebildet, für die auch gesetzgeberische u. praktische Rücksichten sprächen; freilich hat *RG. II. 27 IX. 87 R. 9 471* angenommen, daß die Flucht als Mittel, dem Angriffe zu entgehen, nicht in Betracht komme, wenn dadurch zugleich Interessen preisgegeben werden müßten (wie z.B. der Ehre o. des Vermögens), zu deren Schutz das Recht der Selbstverteidigung gegeben sei; *vgl. auch RG. I 2. V. 01 G. 48 304,* daß alle *drei vorzitt. RG.* miteinander vereinigt; S. übrigens *N. 11_3*.[67]

Es handelt sich um den ersten Unterabschnitt, der sich auf Absatz 1 der Norm bezieht. Der Kommentator ersetzt den Begriff „Notwehr" in Absatz 1 mit der Definition in Absatz 2. Anders als SCHWARTZ legt der Kommentator den Fokus auf den Normtext. Er verzichtet auf eine eigene Struktur oder Systematisierung. So wird der Leser in eine zentrierte Rechtslandschaft gezwungen, in welcher der Normtext im Vordergrund steht.

Die Gebotenheit der „Handlung" bzw. „Unterlassung" durch die „Verteidigung" folgt aus den ersten beiden Sätzen. Diese Interpretation ergibt sich aus dem Normtext. Dass sich die Erforderlichkeit der Verteidigung nicht aus fehlenden anderen Alternativen ergibt, lässt sich hingegen nicht dem Normtext entnehmen. Auch die anderen Mittel, die erwähnt werden, stehen nicht im Normtext. Aus diesem Grund wird auch auf die Materialien zum PrStGB[68] verwiesen. Aufgrund der Ausführungen unter 1) ist dieser Verweis sinnvoll. Fraglich ist aber doch, warum noch auf die Materialien zum PrStGB verwiesen wird. Aufgabe des Kommentars ist es, das Wissen zu filtern und auch das Gesetz an die sich wandelnden Lebensverhältnisse anzupassen.

Im zweiten Satz verweist der Kommentator zum ersten Mal auf eine andere Passage im Kommentar (zu § 51 Unzurechnungsfähigkeit). Diese bezieht sich auf

---

67 Ebd., § 53 N. 2).

68 1. Band erschienen 1851

Handlung und Unterlassung. Bei den Ausführungen, wonach die Notwehr nicht selbst geboten sein muss, da sie ein Recht ist, verweist der Kommentator auf neun Lehrmeinungen[69], welche die gleiche Ansicht vertreten, und sieben Meinungen (fünf aus der Lehre und drei aus der Rechtsprechung)[70], die anderer Ansicht sind. Es folgt ein Verweis auf eine Lehrmeinung[71], die eine Mittelstellung vertritt. Diese Meinung wird auch in einem Entscheid des IV. Strafsenats des Reichsgerichts und namentlich von v. BAR[72] vertreten. Der Kommentator geht genauer auf diese Mittelmeinung ein, indem er sich mit drei Entscheidungen des Reichsgerichts auseinandersetzt (zwei Entscheidung des II. und eine des I. Strafsenats). Schließlich verweist er auf eine andere Stelle in der Kommentierung.

Nach einer selbstständigen Interpretation des Normtextes wird die auf den Materialien zum PrStGB basierende Schlussfolgerung durch ein zusätzliches Argument und den Verweis auf diverse Lehrmeinungen verstärkt. Danach werden wohl alle relevanten Meinungen und Entscheide aufgeführt. Leider geschieht dies auf Kosten der Verständlichkeit. Der letzte Satz ist sehr lang und die Ausführungen sind ohne Kenntnis der zitierten Entscheide kaum verständlich. Der Verweis auf N. 11) deutet darauf hin, dass eine abschließende Behandlung des Problems dort erfolgen wird, d.h. die Ausführungen an dieser Stelle sind unvollständig. Aber der Kommentator wird dem Anspruch gerecht, die gesamte Lehre und Rechtsprechung zu berücksichtigen. Auch wenn der Leser für klare Antworten andere Werke und Entscheide konsultieren muss, findet er doch die Fundstellen im Kommentar, der auch auf sich selbst verweist. Offen bleibt, welche der drei Meinungen maßgeblich ist. Der Anspruch auf Vollständigkeit zeigt sich an dieser Stelle. Die Kommentierung ist vergangenheitsbezogen, weil bestehende Meinungen wiedergegeben werden.

---

69 BINDING, Das Handbuch des Deutschen Strafrechts, Band 1 1885; OETKER, Vergleichende Darstellung des deutschen und ausländischen Strafrechts, Vorarbeiten zur Deutschen Strafrechtsreform, Allg. bzw. Besonderer Teil, 1906 f.; BIRKMEYER, Enzyklopädie der Rechtswissenschaft, 1904; FINGER, Lehrbuch des Deutschen Strafrechts, Band 1, 1904; HÄLSCHNER, Gemeines Deutsches Strafrecht, Band 1, 1881; MEYER-ALLFELD, Lehrbuch, 7. Auflage 1911; WACHENFELD, Lehrbuch des Deutschen Strafrechts, 1914; die im Rahmen dieser Arbeit analysierten Kommentare von FRANK und SCHWARTZ.

70 Gerichtsurteile aus Dreden und München; STENGLEIN, Zeitschrift für Gerichtspraxis und Rechtswissenschaft, Band 3 und der letzte Band 8; BELING, Grundzüge des Strafrechts, 4. Auflage 1912; GEYER, Grundriß zu Vorlesungen über gemeines Deutsches Strafrecht, Band 1 von 1884; v. HOLZENDORFF, Handbuch des Deutschen Strafrechts, Band 4 von 1877; ders., Rechtslexikon, 3. Auflage 1880/81; v. WÄCHTER, Deutsches Strafrecht, Vorlesungen, 1881.

71 SCHÜTZE, Lehrbuch des Deutschen Strafrechts, 2. Auflage 1874.

72 Gesetz und Schuld im Strafrecht, Band 3: Die Befreiung von Schuld und Strafe durch das Strafgesetz, 1909.

3) Beim Vorliegen der Voraussetzung des *Abs. 1* ist nicht bloß subjektiv die Strafbarkeit der Hdlg. ausgeschlossen, sondern es liegt überhaupt der Tatbestand einer strafb. Hdlg. nach keiner Richtung vor, weshalb es auch keine strafb. Teilnahme geben kann (s. jedoch *N. 18₂*), indem es vielmehr um eine rechtmäßige Strafverteidigung *(T. I Abschn. 4 N. 9 f)* sich handelt, so die *GM.*

Handelt es sich darum, ob dem Täter bei einer fortgesetzten Hdlg. *(§ 73 N. 9)* Notwehr zustatten komme, so kann die Frage nur auf Grund einer Prüfung des ganzen Sachverhaltes entschieden werden; *RMG. III. 7. X. 04 E. 7 283.*[73]

Die Ausführungen im ersten Absatz gehen über den Normtext hinaus. Der Kommentator systematisiert, indem er klarstellt, dass die Notwehr tatbestandsausschließend wirkt und folglich auch „keine strafbare Teilnahme" möglich ist. Der Verweis auf N. 18) Abs. 2 relativiert allerdings die gemachte Aussage und lässt die Frage offen. In den Erläuterungen der wesentlichen Abkürzungen wird die Abkürzung „T." nicht erklärt, sodass nicht klar ist, worauf genau in der Klammer verwiesen wird. Es ist möglich, dass diese Abkürzung den Juristen zur damaligen Zeit geläufig war. Erstmals verweist der Kommentator auf die „Geltende Meinung", ohne aber bestimmte Autoren oder Entscheide zu nennen.

Der zweite Absatz enthält scheinbar eine systematische Aussage. Scheinbar, weil letztlich gar keine eindeutige Aussage gemacht wird. Der Leser muss schon in die Kommentierung zu § 73[74] schauen oder den Entscheid des III. Senats des Reichsmilitärgerichts lesen. Interessant ist, dass dieser Entscheid für das allgemeine Strafrecht relevant sein soll.

In diesem Abschnitt arbeitet der Kommentator mit vielen Verweisen und hält seine eigenen Ausführungen sehr kurz. Wenn der Leser mehr erfahren möchte, muss er den Verweisen nachgehen.

Zu § 53 Absatz 2. N. 4–13.

4) Bei der „Notwehr" ist zu unterscheiden der Stand der N. an sich, der vorhanden ist, wenn die Erfordernisse des Rechts zur N. vorliegen *(N. 5–10)*, sowie die Ausübung der N., wenn man im Stande der N. ist *(N. 11–13).*[75]

An dieser Stelle beginnt der Kern der Kommentierung, d. h. die Kommentierung des 2. Absatzes. Der Kommentator systematisiert und informiert den Leser, welche Abschnitte sich mit den „Erfordernissen" und welche sich mit der „Aus-

73 OLSHAUSEN, § 53 N. 3).

74 „Wenn eine und dieselbe Handlung mehrere Strafgesetze verletzt, so kommt nur dasjenige Gesetz, welches die schwerste Strafe, und bei ungleichen Strafarten dasjenige Gesetz, welches die schwerste Strafart androht, zur Anwendung."

75 OLSHAUSEN, § 53 N. 4).

übung" befassen. SCHWARTZ hat die Systematisierung vermutlich aus der Vorauflage des Kommentars von OLSHAUSEN übernommen.[76]

5) Der Stand der N. *(N. 4)* erfordert zunächst einen „Angriff", was nicht in der engsten Bedeutung des Wortes als körperliches Anfassen zu verstehen ist, sondern allgemein ein angriffsweises Vorgehen seitens eines lebenden Wesens *(N. 6)* bezeichnet; vgl. auch *§§ 113, 117, 118, 227, 367*[10]. Die Einwirkung bloßer Naturgewalt stellt deshalb einen Angriff, der Betätigung eines Willens erfordert, nicht dar; *Frank N. 1.* Durch eine reine Unterlassung, insb. ein bloßes Nichtleisten, kann der Angriff nicht erfüllt werden; so: *RG. III 6. VI. 89 E. 19 298 (btr. passives Verhalten der Inhaber einer Mietswohnung nach Erlöschen des Rechtes), Binding Hb. 1 736, Hälschner 1 485 N. 1, Merkel 162, Meyer-A. 184, Wachenfeld 116, Frank N. 1, Stammler Notstd. 4 N. 1; a. M. v. Bar 3 147.*[77]

Der Kommentator bezeichnet den Angriff als nicht nur „körperliches Anfassen". Die Verwendung des Adjektivs „angriffsweise" bringt keinen Erkenntnisgewinn, denn dieses Wort kann nicht mehr ausdrücken als „Angriff". Auch an dieser Stelle sei auf die Ähnlichkeiten zum Kommentar von SCHWARTZ hingewiesen. Dieser hat die Ausführungen vermutlich aus der Vorauflage dieses Kommentars übernommen.[78] Der Verweis auf andere Strafnormen, wo der Begriff „angreifen" oder „Angriff" vorkommt, macht deutlich, dass Begriffe in einem Gesetz gleich verstanden werden, was der Rechtssicherheit dient. Der Leser wird in eine zentrierte Rechtslandschaft gezwungen, in der nicht nur der Text der kommentierten Norm, sondern auch der Text anderer Normen relevant ist. Der folgende Satz die Naturgewalten betreffend ist in Verbindung mit dem Passus „angriffsweises Vorgehen eines lebenden Wesens" zu lesen. Der nach diesem Ausdruck gemachte Verweis auf 6) macht deutlich, dass dieses Problem ausführlicher im nächsten Abschnitt angesprochen wird. Erneut behandelt der Kommentator ein Problem in verschiedenen Abschnitten. An dieser Stelle wird nur auf den Kommentar von FRANK verwiesen. Schließlich wird Angriff mit Verweis auf eine Entscheidung des III. Strafsenats des Reichsgerichts und sieben Lehrmeinungen[79] negativ umschrieben. Es wird eine abweichende Meinung genannt. Hilfreich ist, dass in einer Klammer kurz der dem Entscheid zugrunde liegende Sachverhalt umschrieben wird.

---

76 Vgl. S. 61 f.

77 OLSHAUSEN, § 53 N. 5) Abs. 1.

78 Vgl. S. 63.

79 Folgende zwei Werke werden erstmals zitiert: MERKEL, Lehrbuch des Deutschen Strafrechts, 1889; STAMMLER, Darstellung der strafrechtlichen Bedeutung des Notstandes, 1878.

Es fällt auf, dass erneut viele Meinungen aufgeführt werden und die Kommentierung wieder vergangenheitsbezogen ist.

Der *§ 53* hat nicht bloß einen gegen die Person eines anderen gerichteten Angriff im Auge, sondern es kommt, wie die Motive hervorheben, „bei der Allgemeinheit des Ausdrucks" jeder Angriff „auf Leib, Leben, Ehre oder Vermögensgegenstände" in Betracht; „Angriff" ist daher namentl. nicht auf ein die Körperverltzg. o. die körperl. Überwältigung eines anderen bezweckendes Handeln zu beschränken, sondern mit einem den Eingriff in die Rechtssphäre (im weiteren S.) einer anderen Person bezweckenden Handeln gleichbedeutend*; so die GM., insbs. RG. II 30. IX. 84 R. 6 576.* Dementsprechend wurde im Einzelnen N. für zulässig erachtet gegen: eine Pfändung *(RG. I 13. I. 81 E. 3 222)*, einen Angriff der Ehefrau gegen Sachen des Ehemanns bei schwebendem Scheidungsprozesse *(RG. II 20. IV. 83 E. 8 210)*, Beleidigungen *(RG. I 24. XI. 90, 14. XII. 96, E. 21 168, 29 240; RMG. I 7. I. 04, II 19. V. 09, E. 6 223, 14 53)*. Über die Frage der Zulässigkeit einer N. zum Schutz des Bestandes eines Verlöbnisses *vgl. RG. IV 20. III. 14 E. 48 215.*[80]

Im nächsten Absatz geht es weniger um den „Angriff" als vielmehr um das Ziel des „Angriffs". Es wird auf die Motive verwiesen, ohne eine Fundstelle zu nennen. Der Hinweis auf die Motive hätte auch herausgefiltert werden können. Die Aufzählung derjenigen Rechtsgüter, die betroffen sein können, erleichtert das Verständnis. Von der „Körperlichkeit" war schon zu Beginn dieses Untertitels die Rede. An dieser Stelle wird konkret von „Körperverletzung" oder „körperlicher Überwältigung" gesprochen. Es gelingt dem Kommentator mit dem Ausdruck „Eingriff in die Rechtssphäre einer anderen Person", den Angriff abschließend zu definieren. Wieder ist die Ähnlichkeit zu den Ausführungen bei SCHWARTZ auffallend.[81] Es wird zum zweiten Mal auf die „Geltende Meinung" verweisen. Zudem wird ein Entscheid des Reichsgerichts (I. Strafsenat) angeführt. Im Anschluss an die Definition bringt der Kommentator Beispiele aus der Rechtsprechung des Reichsgerichts und des Reichsmilitärgerichts. Es handelt sich um die Beispiele, die sich mehrheitlich auch in der Kommentierung von SCHWARTZ finden. Offenbar werden die gleichen Entscheide in der Lehre herangezogen. Möglich ist auch, dass es sich um die einzigen Entscheide zu diesem Problem handelt, oder aber sie werden der Einfachheit halber übernommen.

Liegt ein solches Handeln nicht vor, was im wesentlichen tatsächlich zu beurteilen ist, so fehlt es an einer notwendigen Voraussetzung; *vgl. RG. I 11. IV. 10 E. 43 342* btr. Verneinung des Vorliegens des *§ 53* gegenüber dem

80 OLSHAUSEN, § 53 N. 5) Abs. 2.
81 Vgl. S. 66 f.

Tatbestande des *§ 139* bei Vermeidung jeden Anlasses zu einem rechtsw. Angriff durch Unterlassung der Anzeige. Keineswegs ist ein Angriff begrifflich da ausgeschlossen, wo der Angreifende durch seine Hdlg. bereits den, einen Eingriff in die fremde Rechtssphäre enthaltenden, Tatbestand einer strafb. Hdlg. erfüllt hat, wie z.B. der Dieb durch Wegnahme der fremden Sache, vielmehr ist es tatsächlich zu beurteilen, ob der Angriff bereits sein Ende gefunden hatte oder noch fortdauerte *(N. 9 a)*; *Geyer HRl. „Notstd.", Hälschner 1 485, Meyer-A. 184.* Angenommen wurde die Beendigung bei einem Angriff durch die Presse mit der Verbreitung der btr. Zeitung ohne Rücksicht auf deren andauerndes Ausliegen in Wirtschaften von München *ObstLG. 19. V. 14 E. 14 180* (nicht unbedenklich). Andererseits begründet der Umstand, daß jemand „zuerst angegriffen" wurde, nicht unbedingt die Annahme eines Notwehrstandes, vielmehr müssen auch dessen übrige Voraussetzungen nachgewiesen sein; *RG. IV 13. XI. 85 R. / 664.*[82]

Der nächste Absatz beginnt mit der Selbstverständlichkeit, dass, wenn ein „solches Handeln" nicht vorliegt, „es an einer notwendigen Voraussetzung" fehlt. Hilfreich ist hingegen der Hinweis, dass die Frage „tatsächlich zu beurteilen" ist. Der danach zitierte Entscheid befasst sich mit einer sehr spezifischen Konstellation in Zusammenhang mit § 139[83]. Man kann sich fragen, warum gerade dieser Entscheid zitiert wird, doch vielleicht gibt es nicht viele Entscheide zu diesem Problem. Die darauffolgenden Erläuterungen sind eigentlich logisch, da in der Norm von einem rechtswidrigen Angriff die Rede ist. Insofern ist der Kommentator hier zu ausführlich. Die interessante Frage nach dem Ende des Angriffs wird in einem anderen Abschnitt beantwortet (N. 9 a). Wieder wird klargestellt, dass es sich um eine Tatfrage handelt. Die Ausführungen stützen sich auf drei Lehrmeinungen, wobei erstmals der Eintrag von GEYER zum Notstand im Rechtslexion von v. HOLTZENDORFF erwähnt wird. Im vorletzten Satz wird unter Bezugnahme auf einen Entscheid des Obersten Landgerichts München auf die Beendigung des Angriffs eingegangen. Der letzte Satz ist überflüssig, denn es ist klar, dass alle Voraussetzungen erfüllt sein müssen und es nicht allein auf die Priorität des Angriffs ankommt. Sonst wäre das die einzige Voraussetzung. Immerhin wird aber noch ein einschlägiger Entscheid genannt.

---

82 OLSHAUSEN, § 53 N. 5) Abs. 3.

83 „Wer von dem Vorhaben eines Hochverraths, Landesverraths, Münzverbrechens, Mordes, Raubes, Menschenraubes oder eines gemeingefährlichen Verbrechens zu einer Zeit, in welcher die Verhütung des Verbrechens möglich ist, glaubhaft Kenntnis erhält und es unterläßt, hiervon der Behörde oder der durch das Verbrechen bedrohten Person zur rechten Zeit Anzeige zu machen, ist, wenn das Verbrechen oder ein strafbarer Versuch desselben begangen worden ist, mit Gefängnis zu bestrafen."

6) Ein „rechtswidriger“ Angriff wird für den Stand der N. erfordert. Für die Frage, was darunter zu verstehen sei, kommt allein der Standpunkt des Angegriffenen in Betracht; das Recht steht dem zu, der in seinem Rechte verletzt wird; das besagt auch das die Richtung des Angriffs bezeichnende Wort „rechtswidrig“. Ob der Angriff subjektiv gegen eine Norm verstößt, also ein Delikt enthält, ob er den Tatbestand eines Verbrechens darstellt oder gar ob er in concreto strafbar ist, erscheint unerheblich. Der Angriff, gleichgültig an welchem Orte er erfolgt, ob z. B. in der Kirche (das *N. 5_2 zit. RG. E. 21 168)*, muß nur ein solcher sein, den der Angegriffene nicht von Rechtes wegen über sich ergehen zu lassen braucht. *So: RG. II 19. II. 95 E. 27 44, v. Bar 3 153, 185, Binding Lb. I 735 ff., Birkmeyer Enzykl. 1120, Finger 1 385, Wachenfeld 116, 118, Frank N. I 2 b, Sommerlad G. 34 364, Bauke Zulässigkt. D. Notw. 28, Löffler ZStW. 21 538. Die überwiegende Meinung (vgl. auch Berlin 19. XII. 77 O. 18 803)* nimmt an, daß ein rechtswidriger Angriff als Subjekt einen zurechnungsfähigen Menschen verlange, gelangt damit jedoch zu unhaltbaren Forderungen *(vgl. Binding aO.)*. Eine Mittelmeinung vertritt *Merkel 163*, es sei nur an Angriffe von Menschen, einschließlich unzurechnungsfähiger, zu denken, u. insbs. auch an solche, die mittels Tiere ausgeführt werden; ebenso nunmehr in Rücksicht auf die auch im Gebiete des Strafrechts beachtlichen Vorschriften des *BGB. §§ 227, 228* mit Recht *RG. I 17. VI. 01, III 39. IV. 03, E. 34 295, 36 230, RMG. III 17. III. 08 E. 12 137, München ObstLG. 18. VI. 04, 3. IX. 07, E. 4 383, 8 59*, wonach die Abwehr gegen, selbstständig, angreifende, im fremden Eigentum stehende Tiere nach *§ 303 (das. N. $7_{3)}$ i. V. mit BGB. § 228* sich beurteilt; unter analoger Anwendung des letzteren aber auch gegen – nicht in fremdem Eigentum stehendes – jagdbares Wild, hier allerdings unter Berücksichtigung des *EGBGB. Art. 69 (vgl. § 292 N. 11_3); so ferner: Finger 1 387 f.; v. Lilienthal 41, v. Liszt 149 N. 3, Lucas 167, Meyer-A. 183, Oetker VDA. 2 261, 263, Wachenfeld 116, Schmidt DJZ. 5 149; aM. auch jetzt noch: v. Bar aO. 192 (BGB § 228 habe nur zivilrechtl. Bedeutung), Binding Gr. 190, Frank N. I 2, wie auch Nagler VDA. 8 464*, der N. gegen das angreifende, fremder Jagdokkupation verfangene Tier annimmt. *M. E. Mayer 278* beurteilt die Abwehr des Tierangriffs nur als Notstandshandlung. Vgl. übrigens die *Sondervorschrift des VogelschutzG. v. 30. V. 08 § 5_2.*[84]

Ähnlich wie SCHWARTZ beginnt der Kommentator mit der Aussage, dass es auf den „Standpunkt des Angegriffenen“ ankommt. Die zwei folgenden Nebensätze sind für das Verständnis nicht notwendig, da rechtswidrig eine Rechtsverletzung impliziert. Der zweite Satz stellt klar, dass es auf die Qualifikation gemäß

84 OLSHAUSEN, §. 53 N. 6) Abs. 1.

anderer Strafnormen nicht ankommt und definiert die Rechtswidrigkeit somit zunächst negativ. Im folgenden Satz verweist der Kommentator erstmals auf bereits gemachte Ausführungen. Im Übrigen gilt das Gleiche wie bei SCHWARTZ: Der Satz ist nicht sehr aussagekräftig.[85] Die neun zitierten Lehrmeinungen[86] und der angeführte Entscheid bestätigen, dass diese Formulierung sich durchgesetzt hat.

Hinsichtlich der Person des Angreifers wird die überwiegende Meinung mit Verweis auf einen Berliner Entscheid und BINDING genannt. Offen bleibt, warum diese Meinung zu unhaltbaren Forderungen führt. Der Leser muss bei BINDING nachschauen, wenn er es genauer wissen möchte. Eine Mittelmeinung wird von MERKEL vertreten. Dieser Meinung schließen sich unter Berücksichtigung der BGB Bestimmungen zur Notwehr und zum Notstand das Reichsgericht, das Reichsmilitärgericht sowie das Oberste Landesgericht München an. Diese Entscheide sprechen sich für eine Anwendung des § 303 (Sachbeschädigung) i.V.m. BGB § 228 aus. In diesem Zusammenhang verweist der Kommentator auf seine Kommentierung zu § 303. In der Folge präsentiert der Kommentator eine weitere ähnliche Meinung, die das Einführungsgesetz zum BGB berücksichtigt. Da es auch um jagdbares Wild geht, verweist er auf seine Kommentierung zum Jagdverbot (§ 292). Die Meinung wird von acht Juristen[87] vertreten. Gegen eine analoge Anwendung von BGB § 228 sprechen sich vier Autoren[88] aus. Schließlich wird noch kurz auf die von MAYER[89] vertretene Meinung eingegangen und auf das Vogelschutzgesetz verwiesen.

Wie bereits bei SCHWARTZ gesehen, wird das hier behandelte Problem in der Lehre intensiv diskutiert. Bei OLSHAUSEN steht die Darstellung aller Meinungen im Vordergrund. Der Absatz ist sehr schwer zu lesen und der Leser verliert sich in den Ausführungen. Die Vollständigkeit scheint wichtiger als die Verständlichkeit.

N. ist deshalb auch zulässig gegen rechtswidrige Angriffe sog. Exterritorialer *(v. Bar 1 237, 3 158, Finger 1 385, v. Liszt 149, Meyer-A. 183 N. 17, Beling*

---

85 Vgl. S. 67 f.

86 Folgende Werke werden erstmals zitiert: BINDING, Lehrbuch des gemeinen Deutschen Strafrechts, Besonderer Teil, Band 1, 2. Auflage 1902; ein Werk von SOMMERLAD (in den Erläuterungen der wesentlichen Abkürzungen nicht erwähnt); BAUKE, Die Zulässigkeit der Notwehr gegenüber beleidigenden Äußerungen seitens des Geistlichen während des Gottesdiensts, 1894; ein Aufsatz von LÖFFLER aus der Zeitschrift für Strafrechtswissenschaft.

87 Folgende Werke werden erstmals zitiert: V. LILIENTHAL, Grundriß zur Vorlesung über das Strafrecht, 2. Auflage 1900; V. LISZT, Lehrbuch des Deutschen Strafrechts, 20. Auflage 1913; LUCAS, Anleitung zur strafrechtlichen Praxis, T. II: Das materielle Strafrecht, 3. Auflage 1912; Aufsatz von SCHMIDT in der Deutschen Juristen Zeitung.

88 Erstmals wird auf den von NAGLER verfassten Teil in „Vergleichende Darstellung des deutschen und ausländischen Strafrechts" verwiesen.

89 Allgemeiner Teil des Deutschen Strafrecht, 1915.

***Exterritorialität 170*), desgl. der Volksvertreter in Ausübung des Berufes (*§§ 3 N. 21, 11 N. 5 aα*), deshalb gegen wahrheitsgetreue Berichte über Reichstags- o. Landtagsverhandlungen, falls sie rechtswidrige Angriffe wiedergeben (*§ 12 N. 2₃*). Dagegen bewirkt N. gegenüber den Trägern der Souveränität (*§ 3 N. 19 bα*) nicht Straflosigkeit, weil damit der Grundsatz der Unverletzlichkeit beseitigt sein würde; *so: Binding Hb. 1 738, Döhn ZStW. 21 522; a.M.: v. Bar aO. 3 158, Finger 1 386, M.E. Mayer 279, Meyer-A. aO.; Wachenfeld 118 N. 2, Frank N. 1 letzt. Abs., Schwartz N. 2d.*[90]**

In diesem Absatz wird auf weitere mögliche Gruppen von Angreifern eingegangen.

Der erste Teil des ersten Satzes stützt sich auf fünf Lehrmeinungen[91]. Der übrige Teil des Satzes beruht auf anderen Kommentierungen des Kommentators. Im letzten Satz vertritt der Kommentator die von SCHWARTZ kritisierte Meinung. Bei Letzterem wird nur auf BINDING und OLSHAUSEN verwiesen. Hier wird zudem noch ein Aufsatz von DÖHN erwähnt. Die Begründung ist sehr kurzgehalten und nicht überzeugend. Die Gegenansicht vertreten auch noch die bei SCHWARTZ nicht erwähnten V. BAR, MAYER und WACHENFELD.

Die Ausführungen in diesem Absatz gehen über den Normtext hinaus. Der Kommentator bildet Fallgruppen, orientiert sich dabei an den vorhandenen Publikationen und bleibt so vergangenheitsbezogen.

7) Dadurch, daß der Angriff seitens des Angegriffenen, sei es fahrlässig oder sogar vorsätzlich, verschuldet wurde, wird an sich die Rechtswidrigkeit des Angriffs noch nicht beseitigt (*vgl. dagegen § 54 N. 7*); so die *GM.*, während die Motive das Erfordernis des „unverschuldeten" Angriffs durch das des „rechtswidrigen" mitgedeckt erachten (*vgl. auch RG. II 30. IX. 84 R. 6 576*). Deshalb steht sogar dem das NRecht zu, der (ohne selbst anzugreifen) einen zurechnungsfähigen anderen zum Angriff reizte, um ihm bei der Abwehr an den Leib zu kommen; *so: v. Bar 3 159, Finger 1 387, Hälschner 1 480 N. 2, Merkel 163, Meyer-A. 183, Wachenfeld 118, Frank N. 1 letzt. Abs., auch Binding Normen 2² 625 (mit Rücksicht auf den aus § 54 sich ergebenden Gegenschluss); aM. Oetker aO. 271.*[92]

Die erste Aussage steht ähnlich auch in der Kommentierung von SCHWARTZ, ohne dass dort auf die „Geltende Meinung" verwiesen wird. In den Motiven und in einem älteren Entscheid des Reichsgerichts wird eine andere Meinung vertreten. Auch an dieser Stelle stellt sich erneut die Frage, warum diese Quelle nicht aus-

---

90 OLSHAUSEN, § 53 N. 6) Abs. 3.

91 Erstmals wird auf die die „Strafrechtliche Bedeutung der Exterritorialität" von BELING verwiesen.

92 OLSHAUSEN, § 53 N. 7).

sortiert wurde. Interessant ist auch, dass die Lehre hier nicht der Rechtsprechung folgt. Der letzte Satz entspricht der Kommentierung von SCHWARTZ, wobei V. BAR, WACHENFELD und BINDING dort nicht genannt werden. Hingegen fehlt hier die Auseinandersetzung mit der Gegenmeinung. Es wird lediglich OETKER genannt. Die Kommentare von OPPENHOFF-DELIUS und RÜDORFF-STENGLEIN werden nicht berücksichtigt.

Der Absatz ist verständlich. Die Präsentation der Meinungen und nicht die differenzierte Auseinandersetzung mit diesen steht im Vordergrund. Zum wiederholten Male verweist der Kommentar auf sich selbst.

8) Notwehr ist ausgeschlossen, wenn der Angegriffene den Angriff von Rechts wegen über sich ergehen lassen mußte; *Binding Lb. 1 740; vgl. auch Finger 1 385, sowie Meyer-A. 185,* wonach N. ausgeschlossen ist, wenn Angriff und Verteidigg., wie beim Zweikpf., nur als Bestandteile eines vom Gesetze unter Strafe gestellten Gesamtvorganges erscheinen. Demgemäß ist N. ausgeschlossen: gegen eine als Gegenangriff sich darstellende Ausübung der N. *(N. 12d)*, ferner gegen die berechtigte Ausübung des Amtes, insbs. Maßregeln o. Anordnungen einer Obrigkeit *(RG. IV 8. III. 92 E. 39 440, II 27. 94 E. 25 150; vgl. btr. Selbsthilfe § 54 N. 10)*, bzw. des Züchtigungsrechtes seitens der Eltern, Vormünder, Lehrer u., dagegen statthaft: gegen Notwehrexzesse *(Merkel 163; s. U. N. 14ff.)* und Angriffe, die eine – wenn auch auf Irrtum beruhende – Überschreitung der aus dem Amte bzw. dem Züchtigungsrechte entspringenden Befugnisse darstellen; *Binding Lb. 2 751, 765 N. 2, 777, Finger 1 387 (vgl. jedoch u. § 113 N. 15a wegen einer Streitfrage)*, desgl. gegen Überschreitungen des Hausrechts, z. B. seitens eines Gastwirts, der ohne die Voraussetzungen des *BGB §§ 858f.* zur gewaltsamen Entfernung eines Gastes schreitet; *RG. I 24. X. 04 E. 52 84.*

Wegen Notwehr gegen eine Notstandshandlung *vgl. § 54 N. 5a.*[93]

Der erste Satz steht so auch bei SCHWARTZ. Im Unterschied zu diesem verweist der Kommentator hier auf drei Lehrmeinungen und geht genauer auf eine dieser Meinungen ein. Es folgt eine Präsentation von Fallgruppen ähnlich wie bei SCHWARTZ. An dieser Stelle werden aber mehr Konstellationen behandelt und mehr Literatur sowie Rechtsprechung zitiert. Zwei Mal verweist der Kommentator auf eine andere Stelle in der Kommentierung und drei Mal auf Stellen in seinen Kommentierungen zu anderen Normen. Im ganzen Abschnitt wird auf drei Entscheidungen des Reichsgerichts und fünf Lehrmeinungen verwiesen.

93 Ebd., § 53 N. 8).

Die Ausführungen gehen über den Normtext hinaus, der nur definiert, wann Notwehr vorliegt. Die Beispiele helfen dem Praktiker bei der Einordnung des Sachverhaltes, mit dem er sich befasst. Die Feinsteuerung funktioniert.

9) Der Angriff muss ein gegenwärtiger sein; *§ 52 N. 10.* [94]

Der Kommentator reformuliert hier den Normtext und macht deutlich, womit er sich in der Folge befassen möchte. Er verweist sodann auf seine Kommentierung zum vorhergehenden § 52, wo von einer „gegenwärtigen Gefahr" die Rede ist.[95] Der Leser kann davon ausgehen, dass Begriffe, die in mehreren Paragrafen des gleichen Gesetzes vorkommen, auch gleich verstanden werden.

Es fällt auf, dass der Kommentator zwei Unterpunkte und zu einem der Unterpunkte weitere zwei Unterpunkte bildet. Bisher hat er dies nicht getan. Wie SCHWARTZ befasst er sich mit dem zeitlichen und räumlichen Verständnis des Begriffes, wobei er aber mit dem zeitlichen Verständnis beginnt.

a) In zeitlichen Beziehung ergibt sich hieraus:

α) Der Angriff muss bereits begonnen haben; die *GM.* stellt dem einen „drohend oder unmittelbar bevorstehenden" Angriff gleich; allein in dieser Fassung doch nicht mit Recht, da stets „nur der wirkliche, nicht bloß der mögliche" Angriff zur Notw. berechtigt; *Hälschner 1 478.* Berücksichtigt man aber, dass der beginnende Angriff keineswegs schon den beabsichtigten Eingriff in die Rechtssphäre des anderen *(N. 5)* zu enthalten braucht *(Meyer-A. 184)*, daß auch „der Angriff eine zeitlich verlaufende Hdlg. ist, welche in ihrem Beginne in der Regel als eine Drohung erscheinen wird" *(Hälschner aO.)*, so werden beide Auffassungen praktisch regelmässig zum selben Ergebnis führen; richtig *Berlin 3. XII. 74 O. 15 839.* [96]

In diesem Abschnitt verweist der Kommentator auf die „Geltende Meinung", auf bereits gemachte Ausführungen sowie auf zwei Lehrmeinungen und einen Berliner Entscheid. Die Auseinandersetzung mit zwei verschiedenen Meinungen steht im Vordergrund. Der Kommentator vermittelt Sicherheit, da er zum Schluss kommt, dass beide Meinungen praktisch zum selben Ergebnis führen. Leider wird nicht erläutert, wann ein Angriff genau beginnt. Diesbezüglich fehlen konkrete Ausführungen und Beispiele.

---

94 Ebd., § 53 N. 9).

95 „Eine strafbare Handlung ist nicht vorhanden, wenn der Thäter durch unwiderstehliche Gewalt oder durch eine Drohung, welche mit einer gegenwärtigen, auf andere Weise nicht abwendbaren Gefahr für Leib oder Leben seiner selbst oder eines Angehörigen verbunden war, zu der Handlung genöthigt worden ist. Als Angehörige im Sinne dieses Strafgesetzes sind anzusehen Verwandte und Verschwägerte auf- und absteigender Linie, Adoptiv- und Pflege-Eltern und -Kinder, Ehegatten, Geschwister und deren Ehegatten, und Verlobte."

96 OLSHAUSEN, § 53 N. 9) a) α).

β) Der Angriff darf noch nicht beendigt (sei es aufgegeben, fehlgeschlagen o. durchgeführt) sein; so die *GM., insbs. RG. I 14. XII. 96 E. 29 240, RMG. I 7. I. 04, II 27. VII. 10, E. 6 223, 15 101 (btr. Beleidiggen)*. Zu beachten ist jedoch, daß mit dem Eingriff in die Rechtssphäre des anderen, auch wenn er bereits als die juristische Vollendung eines Delikts sich darstellt, dennoch der Angriff noch nicht beendigt zu sein braucht *(N. 5 aE.)*; so bemerkt *Hälschner 1 479* mit Recht, daß nicht das vollendete Verbr., sondern die vollendete Beschädigung die Grenze der N. bilde, daß jene aber erst dann vollbracht sei, wenn der Angreifende von seiner rechtsverletzende Tätigkeit völlig abstehe; vgl. auch: *Binding Hb. 1 746, Finger 1 389, Merkel 163, Meyer-A. 184, Wachenfeld 117, Frank N. I I, abweichend v. Liszt 150 N. 5.*[97]

Der erste Satz deckt sich inhaltlich mit der Kommentierung von SCHWARTZ.[98] Dieser weist aber nicht darauf hin, dass es sich um die „Geltende Meinung" handelt, und zitiert nur den Reichsgerichtsentscheid, nicht aber die Entscheide des Reichsmilitärgerichts. Interessanterweise wird die „Geltende Meinung" von den Gerichten vertreten. In der Folge wird mit Verweis auf bereits gemachte Ausführungen und HÄLSCHNER präzisiert, wann der Angriff beendet ist. Im Gegensatz zu SCHWARTZ verzichtet der Kommentator auf Beispiele und zitiert auch WACHENFELD. Auf die bei SCHWARTZ erwähnten RÜDORFF-STENGLEIN und SCHÜTZE wird nicht verwiesen.

Trotz fehlender Beispiele sind die Ausführungen verständlich, d. h., die abstrakte Umschreibung ist gelungen.

b) In räumlicher Beziehung ergibt sich aus jenem Erfordernisse, daß einem zwar schon begonnen, aber räumlich entfernten Angriffe gegenüber, von dem der Angegriffene Kenntnis erhalten hat, N. ausgeschlossen ist.

Wegen Anwendung von Schutzmaßregeln, falls ein „gegenwärtiger Angriff" nicht vorliegt, *vgl. N. 12 c.*[99]

Der Satz zur räumlichen Beziehung bringt keinen Erkenntnisgewinn. Die einzige Präzisierung erfolgt mit den Worten „räumlich entfernten". Was darunter genau zu verstehen ist, wird aber nicht klar. Die Bezugnahme auf 12) c) zeigt, dass erneut ein Problem an verschiedenen Stellen angesprochen wird.

Zusammenfassend zum ganzen Abschnitt lässt sich festhalten, dass der Kommentator den Begriff der Gegenwärtigkeit strukturiert und eine eigene Systematik einführt.

97 Ebd., § 53 N. 9) a) β).

98 Vgl. S. 67.

99 Ebd., § 53 N. 9) b).

10) Die Abwendung eines Angriffs „von sich oder einem anderen" steht bei der N. in Frage. Der „andere" kann jede beliebige Person sein; es ist nicht erforderlich, dass er ein „Angehöriger" i.S. des *§ 52_2* sei. Deshalb kann N. auch zum Schutze einer juristischen Person, insbs. des Staates, sofern er „Subjekt von Rechten" ist *(N. 5)*, stattfinden, während sie nicht ausgeübt werden darf zur Verhinderung strafb. Hdlgen als solcher; *Binding Hb. 1 733, Meyer-A. 182*. Die Abwendung des Angriffs von einem anderen kann ohne, ja selbst gegen dessen Willen erfolgen; *Meyer-A. aO., Oetker VDA. 2 290.*[100]

Der Kommentator fokussiert sich auf den Normtext. Der Hinweis zum „Angehörigen" ist nicht notwendig. Komplexität wird erhöht und nicht reduziert. Die Präzisierungen zu „juristischen Personen" und zum „Staat" sind hilfreich. Es wird auf diejenige Stelle in der Kommentierung verwiesen, in der es um die Rechte geht, in welche eingegriffen wird. Der Satz, wonach Notwehr nicht „zur Verhinderung strafbarer Handlungen als solcher" ausgeübt werden darf, ist nicht verständlich. Gemeint ist wohl, dass der Einzelne nicht die Aufgaben der Polizei wahrnehmen darf. Neben den bereits von SCHWARTZ zitierten Lehrmeinungen wird auch noch OETKER erwähnt.

11) Die Ausübung der N. *(N. 4)* besteht in „derjenigen Verteidigung, welche erforderlich ist, um einen Angriff der *N. 5–10* bezeichneten Art abzuwenden".[101]

Der Kommentator gibt hier eine Passage aus dem Normtext wieder und macht so deutlich, dass dieser sein Bezugspunkt ist.

Welche Verteidigung erforderlich ist, läßt nur nach den vorliegenden Umständen, namentl. in Berücksichtigung der beiderseitigen Persönlichkeiten, also objektiv, sich bestimmen; die subjektive Auffassung des Angegriffenen entscheidet nicht (vgl. wegen Irrtums *§ 59 N. $25d_2$*); *so die GM., insbs.: RG. II 28. X. 79, 27. IX. 87, R. 1 23, 9 471, RMG. II 17. I. 06 E. 9 237; aM.: Binding Hb. 1 751, Finger 1 392, v. Wächter 179, Schwartz N. 3a*. Nur unter Umständen wird die Hilfsbereitschaft Dritter als Mittel der Gegenwehr in Rücksicht zu ziehen sein; so, wenn Sicherheitsbeamte, die vermöge ihres Amts zum Eingreifen verpflichtet sind, sofortige Hilfe gewähren konnten.[102]

Der Kommentator vertritt hier eine andere Meinung als SCHWARTZ. Offensichtlich handelt es sich um die „Geltende Meinung", die wieder von den Gerichten vertreten wird (angeführt werden zwei Entscheide des Reichsgerichts und ein Entscheid des Reichsmilitärgerichts). Der Verweis auf die eigene Kommen-

---

100 Ebd., § 53 N. 10).
101 Ebd., § 53 N. 11) Abs. 1.
102 Ebd., § 53 N. 11) Abs. 2.

tierung zum „Irrtum" macht deutlich, dass dort die subjektive Auffassung von Relevanz ist. Die „andere Meinung" wird von vier Autoren (darunter SCHWARTZ) vertreten. Die Ausführungen sind für einen Juristen verständlich. Im letzten Satz geht es um konkrete Abwehrmittel. Es stellt sich die Frage, warum in diesem Zusammenhang ein derart spezifischer Fall erwähnt wird und nicht allgemein auf mögliche Abwehrmittel eingegangen wird.

Eine gewisse Verhältnismässigkeit der zur Abwendung des Angriffs erforderlichen Verteidigung mit dem zu verteidigenden Gut wird nicht erfordert; *so die GM.; aM. V. Buri GS. 30 461 sowie Bauke Zulässigkt. D. Notw. 13 ff.* unter eigentümlicher Auffassung des Begriffs der „Verhältnismäßgkt.", ferner de lege ferenda, nicht aber de lege lata *Geyer 1 81 f.* übrigens *N. 2 aE.*[103]

Dieser letzte Absatz ist abschließend formuliert. Der Kommentator ist weniger ausführlich als SCHWARTZ, dennoch ist die Aussage für den Juristen verständlich. Offen bleibt, wer die „Geltende Meinung" vertritt. Sind es wieder die Gerichte oder Stimmen aus der Lehre? Anderer Meinung sind V. BURI und BAUKE, wobei der Hinweis zur Meinung des Letzteren gestrichen werden kann, da unklar bleibt, was mit „eigentümlich" gemeint ist. Schließlich wird noch auf die zukunftsbezogene Meinung von GEYER sowie auf bereits gemachte Ausführungen verwiesen.

12) Für die Frage, ob die gewählte Verteidigung im Einzelfalle erforderlich gewesen sei *(N. 11)*, fallen deren Art und deren Maß ins Gewicht; für beide gilt der allgemeine Satz, daß dem Angegriffenen da, wo ihm ein der Art oder dem Maße nach geringeres Mittel zur Hand ist, nicht berechtigt ist, sofort das nach der einen oder anderen Richtung schwerere Mittel anzuwenden; *Meyer-A. 185.*[104]

Der Kommentator knüpft an dieser Stelle an die Ausführungen unter 11) an. Die Wörter „Art", „Maß", „geringer" und „schwerer" sind für einen Juristen in diesem Kontext verständlich. Man soll z. B. nicht mit dem Gewehr auf einen Dieb schießen, wenn man ihm das Bein stellen kann. Die Erläuterungen gehen über den Normtext hinaus und der Kommentator systematisiert. Die Feinsteuerung funktioniert, obwohl Beispiele fehlen.

Was insbesondere die Art der Verteidigung anbetrifft so kann diese entweder in einer Hdlg. Oder denkbarerweise auch in einem Unterlassen *(N. 2)* bestehen *(Hälschner 1 485 N. 1)*; sie kann auch unter Benutzung eines Dritten ausgeübt werden (Fall der mittelbaren N.); *v. Bar 2 656.* Nicht aber darf die Verteidigung Rechte Dritter oder der Allgemeinheit verletzen; geschieht dieses, so greifen die allg. Regeln Platz; Straflosigkeit wird also

103 Ebd., § 53 N. 11) Abs. 3.
104 Ebd., § 53 N. 12) Abs. 1.

namentl. i.F. des Notstandes *(§ 54)* vorliegen; *so: v. Bar aO. 3 211, Finger 1 393, v. Liszt 151, Meyer-A. 187, Würzburger Notstd. 18, ferner Bauke aO. 42ff. in seiner Polemik gegen das N. 5_2 u. 6_2 zit. RG. E. 21 168,* insofern dieses die Störung der Andacht der versammelten Gemeinde (nicht aber etwa Verletzungen dritter Personen) durch den abwehrenden Zwischenruf des Beleidigten für unerheblich erachtete; noch weiter gehend wie *RG.: Wachenfeld 118, Frank N. 11 u. ZStW. 14 361, Schwartz N. 3a, van Calker ZStW. 12 471,* die N., wenn sie gg. Den Angreifer gerichtet ist, selbst bei Verletzung Dritter für zulässig ansehen. Ein abwehrender Zwischenruf würde selbst dann als Notwhdlg. Straflos sein können, wenn er ein Schimpfwort enthielte, wenn nur dadurch ein rechtsw. Gegenwärtiger Angriff abgewehrt werden sollte *(N. 13_2); München ObstLG. 9. XI. 12 E. 12 361.* Unter den zur Verteidigung dienenden Handlungen kommt – außer der Bedrohung mit einem V. o. V., worüber *§ 240 N. 12_2* zu vergleichen – namentl. In Betracht:[105]

Dieser Absatz hat „die Art der Verteidigung“ zum Thema. Bezüglich Unterlassung verweist der Kommentator zunächst auf 2) (erneut behandelt er eine Frage an verschiedenen Stellen der Kommentierung). Die Konkretisierung gelingt, weil weniger abstrakte Begriffe gewählt werden. Zunächst wird positiv umschrieben, welche Arten von Verteidigung denkbar sind. Dabei wird auf zwei Lehrmeinungen verwiesen. In einem nächsten Schritt erklärt der Kommentator, was nicht erlaubt ist, d.h., er definiert die Art der Verteidigung negativ. Die erwähnten Fälle sind nach den Regeln des Notstands zu prüfen. Die Ausführungen stützen sich auf sechs Lehrmeinungen[106]. Auf die letztgenannte Lehrmeinung geht der Kommentator genauer ein. Es geht um die Auseinandersetzung mit dem gleichen Entscheid, der auch bei SCHWARTZ zitiert wird, wobei dieser den Entscheid genauer und auch verständlicher schildert.[107] Vom Leser wird verlangt, den Entscheid selbst nachzuschlagen, wenn er genau wissen möchte, worum es geht. In der Folge werden vier Lehrmeinungen angeführt, die noch weiter gehen als das Reichsgericht. Es wird auch allgemein und anhand eines Beispiels erklärt, was damit gemeint ist. Diesbezüglich wird auf Ausführungen weiter unten und einen Entscheid des Obersten Landesgerichts München verwiesen. Außerdem soll der Leser auch die Kommentierung zur Nötigung konsultieren.

Im nächsten Abschnitt geht der Kommentator genauer auf die zur Verteidigung dienenden Handlungen ein, indem er vier Fallgruppen bildet.

---

105 Ebd., § 53 N. 12) Abs. 2.

106 Erstmals wird die Arbeit von WÜRZBURGER zum Notstand erwähnt.

107 Vgl. S. 81.

a) Die Körperverletzung bzw. Tötung des Angreifenden; reicht jene den Umständen nach aus, so erscheint die trotzdem vorgenommene Tötung nicht als eine berechtigte Notwhandlung.

b) Die Vernichtung des Angriffsmittels.

c) Das Veranstalten sog. Vorbeugungs- u. Schutzmaßregeln, inbs. das Legen von „Selbstgeschoßen, Schlageisen o. Fußangeln" ist, wenn nicht die Voraussetzungen des *§ 367*[8] vorliegen, an sich straflos. Geschieht die Veranstaltung gegen eine bestimmte in Aussicht stehende Gefahr, so stellt sie sich als Nhandlung gegenüber einem gegenwärtigen *(N. 9)* Angriffs dar. Aber auch gegen unbestimmte Gefahren ist sie an sich nicht verboten, vielmehr die Berechtigung zu einer solchen auf Grund der Befugnisse des Eigentümers bzw. Besitzers zu folgern; *Sommerlad GS. 39 390 nimmt (gegen Rotering G. 30 418ff.)* an, daß die Schutzmaßregeln, weil sie gerade in dem Augenblicke, in dem der Angriff unternommen werde, wirksam würden, stets einem gegenwärtigen Angriff gegenüberträten; allein zur Zeit der Veranstaltungen selbst ist in diesen Fällen der Angriff noch nicht gegenwärtig, und deshalb müssen sie so eingerichtet sein, daß sie erst gegenüber einem beginnenden Angriffe in Tätigkeit treten; andernfalls kann der Veranstalter solcher Maßregeln bei eintretenden Verletzungen Unschuldiger bzw. noch nicht zum Angriff schreitender Personen je nach Umständen als vorsätzlicher (mit Eventualdolus handelnder) oder als fahrlässiger Täter verantwortlich werden; so im wesentlichen: *v. Bar 3 215, Binding Hb. 1 748, Finger 1 390, v. Liszt 150, Meyer-A. 184, Schaper HH. 2 141 N. I, Frank N. IV, v. Buri Kausalität 95, Sommerlad GS. 39 382ff.*

d) Endlich ist noch hervorzuheben, daß der Angriff eine Verteidigung erforderlich machen kann, die nicht als bloße Abwehr, sondern vielmehr als Gegenangriff sich darstellt *(N. 8)*; *RG. II 30. IX. 84, 13. V 1 87, R. 6 576, E. 16 69, III 16. VI. 92 G. 40 161, Binding Hb. 1 750, Finger 1 394, Meyer-A. 186.*[108]

Die erste Fallgruppe umfasst die „Körperverletzung" und „Tötung" „des Angreifenden". Auf den ersten Blick scheint nicht klar zu sein, worauf sich das Pronomen „jene" bezieht. Sinnvoll ist nur die Bedeutung, wonach eine „Tötung" nicht berechtigt ist, wenn eine „Körperverletzung" ausreichen würde.

Die Ausführungen unter b) sind verständlich.

Unter c) wird zunächst auf § 367 Ziff. 8[109] verwiesen, wo die Strafbarkeit für das Legen von „Selbstgeschoßen, Schlageisen o. Fußangeln" geregelt ist. Sofern

108 Olshausen, § 53 N. 12) a–d.

109 „Mit Geldstrafe bis zu einhunndertfunfzig Mark oder mit Haft wird bestraft: wer ohne polizeiliche Erlaubnis an bewohnten oder von Menschen besuchten Orten Selbstgeschosse,

sich die Maßnahmen „gegen eine bestimmte in Aussicht stehende Gefahr richten", ist von einer „Notwehrhandlung" gegen einen „gegenwärtigen Angriff" auszugehen. Es wird auf die Ausführungen zum „gegenwärtigen Angriff" in N. 9 verwiesen. Sodann geht es um „unbestimmte Gefahren". Mit Verweis auf die „Befugnisse des Eigentümers bzw. Besitzers" sowie auf die Lehrmeinung von SOMMERLAD wird die Zulässigkeit von „Schutzmaßregeln" bejaht, wenn diese erst gegenüber einem „beginnenden Angriff" wirksam werden, andernfalls macht sich der Urheber strafbar. Anderer Meinung ist ROTERING. Der Meinung von SOMMERLAD schließen sich, gemäß Kommentierung, acht weitere Autoren an.

Unter d) wird schließlich klargestellt, dass auch ein „Gegenangriff" als „Verteidigung" infrage kommt. Es wird auf N. 8 sowie auf drei Entscheidungen des Reichsgerichts und drei Lehrmeinungen verwiesen.

Die Bildung von Fallgruppen als Konkretisierung der zur Verteidigung möglichen Handlungen ist hilfreich. Insbesondere der Abschnitt über Vorbeugungs- und Schutzmaßregeln beinhaltet eine abschließende Behandlung des Problems und scheint alle einschlägigen Lehrmeinungen und Entscheide zu berücksichtigen. Die Kommentierung ist auch zukunftsbezogen.

13) Auf das Motiv, weshalb dem Angriff im Einzelfall überhaupt Verteidigung entgegengesetzt wird, kommt nichts an; so wird z. B. der als N. sich darstellende Widerstand gegen eine unberechtigte Haussuchung dadurch nicht strafbar, daß durch den Widerstand zugleich der Zweck verfolgt wird, einen andern nach Begehung einer strafb. Hdlg. zu begünstigen *(§ 257)*; *RG. II 10. XI. 82 R. 4 804, RMG. II 10. II. 06 E. 9 278, Meyer-A. 186.* Mit strafloser N. ist deshalb auch das nebenherlaufende Motiv der Wiedervergeltung nicht unvereinbar; *RG. II 4. VI. 97 G. 45 272.*

Erforderlich ist nur, daß der Wille des im Nstande Befindlichen darauf gerichtet ist, den rechtswidrigen gegenwärtigen Angriff von sich o. einem anderen abzuwehren; *RMG. II 27. V. 08 E. 12 234;* aber daraus, daß er gegen den rechtswidrigen Angreifer tätig wird, folgt nicht ohne weiteres, daß diese Tätigkeit auch in der Absicht, das Nrecht auszuüben vorgenommen wurde; das ist vielmehr Tatfrage; *zit. RMG. E. 9 278.*[110]

Der Kommentator zitiert im ersten Absatz zwei Entscheide des Reichsgerichts, einen Entscheid des Reichsmilitärgerichts und die Lehrmeinung von MEYER-ALLFELD, um zu belegen, dass bei der Notwehr allfällige Motive unerheblich sind. Im zweiten Absatz präzisiert er mit Verweis auf zwei Entscheide des Reichsmili-

---

Schlageisen oder Fußangeln legt, oder an solchen Orten mit Feuergewehr oder anderem Schießwerkzeuge schießt, oder Feuerwerkskörper abbrennt;"

110 Ebd., § 53 N. 13).

tärgerichts, dass es nur auf den „Willen“ ankommt, „den Angriff abzuwehren“. Aus der bloßen Tätigkeit folgt nicht die Absicht. Die Frage nach der Absicht ist eine „Tatfrage“.

Die Ausführungen unter 13) sollen der Feinsteuerung dienen, indem sie die subjektive Seite der Verteidigung behandeln. Sie sind aber dafür nicht zwingend notwendig, weil im Normtext nicht von Motiven die Rede ist und daraus geschlossen werden kann, dass es auf solche nicht ankommt. Zudem besteht ein Widerspruch, weil der Kommentator zunächst davon spricht, dass es auf Motive nicht ankommt, dann aber am Schluss doch festhält, dass es auf die Absicht, das Notwehrrecht auszuüben, ankommt; dieser Widerspruch besteht aber nur, wenn man davon ausgeht, dass Motiv und Absicht das Gleiche bedeuten.

Zu § 53 Absatz 3. N. 14–18

14) *Abs. 3* handelt von der „nicht strafbaren Überschreitung der Notwehr“; demnach bildet, was die gegenüber dem *PrStGB. § 41 (s. o. N. 1)* abgeänderte Wortfassung außer Zweifel stellt, das Vorliegen des Standes der N. an sich *(N. 5–10)* die Voraussetzung für die Anwendung des *Abs. 3.* Ist nicht einmal der Stand der N. gegeben, wie bei der Putativnotwehr *(§ 59 N. 25d)*, so kann es nur um das Vorgeben, nicht um ein Überschreiten der N. sich handeln; *RMG. II 12. XII. 06 E. 10 283, Binding Hb. 1 754, Hälschner 1 484.*

Soll *Abs. 3* Anwendung finden, so muß demnach festgestellt werden, daß ein „gegenwärtiger rechtswidriger Angriff“ vorlag; so die *GM., insbs.: RG. II 30. IX. 84 R. 6 576, IV 2. XII. 90 E. 21 189, RMG. I 3. IV. 01 E. 1 69.* Dennoch kann aber auch beim Fehlen dieser Voraussetzung Straflosigkeit eintreten; *zit. RMG. E. 10 283; vgl. u. N. 19.*[111]

Im ersten Absatz nimmt der Kommentator zunächst Bezug auf seine einleitenden Ausführungen zum PrStGB und betont, dass die Fassung im RStGB sich von jener im PrStGB unterscheidet. Damit Absatz 3 überhaupt anwendbar ist, muss der „Stand der Notwehr“ gegeben sein. Folglich wird die „Putativnotwehr“ nicht nach Absatz 3, sondern nach § 59[112] beurteilt. Diese Meinung wird auch vom Reichsmilitärgericht, von BINDING und von HÄLSCHNER geteilt. Im zweiten Absatz setzt der Kommentator den „Stand der Notwehr“ mit dem „gegenwärtigen rechtswidrigen Angriff“ gleich und verweist auf die „Geltende Meinung“, d. h. insbesondere auf die Meinung des Reichsgerichts und des Reichsmilitärgerichts.

---

111 Ebd., § 53 N. 14).

112 „Wenn Jemand bei Begehung einer strafbaren Handlung das Vorhandensein von Thatumständen nicht kannte, welche zum gesetzlichen Thatbestande gehören oder die Strafbarkeit erhöhen, so sind ihm diese Umstände nicht zuzurechnen. Bei der Bestrafung fahrlässig begangener Handlungen gilt diese Bestimmungen nur insoweit, als die Unkenntnis selbst nicht durch Fahrlässigkeit verschuldet ist.“

Schließlich wird mit Verweis auf einen Entscheid des Reichsmilitärgerichts noch festgehalten, dass auch bei Fehlen des spezifizierten Angriffs Straflosigkeit vorliegen kann.

Der Kommentator nimmt zum Ausdruck „Die Überschreitung der Notwehr ist nicht strafbar" Stellung. Abgesehen von den Erörterungen zur Putativnotwehr und dem letzten Satz geht der Kommentator nicht über den Normtext hinaus. Er erläutert nur den eingangs zitierten Ausdruck. Die Bezugnahme aus das PrStGB macht allenfalls nur Sinn, wenn aktuellere Lehrmeinungen und Entscheide zu dieser Frage fehlen.

15) Eine straflose Überschreitung der N. liegt beim Zutreffen eines der *N. 16* erwähnten Gründen vor, wenn der Täter „über die Grenzen der Verteidigung hinausgegangen ist". Nach der Ausführung in *N. 14* kann hiermit nur gemeint sein, daß der Täter in der zur Abwendung des Angriffs erforderlichen Verteidigung der Art oder dem Maße *(N. 11, 12)* nach hinausgegangen sein muss; demnach hat *Abs. 3* nur den sog. intensiven Exzeß im Auge, nicht aber den – in der vorzeitigen oder nachzeitigen Anwendung von Gewalt bestehenden – sog. extensiven Exzeß. *So: v. Bar 3 201f., Berner 112, Binding Hb. 1 752, Geyer HRl. „Notw.", Meyer-A. 187, Oetker aO. 289, Schütze 111, v. Wächter 180;* dementsprechend hat *Berlin 1. VI. 75 O. 16 409* verneint, dass eine Körperverltzg., die der Angegriffene dem Angreifer nach Aufgabe des Angriffs und Ergreifen der Flucht zufügte, als entschuldbarer Exzeß der Notwehr straflos sei. *AM. Hälschner 1 481, 484.*[113]

Hier geht es um die Erläuterung des Passus, wonach der Täter „über die Grenzen der Verteidigung hinausgegangen ist". Nur scheinbar erläutert der Kommentator den Normtext. In Wirklichkeit sind die Ausführungen zum extensiven und intensiven Notwehrexzess Kern dieses Untertitels, d. h., der Kommentator führt neue Begriffe und eine eigene Systematik ein. Dass nur der intensive Exzess gemeint sein kann, ergibt sich nicht aus dem Normtext, wo nur von den Grenzen der Notwehr die Rede ist. In jedem Fall ist der Verweis auf die Berliner Rechtsprechung hilfreich, weil sich daraus schließen lässt, dass nur der intensive Exzess gemeint ist. Der Kommentator führt acht Lehrmeinungen an, die seine Auffassung teilen, und nur eine Lehrmeinung, die eine andere Ansicht vertritt.

16) Der Exzeß ist nur dann straflos, wenn der Täter „in Bestürzung, Furcht oder Schrecken" – mag er es auch bewusstermaßen, also insofern dolos, getan haben *(so: RG. IV 2. XII. 90 E. 21 189, v. Bar 3 202, Meyer-A. 186 N. 37, Frank N. 11 vorl. Abs.; aM. Binding Hb. 1 753)* – über die Grenzen der Verteidigung hinausging; wenn auch das *PrStGB. § 41 (s. o. N. 1)* „aus Be-

---

113 Olshausen, § 53 N. 15).

stürzung u." statt „in" gebrauchte, so darf man doch aus dieser veränderten Wortfassung nicht die Folgerung ableiten, daß einer jener Geisteszustände bei der Überschreitung nur vorgelegen zu haben brauche, daß er sie aber nicht nachweislich verursacht haben müsse; nach den Motiven, die selbst der Präposition „aus" wiederholt sich bedienen, ist eine sachliche Abänderung gegenüber dem *PrStGB.* überhaupt nicht beabsichtigt; es scheint vielmehr jener Wechsel im Gebrauche der Präposition lediglich durch die *N. 14* bemerkte redaktionelle Änderung mitveranlaßt zu sein.[114]

Der Kommentator gibt den Normtext wieder und hält mit Verweis auf einen Entscheid und drei Lehrmeinungen fest, dass der Täter auch bewusstermaßen gehandelt haben kann, was sich nicht aus dem Normtext ergibt. Nur BINDING teilt diese Ansicht nicht. Er setzt sich sodann intensiv mit der Frage auseinander, ob die Änderung der Präposition („aus" zu „in") im Gegensatz zur alten Fassung im PrStGB auch zu einer inhaltlichen Änderung geführt hat und kommt unter Berücksichtigung der Motive zu dem Schluss, dass es nur eine redaktionelle Änderung war. Im Rahmen dieser Ausführungen wird auf N. 1 und auch N. 14 verwiesen. Die einleitenden Bemerkungen werden also „verwertet". Die Diskussion über die Präposition scheint letztlich nicht wichtig zu sein. Aufgrund der Schlussfolgerung kann aber Lehre und Rechtsprechung zum PrStGB berücksichtigt werden.

Der Kommentator analysiert an dieser Stelle den Gesetzestext aus sprachlicher Sicht. Zum wiederholten Mal verweist er auf das PrStGB, was den Schluss nahelegt, dass die Wissensbestände nicht gefiltert wurden. Die anderen Kommentierungen kommen ohne diese Verweise aus.

17) Die Aufzählung der Geisteszustände ist eine abgeschlossene, wie nicht nur aus dem Wortlaute und der ausdrücklichen Bemerkung der Motive, sondern namentl. auch aus der Entstehungsgeschichte *(N. 1 aE.)* sich ergibt; so die *GM., insbs. RG. II 8. II. 87 R. 9 120.* Soll ein Geisteszustand strafausschließend wirken, so muss er unter einen jener drei Zustände sich bringen lassen.[115]

Wieder wird auf die einleitenden Bemerkungen verwiesen, wonach die Generalklausel „oder andere ähnliche Geisteszustände" wieder fallen gelassen wurden. Auch die Motive und die „Geltende Meinung", die auch vom Reichsgericht vertreten wird, stützen die Auffassung. Der letzte Satz enthält die Folgerung und fasst das für die Anwendung der Norm Wichtigste zusammen.

---

114 Ebd., § 53 N. 16).
115 Ebd., § 53 N. 17).

Die Aussage wird hinreichend begründet und es wird eine klare Schlussfolgerung formuliert, sodass die Feinsteuerung funktioniert. Wieder werden die Motive und die Entstehungsgeschichte erwähnt.

18) Die Überschreitung der N. wird, unter den bezeichneten Voraussetzungen *(N. 15, 16)*, für „nicht strafbar" erklärt, womit hier, wie nicht zweifelhaft, lediglich bezeichnet wird, daß der Exzeß einen persönlichen Strafausschließungsgrund nur für den „Täter" bildet, der aus einem der angegebenen Gründe über die Grenzen der Verteidigung hinausgegangen ist; *RG. VI ZS. 27. VI. 88 EZS. 21 295.* Der Exzeß bleibt sonach eine „strafbare Handlung" i.w. S. *(T. I Abschn. 3 N. 6).*

Demnach sind auch die Teilnehmer an dem Exzeß, bei denen jener Strafausschließungsgrund nicht vorlag, strafbar; *Finger 1 392, v. Liszt 151 N 9, Meyer-A. 186 N. 38, Wachenfeld 120, Birkmeyer Teiln. 156, Schütze G. 21 166 N. 2, Galli GS. 67 374.*[116]

Zunächst erfolgt eine dogmatische Einordnung des „Exzesses" als „persönlicher Strafausschließungsgrund". Diese Einordnung findet sich auch in der Rechtsprechung und hilft dem Juristen bei der Anwendung. Im zweiten Absatz wird mit Verweis auf sieben Lehrmeinungen klargestellt, was die dogmatische Einordnung für allfällige „Teilnehmer" bedeutet.

Die Ausführungen an dieser Stelle sind verständlich und hinreichend abgestützt. Die Kommentierung bleibt vergangenheitsbezogen.

Zu § 53 Absatz 1–3. N. 19, 20.

19) Wegen Anwendung des § bei irrtümlicher Nichtkenntnis seiner Voraussetzungen *vgl. § 59 N. 24b*, wegen Straflosigkeit bei putativer Notwehr, und zwar sowohl bei vorsätzlichen als auch bei fahrlässigen Hdlgen *vgl. § 59 N. 25d$_{2,3}$*.

Wegen Anwendung des § i. F. eines fortgesetzten Delikts *vgl. das o. N. 3$_2$ zit. RMG. E. 7 283.*[117]

Dieser Abschnitt besteht nur aus Verweisen und macht deutlich, dass der Leser alle Antworten zu allfälligen Spezialfragen im Kommentar findet.

20) Wenn auch die Materie der Notwehr im *§ 53* geregelt ist, so sind doch die landesgesetzlichen Vorschriften, welche die Erstattung einer Anzeige über Verwundungen oder Tötungen bei Ausübung oder Überschreitung der N. bei Strafe vorschreiben *(vgl. Berner 114, Schütze 112)*, nicht für aufgehoben zu erachten, da diese die Straflosigkeit der N. oder ihres Exzeßes nicht

---

116 Ebd., § 53 N. 18).

117 Ebd., § 53 N. 19).

berühren so: *Meyer-A. 187 N. 44, Schwartz N. 6; aM.: v. Bar 3 213, Oetker VDA. 2 297.*[118]

Hier wird der Paragraf im Kontext betrachtet, wobei die Meinungen in der Lehre auseinandergehen. Es scheint keine vorherrschende oder „Geltende Meinung“ zu geben. Die Ausführungen sind für sich allein nicht verständlich. Der Leser muss den Verweisen nachgehen, um diese nachzuvollziehen.

Prozessuales. N. 21

21) Formell, d.h. i. S. der *StPO. §§ 262, 266,* enthält *§ 53,* sowohl in den von der N. handelnden *Abs. 1 u. 2* als auch in dem die Überschreitung betreffenden *Abs. 3,* einen „strafausschließenden Umstand“ *(N. 3 u. 18),* dagegen nicht einen strafaufhb. Umst. i.S. der *StPO. § 295*$_2$.

Die *N. 15–17 zum § 51* finden deshalb auch hier entsprechende Anwendung; vgl. insbs. *RG. IV 13. XI. 85 R. 7 664, ferner III 1. XII. 84 E. 11 277.*[119]

Diese Ausführungen belegen, dass der Kommentar für Praktiker geschrieben wurde, die den Unterschied zwischen einem „strafausschließenden“ und einem „strafaufhebenden Umstand“ kennen. Im zweiten Absatz verweist der Kommentator auf seine Kommentierung zur Unzurechnungsfähigkeit, weil diese auch ein strafausschließender Umstand ist. Zudem wird auf zwei Entscheide des Reichsgerichts verwiesen. Wieder muss der Leser den Verweisen nachgehen, wenn er die Ausführungen nachvollziehen möchte.

B) Überblick über die Kommentierung[120]

Der Kommentator führt an, auf welchen Absatz des Normtextes sich die einzelnen Untertitel beziehen und scheint sich, stärker als SCHWARTZ, am Normtext zu orientieren.

1) bezieht sich nicht auf den Normtext. Thema ist die Entstehungsgeschichte der Norm.

2) und 3) beziehen sich auf Absatz 1 des § 53. Unter 2) geht es darum, ob die Handlung bzw. Unterlassung durch die näher gekennzeichnete Verteidigung geboten war. Gemäß Normtext muss die Handlung durch Notwehr geboten sein, während der Kommentator ausführt, dass die Handlung durch die näher gekennzeichnete Verteidigung geboten sein muss. Insofern wird der Tatbestand anders formuliert und so der Gesetzestext renoviert. Unter 3) wird festgehalten, dass unter den Voraussetzungen von Absatz 1 überhaupt der Tatbestand einer

118 Ebd., § 53 N. 20).
119 Ebd., § 53 N. 21).
120 Ebd., § 53 N. 1) – 21).

strafbaren Handlung nicht vorliegt. Der Kommentator erläutert hier den Ausdruck „eine strafbare Handlung ist nicht vorhanden“.

4)–13) beziehen sich auf Absatz 2 der Norm. Der Kommentator beginnt mit der Erläuterung desjenigen Wortes, welches zuerst im Normtext vorkommt, nämlich der Notwehr (4)), und unterscheidet zwischen Stand und Ausübung der Notwehr. Ähnlich wie SCHWARTZ geht der Kommentator unter 5) zuerst auf den Angriff ein. Unter 6) erläutert er den rechtswidrigen Angriff. Unter 7) geht es darum, dass ein durch den Angegriffenen verschuldeter Angriff dessen Rechtswidrigkeit nicht beseitigt. Dieser Aspekt findet sich nicht im Normtext. Unter 8) wird erläutert, dass Notwehr ausgeschlossen ist, wenn der Angegriffene den Angriff von Rechtes wegen über sich ergehen lassen muss. Auch hier geht der Kommentator über den Normtext hinaus. Die Abschnitte 7) und 8) behandeln spezielle Probleme in Zusammenhang mit der Rechtswidrigkeit, weshalb sie thematisch eigentlich zu 6) gehören. Unter 9) geht es um die Gegenwärtigkeit des Angriffs. Dieser Abschnitt wird weiter unterteilt. Unter a) wird die zeitliche Beziehung abgehandelt. a) wird wiederum aufgespalten in α) (er muss begonnen haben) und ß) (er darf noch nicht beendigt sein). Unter b) geht es um die räumliche Beziehung. Die Struktur gleicht jener von SCHWARTZ. Dieser hat vermutlich den Aufbau aus der Vorauflage von OLSHAUSEN übernommen.[121] Der Begriff der Gegenwärtigkeit wird präzisiert, indem er aufgebrochen wird. Der Kommentator systematisiert. Unter 10) geht es um den Passus „von sich oder einem anderen abzuwenden“. An dieser Stelle erläutert der Kommentator den Normtext. 11) behandelt diejenige Verteidigung, welche erforderlich ist, um einen Angriff der erwähnten Art abzuwehren. Anders als SCHWARTZ geht der Kommentator hier explizit auf die Verteidigung ein. Ein solches Vorgehen ist plausibel. Wenn der Angriff genauer umschrieben wird, dann macht es auch Sinn, genauer auf die Verteidigung einzugehen. Unter 12) geht es um die Erforderlichkeit der Verteidigung, namentlich deren Art und Maß. Der Kommentator macht hier weitere Unterabschnitte. a) handelt von der Körperverletzung bzw. Tötung des Angreifenden, b) von der Vernichtung des Angriffsmittels und bei c) geht es um die Veranstaltung von Vorbeugungs- und Schutzmaßregeln. Unter d) schließlich wird der Gegenangriff erläutert. Die Bildung von verschiedenen Fallgruppen ist sinnvoll, denn der Jurist möchte konkret wissen, welche Verteidigung zulässig ist und welche nicht. Der Normtext wird weitergedacht. 11) und 12) befinden sich auf unterschiedlichen Ebenen. Die Ausführungen zu 12) lassen sich 11) unterordnen. Der Kommentator schließt seine Ausführungen zu Absatz 2 mit der Unerheb-

---

121 Die Vorauflage des Kommentars von OLSHAUSEN ist vor dem Kommentar von SCHWARTZ erschienen.

lichkeit von allfälligen Motiven des Angegriffenen (13). Dieser Aspekt findet sich nicht im Normtext und es gilt das Gleiche, was zu SCHWARTZ gesagt wurde. Die Ausführungen sind überflüssig, weil die fehlende Bezugnahme auf ein Motiv im Normtext bedeutet, dass es auf Motive im Allgemeinen nicht ankommen kann.

In den Untertiteln 14)–18) wird Absatz 3 der Norm kommentiert. Unter 14) geht es um die „nicht strafbare Überschreitung der Notwehr". Hier erläutert der Kommentator den Normtext. 15) erklärt, was „über die Grenzen der Verteidigung hinausgegangen ist" bedeutet. Hier werden die Begriffe extensiver und intensiver Exzess eingeführt, aber nicht erläutert. Es handelt sich um dogmatische Begriffe. Anders als bei SCHWARTZ werden diese Begriffe aber dem Normtext untergeordnet. 16) thematisiert das Handeln in „Bestürzung, Furcht oder Schrecken". Auch hier orientiert sich der Kommentator am Normtext. In 17) wird festgehalten, dass die Aufzählung der Geisteszustände abgeschlossen ist. Unter 18) kategorisiert der Kommentator den Exzess als persönlichen Strafausschließungsgrund für den Täter. Aus dieser Zuordnung ergeben sich bestimmte Konsequenzen, die der Jurist kennt. Der Kommentator geht über den Normtext hinaus.

Die Kommentierung endet mit den Untertiteln 19)–21), die sich auf alle Absätze beziehen.

In 19) geht es um den Irrtum. 20) handelt von den landesgesetzlichen Vorschriften und kontextualisiert die Norm. In Untertitel 21) wird schließlich festgehalten, dass es in den Absätzen 1, 2 und 3 um strafausschließende Umstände geht. Es geht also um die Rechtsnatur der Notwehr. An dieser Stelle systematisiert der Kommentator.

Anders als SCHWARTZ beginnt der Kommentator mit Ausführungen zur Entstehungsgeschichte. In der Folge wird immer schriftlich festgehalten, auf welche Absätze sich die Abschnitte beziehen. Der Bezug auf den Normtext wird so verstärkt. Der Kommentator beschränkt sich nicht auf bloße Erläuterungen, sondern denkt den Text weiter und systematisiert. Die Abschnitte zu Absatz 2 bilden den Kern der Kommentierung. Wie bei SCHWARTZ scheint die Definition des Angriffs zentral zu sein. Die Verteidigung wird aber hier auch erläutert. 19)–21) beziehen sich nicht auf den Normtext, enthalten aber für den Praktiker nützliche Informationen.

C) Zusammenfassung der Erkenntnisse

Der Kommentator zitiert Literatur und Materialien, die zwischen 1851 (Materialien zum PrStGB) und 1915 erschienen sind. Es werden Kommentare, Lehrbücher, Monografien, Zeitschriftenartikel und Vorlesungsunterlagen zitiert (vgl. Tab. 7). In dieser Kommentierung wird lediglich auf die hier analysierten Kommentare von

Frank und Schwartz verwiesen. Andere Kommentare, obwohl in der Literaturliste zu Beginn des ersten Bandes erwähnt, werden nicht zitiert.[122]

In der Kommentierung wird nicht zwischen den verschiedenen Textgattungen unterschieden. Die Werke sind gleichwertig. Die Gerichtsentscheide stehen auf der gleichen Stufe wie die Literatur. In der Regel folgt der Kommentator der Meinung des Reichsgerichts (vgl. Tab. 8).

Tabelle 7: Notwehr – Literatur bei Olshausen

	Anzahl in Kommentierung
Kommentare	2
Lehrbücher und Vorlesungsunterlagen	19
Monografien	7
Zeitschriftenartikel	7
Andere	1[123]

Tabelle 8: Notwehr – Rechtsprechung bei Olshausen

	Reichsgericht	**Reichsmilitärgericht**	**Untere Instanzen**
Anzahl zit. Entscheide	37	14	8[124]
Zustimmung	35	14	7
Ablehnung	2	0	1
Erläuterungen	11	0	0

Der Kommentator stützt seine Argumente häufig auf Literatur. In über 50 % der Fälle verweist er zumindest auf einen Entscheid (vgl. Tab. 9). An neun Stellen in der Kommentierung wird nur auf einen Autor oder einen Entscheid verwiesen.

122 Vgl. dazu Olshausen, S. XI; im Rahmen dieser Arbeit wurden die Frankschen Kommentierungen dem zweiten ergänzten Druck der Auflagen 11–14 von 1919 entnommen.

123 Vergleichende Darstellung des deutschen und ausländischen Strafrechts, Vorarbeiten zur Deutschen Strafrechtsreform (als ein Werk, Beiträge von Oetker und Nagler werden zitiert).

124 Mehrheitlich aus Berlin und München, eine Entscheidung aus Dresden.

Tabelle 9: Notwehr – Begründung bei OLSHAUSEN

	Anzahl Stellen
Nur Literatur	31
Nur Rechtsprechung	26
Literatur und Rechtsprechung	11
Total	68

Der Kommentator schließt sich in der Regel der Mehrheitsmeinung an oder zitiert Befürworter seiner Meinung (vgl. Tab. 11). Er arbeitet auch mit dem Begriff der „Geltenden Meinung" (vgl. Tab. 12). Zwei Mal stellt er diese der anderen Meinung gegenüber und es bleibt offen, wie viele Autoren die „Geltende Meinung" vertreten. Es gilt das bereits zur Kommentierung von SCHWARTZ Gesagte: In der Regel führt der Kommentator Argumente ins Feld, wenn er die Gegenmeinung kritisieren möchte. Ansonsten steht häufig nicht die Begründung einer Meinung im Vordergrund, sondern deren Präsentation. Der Kommentator verwendet also String-Zitate, um die Argumentation zu verkürzen.

Tabelle 10: Notwehr – Meinungsvielfalt bei OLSHAUSEN

	Zwei Meinungen	**Drei Meinungen**
Anzahl Stellen[125]	11	2

Tabelle 11: Notwehr – Mengenverhältnisse bei OLSHAUSEN

Anzahl Stellen[126]	7	0	2
Meinung Kommentator	mehr Autoren	gleich	weniger Autoren

125 Die vom Autor nicht vertretene Meinung wird siebenmal nur genannt. Sechsmal wird auf die andere Meinung eingegangen bzw. erfolgt eine Auseinandersetzung mit diesen. Dreimal wird die eigene Meinung begründet.

126 In vier Fällen bleibt das Verhältnis aufgrund der Formulierung offen, daher ein Total von 9 und nicht von 13. Grundlage ist hier die Darstellung des Kommentators, wonach sich dieser in der Regel der Mehrheitsmeinung anschließt. Es kann nicht überprüft werden, ob die Verhältnisse tatsächlich stimmen.

Tabelle 11: Notwehr – Mengenverhältnisse bei OLSHAUSEN *(Fortsetzung)*

Anzahl Stellen[126]	7	0	2
Andere Meinung	weniger Autoren	gleich	mehr Autoren

Tabelle 12: Notwehr – Argumentationsfiguren bei OLSHAUSEN

	Geltende Meinung	Überwiegende Meinung
Anzahl Stellen	8[127]	1[128]

An dreizehn Stellen in der Kommentierung arbeitet der Kommentator mit Beispielen. Der Lesefluss wird durch viele Verweise und Zitate unterbrochen (vgl. Tab. 13). Die Kommentierung scheint nicht abgeschlossen zu sein, da für das Verständnis andere Stellen im Kommentar konsultiert werden müssen.

Tabelle 13: Notwehr – Verweise und Zitate bei OLSHAUSEN

	Wörtliche Zitate	Stellen Komm.	Normen RStGB	Normen PrStGB	Andere Normen	Total
Anzahl Stellen	8	51	12	5	11	87

Die Struktur der Kommentierung orientiert sich am Normtext. Der Kommentator bildet mehr Titel als SCHWARTZ, wobei er aber meistens auf weitere Subtitel verzichtet. Einige der Titel sind jedoch vom Inhalt her eher Subtitel als Titel. Die behandelten Probleme werden zum Teil an verschiedenen Stellen der Kommentierung behandelt. Das zwingt auch den eiligen Leser fast die gesamte Kommentierung durchzugehen und ist nicht anwenderfreundlich. Wahrscheinlich wurden über die Jahre Textteile ergänzt. Zudem enthält die Kommentierung allgemein zahlreiche Verweise und die langen Ketten von zitierten Lehrmeinungen sowie die vielen eingeschobenen Nebensätze sind nicht leserfreundlich.

Der Leser bekommt den Eindruck, dass die gesamte Lehre und Rechtsprechung berücksichtigt wurde. Es werden Werke aller Literaturgattungen zitiert, erstaunlicherweise hat aber der Kommentator weniger Kommentare als SCHWARTZ konsul-

---

127 Viermal wird insbesondere auf Entscheide des Reichsgerichts verwiesen, d. h., in den erwähnten Entscheiden wird die „Geltende Meinung“ vertreten.
128 Die Meinung wird an dieser Stelle kritisiert.

tiert bzw. er hat die alten Kommentare aussortiert. Auch bei OLSHAUSEN steht die Präsentation und nicht die Begründung der Meinungen im Vordergrund. Die „Geltende Meinung" wird häufiger erwähnt als bei SCHWARTZ und scheint auch die vom Reichsgericht vertretene Meinung zu sein. Zumindest werden in 50% der Fälle Entscheide des Reichsgerichts angeführt („insbesondere").

Zusammenfassend kann gesagt werden, dass es sich um eine organisch gewachsene Kommentierung handelt, die aufgrund dessen zum Teil schwer zu lesen ist. Jedoch kann davon ausgegangen werden, dass wohl die gesamte Lehre und Rechtsprechung berücksichtigt wurde, wobei die Rechtsprechung prima vista keine besondere Autorität hat, der Kommentator aber fast immer der Rechtsprechung folgt und auch die „Geltende Meinung" sich mit der in der Rechtsprechung vertretenen Auffassung zu decken scheint.

3 Kommentar FRANK

A) Analyse der Kommentierung

I. Notwehrstand ist ein Zustand der Gefahr für ein eigenes oder für ein fremdes Interesse (Rechtsgut), hervorgerufen durch einen gegenwärtigen rechtswidrigen Angriff.[129]

Der Kommentator beginnt die Kommentierung, indem er aus Begriffen, die nicht im Normtext stehen, und Begriffen, die er dem Normtext entnimmt, einen neuen Satz konstruiert. Thema ist nicht die Notwehr, sondern zunächst nur der „Notwehrstand" als „ein Zustand der Gefahr". Anstatt die Formulierung aus dem Normtext „von sich oder einem anderen" zu übernehmen, redet er von „einem eigenen" und „einem fremden Interesse" (oder „Rechtsgut"). Der letzte Teil des Satzes lehnt sich stark am Normtext an, indem vom Hervorrufen durch einen „gegenwärtigen rechtswidrigen Angriff" die Rede ist.

Anhand dieser Einleitung kann schön nachvollzogen werden, wie der Kommentator den Normtext renoviert. Er spaltet den Begriff der Notwehr auf in Notwehrstand als einen statischen Aspekt des Begriffs und Notwehrhandlung als einen dynamischen Aspekt des Begriffs (Letzteres unter II.). Um den Notwehrstand zu erläutern, verwendet er Begriffe aus dem Normtext. Es geht nicht mehr um Gefahr für Personen, sondern das juristische Verständnis von Person wird zugrunde legt. Die Person wird als Trägerin von Rechtsgütern bzw. Interessen definiert, d.h., präzise strafrechtlich ausgedrückt geht es nicht um einen Angriff auf eine Person, sondern um einen Angriff auf deren Rechtsgüter. Der Kommentator systematisiert und nimmt so die Feinsteuerung vor. Er schreibt quasi seinen eigenen Normtext, der juristisch präziser und differenzierter sein soll.

---

129 FRANK, § 53 N. I.

Angriff ist eine Handlung, die (wenn auch nur tatsächlich) darauf gerichtet ist, einen bestehenden Zustand durch Verletzung eines Rechtsgutes zu verändern. Die Aufrechterhaltung eines rechtswidrigen Zustandes (z. B. der Mieter zieht nicht rechtzeitig aus, der Schuldner zahlt nicht) ist nicht Angriff. *E 19 298.* Die Frage, ob einer solchen Aufrechterhaltung in strafloser Weise entgegengetreten werden kann, ist keine Frage der Notwehr, sondern im wesentlichen nach dem Gesichtspunkte der Selbsthilfe zu beantworten. *Vergl. Vorbem. III. zu §§ 52 bis 54. Übereinstimmend u. a. Olsh. 5, Schollmeyer, Das Recht der Notwehr (1899) 5, Schleifenbaum, Begriff und Bedeutung des gegenwärt. rechtswidr. Angriffs (1904) 45 (Unterlassung sei kein Angriff), A. Baumgarten, Notstand u. Notwehr (1911) 119 ff. S. aber Kitzinger, D. Verhinderung strafbarer Handlungen (1913) 88 ff.* Wegen der Dauerdelikte *s. u. I. 1 a. E.*[130]

Nach dem Einleitungssatz geht der Kommentator zunächst auf den „Angriff" ein. Er erläutert also einen Begriff, der im Normtext steht, und zwingt den Leser so in eine zentrierte Rechtslandschaft. Zunächst kategorisiert er den „Angriff" als eine „Handlung". Danach umschreibt er den Zweck des Angriffs. In der Folge erklärt der Kommentator, was nicht als „Angriff" gilt, und macht auch Beispiele. An dieser Stelle wird erstmals eine Gerichtsentscheidung zitiert. Wie auf Situationen, die keine Angriffe sind, zu reagieren ist, soll nach den Gesichtspunkten der Selbsthilfe beantwortet werden, so der Kommentator. Ähnlich wie SCHWARTZ wird hier auf eine dogmatische Rechtsfigur verwiesen, wobei es aber beim Verweis bleibt und auf weitere Ausführungen verzichtet wird. Als Belege werden eigene Ausführungen, die Vorauflage des hier analysierten Kommentars von OLSHAUSEN von 1912 und diverse Monografien angeführt. Anders als bei SCHWARTZ und OLSHAUSEN stehen alle Angaben zu den Monografien in der Kommentierung. Nur die Grundlagenwerke werden im Verzeichnis der Abkürzungen auf S. VII aufgeführt. Am Schluss wird betreffend Dauerdelikte auf eine andere Stelle in der Kommentierung verwiesen.

Die Feinsteuerung funktioniert, indem der Kommentator den Angriff zunächst als eine Handlung definiert, das Ziel dieser Handlung aufzeigt und auch negativ festhält, was nicht Angriff ist. Es fällt auf, dass nicht Standardwerke zum Strafrecht im Allgemeinen zitiert werden, sondern Monografien zur Notwehr und zum Notstand. Schließlich wird auch deutlich, dass der Kommentator alle Fragen beantworten will und deshalb auch auf sich selbst verweist.

Zur Natur des Angriffs gehört, daß er von einem belebten Wesen ausgeht. Eine Gefährdung durch ein unbelebtes Wesen begründet Notstand

130 Ebd., § 53 N. I.

und beurteilt sich nach *§ 54 und BGB §§ 228. 904. Bindung, Grundriß 191* will auf eine solche Gefährdung die vorliegende Stelle analog anwenden. Nach *Tobler, Die Grenzgebiete zwischen Notwehr und Notstand (1894) 63, Löffler ZStW 21 564 und v. Bar, Ges. u. Schuld 3 136* ist sie sogar direkt anwendbar.[131]

Wie SCHWARTZ und OLSHAUSEN nimmt auch FRANK Stellung zu der Frage, ob der Angriff von einem belebten oder unbelebten Wesen[132] ausgehen kann. Im Gegensatz zu diesen fasst er sich aber kurz, d. h., er hat erkannt, dass diese Frage für die Kommentierung der Notwehr nicht von herausragender Bedeutung ist. Er verweist sodann auf die Regelungen zum Notstand im RStGB und im BGB und schließt damit die Präsentation seiner Meinung ab. Daran anschließend geht er kurz auf Gegenmeinungen[133] ein. Er verzichtet auf die Begründung seiner Meinung und verarbeitet weniger Literatur als SCHWARTZ und OLSHAUSEN.

– Gleichgültig ist, gegen welches Interesse (Rechtsgut) sich der Angriff wendet. „Jedes Gut ist wehrfähig". Daher ist die Notwehrhandlung nicht nur bei Angriff gegen Leib und Leben, sondern auch bei Angriff gegen die Ehre *(E. 21 168, RG in DJZ 14 716, RMG 6 223)* oder das Vermögen usw. gestattet. Das Gleiche gilt bei Angriff gegen das sittliche und religiöse Gefühl. *Vergl. Kohler GerS 47 57, Neumond GerS 56 46ff. (Zur Vermeidung von Übertreibungen will Oetker, Vergl. Darst. A 2 294ff. von der Notwehr die Unfugabwehr unterscheiden).*[134]

Nach der Feststellung, dass jedes Rechtsgut notwehrfähig ist, werden Beispiele genannt. Diese stammen aus zwei Entscheidungen des Reichsgerichts (eine erschienen in der Deutschen Juristen Zeitung) und einer Entscheidung des Reichsmilitärgerichts. Zum Angriff auf „das sittliche und religiöse Gefühl" zitiert der Kommentator zwei Aufsätze aus der Zeitschrift „Gerichtssaal"[135]. Schließlich verweist er noch auf die Vergleichende Darstellung von OETKER. Es ist fraglich, ob dieser letzte Hinweis wirklich nötig ist, zumal offenbleibt, was mit „Unfugabwehr" gemeint ist.

Die Ausführungen sind, insbesondere aufgrund der Beispiele, verständlich und lassen keine Fragen offen. Wieder fällt die eigenwillige Literaturauswahl auf.

---

131 Ebd., § 53 N. I.

132 Es ist nicht klar, was der Unterschied zwischen einem belebten und unbelebten Wesen ist, da der Begriff Wesen Leben impliziert.

133 Genannt werden BINDINGS Grundriß von 1907, eine Monografie von TOBLER, ein Aufsatz von LÖFFLER von 1901 und ein Werk von v. BAR (1906–1909).

134 FRANK, § 53 N. I.

135 Abkürzung gemäß Angabe auf S. VIII.

Unerheblich ist es endlich, ob sich der Angriff gegen ein Rechtsgut des Verteidigers selbst oder gegen das einer dritten Person wendet. In dem letzteren Fall bezeichnet man die Notwehrhandlung als Nothilfe. Diese ist zweifellos auch im Interesse des Staates zulässig. Doch nimmt die herrschende Lehre an, daß sie nicht schlechthin zur Verhinderung strafbarer Handlungen geleistet werden dürfe. S. darüber *Binding 1 737 und v. Alberti, Eigenmächtige Unrechtshemmung (1904)*. Die Frage ist bes. wichtig wegen *§ 240*.[136]

Offensichtlich wird hier zum Passus „von sich oder einem anderen" Stellung genommen. Der Begriff der „Nothilfe" wird neu eingeführt. Besonders wichtig scheinen die Präzisierungen betreffend „Staat", weil der Leser nach der Lektüre des Normtextes nicht an den „Staat" als „anderen" denkt. Interessant ist, dass der Kommentator den Begriff „herrschende Lehre" verwendet und exemplarisch auf zwei Lehrmeinungen[137] verweist. Die anderen beiden Kommentatoren sprechen nur von der „Geltenden Lehre". Wieder werden vergleichweise wenige Autoren genannt. Die Monografie von v. ALBERTI wird weder von SCHWARTZ noch von OLSHAUSEN zitiert. Schließlich verweist der Kommentator auf die Strafnorm, in der die Nötigung geregelt ist, geht aber nicht näher auf den Zusammenhang ein.

In jedem Fall muss der Angriff sein:

1. ein gegenwärtiger. Gegenwärtig ist der Angriff, sobald er ausgeführt wird oder unmittelbar bevorsteht. Letzteres genügt deshalb, weil auch hierbei die Gefahr eine gegenwärtige ist und der Zeitpunkt der zulässigen Abwehr nicht ungünstiger bestimmt werden kann als bei den *§§ 52. 54*. Der Angegriffene braucht also mit seiner Abwehr nicht zu warten, bis ihm eine Verletzung zugefügt ist. Der begonnene, schon in einer Verletzung übergegangene Angriff bleibt so lange gegenwärtig, als die Zufügung einer neuen oder die Vergrößerung der bereits eingetretenen Verletzung durch das Verhalten des Angreifers unmittelbar bevorsteht. Danach bestimmen sich die Grenzen des gegenwärtigen Angriffs gegenüber dem abgeschlossenen und dem erst in der Zukunft drohenden. Nicht maßgebend ist der Augenblick der formellen Vollendung des Delikts, um so weniger als der Angriff überhaupt nicht strafbar zu sein braucht. Ebenso die meisten, s. *bes. v. Bar a.a.O. 3 151; a.M. anscheinend v. Liszt § 33*. Schon unter dem Gesichtspunkt der Notwehr ist es daher gestattet, dem flüchtigen Dieb die Sache gewaltsam wieder abzunehmen. *Vergl. Außerdem BGB §§ 229. 859*. Bei den Dauerdelikten (z.B. Freiheitsberaubung) erkennt das Gesetz schon

136 FRANK, § 53 N. I.

137 Erstmals wird BINDINGS Handbuch des Strafrechts von 1895 zitiert.

formell an, daß der Angriff solange dauert wie die Aufrechterhaltung des rechtswidrigen Zustandes. – Ungenau ist es, wenn man (wie es häufig geschieht) nur einen solchen Angriff als gegenwärtig bezeichnet, bei dem die Verletzung unmittelbar bevorsteht. Es kommt vielmehr nur darauf an, daß die Handlung unmittelbar bevorsteht, welche die Gefahr der Verletzung zur Folge hat. Sehe ich z.B., wie Wegelagerer nachts ein Drahtseil über die Landstraße spannen, um die Insassen eines erst bei Tage zu erwartenden Automobils zu verletzen, so befinde ich mich ihnen schon jetzt gegenüber in Notwehr (Nothilfe). Allerdings wird die Art und Weise der erlaubten Notwehrhandlung immer von der Nähe der Verletzung abhängen.[138]

Es fällt auf, dass der Kommentator, anders als SCHWARTZ und OLSHAUSEN, nur die zeitliche Dimension der Gegenwärtigkeit behandelt.

Zunächst geht es um den Beginn des Angriffs. Der Kommentator präsentiert hier zwei Fälle und geht davon aus, dass der letztgenannte Fall („der Angriff steht unmittelbar bevor") nicht nachvollziehbar ist, weshalb er eine Begründung dazu liefert. Diese Begründung verweist auf die §§ 52 (Nötigung zu einer Straftat) und 54 (Notstand). Vermutlich muss, um Widersprüche zu diesen Regelungen zu vermeiden, der Beginn des gegenwärtigen Angriffs nicht ungünstiger definiert werden. Aus den Ausführungen zum Beginn zieht der Kommentator den Schluss, dass „der Angegriffene" mit seiner Abwehr nicht bis zur Zufügung einer „Verletzung" warten muss. Dieser Satz ist sehr konkret und erleichtert es dem Leser nachzuvollziehen, ab wann die Abwehr zulässig ist. Nichtsdestotrotz offenbart sich auch bei der Analyse dieser Kommentierung, dass die Bestimmung des Angriffbeginns schwierig ist. Im nächsten Satz geht es um die Dauer des gegenwärtigen Angriffs. Hier versucht der Kommentator mit einem abstrakten Satz zu definieren, wann noch ein gegenwärtiger Angriff vorliegt. Das gelingt ihm nicht vollkommen. In der Folge zählt der Kommentator zwei weitere Arten des Angriffs auf, von denen der gegenwärtige Angriff abzugrenzen ist. Weiter stellt er einen Zusammenhang zur Deliktsvollendung her, die nicht auch die Vollendung des Angriffs bedeutet. Diese Überlegung nimmt er zum Anlass, um festzuhalten, dass der Angriff nicht ein Delikt zu sein braucht. Für den Juristen sind diese Ausführungen sehr wertvoll, weil sie das Spektrum möglicher Angriffshandlungen erweitern. Diese Ausführungen stützt der Autor auf „die meisten", von denen er aber nur einen Autor zitiert. Zudem verweist er auf eine Gegenmeinung. Daran anschließend folgen endlich ein Beispiel und der Verweis auf Normen des BGB, welche ähnliche Probleme regeln. Zu den „Dauerdelikten" formuliert der Kommentator einen abstrakten Satz. Schließlich präzisiert er nochmals die Gegen-

138 FRANK, § 53 N. I. Ziff. 1.

wärtigkeit. Am Schluss macht er ein Beispiel, was zu einem Erkenntnisgewinn führt, und einen Hinweis auf die Relevanz der Nähe der Verletzung, was einem Juristen die Beurteilung erleichtert, ob ein gegenwärtiger Angriff vorliegt oder nicht.

– Der Angriff muss ferner sein

2. ein rechtswidriger. Dieser Begriff ist sehr bestritten. Im wesentlichen stehen sich folgende Ansichten gegenüber:[139]

Der Kommentator wiederholt an dieser Stelle den Normtext, wo vom „rechtswidrigen Angriff" die Rede ist. So zwingt er den Leser in eine zentrierte Rechtslandschaft. Zudem zeigt er auf, dass Uneinigkeit über die Bedeutung dieses Begriffs besteht und er auf die verschiedenen Ansichten eingehen möchte. Er bereitet den Leser schon auf eine Auseinandersetzung mit verschiedenen Lehrmeinungen vor, die aber, anders als bei OLSHAUSEN, viel strukturierter erfolgt. Schon die Formatierung des Textes ist viel übersichtlicher.

a) Rechtswidrig ist ein verbotener Angriff. Er kann demnach nur von einem Menschen ausgehen, weil sich die Verbote des Rechts nur an Menschen wenden. Diese Meinung wird in zwei Varianten vertreten.[140]

Über das Verbot kommt der Kommentator zum Schluss, dass ein rechtswidriger Angriff „nur von einem Menschen ausgehen" kann. Es gelingt ihm in drei kurzen Sätze, die Meinung zu präsentieren und auch zu begründen.

α) Nach der ersten muss die Rechtswidrigkeit gleichzeitig eine subjektive, d. h. schuldhafte sein. *So Hälschner 1 479 ff., v. Ferneck, Die Rechtswidrigkeit (1905) 2 122 ff., Kohler, Leitf. 48.*[141]

Die Meinung wird nur präsentiert und nicht näher begründet. Der Satz ist kurz, präzise und aussagekräftig. Angeführt werden drei Autoren[142], welche diese Ansicht vertreten.

β) Die zweite erklärt objektive Rechtswidrigkeit für ausreichend und lässt dem gemäß auch Notwehr gegen schuldlose Angreifer zu. *So v. Liszt § 33, Merkel-Liepm. 184, Schollmeyer a.a.O. 9, Finger 1 387/8, Auer, Der strafrechtl. Notstand (1903) 6, Schleifenbaum a.a.O. bes. 27 ff. (bei diesem auch Literaturangaben über den Begriff der objektiven Rechtswidrigkeit a.a.O. 103 ff.; s. aber außerdem Beling, L. v. B. 139 ff., Bierling, Jurist. Prinzipienlehre 3 14. 170 ff. 300 ff., Zitelmann ArchZivPrax. 99 9 ff.) A. Baumgarten.*

---

139 Ebd., § 53 N. I. Ziff. 2.

140 Ebd., § 53 Ziff. I. 2 lit. a).

141 Ebd., § 53 N. I. Ziff. 2 lit. a) α).

142 Folgende Werke werden erstmals zitiert: HÄLSCHNER, Das gemeine deutsche Strafrecht, 1881/87; KOHLER, Leitfaden des deutschen Strafrechts, 1912.

Außer *Schollenmeyer 19* gestatten die Vertreter dieser Ansicht Notwehr gegen Angriffe Unzurechnungsfähiger.[143]

Auch diese Meinung wird nur präsentiert und nicht begründet. Es entsteht der Eindruck, dass diese Auffassung von der Mehrheit vertreten wird, da zehn Autoren genannt werden. Außerdem fällt auf, dass an dieser Stelle auf viele Grundlagenwerke[144] verwiesen wird. Auch die an dieser Stelle formulierten Sätze sind sehr gut verständlich. Es wird zudem noch erwähnt, gegen welche Angreifer Notwehr zulässig sein soll. So gelingt die Feinsteuerung.

b) Rechtswidrig ist ein solcher Angriff, zu dessen Duldung der Angegriffene nicht verpflichtet ist. Von diesem Standpunkte aus gelangt man dazu, nicht nur den von einem schuldhaften Menschen, sondern auch den von einem Tier ausgehenden Angriff als rechtswidrig zu bezeichnen. *So Binding 1 740, ders. GerS. 76 25, Oetker, Über Notwehr und Notstand (1903) 23, ders. i. d. Vergl. Darst. A 2 263ff., v. Bar a.a.O. 153, Olsh. 6.*[145]

Im ersten Satz findet sich die gleiche Formulierung wie in den anderen zwei Kommentierungen. Der darauffolgende Satz leitet sich aus dem ersten Satz ab. Die hier angegebenen Autoren werden auch von SCHWARTZ und OLSHAUSEN zitiert.

Beachtet man, daß es bei der Regelung der Notwehr in erster Linie darauf ankommt, die Strafbarkeit dessen zu verneinen, der sich gegen einen ihn in seiner Rechtsstellung gefährdenden Angriff wehrt, so hat man die letztere Ansicht als die richtige anzusehen. Man kann ihr nicht entgegenhalten, daß sie zu einem Zirkel führe. Denn indem das Gesetz sagt, daß sich der rechtswidrig Angegriffene gegen den Angriff verteidigen darf, gewährt es ihm das Recht der Selbstverteidigung anstatt der Vertröstung auf den Rechtsweg.[146]

An dieser Stelle nimmt der Kommentator Stellung zu den oben skizzierten Meinungen zur Rechtswidrigkeit und spricht sich für die unter b) erläuterte Ansicht aus. Er begründet seine Meinung, indem er auf den Zweck der Notwehrbestimmung Bezug nimmt und auch ein allfälliges Gegenargument entkräftet.

Hier offenbart sich, dass der Kommentator praktisch denkt. Denn der Jurist wird dann Notwehr prüfen, wenn er gegen die Strafbarkeit seines Mandanten argumentieren will. Zudem ersetzt er den Begriff Notwehr mit dem Begriff der Selbstverteidigung und wird so konkreter.

---

143 FRANK, § 53 N. I. Ziff. 2 lit. a) β).

144 V. LISZT, Lehrbuch des Deutschen Strafrechts, 1914; MERKEL, herausgegeben von LIEPMANN, Die Lehre von Verbrechen und Strafe. Auf der Grundlage des Lehrbuchs des Strafrechts, 1912; FINGER, Lehrbuch des deutschen Strafrechts, 1904; BELING, Die Lehre vom Verbrechen, 1906.

145 FRANK, § 53 N. I. Ziff. 2 lit. b).

146 Ebd., § 53 N. I.

– Bei einem Tierangriff kann der Gesichtspunkt des Notstandes im Sinne des *§ 54* schon deshalb nicht genügen, weil diese Stelle nur bei Gefährdung von Leib und Leben zutrifft. Neuerdings schließen die meisten die Notwehr gegen Tiere unter Berufung darauf aus, daß das *BGB § 228* gegenüber einem Tier nur Notstandshandlungen kenne. *So v. Liszt § 33, E 34 295. 36 230 (236). Vergl. auch Titze, Die Notstandsrechte (1897) 82, Bigelius, Über Notwehr gegen Tiere (1899); Meyer-Allf. 183.* Indessen fragt es sich zunächst, ob das *BGB* in diesem Sinne auszulegen ist *(dagegen Cosack § 73, Löffler und Oetker)*, und sodann ist es nicht ersichtlich, wieso das *BGB* die Auslegung des *StGB's* in dieser Beziehung beeinflussen soll. *Ebenso Binding, Grundriss 190 und bes. Oetker, Vergl. Darst. A 2 264ff.* Obwohl das *BGB* der Notstandshandlung einen größeren Spielraum gewährt als das *StGB*, ist die Frage doch namentlich von praktischer Bedeutung, weil nur beim Notstand eine Interessenabwägung stattfindet. – Das *RG* hat *E 27 44* Notwehr gegen Unzurechnungsfähige bejaht, steht also wohl auf dem oben unter *2 a β* dargelegten Standpunkt.[147]

An dieser Stelle geht der Kommentator auf den „Tierangriff" ein. Er nennt zunächst einen Unterschied zwischen Notstand und Notwehr und verweist auf Lehrmeinungen, welche die „Notwehr gegen Tiere" unter Berufung auf das BGB ausschließen. Es werden zwei Lehrbücher[148], zwei Entscheidungen des Reichsgerichts und zwei Monografien angeführt. Sodann stellt er mit Verweis auf drei Lehrmeinungen infrage, ob das BGB in diesem Sinn auszulegen sei und fragt sich, warum das BGB die Auslegung des StGB in dieser Beziehung beeinflussen solle. BINDING und OETKER vertreten die gleiche Meinung. Schließlich erklärt der Kommentator, warum die Frage von praktischer Bedeutung sei, und verweist im letzten Satz auf einen Entscheid des Reichsgerichts, in dem „Notwehr gegen Unzurechnungsfähige" bejaht wurde.

Bestimmte Meinungen werden nur hinterfragt, es erfolgt aber keine abschließende Beantwortung der Fragen. Wieder wird auf Monografien verwiesen, die bei SCHWARTZ und OLSHAUSEN nicht erwähnt werden. Auffallend ist auch, dass am Schluss die Meinung des Reichsgerichts präsentiert und eingeordnet wird.

Aus der hier vertretenen Ansicht ergibt sich namentlich, daß Notwehr auch statthaft sein kann, obwohl der Angreifer zufolge bindenden Befehls zum Angriff verpflichtet war. Denn daraus, daß etwa der militärische Vorgesetze dem Untergebenen bindend befehlen kann, Nahrungs- und Ge-

---

147 FRANK, § 53 N. I.

148 Erstmals zitiert: MEYER-ALLFELLD, Lehrbuch des deutschen Strafrechts, 1912.

nußmittel zu entwenden *(§ 370 Nr. 5)* folgt noch nicht, dass sich der Eigentümer die Entwendung gefallen lassen müßte. Andernfalls wäre Notwehr zwar gegen den Kommandierenden, aber nicht gegen den Kommandierten statthaft. *S. dazu oben S. 111.*[149]

Hier wird ein Spezialfall beschrieben und es wird auch begründet, warum Notwehr in diesem konkreten Fall zulässig ist. Die Passage ist verständlich. Der Kommentator verweist am Schluss auf eine Stelle im Kommentar, wo das Problem ausführlicher behandelt wird. SCHWARTZ und OLSHAUSEN erwähnen dieses Beispiel nicht.

Rechtswidrig kann ein Angriff zweifellos auch deshalb sein, weil er sich gegen den Besitz wendet. Wer einen rechtlichen, sei es dinglichen, sei es persönlichen, Anspruch auf Herausgabe einer Sache hat, darf sie eigenmächtig nur unter den Voraussetzungen der erlaubten Selbsthilfe wegnehmen. *S. darüber Zitelmann a.a.O. 39. 40 und E. 36 131.*[150]

Die Ausführungen sind hilfreich, da nicht klar ist, ob „Besitz" (anders als Eigentum) ein vom Strafrecht geschütztes Rechtsgut ist. Wendet sich ein „Angriff" gegen den „Besitz", kann dieser aufgrund „der erlaubten Selbsthilfe" zulässig sein (im BGB geregelt). Mit diesem Problem befassen sich auch eine Lehrmeinung und ein Entscheid des Reichsgerichts.

Auch diese Passage ist verständlich geschrieben. Der Kommentator berücksichtigt auch das BGB, was in diesem Zusammenhang sinnvoll ist. Das Problem wird nicht von SCHWARTZ und OLSHAUSEN angesprochen.

– Der Umstand, daß der Angriff von dem Angegriffenen provoziert wurde, steht der Rechtswidrigkeit nicht entgegen. *S. dazu Oetker, Über Notwehr und Notstand 14, A. Baumgarten a.a.O. 103ff.* Ebensowenig die persönliche Straflosigkeit des Angreifenden (z.B. wegen Monarchenqualität). *A. A. bezgl. der Monarchen Binding 1 738, Olsh. 6, Doehn ZStW 11 522; übereinstimmend dagegen Finger 1 386, v. Liszt § 33, v. Alberti, Das Notwehrrecht (1901) 51, v. Bar, Ges. u. Schuld 3 158.* – Über Notwehr gegen Amtshandlungen *s. § 113.*[151]

Erstmals wird in der Kommentierung auf sehr viele Lehrmeinungen verwiesen. Zu den hier angesprochnen Problemen äußeren sich SCHWARTZ und OLSHAUSEN viel ausführlicher.

Zur „Rechtswidrigkeit" des „Angriffs" trotz Provokation durch den „Angegriffenen" führt der Autor zwei Lehrmeinungen an. Bei der „Straflosigkeit des

---

149 FRANK, § 53 N. I.

150 Ebd., § 53 N. I.

151 Ebd., § 53 N. I.

Angreifenden" unterscheidet der Kommentator zwei Ansichten. Die eine Ansicht wird von BINDING, OLSHAUSEN und DOEHN, die andere Ansicht von FINGER, V. LISZT, V. ALBERTI und V. BAR vertreten. Es wird insgesamt auf drei Monografien verwiesen. Am Schluss verweist der Kommentator auf einen anderen Paragrafen. Der Verweis ist vermutlich als Verweis auf die Kommentierung zu diesem Paragrafen zu verstehen.

II. Notwehrhandlung ist die Handlung, die zur Beseitigung der Gefahr vollzogen wird und in der Verteidigung gegen den gegenwärtigen rechtswidrigen Angriff besteht.[152]

An dieser Stelle geht der Kommentator wieder ähnlich vor wie im ersten Satz zu Ziff. I. Er konstruiert einen eigenen Satz, indem er Begriffe aus dem Normtext und Begriffe, die sich nicht im Normtext finden, verwendet. Die Feinsteuerung funktioniert, da der formulierte Satz an der in Ziff. I beschriebenen „Gefahr" durch den „gegenwärtigen rechtswidrigen Angriff" anknüpft und von deren „Beseitigung" durch eine „Handlung" spricht. Zudem wird auch das Wort „Verteidigung", welches im Normtext steht, zur Beschreibung ebendieser Handlung verwendet.

Sie ist straflos, sofern sie sich innerhalb der richtigen Grenzen hält. Wenn das Gesetz die Verteidigungshandlung für straflos erklärt, so meint es offenbar die Trutzwehr, d.h. die aktive, gegen den Angreifer gerichtete, nicht nur die Schutzwehr, d.h. die passive Verteidigungshandlung (das Parieren des Hiebes), deren Straflosigkeit in der Tat selbstverständlich ist. *S. dazu jetzt auch v. Ferneck a.a.O. 127, Kitzinger a.a.O. 86.*[153]

Was der Kommentator mit „richtigen Grenzen" meint, ist auf den ersten Blick nicht ersichtlich und ergibt sich erst aus den Ausführungen weiter unten. Er differenziert zwischen „aktiver" und „passiver" Wehr. Und geht bei der „passiven" „Schutzwehr" von „selbstverständlicher" „Straflosigkeit" aus, was auch von zwei anderen Autoren vertreten wird. Dass sich der Gesetzestext nur auf die „Trutzwehr" bezieht, ist die Interpretation des Kommentators (sowie der zwei angeführten Autoren). Diese Auslegung ergibt sich nicht zwingend aus dem Wortlaut. Für den Praktiker ist diese Differenzierung hilfreich, weil er so unproblematische Fälle von genauer zu prüfenden Fällen unterscheiden kann.

Das Gesetz erklärt aber die Verteidigungshandlung schlechthin für straflos, mithin auch insofern, als sie gleichzeitig dritte Personen verletzt. *So E. 21 168, van Calter ZStW 12 443ff., v. Nostiz-Wallwitz, Das militärische Delikt des Ungehorsams (1906) 65, Tobler a.a.O. 145, Würzburger, Das Recht*

152 Ebd., § 53 N. II.

153 Ebd., § 53 N. II.

des strafrechtlichen Notstandes (1903) 21ff., Bindung, Grundriss 189, Pfeifer, Die strafrechtliche Stellung der Geistlichen (1911) 51. Abweichend die meisten; s. bes. Bauke, Die Zulässigkeit der Notwehr gegenüber beleidigenden Äußerungen des Geistlichen (1894), Titze a.a.O. 89, Finger 1 393, Oetker; Vergl. Darst. A 2 291ff. Weitere Literatur bei Frank ZStW 14 360. **Man muß zugeben, dass die hier vertretene Ansicht zu bedenklichen Konsequenzen führt. Z.B.: der Angegriffene sieht voraus, daß der gegen den Angreifer gerichtete Schutz außer diesem auch eine andere Person treffen wird. Aber solchen Bedenken stehen ebensoviele auf der anderen Seite gegenüber. Es dürfte nach der gegenseitigen Ansicht z.B. der Bauer, der bemerkt, wie seine Tochter während des Gottesdienstes unzüchtig betastet wird, ihr nicht zu Hilfe kommen, weil er sonst vielleicht den Gottesdienst stören würde. Wer in Notwehr einen Dieb niederschießt, fiele etwa unter *§ 367 Nr. 8*. Über einen ähnlichen Fall *Ahsbach, Grundlinien des Notwehrrechts (1903) 29, ders. GoltdA 53 427, Hasse DJZ 9 523, Titze das. 10 286ff., Oetker Vergl. Darst. A 2 293.*** [154]

Thema ist die „Verteidigungshandlung“, die gleichzeitig Dritte verletzt. Eine solche Handlung ist nach der Interpretation des Kommentators straflos. Diese Meinung teilen sechs andere Autoren und auch das Reichsgericht. Die abweichende Meinung wird von der Mehrheit vertreten, was der Kommentator durch die Formulierung „die meisten“ deutlich macht. Er führt drei Autoren an und verweist auf einen eigenen Aufsatz, in dem sich weitere Literatur findet. In einem nächsten Schritt zeigt der Kommentator die Konsequenzen beider Meinungen auf und verweist bei einem Beispiel auf § 367 Nr. 8[155]. Am Schluss führt er fünf Fundstellen an, wo von einem ähnlichen Fall wie dem zuletzt geschilderten die Rede ist.

Auch an dieser Stelle wird auf sehr viele Werke verwiesen, von denen einige Monografein sind, die von Schwartz und Olshausen nicht erwähnt werden. Die Darstellung ist wissenschaftlich zurückhaltend, d.h., der Autor scheint den Leser nicht von der eigenen Meinung überzeugen zu wollen. Die zwei Meinungen und ihre Konsequenzen sollen nur präsentiert werden.

Die Tätigkeit, welche die Notwehrhandlung nur vorbereitet (das Ausreißen des Pfahls, mit dem man sich verteidigen will), wird man allerdings in ihrer die Interessen Dritter verletzenden Richtung unter dem Gesichts-

---

154 Ebd., § 53 N. II.

155 „Mit Geldstrafe bis zu einhundertfunfzig Mark oder mit Haft wird bestraft: wer ohne polizeiliche Erlaubnis an bewohnten oder von Menschen besuchten Orten Selbstgeschosse, Schlageisen oder Fußangeln legt, oder an solchen Orten mit Feuergewehr oder anderem Schießwerkzeuge schießt, oder Feuerwerkskörper abbrennt“.

punkte des Notstandes zu würdigen haben. *Insofern a.A. Nostiz-Wallwitz und Würzburger a.a.O., übereinstimmend aber E 23 116.*[156]

Nach der Logik des Kommentators geht es hier nicht um die eigentliche Abwehr, sondern nur um deren Vorbereitung. Konsequenterweise ist diese Verletzung Dritter – gemäß Ansicht des Kommentators – dann nicht mehr vom Gesetzestext gedeckt. Insofern muss die Handlung nach den Regeln des „Notstandes" gerechtfertigt werden, weil der Dritte nicht der Angreifer ist.

Der Kommentator folgt hier der Meinung des Reichsgerichts und nennt zwei abweichende Lehrmeinungen. Die Differenzierung berücksichtigt die in der Dogmatik bekannte Kategorie der Vorbereitungshandlung. Das Beispiel verdeutlicht, dass es sich dabei nicht um eine rein theoretische Unterscheidung handelt und macht die Ausführungen für den Praktiker verständlich.

Das Gleiche gilt für solche Handlungen, die zwar zur Beseitigung der Gefahr unternommen werden, sich aber nicht gegen den Angreifer richten. Z.B. der Angegriffene flieht und verletzt dabei fremde Gärten, Zäune.[157]

Auch diese Differenzierung ist nachvollziehbar, weil sie durch ein Beispiel veranschaulicht wird.

Ebensowenig ist Notwehrhandlung diejenige, welche nicht den Zweck der Verteidigung hat. *BayOLGStr 4 236, RMG 12 234.* Wohl aber bleibt der Charakter der Notwehrhandlung gewahrt, wenn sich mit dem Verteidigungszwecke andere verbinden. *RG in GoltdA 45 272.* Auch kommt das Motiv, weshalb jemand zur Notwehrhandlung schreitet, nicht in Betracht. *RMG 9 278.*[158]

Die Ausführungen in diesem Abschnitt stützen sich nur auf Rechtsprechung, wobei erstmals ein unterinstanzlicher Entscheid und Entscheide des Reichsmilitärgerichts angeführt werden. An dieser Stelle erfolgen weitere Differenzierungen zum „Zweck" und zum „Motiv" der Handlung. Im Gegensatz zu den Differenzierungen weiter oben verzichtet der Kommentator hier auf Beispiele. Insofern ist diese Passage weniger verständlich.

Die Grenzen der Verteidigung werden vom Gesetze dahin bestimmt, daß alles straflos ist, was zur Abwendung des Angriffs erforderlich ist, d.h. genauer: was erforderlich ist, um die Verletzung abzuwenden, die der Angriff befürchten lässt; *s.o. I 1 a. E.* Maßgebend ist also nicht der Wert des angegriffenen Rechtsguts, sondern die Intensität des Angriffs. Daher kann nötigenfalls der Angegriffene denjenigen niederschießen, der ihm ein ganz

---

156 Frank, § 53 N. II.
157 Ebd., § 53 N. II.
158 Ebd., § 53 N. II.

unbedeutendes Vermögensobjekt entwenden will. Was erforderlich ist, läßt sich nur von Fall zu Fall bestimmen. Dabei ist immer ein objektives Maß anzulegen, das heißt: es entscheidet nicht, was der Angegriffene für erforderlich hält, sondern was den Umständen nach erforderlich ist. *R 1 23. 9 471. Abweichend u. a. Binding 1 751.* Eine objektive Beurteilung muß aber stets die konkreten Umstände im Auge behalten, und zu diesen gehören auch die in Betracht kommenden Personen. Ist der Angegriffene ein starker Mann, so kann vielleicht schon ein Stoß genügen, während der schwache Knabe zum Messer greifen muss. *So auch RG in DJZ 10 267, RMG 17 58.* Soweit aber der Vollzug einer Verteidigungshandlung gerechtfertigt ist, ist es natürlich auch ihre Androhung. *E 3 222. 32 391.*[159]

Zunächst präzisiert der Kommentator den Normtext und verweist auf bereits gemachte Ausführungen. In einem zweiten Schritt erklärt er „die Intensität des Angriffs" für maßgeblich und veranschaulicht seine Ausführungen mit einem Beispiel. Danach spricht er sich für eine fallbezogene und objektive Beurteilung aus, so wie es auch das Reichsgericht fordert (Verweis auf zwei Entscheide). BINDING vertritt in diesem Punkt eine andere Meinung. Der Kommentator präzisiert auch, dass die „konkreten Umstände" zu berücksichtigen sind und macht wieder Beispiele. Auch hier folgt er dem Reichsgericht und dem Reichsmilitärgericht. Schließlich hält er fest, wieder mit Verweis auf die Rechtsprechung des Reichsgerichts, dass die „Androhung" einer gerechtfertigten „Verteidigungshandlung" auch „gerechtfertigt ist".

Inhaltlich sind die Ausführungen näher an denen von OLSHAUSEN, der sich auch für eine objektive Beurteilung ausspricht, während SCHWARTZ auf den subjektiven Wert des verteidigten Rechtsgutes abstellt. Weiter fällt auf, dass der Kommentator nur eine abweichende Lehrmeinung zitiert und seine Auffassung ausschließlich mit Rechtsprechung begründet. Er knüpft an seine Kommentierung von weiter oben an und fasst sich wesentlich kürzer als OLSHAUSEN und SCHWARTZ. Außerdem sind seine Formulierungen verständlicher.

Wer die so gezogenen Grenzen der Verteidigung überschreitet, also einen Notwehrexzeß begeht, ist verantwortlich für alles, was er mehr getan hat als erforderlich war, und zwar bei bewußter Überschreitung als vorsätzlicher Täter, als fahrlässiger dagegen dann, wenn er infolge eines schuldhaften Irrtums die Grenzlinie verkannte. In dem letzteren Falle hängt seine Strafbarkeit davon ab, ob das in Frage stehende Delikt fahrlässig begangen werden kann. Fällt dem Täter wegen Überschreitung der Verteidi-

159 Ebd., § 53 N. II.

gungsgrenzen auch keine Fahrlässigkeit zur Last, so bleibt er straflos. ***Vergl. dazu RMG 7 248.***[160]

Zunächst fällt auf, dass der Kommentator zwar den Begriff des Notwehrexzesses neu einführt, im Gegensatz zu SCHWARTZ und OLSHAUSEN aber nicht zwischen intensivem und extensivem Notwehrexzess unterscheidet. Insofern bleibt er näher am Normtext, dem sich diese Unterscheidung nicht entnehmen lässt.

Auch an dieser Stelle knüpft er an seine vorhergehenden Ausführungen an, indem er auf die Erforderlichkeit abstellt. Weiter ist es ihm wichtig, zwischen Vorsatz und Fahrlässigkeit zu unterscheiden. Die Ausführungen stützt er auf einen Entscheid des Reichsmilitärgerichts. Leider fehlen Beispiele.

Schlechthin ist Verantwortung ausgeschlossen, wenn die Überschreitung der Grenzen auf Bestürzung, Furcht oder Schrecken (nicht aber: Kampfeseifer) zurückzuführen ist. Diese Ausnahmen gelten auch bei bewußtem Exzess. ***E 21 189 (aber nicht bei Putativnotwehr, s. u. III. 2, BayOLGStr 4 346, RMG 1 69).***[161]

Im ersten Satz gibt der Kommentator den Normtext wieder und zwingt den Leser so in eine zentrierte Rechtslandschaft. Zudem nennt er eine Situation, in der die Verantwortung nicht ausgeschlossen ist, und macht so deutlich, dass die Aufzählung abschließend ist. Da die aufgezählten Gründe auf Fahrlässigkeit schließen lassen, unterstreicht der Kommentator, dass die Gründe auch bei „bewusstem Exzess" gelten. Diese Aussage stützt er auf einen Entscheid des Reichsgerichts. Schließlich führt er den Begriff der „Putativnotwehr" ein und verweist diesbezüglich auf seine Ausführungen weiter unten und auf einen unterinstanzlichen Entscheid sowie einen Entscheid des Reichsmilitärgerichts.

Die Ausführungen gehen kaum über den Normtext hinaus. Nur die Geltung bei bewusstem Exzess ist neu.

Die Notwehrhandlung ist nicht nur subsidiär sondern auch dann erlaubt, wenn es dem Angegriffenen möglich war, sich durch Anrufung der Obrigkeit oder Flucht zu schützen. Dies folgt, ***wie Olsh. 2*** **mit Recht bemerkt, sobald man die im zweiten Absatze gegebene Definition dem im ersten Absatze gebrauchten Worte „Notwehr" substituiert.** ***Ebenso Binding 1 732, v. Liszt § 33, Meyer-Allf. 186, Finger 1 390, Schollmeyer a.a.O. 4, Löffler a.a.O. 541. Dagegen u. a. Oppenh.-Del. 2, E 16 69 (jedoch werde schimpfliche Flucht***

160 Ebd., § 53 N. II.
161 Ebd., § 53 N. II.

***nicht verlangt), RG in GoltdA 46 31. 48 304.* Allerdings sind die Konsequenzen der vertretenen Ansicht nicht unbedenklich.**[162]

Inhaltlich deckt sich die hier vertretene Auffassung mit jener von SCHWARTZ und OLSHAUSEN. Letzterer wird sogar für die Begründung herangezogen. Es werden sechs zustimmende und zwei ablehnende Meinungen präsentiert. Der Kommentator folgt an dieser Stelle nicht dem Reichsgericht. Es bleibt offen, was genau mit dem letzten Satz gemeint ist.

Die Kommentierung liefert im Vergleich zu jener von OLSHAUSEN nichts Neues. Die Verweise auf die verschiedenen Lehrmeinungen stehen im Vordergrund.

III. Da die Notwehrhandlung nicht rechtswidrig ist *(BGB § 227)*, so ist der Notwehrstand zweifellos ein Rechtfertigungsgrund. Daraus folgt:

1. auch die Teilnahme an der Notwehrhandlung ist straflos;

2. bei Putativnotwehr ist der Vorsatz ausgeschlossen. *S. § 59 III 2.* Man spricht von Putativnotwehr dann, wenn jemand irrtümlicherweise glaubt, einem gegenwärtigen rechtswidrigen Angriff gegenüberzustehen. (*RMG 7 248* wendet den Ausdruck in weiterem Sinne an). Hinsichtlich der Grenzen der Verteidigung gilt in diesem Fall das Gleiche wie bei der echten Notwehr. *S. o. II und dazu RMG 2 21, Frank ZStW 14 363 ff. Über einen Fall gegenseitiger Putativnotwehr s. RMG 15 106.*

3. Notwehr(handlung) gegen die Notwehr(handlung) gibt es nicht. Dagegen sind die Umstände, welche die Strafbarkeit des Notwehrexzesses ausschließen, rein persönlicher Natur und gestalten demgemäß Gegennotwehr. Über die Frage, ob sich der Angreifer gegenüber Notwehrhandlungen auf Notstand berufen kann, *s. § 54 III.*[163]

In diesem Abschnitt kategorisiert der Kommentator die Notwehr als „Rechtfertigungsgrund“, wobei er sich bei der Begründung auf eine BGB Norm stützt. Somit wird hier systematisiert. Der praktisch tätige Jurist kann aufgrund der Zuordnung zu einer Oberkategorie die Eigenschaften der Rechtsfigur Notwehr bestimmen.

Unter 1. wird klargestellt, was sich eigentlich bereits aus der Strafrechtsdogmatik ergibt. Unter 2. wird nochmals der Begriff der „Putativnotwehr“, von dem bereits die Rede war, aufgegriffen. Dieser Begriff wird zunächst definiert und es wird erläutert, was hinsichtlich der „Grenzen der Verteidigung“ gilt. In diesem Abschnitt verweist der Kommentator zweimal auf andere Stellen im Kommentar (einmal auf Ausführungen weiter oben in dieser Kommentierung). Die Ausfüh-

162 Ebd., § 53 N. II.

163 Ebd., § 53 Ziff. III.

rungen stützen sich auf die Rechtsprechung des Reichsmilitärgerichts sowie auf einen eigenen Aufsatz in der Zeitschrift für Strafrechtswissenschaft. Schließlich wird unter 3. Klargestellt, dass Notwehr gegen Notwehr nur im Fall des Exzesses möglich ist. Die Frage, ob Notstand gegen Notwehr möglich ist, wird in der Kommentierung zum Notstand beantwortet, auf welche der Kommentator verweist.

Die hier gemachten Präzisierungen sind gut strukturiert und verständlich. Der Kommentator systematisiert.

IV. Unter dem Gesichtspunkte der Notwehr hat man namentlich auch das Anbringen von Schutzmaßsregeln, z. B. Selbstgeschossen, zu betrachten. Da diese erst im Augenblick des Angriffs verletzend wirken sollen, so kann man nicht sagen, daß es sich um Verteidigung gegen einen zukünftigen Angriff handle. Entsprechen sie freilich dieser Anforderung nicht und verletzen sie eine zufällig des Weges kommende Person, so ist die strafrechtliche Haftbarkeit begründet. Die Mehrzahl der Schutzmaßregeln wird auch gegenüber dem wirklichen Angreifer intensiver wirken, als erforderlich ist, um den Angriff abzuwehren, sodaß strafbarer Notwehrexzeß vorliegt. Wer freilich ohne besondere Befugnis ein Grundstück betritt, auf dem, wie er weiß, Selbstgeschosse liegen, wird sich eine etwaige Verletzung allein zuzuschreiben haben. *S. über die Frage Rotering GoltdA 30 415 ff. und Sommerlad GerS 39 359 ff.* – An sich strafbar ist das Anbringen gewisser Schutzmaßregeln nur im Falle des *§ 367 Nr. 8.*[164]

Schließlich widmet sich der Kommentator noch den Schutzmaßregeln. Dieses Thema wird auch bei OLSHAUSEN und SCHWARTZ behandelt, obwohl keine Hinweise darauf im Normtext zu finden sind.

Der Kommentator stellt den Zusammenhang zum „Angriff“ her und äußert sich in gedrängter Form zu verschiedenen Konstellationen. Für den Praktiker ist auch der Hinweis, wonach die „Mehrzahl der Schutzmaßregeln“ „intensiver wirken als erforderlich“, hilfreich. Die Ausführungen sind verständlich und nachvollziehbar. Sodann wird auf zwei Lehrmeinungen[165] verwiesen. Der interessierte Leser findet dort weitergehende Ausführungen.

Abschließend erfolgt der Verweis auf diejenige Rechtsnorm, welche die Strafbarkeit von Schutzmaßreglen normiert.

---

164 Ebd., § 53 N. IV.

165 Archiv für Strafrecht und Zeitschrift Gerichtssaal.

B) Überblick über die Kommentierung[166]

Der Kommentator unterteilt die Kommentierung in I.–IV.

Unter I. wird zunächst der Notwehrstand in einem Satz definiert. Dieser Begriff findet sich nicht im Normtext. Dort ist nur von Notwehr die Rede. Der Definition des Notwehrstandes wird der Begriff des Angriffs entnommen, zu welchem sich der Kommentator zunächst eher allgemein äußert, um sich dann in den Untertiteln 1. und 2. mit der Gegenwärtigkeit und der Rechtswidrigkeit des Angriffs zu befassen. Zu 2. Rechtswidrigkeit bildet er die Untertitel a) und b), wo ein rechtswidriger Angriff als verbotener Angriff und als Angriff, zu dessen Duldung der Angegriffene nicht verpflichtet ist, beschrieben wird. 2. a) (verbotener Angriff) wird in subjektive Rechtswidrigkeit (α) und objektive Rechtswidrigkeit (β) unterteilt. Nach Erläuterung der verschiedenen Ansichten nimmt der Kommentator Stellung zu diversen Fragen in Zusammenhang mit dem Angriff. Der Begriff des gegenwärtigen, rechtswidrigen Angriffs findet sich im Normtext, weshalb der Leser durch dessen Erläuterung in eine zentrierte Rechtslandschaft gezwungen wird. Jedoch geht der Kommentator, ähnlich wie SCHWARTZ, nicht auf den Begriff der Verteidigung ein.

Unter II. geht es um die Notwehrhandlung. Die Themen von I. und II. erinnern an die Struktur von OLSHAUSEN, wo auch vom Stand und von der Ausübung der Notwehr die Rede ist. Der Begriff der Notwehr wird aufgebrochen, um die Feinsteuerung vorzunehmen. Unter II. werden neben der Notwehrhandlung im Allgemeinen die Grenzen der Verteidigung, der Notwehrexzess sowie die Situation bei einer möglichen Anrufung der Obrigkeit oder Flucht behandelt. Der Kommentator wählt eine vom Normtext unabhängige Struktur und behandelt auch Themen, die sich diesem nicht entnehmen lassen.

Unter III. kategorisiert der Kommentator den Notwehrstand als Rechtfertigungsgrund und zeigt die daraus folgenden Konsequenzen auf. Somit systematisiert er und leistet einen Beitrag zur Dogmatik.

Unter IV. ist schließlich von Schutzmaßregeln die Rede. Auch dieser Begriff findet sich nicht im Normtext und wird neu eingeführt.

Zusammenfassend kann gesagt werden, dass der Kommentator eine eigene Struktur wählt, die sich nicht am Normtext orientiert. Insofern weist die Kommentierung Ähnlichkeiten mit jener von SCHWARTZ auf. OLSHAUSEN orientiert sich stärker am Normtext. Die Kommentierung ist kürzer als jene von SCHWARTZ und OLSHAUSEN. Zudem macht der Kommentator weniger Untertitel. Trotzdem scheint er sich zu allen Themen zu äußern, die in den anderen zwei Kommentierungen behandelt werden.

---

166 FRANK, § 53 N. I–IV.

C) Zusammenfassung der Erkenntnisse

Der Kommentator zitiert Literatur, die zwischen 1881 und 1913 erschienen ist. Es werden Kommentare, Lehrbücher, Monografien und Zeitschriftenartikel zitiert (vgl. Tab. 14). Es wird in dieser Kommentierung nur auf die Kommentare von OLSHAUSEN und OPPENHOFF-DELIUS verwiesen. Monografien werden sehr häufig als Belege angeführt mit Angabe des Titels, des Autors und des Erscheinungsjahrs. Auch in dieser Kommentierung wird grundsätzlich nicht zwischen den Textgattungen unterschieden, wobei aber Monografien wichtiger zu sein scheinen. Der Kommentator schließt sich häufig der Meinung des Reichsgerichts an (vgl. Tab. 15).

Tabelle 14: Notwehr – Literatur bei FRANK

	Anzahl in der Kommentierung
Kommentare	2
Lehrbücher und Vorlesungsunterlagen	11
Monografien	17
Zeitschriftenartikel	13
Andere	1[167]

Tabelle 15: Notwehr – Rechtsprechung bei FRANK

	Reichsgericht	Reichsmilitärgericht	Untere Instanzen
Anzahl zit. Entscheide	16	9	2[168]
Zustimmung	14	7	2
Ablehnung	2	2	0
Erläuterungen	0	0	0

Häufig wird bei der Begründung auf Literatur verwiesen, was bei einem Professor nicht ungewöhnlich ist. In über 50 % der Fälle wird aber zumindest auf einen

167 Vergleichende Darstellung des deutschen und ausländischen Strafrechts, Vorarbeiten zur Deutschen Strafrechtsreform (als ein Werk, Beiträge von OETKER).

168 Es handelt sich um Entscheidungen des Bayerischen Oberlandesgerichts.

Entscheid verwiesen (vgl. Tab. 16). An zwei Stellen in der Kommentierung wird nur auf einen Autor oder einen Entscheid verwiesen.

Tabelle 16: Notwehr – Begründung bei FRANK

	Anzahl Stellen
Nur Literatur	16
Nur Rechtsprechung	11
Literatur und Rechtsprechung	7
Total	34

Die Darstellung der Meinungen scheint zurückhaltend und objektiv zu sein, da der Kommentator nicht Befürworter seiner Meinung gesucht zu haben scheint (vgl. Tab. 18). Auch in dieser Kommentierung steht nicht die Begründung einer Meinung im Vordergrund, sondern deren Präsentation. In zwei Fällen wird die eigene Meinung begründet, in einem Fall die Gegenmeinung durch Anführen von Argumenten kritisiert. Einmal nimmt der Kommentator eine Abwägung zwischen der eigenen und der fremden Meinung vor, indem er auch Gegenargumente zu seiner eigenen Meinung anführt. An einer Stelle präsentiert der Kommentator verschiedene Meinungen und erläutert, welche der Meinungen aus welchen Gründen die richtige ist. An einer Stelle spricht der Kommentator von der herrschenden Lehre. Einmal werden „die meisten" angeführt.

Tabelle 17: Notwehr – Meinungsvielfalt bei FRANK

	Zwei Meinungen
Anzahl Stellen	9[169]

169 Viermal wird die eigene Meinung begründet. An einer Stelle werden zwei Meinungen präsentiert und es wird erklärt, welche Meinung aus welchen Gründen die richtige ist. An einer Stelle werden Argumente gegen die eigene Meinung ins Feld geführt.

Tabelle 18: Notwehr – Mengenverhältnisse bei FRANK

Anzahl Stellen[170]	3[171]	1	3[172]
Meinung Kommentator	mehr Autoren	gleich	weniger Autoren
Andere Meinung	weniger Autoren	gleich	mehr Autoren

An zwölf Stellen in der Kommentierung arbeitet der Kommentator mit Beispielen. Der Lesefluss wird selten durch Zitate und Verweise unterbrochen. Die Kommentierung scheint abgeschlossen zu sein.

Tabelle 19: Notwehr – Verweise und Zitate bei FRANK

	wörtliche Zitate	**Stellen Komm.**	**Normen RStGB**	**Andere Normen**	**Total**
Anzahl Stellen	1	8	7	4	20

Es handelt sich um die kürzeste der vier ausgewählten Kommentierungen zur Notwehr. Die genaue Analyse bestätigt die Annahme, wonach die Kommentierung sehr dicht geschrieben ist, d. h., es wird auf extensive Ausführungen verzichtet. Der eilige Leser findet somit schnell die Antworten, die er sucht. Zudem werden die Ausführungen zu den in der Lehre geführten Diskussionen, die die Komplexität erhöhen, kurzgehalten. Die Darstellung ist kompakt, d. h., der Kommentator arbeitet mit wenigen Verweisen. Der didaktische Zweck des Textes ist erkennbar. Nicht die Vollständigkeit scheint im Vordergrund zu stehen, sondern die Verständlichkeit. Ähnlich wie in der Kommentierung von SCHWARTZ wählt der Kommentator eine eigenwillige Struktur, die sich nicht so stark am Normtext orientiert wie jene von OLSHAUSEN. Im Gegensatz zu SCHWARTZ gelingt die Feinsteuerung aber etwas besser und die Struktur ist überzeugend. Bezogen auf die angeführte Literatur kann gesagt werden, dass der Kommentator oft Werke zu spezifischen Problemen zitiert (Monografien) und weniger auf allgemeine Lehr-

170 In zwei Fällen bleibt das Verhältnis aufgrund der Formulierung offen, daher ein Total von sieben und nicht neun.

171 An einer Stelle vertreten sechs Autoren die eigene Meinung und zwei sind „u. a." anderer Meinung, d. h., es könnten auch mehr Autoren die Gegenmeinung vertreten.

172 In einem Fall vertreten sieben Autoren die eigene Meinung und der Kommentator führt lediglich vier Autoren an, welche anderer Meinung sind. Er weist aber auch darauf hin, dass „die meisten" die Gegenmeinung vertreten, d. h., die vier Verweise sind exemplarisch. Einmal ist das Verhältnis 1:1, wobei aber durch die Abkürzung „u. a." darauf hingewiesen wird, dass wohl die Mehrheit anderer Meinung ist als der Kommentator.

bücher und Kommentare verweist. Insofern unterscheidet sich die Kommentierung von den beiden anderen.

4 Leipziger Kommentar

A) Analyse der Kommentierung

1. Über die verschiedenen Theorien von der Notwehr *vgl. Baumgarten, Notstand und Notwehr S. 97ff.*[173]

Der Kommentator beginnt die Kommentierung mit einem Verweis und lässt so keinen Zweifel über die Literaturgattung. Es geht ihm nämlich nicht um eine theoretische Abhandlung über Notwehr und Notstand, sondern um eine Kommentierung „der Notwehr". Diese Kommentierung richtet sich an den Praktiker und nicht an den Wissenschaftler. Und wenn der Praktiker mehr Wissenschaftliches erfahren möchte, so kann er dem Verweis folgen. Interessant ist auch, dass der Kommentator nur ein Werk und nicht mehrere Werke zitiert.

Gemeinsam mit dem Notstand ist der Notwehr das Moment der Selbsterhaltung.[174]

Nach dem Verweis steigt der Kommentator sogleich in die Kommentierung ein und beginnt mit einer Abgrenzung. Vermutlich liegt diesem Vorgehen folgende Überlegung zugrunde: Der praktisch tätige Jurist wird mit einem Sachverhalt konfrontiert, den er juristisch einordnen muss. Nach einer ersten groben Einschätzung wird er auf den Themenbereich „Notwehr" und „Notstand" kommen. Danach wird er versuchen, die genaue Einordnung vorzunehmen. Dafür wird er den Kommentar bei der Notwehr aufschlagen, da § 53 vor § 54 kommt. Wenn er dann zu lesen beginnt, wird er sofort über Gemeinsamkeiten und Unterschiede aufgeklärt, sodass er nach dem Lesen von N. 1 weiß, ob er in der Kommentierung zu § 53 weiterlesen soll oder den Kommentar dort aufschlägt, wo die Kommentierung des Notstandes beginnt.

Die Abgrenzung beginnt mit der Gemeinsamkeit der beiden Rechtsfiguren. Um diese zu veranschaulichen, werden „Notwehr" und „Notstand" unter den Begriff „der Selbsterhaltung" subsumiert. Der Kommentator wechselt so auf eine abstraktere Ebene. Das ist dann sinnvoll, wenn es dadurch zu einem Erkenntnisgewinn kommt. Um diese Frage zu klären, muss auf die folgenden Ausführungen eingegangen werden.

---

173 Lobe, § 53 N. 1.

174 Ebd., § 53 N. 1.

Beim Notstand setzt sie sich aber, soweit *§ 54* in Frage kommt, durch nur zur Erhaltung von Leib und Leben, bei der Notwehr zur Erhaltung eines jeden Rechtsgutes als solche, gleichviel, wem es zusteht.[175]

Hier wird erklärt, worauf die „Selbsterhaltung" „beim Notstand" und „bei der Notwehr" abzielt. Der Satz ist verständlich und präzise formuliert.

Bei dem Notstand geht die Handlung auf Beseitigung eines Zustandes durch Einwirkung in die Rechtssphäre eines anderen, sie enthält somit einen objektiven widerrechtlichen Eingriff in Rechte Dritter. Bei der Notwehr dagegen handelt es sich um Verteidigung, um Abwehr widerrechtlicher Angriffe anderer, auf deren Kosten.[176]

An dieser Stelle zeigt der Kommentator einen weiteren Unterschied auf und operiert mit juristischen Begriffen wie „Rechtssphäre" und „objektiv widerrechtlichem Eingriff". Der Jurist versteht die Ausführungen, weshalb die Feinsteuerung funktioniert.

Im Gegensatz zu *§§ 52 und 54* liegt hier also jedenfalls auch nicht objektiv der Tatbestand eines Deliktes (strafbarer Handlung) vor, *RGStr. 8 210;* Notstand bringt einen Konflikt der Pflichten, Notwehr nicht, bei dieser handelt es sich lediglich um Durchführung des Rechts gegen das Unrecht.[177]

Diese Ausführungen sind quasi die Schlussfolgerung zu den vorhergehenden Erläuterungen bzw. formulieren diese etwas anderes. Es wird eine neue Norm eingeführt, nämlich § 52[178], die inhaltlich mit „Notwehr" und „Notstand" verwandt ist. Erneut werden juristische Begriffe verwendet („objektiver Tatbestand" und „Delikt") und die Begründung stützt sich auf einen Entscheid des Reichsgerichts. Es werden keine weiteren Entscheide oder Lehrmeinungen angeführt. Schließlich wird „Notstand" als „Konflikt" von „Pflichten" definiert, d. h., der Kommentator schaut hinter die Norm und kommt zu den Pflichten, die strafrechtlich auf einer ähnlichen Ebene liegen. Bei der „Notwehr" hingegen geht es um einen krassen Gegensatz: Es soll „das Recht gegen das Unrecht" durchgesetzt werden. Und so liefert der Kommentator eine erste Definition der Notwehr, die

---

175 Ebd., § 53 N. 1.

176 Ebd., § 53 N. 1.

177 Ebd., § 53 N. 1.

178 „Eine strafbare Handlung ist nicht vorhanden, wenn der Täter durch unwiderstehliche Gewalt oder durch eine Drohung, welche mit einer gegenwärtigen, auf andere Weise nicht abwendbaren Gefahr für Leib oder Leben seiner selbst oder eines Angehörigen verbunden war, zu der Handlung genötig worden ist. Als Angehörige im Sinne dieses Strafgesetzes sind anzusehen Verwandte und Verschwägerte auf- und absteigender Linie, Adoptiv- und Pflegeeltern und -kinder, Ehegatten, Geschwister und deren Ehgatten, und Verlobte."

sich noch auf einer abstrakten Ebene befindet. Auch hier funktioniert die Feinsteuerung.

Somit besteht ein Notwehrrecht als rechtlich anerkannte natürliche Eigenmacht zur Durchsetzung des Rechts gegen rechtswidrige Angriffe.[179]

Wieder formuliert der Kommentator die vorhergehenden Ausführungen auf eine andere Art und Weise. Deswegen ist aber dieser Satz nicht überflüssig, denn er legt den Schwerpunkt auf etwas anderes und ist weniger abstrakt. Es geht nicht lediglich um „das Recht", sondern um „rechtlich anerkannte natürliche Eigenmacht". Ebenso geht es nicht um „das Unrecht", sondern um „rechtswidrige Angriffe". Offen bleibt aber, was „natürliche Eigenmacht" meint. Steht sie dem Verteidiger von Natur aus zu? Bekennt sich der Kommentator zum Naturrecht? Obwohl dieser Begriff noch offenbleibt, funktioniert die Feinsteuerung. Der Kommentator schreibt den Normtext neu, indem der Begriff Notwehr durch eine Definition ersetzt wird.

Darin liegt zugleich die Subsidiarität ausgesprochen gegenüber gegenwärtiger von freien Stücken bereits ausreichender Staatshilfe. *Binding, Handbuch I S. 734.*[180]

An dieser Stelle führt der Kommentator den Begriff der „Staatshilfe" ein und definiert die Beziehung zwischen Notwehr und ebendieser „Staatshilfe" durch den juristischen Begriff der „Subsidiarität". Auch hier funktioniert die Feinsteuerung, indem der Kommentator mit dem Juristen bekannten Begriffen operiert, um so lange Ausführungen vermeiden zu können. Er bedient sich der Fachsprache und ist in der Lage, einen Erkenntnisgewinn zu liefern. Es fällt auf, dass der Kommentator wieder nur auf eine Lehrmeinung verweist.

Notwehr ist sonach ein Überrest der Eigenmacht, die ursprünglich allein den Schutz des Rechts übernahm und erst allmählich durch Erstarken der Staatsmacht zurückgedrängt wurde, die aber jetzt noch ihre praktische und moralische Berechtigung hat.[181]

Diese Ausführungen sind rechtshistorischer und rechtsphilosophischer Natur, und es ist fraglich, ob sie inhaltlich überhaupt zutreffen. Denn meist kannte ein Rechtssystem auch Institutionen, die um die Durchsetzung besorgt waren. Weiter spricht der Kommentator von „praktischer und moralischer Berechtigung". Ob etwas praktisch ist, spielt im Strafrecht grundsätzlich keine Rolle, auch Moral ist nicht mit Recht gleichzusetzen.

---

179 Lobe, § 53 N. 1.
180 Ebd., § 53 N. 1.
181 Ebd., § 53 N. 1.

Zusammenfassend kann festgehalten werden, dass die Ausführungen nicht in einen Kommentar gehören.

Aber nur die defensive Eigenmacht (Notwehr oder Selbstverteidigung), die einen bestehenden Rechtszustand gegen Angriff aufrecht erhalten will, ist grundsätzlich erlaubt. Die offensive Eigenmacht (Selbsthilfe) dagegen, die erst einen dem Recht entsprechenden Zustand herstellen will, ist grundsätzlich verboten und nur unter bestimmten Voraussetzung zulässig.[182]

Der Kommentator bricht hier den Begriff der „Eigenmacht" auf und erläutert, welche Form der „Eigenmacht" erlaubt ist und welche nicht. Es ist fraglich, ob diese Ausführungen Komplexität reduzieren und einen Beitrag zur Feinsteuerung leisten. Denn hier wird an einen Begriff angeknüpft, der verwendet wurde, um die Letztbegründung der Notwehr zu liefern. Für den praktisch tätigen Juristen ist es aber nicht nötig, unter Verwendung dieses nicht im Normtext stehenden Begriffs zu erklären, was erlaubt ist und was nicht.

Ausführlichere Ausführungen zur Selbsthilfe finden sich auch bei SCHWARTZ.[183]

Das *StGB.* behandelt die Notwehr lediglich vom Gesichtspunkt einer Einschränkung der allgemeinen Norm, sie ist ihm eine unverbotene Handlung. Das BGB stellt sie außerdem auch als nicht rechtswidrig hin. *Vgl. Einleitung.*[184]

Wie bei den anderen Kommentatoren findet sich auch hier eine Bezugnahme auf das BGB, wobei aber klar zwischen den zwei Rechtsgebieten unterschieden wird (anders etwa SCHWARTZ). Der Kommentator ist sehr präzise und nuanciert, indem er eine „unverbotene Handlung" nicht mit einer nicht rechtswidrigen Handlung gleichsetzt. Zudem verweist der Kommentar auf sich selbst. Die Feinsteuerung funktioniert an dieser Stelle.

2. Grund und Voraussetzung der Notwehr ist ein Angriff auf ein Rechtsgut irgendjemandes.[185]

Dieser erste Satz macht deutlich, worum es unter N. 2 geht. Er leistet auch bereits eine Feinsteuerung, indem dem Leser klar gemacht wird, dass es um einen „Angriff auf ein Rechtsgut" geht. Zudem lässt sich diesem Satz bereits entnehmen, dass das „Rechtsgut" nicht zwingend dem Angegriffenen gehören muss.

182 Ebd., § 53 N. 1.

183 Vgl. S. 59 ff.

184 LOBE, § 53 N. 1.

185 Ebd., § 53 N. 2.

a) Es braucht kein Angriff zu sein, der Leib oder Leben gefährdet, wie nach *§ 54, § 52,* überhaupt nicht notwendig ein gegen die Person gerichteter Angriff, sondern es kommen auch Besitz, Vermögensgegenstände, überhaupt alle als rechtlich geschützt anzusehenden Güter, insbesondere nach *BGB. §§ 823ff.* in Betracht, jeder Eingriff in den Rechtskreis eines andern, *Rechtspr. 6 576, RGStr. 3 222, 21 168, 29 240;* auch ein Verlöbnis, *RGStr. 48 215. – A.M. Neubecker, DJZ. X S. 146, dagegen Eltzbacher DJZ. X S. 239.*[186]

In diesem Abschnitt wird erläutert, dass ein „Angriff" auf jedes als rechtlich geschützt anzusehendes Gut vorliegen kann. Hierfür werden auch einige Beispiele angeführt und es wird auf BGB-Paragrafen verwiesen; dies allerdings, ohne Strafrecht und Privatrecht zu vermischen, da es durchaus Rechtsgüter gibt, die in beiden Rechtgebieten geschützt sind. Die Feinsteuerung funktioniert insbesondere wegen der Beispiele. Interessant ist auch, dass der Kommentator seine Meinung ausschließlich mit Gerichtsentscheiden begründet. Es wird nur auf zwei Autoren[187] verwiesen, die eine andere Meinung vertreten. Diese Autoren werden von den anderen Kommentatoren nicht zitiert, sodass die Literaturauswahl etwas eigenwillig scheint.

b) Das angegriffene Rechtsgut braucht nicht dem es Verteidigenden zu gehören, es kann auch einem andern zustehen, denn Notwehr ist auch die Abwendung des Angriffs von einem andern. Die Beschränkung des *§ 52, § 54,* daß der andere ein Angehöriger sein müsse, gilt hier nicht.[188]

Der Kommentar liefert keine neue Erkenntnis zum Normtext. Der Verweis, dass der andere kein „Angehöriger" sein muss, ist nicht nötig, da sonst der Normtext anders formuliert worden wäre. Immerhin wird im Gegensatz zu den anderen Kommentatoren deutlich, dass die Erwähnung dieses Aspektes im Kontext der Abgrenzungen zu den §§ 52 und 54[189] zu verstehen ist.

Es muss aber ein bestimmtes Rechtssubjekt als Inhaber des Rechts am Gut als Verletzter da sein, gleichviel, ob der Verletzte eine physische oder eine juristische Person ist oder nicht. Die bloße Unbotmäßigkeit gegen Normen des Staates und die hierin liegende Verletzung des Staatswillens reicht nicht aus. Notwehr ist nicht das Recht zur Verbrechensverhinderung als solcher, sondern das Recht zur Verteidigung von Gütern. *Binding Hdb. I S. 737.* So keine Notwehr gegen Päderastie, Kuppelei, Bestechung, Bettelei, Gewerbsunzucht. Dagegen bei öffentlichen Ärgerniserregung, wenn darin

---

186 Lobe, § 53 N. 2 a).
187 Aufsätze aus der Deutschen Juristen Zeitung von 1905.
188 Lobe, § 53 N. 2 b).
189 § 52 siehe Fn. 527, in § 54 ist der Notstand geregelt.

zugleich Angriff auf Rechtsfrieden einer Einzelperson liegt, ebenso bei grobem Unfug, Gotteslästerung usw. *Köhler S. 344.*[190]

Die Erläuterungen an dieser Stelle finden sich ausschließlich im Leipziger Kommentar. Die anderen Kommentatoren schreiben nur, dass jedes Rechtsgut betroffen sein kann. Für den praktisch tätigen Juristen ist es aber wichtig zu wissen, dass es nur um solche Rechtsgüter geht, die im konkreten Fall einer natürlichen oder juristischen Person zugeordnet werden können. Aus diesem Grund sind die Ausführungen sehr wertvoll. Die Feinsteuerung gelingt auch, weil der Kommentator mit vielen Beispielen arbeitet. Es fällt noch auf, dass der Kommentator hier seine Meinung erstmals mit Verweis auf andere Autoren begründet, wobei jeweils nur auf einen Autor verwiesen wird.[191]

Anhand dieser Passage kann schön nachvollzogen werden, was ein Kommentar leisten muss. Er muss die für die Praxis relevanten Probleme thematisieren und eine Lösung liefern. Dies schafft der Leipziger Kommentar an dieser Stelle.

– Bloße Nichterfüllung vertraglicher Pflichten bedeutet noch keinen Angriff auf eine Person oder ein Rechtsgut, z. B. der Mieter räumt die Wohnung nicht nach Ende des Mietvertrages, *RGStR. 19 298,* der Schuldner zahlt nicht usw. Dagegen kann im Zuwiderhandeln gegen Unterlassungspflichten ein Angriff auf persönliche oder sachliche Rechtsgüter liegen, z. B. in der Ausübung von Klavierspiel zuwider übernommener Verpflichtung ein Angriff auf die Ruhe und Ungestörtheit der Tätigkeit einer Person, die dadurch am Arbeiten, Schlafen, usw. gehindert werden kann, so auch *Baumgarten, a.a.O. S. 121. A.M. Köhler S. 344.*[192]

Der Kommentator versucht hier Grenzfälle zu definieren, in denen ein „Angriff" nicht mehr vorliegt oder doch noch vorliegt. Es fällt auf, dass er wieder juristische Begriffe verwendet, d. h., es ist die Rede von „vertraglichen Pflichten" und auch „Unterlassungspflichten". Diese Wortwahl ermöglicht eine abstrakte Formulierung, die mehrere Fälle einschliesst, aber gleichzeitig für einen Juristen verständlich ist. Ergänzend dazu werden aber auch Beispiele gemacht. Der Kommentar hat quasi eine eigene Codierung, die der Jurist entschlüsseln kann. In diesem Absatz stützt der Kommentator seine Begründungen auf einen Entscheid, aber auch auf eine Lehrmeinung. Erneut wird darauf verzichtet, zu viele Autoren oder Entscheide einzuführen.

---

190 LOBE, § 53 N. 2 b).

191 Erstmals zitiert: KÖHLER, Deutsche Strafrecht, Allgemeiner Teil, 1917.

192 LOBE, § 53 N. 2 b).

c) Der Angriff ist der Eingriff in die Rechtssphäre durch die Handlung eines Willensfähigen. Ein Angriffswille als Ursache der Handlung ist Voraussetzung. Das Strafrecht faßte nur die widerrechtlichen Angriffe eines Menschen ins Auge. Sowohl die Italiener als die *CCC* und ihr nachfolgend noch Carpzow u. a. behandelten die Notwehr lediglich als Fälle strafloser Tötung, woraus ohne weiteres schon die Bezugnahme auf Menschen, nicht z. B. auf Tiere sich ergibt. So *CCC Art. 139:* „Item, welcher eyne rechte notweer zu rettung seines leibes und lebens thut unnd ihnen, der jn also benöttigt, in solcher notweer entleibt, der ist darum niemals nit schuldig.“[193]

Die ersten zwei Sätze enthalten die gleiche Aussage, jedoch etwas anders formuliert. Diese Aussage lässt sich so nicht dem Normtext entnehmen, sondern stellt eine Interpretation zum Begriff „Angriff“ dar, indem präzisiert wird, welche Eigenschaften derjenige haben muss, von dem der Angriff ausgeht. Erneut funktioniert die Feinsteuerung durch Verwendung juristischer Begriffe. Auf diese zwei Einleitungssätze folgt der Versuch, die Aussage zu begründen. Erneut argumentiert der Kommentator rechtshistorisch und verweist auf die Constitutio Criminalis Carolina aus dem 16. Jahrhundert und auf Carpzow (17. Jahrhundert). Die Begründung ist nicht notwendig und liefert keinen Erkenntnisgewinn. Außerdem gehören die zitierten Quellen in eine rechtshistorische Abhandlung, nicht in einen praxisbezogenen juristischen Kommentar.

Die Angriffe seitens unzurechnungsfähiger Menschen und anderen Lebewesen, Tiere, sind sonach unmittelbar durch das StGB nicht geregelt.[194]

Dieser Satz enthält die Folgerung zum ersten Abschnitt und stellt gleichzeitig eine erste Stellungnahme zum Themenkomplex Tierangriffe u. a. dar. Alle anderen Kommentatoren haben sich ausführlich dazu geäußert, weshalb auch hier der Kommentator dazu Stellung nehmen muss. Denkmuster, die sich einmal verfestigt haben, indem sie immer wieder in Kommentaren erwähnt werden, lassen sich nicht umgehen. Insofern rezipiert der Kommentar die Diskussion.

Mit Unrecht versucht man, sie als Fälle des Notstandes nach *§ 54* aufzufassen. Notstand ist ein durch Naturereignisse herbeigeführter Gefahrenzustand, der durch Verletzung eines Menschen oder einer Sache, die ihn nicht verursacht hat, beseitigt wird. Darum bleibt diese Verletzung an sich rechtswidrig, nur schuldlos.[195]

Hier nimmt der Kommentator zu denjenigen Meinungen Stellung, die Tierangriffe und Angriffe Unzurechnungsfähiger unter den „Notstand“ subsumieren

193 Ebd., § 53 N. 2 c).
194 Ebd., § 53 N. 2 c).
195 Ebd., § 53 N. 2 c).

wollen. Interessant ist, dass die entsprechenden Meinungen gar nicht zitiert werden. Zudem ist eine Subsumtion unter den „Notstand" schon deswegen ausgeschlossen, weil solche Angriffe – so der Kommentator im vorhergehenden Abschnitt – gar nicht vom StGB geregelt werden. An dieser Stelle wird ein zusätzliches Argument angeführt. Es wird darauf abgestellt, wer oder was den „Notstand" herbeiführt. Dieser Aspekt wurde unter N. 1 gar nicht angesprochen. Thematisch macht es Sinn, hier darüber zu schreiben und es kann nicht gesagt werden, dass ein Problem an verschiedenen Orten behandelt wird. Denn bezogen auf die unter N. 1 relevanten Aspekte erfolgt dort durchaus eine abschließende Behandlung der Rechtsfigur „Notstand". Schließlich wird auch noch erwähnt, dass „Notstand" Schuldlosigkeit bewirkt und nicht Rechtfertigung.

Da die Diskussion in der Lehre geführt wird, scheinen die Ausführungen notwendig.

Hier aber wird der Eingriff in die Rechtssphäre unmittelbar durch den unzurechnungsfähigen Menschen und das Tier selbst bewirkt und es handelt sich durchaus wie bei der Notwehr um einen Fall defensiver Selbsthilfe. Denn die Notwehrhandlung kennzeichnet sich eben dadurch, daß sie nur den Angreifer verletzt, und gerade so liegt der Fall in *§ 228 BGB., Janka, Der strafrechtl. Notstand S. 33.*[196]

Der Kommentator geht davon aus, dass der hier besprochene Angriff – abgesehen vom Umstand, dass er von „Tieren" oder „unzurechnungsfähigen Menschen" ausgeht, – alle Merkmale eines Angriffs gemäß § 53 aufweist. Er spricht sogar von „defensiver Selbsthilfe" und scheint an die Ausführungen unter N. 1 anknüpfen zu wollen. Jedoch ist dort die Rede von „defensiver Eigenmacht". Wahrscheinlich verwendet er hier den Begriff Selbsthilfe, weil es der BGB-Terminologie entspricht und er das Problem nach BGB lösen will. Bezüglich Verweisen lässt sich sagen, dass der Kommentator wieder nur einen Autor anführt, um seine Meinung zu begründen. Bei dem zitierten Werk handelt es sich um eine Abhandlung zu einem spezifischen Thema.

Der Kommentator ist kohärent und verweist auf das BGB, weil der Fall, wie eingangs ausgeführt, nicht vom Strafrecht geregelt wird.

Sogar wenn eine solche Gefährdung des Rechtsgutes unmittelbar durch Sachen verursacht wird und man hier bildlich und in übertragener Form von einem Angriffe sprechen kann, wird vom *BGB. § 228* die Regelung analog der Notwehr getroffen, *v. Thur, Allg. Teil II S. 588.* Auch diese Regelung ist aber nicht vollständig, denn sie betrifft nur die Fälle, wo die Angriffe von einer Sache ausgehen, worunter nach *BGB.* selbstverständlich auch

196 Ebd., § 53 N. 2 c).

Tiere zu begreifen sind; unmöglich können aber unzurechnungsfähige Menschen darunter begriffen werden.[197]

Hier präzisiert der Kommentator, dass die „Selbsthilfe" gemäß § 228 BGB nur dann infrage kommt, wenn der Angriff von einer „Sache" (also auch einem „Tier") ausgeht. Somit kann man Angriffe von „unzurechnungsfähigen Menschen" nicht darunter subsumieren. Das erste Argument wird wieder nur mit einem Verweis gestützt. Die Ausführungen sind nachvollziehbar.

Vielmehr werden diese vom *BGB.* unter die Notwehr i.S. von *§ 227* gebracht. *Nur Fischer 220, Graf zu Dohna, § 32 S. 131, Löffler und Würzburger S. 23* wollen sie als Sachen nach *§ 228* behandeln.[198]

Der Kommentator präsentiert die Lösung nach BGB im Fall des „Angriffes", der von einem „unzurechnungsfähigen Menschen" ausgeht, und zeigt auch, wer die Meinung nicht teilt und wie diese Autoren das Problem lösen. Der Gedankengang wird zu Ende geführt. Der Kommentar organisiert an dieser Stelle das Wissen, weil auch Gegenmeinungen angeführt werden.

Der Exkurs zum BGB ist nun abgeschlossen. Ob dieser Exkurs wirklich notwendig ist, wird sich in den nachfolgenden Abschnitten zeigen.

Dementsprechend ist zunächst die Vorschrift des *§ 53* entsprechend auch auf unzurechnungsfähige Menschen auszudehnen und die von Ihnen ausgehenden Angriffe nicht dem *§ 54* zu unterstellen. Gibt man hier aber zu, daß ein Unzurechnungsfähiger einen objektiv widerrechtliche Angriff ausüben, somit ein objektives Unrecht verwirklichen kann, so besteht kein Grund, auch eine Tätigkeit, die Verwirklichung eines in gleicher Weise unzurechnungsfähigen Willens eines Tieres ist, als – objektiv – widerrechtlichen Angriff zu behandeln. Auch seinen Angriffen gegenüber liegt eine defensive Selbsthilfe vor *v. Tuhr, a.a.O. S. 588.* Die hierdurch geschaffene Lage trägt alle wesentlichen Züge der Notwehr, nicht des Notstandes. Daher ist auch bei Tierangriffen die analoge Anwendung des *§ 53* geboten, der *§ 2 Abs. 1* nicht entgegensteht. *Bestritten. Übereinstimmend Binding, Grdr. S. 191; Hdb. I S. 736; v. Bar 3 153; Frank unter I; Jabinski, Zur dogmatischen Kritik der Notstandshandlung (1914) S. 40; Oetker, Vgl. D. 2 264; Nagler, Vgl. D. 8 464; Köhler, S. 346. A.M.: Allfeld 183; A. Finger 1 388 (aber Notwehr gegen Unzurechnungsfähige annehmend); v. Liszt § 33 I a u. Deliktsobl. 87; Auer, Strfr. Notst. (03) S. 7; Titze, Notstandsrechte S. 106; Wachenfeld S. 118; Ols-*

197 Ebd., § 53 N. 2 c).
198 Ebd., § 53 N. 2 c).

hausen § 53 Note 6; Schwartz Note 2b; M. E. Mayer S. 278 und RGStr. 34 295, 36 230; RMG. 12 137.[199]

Nachdem der Kommentator aufgezeigt hat, dass die unter c) angesprochenen Fälle nicht vom Strafrecht erfasst sind und sich unter BGB-Normen subsumieren lassen, will er dennoch eine Lösung aufzeigen, gemäß der auch eine strafrechtliche Erfassung möglich sein soll. Dabei geht er offenbar davon aus, dass das Analogieverbot der „analogen Anwendung" nicht entgegensteht. Zu einem in der Lehre intensiv diskutierten Thema wird eine eigene Lösung präsentiert und begründet.

Zu diesem Abschnitt ist schließlich festzuhalten, dass erstmals in dieser Kommentierung sehr viele Meinungen präsentiert werden (u. a. auch die Meinungen der Kommentatoren SCHWARTZ, FRANK und OLSHAUSEN), d. h., die Kommentierung ist auch vergangenheitsbezogen.

d) Der Angriff bedeutet Beeinträchtigung eines rechtlich geschützten Zustandes. Er kann in jedem Verhalten liegen, auch in der Beibehaltung eines Verhaltens, sofern dieses zwar anfangs rechtmäßig war, aber in seiner Fortsetzung einen rechtswidrigen Eingriff enthält, wie beim widerrechtlichen Verweilen in einer Wohnung, ***Rechtspr. 1 33. A.M. E.M. Mayer S. 277.*** **Ebenso kann ein Verhalten, das einer Handlungspflicht zuwiderläuft, also ein Unterlassen, einen solchen Angriff enthalten, wie z. B. das Unterlassen der Ernährung des Säuglings durch die Mutter,** ***v. Bar 3 147; Kitzinger; Verhinderung strafb. Handl. (1913) S. 89; Köhler S. 343. – A.M. Olshausen § 53 Nr. 5 u. 6.***[200]

Wieder gelingt dem Kommentator die Feinsteuerung, indem er durch Verwendung juristischer Begriffe Fallgruppen bildet und diese mit Beispielen garniert. Zudem wird das Wissen organisiert, indem mehrere Lehrmeinungen zitiert werden.

e) Der Angriff muss gegenwärtig sein. Vgl. Schleifenbaum, Begriff und Bedeutung des gegenwärt. Angriffs (04).[201]

Hier wird der Leser in eine zentrierte Rechtslandschaft gezwungen, indem der Kommentator den Normtext wiedergibt.

Die Einleitung dieses Abschnitts erinnert an jene unter N. 1. Ähnlich wie dort wird eine Monografie angeführt. Insofern wird wieder klar gemacht, dass der Leser es nicht mit einer wissenschaftlichen Abhandlung zu tun hat, sondern mit

199 Ebd., § 53 N. 2 c).
200 Ebd., § 53 N. 2 d).
201 Ebd., § 53 N. 2 e).

einem Kommentar, der Lösungen zu praktischen Problemen liefern will. Der wissenschaftlich interessierte Leser kann das zitierte Werk konsultieren.

Das ist er auch bei einem Verhalten, dass unmittelbar in eine Verletzung umschlagen kann, also solchen unmittelbaren Eintritt droht, wobei durch Hinausschiebung der Abwehrhandlung deren Erfolg gefährdet ist, sofortige Verwirklichung der Drohung braucht nicht gerade bevorzustehen, *RGStr. 36 334, 53 133. CCC Art. 140:* „ist auch mit seiner Gegenwehr, bis er geschlagen wirdt, zu warten, nit schuldig – "als etliche unverständliche Leut meinen", wie *Bambergensis* hinzusetzt. Ob schon ein Versuch anzunehmen ist, i.S. von *§ 43* ist nicht entscheidend, *Hälschner 1 479.* Wenn Hinausschieben der Abwehrhandlung ohne Gefährdung ihres Erfolgs möglich ist, ist jedoch immer schon die Vorbereitung der Abwehrhandlung zulässig.[202]

Der Kommentator versucht zunächst den Beginn des „Angriffs" zu definieren und stellt darauf ab, ob die „Abwehrhandlung" hinausgeschoben werden kann und der „Erfolg" dadurch „gefährdet ist". Wieder verwendet er juristische Begriffe, im Gegensatz zu den bisherigen Ausführungen fehlen aber hier die Beispiele. Weiter fällt auf, dass sich der Kommentator an dieser Stelle auf bereits bestehende Ansichten und Rechtsprechung stützt und weniger eigenwillig vorgeht.[203] Schließlich zeigt sich wieder die Vorliebe zur Rechtsgeschichte, da zum zweiten Mal die Constitutio Criminalis Carolina zitiert und auch auf die Bambergensis verwiesen wird. Wie bereits erläutert, gehören diese Quellen nicht in einen Kommentar.

Der Angriff kann die juristische Vollendung des Delikts überdauern, er dauert solange, als der Eingriff in die Rechtsverletzung noch nicht zum Abschluss gekommen ist. So z.B. wenn der Dieb in unmittelbarer Fortsetzung an die Tätigkeit des Wegnehmens die Sache fortschafft. Nur wenn dazwischen eine Pause liegt, die Wegnahmetätigkeit endgültig abgeschlossen war, liegt keine Fortsetzung des gegenwärtigen Angriffs mehr vor; *Allfeld S. 184; Bar 3 151, Frank § 53 I 1, Hälschner I S. 479; Olshausen Not. 9a; M.E. Mayer S. 278; Köhler S. 350.– A.M. Finger 1 400.*[204]

Die Ausführungen zur Dauer des Angriffs leisten die Feinsteuerung besser, da der Kommentator hier wieder nach dem alten Muster juristische Begriffe mit einem Beispiel verbindet. Es fällt auf, dass wieder sehr viele Autoren zitiert werden.

Gegenwärtig ist ein Angriff, solange er noch nicht aufgegeben, fehlgeschlagen oder vollständig durchgeführt ist, *RGZ. VI 469/10v. 27. III. 1911;*

202 Ebd., § 53 N. 2 e).
203 Erstmals zitiert: Hälschner, Gemeines Deutsches Recht, 1881/87.
204 Lobe, § 53 N. 2 e).

RGStr. 29 240; RMG. 6 223, 15 101.* Die Gegenwehr muss also in die Angriffszeit fallen, die bei Dauerverbrechen, fortgesetzten Verbrechen ausgedehnt sein kann, *Binding, Hdb. I S. 748.[205]

An dieser Stelle fehlen Beispiele, der Kommentator umschreibt die Gegenwärtigkeit nur abstrakt. Die Ausführungen stützen sich mehrheitlich auf Rechtsprechung. Es wird nur eine Lehrmeinung zitiert.

– Wie lange ein Angriff gegenwärtig ist und somit die Voraussetzungen der Notwehr vorliegen, richtet sich lediglich nach der objektiven Sachlage, nicht nach der subjektiven Auffassung des Handelnden, *Rechtspr. 1 23; RGStr. 21 189; RGZ. 84 306.* Diese subjektive Auffassung kommt dann erst bei der Frage, ob Putativnotwehr vorliegt, in Betracht, *Rechtspr. 6 576.*[206]

An dieser Stelle setzt sich der Kommentator mit der Frage auseinander, nach welchen Maßstäben die Beurteilung der Gegenwärtigkeit vorzunehmen ist. Er stützt seine Ausführungen ausschließlich auf Rechtsprechung. Insofern kann nicht vom Kommentarkaiser die Rede sein. Vielmehr bestimmt die Rechtsprechung, was im Kommentar steht.

– Liegt ein gegenwärtiger Angriff überhaupt nicht mehr vor, kann auch von einem Exzesse nicht mehr die Rede sein, *4 D 1195/11 v. 9. II. 1912.* Auch ein Zurückweichen vor dem Angriff kann diesen beenden, *RGZ. VI, 435/05 v. 12 III. 06.*[207]

Auch hier beruhen die Ausführungen ausschließlich auf Rechtsprechung. Es geht darum, Grenzfälle zu definieren. Interessant ist, dass der Begriff „Exzess“ und nicht Überschreitung verwendet wird. Überschreitung würde mehr Sinn machen, weil es im Normtext steht und weil die Kommentierung einen ganzen Abschnitt diesem Thema widmet und dort auch von Überschreitung die Rede ist.

f) Der Angriff muss rechtswidrig sein. Rechtswidrig im objektiven Sinn ist genügend.[208]

Der Leser wird in eine zentrierte Rechtslandschaft gezwungen, indem der Normtext wiedergegeben wird. Zudem funktioniert die Feinsteuerung, indem mit dem juristischen Begriff der objektiven Rechtswidrigkeit operiert wird.

Wie aber schon jeder Zustand, der in Widerspruch zu den Vorschriften der Rechtsordnung besteht, rechtswidrig sein kann, *v. Thur a.a.O. S. 454*, so auch jede Angriffshandlung, die objektiv wider das Recht ist, eine Gefahr für ein rechtlich geschütztes Gut bringt, die der Angegriffene zu dulden nicht

---

205 Ebd., § 53 N. 2 e).
206 Ebd., § 53 N. 2 e).
207 Ebd., § 53 N. 2 e).
208 Ebd., § 53 N. 2f).

verpflichtet ist. Deshalb sind sowohl Angriffe von Unzurechnungsfähigen wie von Tieren als objektiv rechtswidrig zu erachten.[209]

An dieser Stelle greift der Kommentator wieder den Themenkomplex Angriffe „von Unzurechnungsfähigen" und „Tieren" auf und erläutert denjenigen Aspekt, der mit der Voraussetzung des rechtswidrigen Angriffs zusammenhängt, wobei nur eine Lehrmeinung angeführt wird.

Nach *Binding, Hdb. 1 S. 740, Sommerlad in Goltd.Arch. 34 S. 358, Jabinski a.a.O. S. 37 u. a.* soll es sogar genügen, daß die Angriffshandlung rechtmäßig ist, man sie zu dulden aber nicht verpflichtet ist. Dies setzt eine Rechtskollision voraus, wie sie nur bei verschiedenen Rechtsordnungen vorkommt. Es kommt aber nicht darauf an, ob nach dem Recht des Angreifenden die Handlung erlaubt oder gar geboten ist, sondern ob nach dem Recht des Angegriffenen, ein objektiv widerrechtlicher Eingriff in dessen Rechtssphäre vorliegt, den er nach diesem Recht zu dulden nicht verpflichtet ist, *v. Bar. 3 S. 153; Frank I 2b; Olshausen Art. 6, Schwartz 2d, Oetker, Vergl. Darst. 2 264, RGStr. 27 44.* Hiernach genügen Angriffe von unzurechnungsfähigen Peronen (Wahnsinnigen, Kindern), ebenso von schuldlosen und persönlich straflosen Personen (Irrenden, Betrunkenen), ferner im Fall der *§ 247 Abs. 2, § 248a*; Abgeordnete, denen die Exemtion zusteht und Exterritoriale.[210]

Zunächst verweist der Kommentator auf einen Passus, der sich auch in den anderen Kommentaren findet, aber sehr abstrakt ist und nicht zum Erkenntnisgewinn beiträgt. Hier ist die Kommentierung vergangenheitsbezogen. Die daran anschließenden Ausführungen sind etwas verwirrend, weil sie sich eigentlich auf die subjektive Rechtswidrigkeit beziehen. Davon ist aber hier nicht die Rede, sondern es geht um das „Recht des Angreifenden" und „des Angegriffenen". Abgesehen von dieser verwirrenden Präsentation des Problems entsprechen die Ausführungen dem in diesem Kommentar gängigen Schema, d. h., juristische Begriffe werden mit Beispielen verbunden.

In diesem Abschnitt werden viele Lehrmeinungen zitiert, was vermutlich die Verwirrung verursacht. Der Kommentator geht zu sehr auf die anderen Meinungen ein, anstatt beim eingangs präsentierten Ansatz zu bleiben, der zwischen objektiver und subjektiver Rechtswidrigkeit unterscheidet.

Die objektive Rechtswidrigkeit des Angriffs wird auch nicht dadurch beseitigt, daß er vom Angegriffenen schuldhaft verursacht war. *Binding Hdb. I S. 749; Rchtspr. 6 576.* Nur wenn der Angegriffene den Angriff ab-

209 Ebd., § 53 N. 2f).
210 Ebd., § 53 N. 2f).

sichtlich provoziert und damit sich selbst schuldhaft in den Notwehrzustand versetzt hat, kann von einem Angriff ebenso wenig die Rede sein, wie wenn jemand sich selbst verletzt. *v. Tuhr a.a.O. S. 584.* Der Angreifer ist dann lediglich Werkzeug (mittelbarer Täter) des Provokanten; *Köhler S. 348.*[211]

Hier wird ein spezifischer Fall abgehandelt, in dem nicht mehr von einem rechtswidrigen Angriff gesprochen werden kann. Der Kommentator bedient sich juristischer Begriffe, um diesen Fall zu definieren und abzugrenzen. Auch wird mit dem Konzept des „mittelbaren Täters" begründet, warum eben kein Angriff vorliegt. Der Autor stützt seine Ausführungen auf verschiedene Lehrmeinungen und auch auf Rechtsprechung. Bei den Lehrmeinungen handelt es sich um Grundlagenwerke. Die Feinsteuerung würde mit Beispielen noch besser gelingen.

Auch die widerrechtliche Amtsausübung (vorsätzliche und fahrlässige Zuwiderhandlungen, Angriffe sachlich und örtlich unzuständiger Beamten) lässt die objektiv widerrechtliche Natur des Angriffs bestehen.

Dasselbe gilt von Angriffen im Notstand, da diese objektiv widerrechtlich bleiben. Gegen sie ist Notwehr zulässig. Anders nur, wenn besondere Notstandsrechte gegeben sind. *Vgl. zu § 54.*[212]

Es stellt sich die Frage, ob die Präsentation dieser Grenzfälle notwendig ist oder ob sich deren Lösung erschließen lässt. Zumindest geben diese Fälle zu denken, weshalb deren Erwähnung das Verständnis erleichtert und dem Leser Zeit spart. Insofern gelingt auch hier die Feinsteuerung, wobei der Kommentar auch auf sich selbst verweist. Anzumerken ist, dass Beispiele fehlen und somit Verbesserungspotenzial besteht.

Subjektive Rechtswidrigkeit des Angriffs ist nicht erforderlich. Der Angriff braucht nicht auf Verschulden oder unentschuldbarem Irrtum zu beruhen.[213]

Diese Ausführungen sind überflüssig, weil der Kommentator schon zu Beginn festgehalten hat, dass rechtswidrig im objektiven Sinn genügend ist.

Nicht rechtswidrig, und daher bei ihm Notwehrhandlung ausgeschlossen, ist dagegen ein Angriff, der erfolgt kraft eines besonderen subjektiven Rechts. Daher gegen Notwehr keine Notwehr (aber gegen Notwehrexzesse), gegen besonderes anerkannte Notstandsrecht keine Notwehr, *Binding Hdb. I S. 766, z.B. BGB. § 229, § 904, § 855*; gegen rechtmäßige Amtsausübung keine Notwehr. Vgl. hierzu im einzelnen die Amtsdelikte und Widerstand gegen die Staatsgewalt. *Auch Binding Hdb. I S. 742.* So Duldung eines Angriffs

211 Lobe, § 53 N. 2f).
212 Ebd., § 53 N. 2f).
213 Ebd., § 53 N. 2f).

auf Freiheit oder Vermögen durch Rechtspflicht bei Vollstreckung eines Urteils, gleichviel, ob dies materiell richtig oder falsch. ***Recht 19 Nr. 1222, Züchtigungsrecht.***[214]

Schließlich werden noch Angriffe definiert, die auf den ersten Blick rechtswidrig zu sein scheinen, es aber „kraft eines besonderen subjektiven Rechtes" nicht sind. Der Kommentator verweist auf Normen aus dem BGB und auf bestimmte Delikte aus dem StGB. Er begnügt sich nicht mit dem Hinweis auf ein besonderes subjektives Recht, sondern zählt Fälle auf, in denen ein solches Recht besteht. An dieser Stelle wird ein Autor zweimal und ein Aufsatz einmal zitiert. Der Abschnitt ist verständlich.

3. Die Verteidigung richtet sich lediglich gegen den Angreifer. Hierdurch unterscheidet sie sich vom Notstand, in dem auch andere Personen und Güter, als diejenigen, die den Angriff vollziehen, verletzt werden können. Derselbe Gegensatz auch zwischen *§ 228 und § 904 BGB.*[215]

Obwohl in N. 1 bereits die Unterschiede zum Notstand aufgezeigt wurden, schadet es nicht, an dieser Stelle nochmal zu betonen, gegen welche Person bzw. Personen sich Notwehr und Notstand richten; zumal dieser Aspekt in N. 1 nicht speziell betont, sondern nur in einem Nebensatz erwähnt wird. Der Verweis auf den gleichen Gegensatz im BGB erhöht die Komplexität, insbesondere weil daraus nichts für die Kommentierung des RStGB folgt.

a) Die Verteidigung kann sich auch gegen die Rechtsgüter des Angreifenden und die von ihm gebrauchten Angriffsmittel wenden, gleichviel, ob sie ihm gehören oder nicht.[216]

Für das Verständnis wichtig ist hier der Punkt, dass „Verteidigung" sich auch gegen „gebrauchte Angriffsmittel" wenden kann, die dem Angreifer nicht gehören. Der Kommentator verwendet hier nicht nur juristische Begriffe, sondern bewusst auch Wörter aus dem Alltagsgebrauch wie etwa „gebrauchte Angriffsmittel" und das Verb „gehören". Die Wörter sind hinreichend präzise, um das Ziel der Verteidigung zu definieren.

Soweit sie aber nicht gebrauchte Angriffsmittel sind, ist ihre Verletzung nur nach den Regeln des Notstandes zulässig. Daher darf bei einem Streit in der Gastwirtschaft der Angegriffene zu seiner Verteidigung nicht ohne weiteres die Stühle und Biergläser des Wirtes ergreifen und mit ihnen zuschlagen, sondern nur in Grenzen des Notstandes und nach *BGB. § 904.*[217]

214 Ebd., § 53 N. 2f).
215 Ebd., § 53 N. 3.
216 Ebd., § 53 N. 3 a).
217 Ebd., § 53 N. 3 a).

Hier geht es um die Unterscheidung „gebrauchte/nicht gebrauchte Angriffsmittel". Obwohl im ersten Satz von lit. a) bereits abschließend festgehalten wird, dass es „gebrauchte Angriffsmittel" sein müssen, ist es an dieser Stelle sinnvoll zu erläutern, was gilt, wenn „nicht gebrauchte Angriffsmittel" verwendet werden. Etwas verwirrend ist, dass auch von „Angriffsmitteln" gesprochen wird, wenn es um „nicht gebrauchte" geht. Denn wenn sie nicht gebraucht werden, sind sie auch keine „Angriffsmittel". Sehr hilfreich ist sodann das Beispiel. Die Feinsteuerung funktioniert. Nicht nachvollziehbar ist, warum § 904 BGB erwähnt wird. Bisher haben die Kommentatoren StGB und BGB klar getrennt. Aus der Erwähnung von § 904 BGB folgt nichts für die Kommentierung. Insofern wird die Komplexität erhöht. Nur der Verweis auf die „Grenzen des Notstandes" würde genügen.

Man darf nicht Rechtsgüter unbeteiligter Dritter verletzen, um rechtswidrige Angriffe von sich abzuwehren, wenn nicht Notstand vorliegt. *Olshausen Nr. 12; Oetker Vergl. Darst. 2 291. – A.M. Binding Grdr. 189 u. a.* Aber wenn sie der Angreifer zum Angriff benutzt, darf man auch diese Werkzeuge schädigen. *RGStr. 21 168* steht nicht entgegen, da Gottesdienstausübung unter Beleidigung des Anwesenden rechtswidrig. – *Vgl. auch RMG. 17 41. Köhler S. 352.*[218]

Auf den ersten Blick scheint es in diesem Abschnitt um das gleiche Thema zu gehen. Bei genauerem Lesen wird aber deutlich, dass andere Aspekte im Vordergrund stehen. Es geht nicht um „Angriffsmittel", sondern um „Rechtsgüter", zudem liegt der Fokus auf „unbeteiligte Dritte". Nicht verständlich ist, warum der Kommentator zunächst von „Rechtsgütern" spricht und dann aber das Wort „Werkzeuge" gebraucht. Diese beiden Wörter bezeichnen verschiedene Dinge. Aufgrund der vielen Verweise auf Lehre und Rechtsprechung steht hier die Funktion der Wissensorganisation im Vordergrund. Zudem wird auch ein Urteil zitiert, dass bei SCHWARTZ und OLSHAUSEN ausführlicher präsentiert wird. Mehr Beispiele könnten die Kommentierung an dieser Stelle noch verständlicher machen.

– Der Verletzung unbeteiligter Dritter steht nicht gleich eine Zuwiderhandlung gegen sicherheits-, verkehrs- und ordnungspolizeiliche Vorschriften zur Fernhaltung von Gefahren. Wenn diese wirkungslos waren, um den Angriff abzuhalten, dürfen sie auch nicht hindern, die notwendige Verteidigung gegen den Angriff auszuüben. *v. Bar 3 209, Frank § 53 II. Oetker DO. 2 293. Recht 18 729.*[219]

218 Ebd., § 53 N. 3 a).
219 Ebd., § 53 N. 3 a).

Schließlich wird noch eine letzte Fallgruppe in die Kommentierung eingeführt. Dabei werden juristische Begriffe verwendet. Es wird auf den Kommentar von Frank, zwei Lehrbücher und einen Aufsatz verwiesen. Der Kommentator stützt seine Meinung nicht nur mit dem Verweis auf andere Lehrmeinungen, sondern begründet diese auch.

b) Es ist der Wille, sich zu verteidigen, erforderlich sowohl für die rechte wie für die vermeintliche Notwehr. ***RGM. 9 278, 12 234.***[220]

Der Kommentator stellt hier auf den Willen ab und führt zwei neue Begriffe ein, nämlich die „rechte" und die „vermeintliche Notwehr". Der Jurist weiß zunächst nicht, worin der Unterschied zwischen den beiden Formen besteht. Ziel scheint es zu sein, eine Einleitung zu den Ausführungen unter lit. b zu machen. Der Satz stützt sich auf Rechtsprechung.

Ob dieser aus einer den äußeren Anschein einer Verteidigung an sich tragenden Handlung festzustellen ist, ist Tatfrage.[221]

Erstmals äußert sich der Kommentator zur Frage der richterlichen Beurteilung, insofern kann an dieser Stelle vom Kommentarkaiser gesprochen werden.

Wer gegenüber einem Angreifer ein vermeintlich ungeladenes Gewehr abdrückt, um zu Schrecken, kann sich nicht auf Notwehr berufen, wenn er den Angreifer verletzt, weil er gar nicht hat schießen wollen., ***1 I) 3/15 v. 11. XII. 1915; 3 D 357/18 v. 23. XII. 1918.*** **Daß die Handlung in Wirklichkeit objektiv den Erfolg hatte, einen rechtswidrigen Angriff von sich oder einem Andern abzuhalten, genügt nicht, wenn diese Abwehr nicht gewollt war.**[222]

Der Kommentator beginnt mit einem Beispiel aus der Rechtsprechung und erklärt dann abstrakt, dass die konkrete „Abwehr" „gewollt" sein muss.

In diesem Abschnitt gelingt dem Kommentator eine sehr gut verständliche Erklärung des „Willens sich zu verteidigen". Er vergisst dabei nicht, auf die einschlägigen Urteile zu verweisen. Die Passage könnte als Muster für die Art und Weise dienen, wie ein Kommentar geschrieben werden sollte.

Auf den Beweggrund im übrigen kommt es nicht an, es können daher neben dem Abwehrwillen noch andere Beweggründe konkurrieren, wie Befriedigung des Hasses usw., ***4 D 1193/13 v. 27. II. 1914; Rechtspr. 4 804.***[223]

Dieser Aussage lässt sich entnehmen, dass der Verteidigungswille vorhanden sein muss, es aber nicht darauf ankommt, ob daneben noch andere Gründe

220 Ebd., § 53 N. 3 b).
221 Ebd., § 53 N. 3 b).
222 Ebd., § 53 N. 3 b).
223 Ebd., § 53 N. 3 b).

wirken. Wieder ist der Kommentator sehr konkret und wieder stützen sich die Ausführungen auf Rechtsprechung.

Es genügt daher auch nicht die Feststellung, daß der Handelnde sich in Notwehrstand befunden hat, erforderlich ist stets, daß er sich auch gegen die drohende Gefahr verteidigt hat. Von einer solchen kann aber nur die Rede sein, wenn er den Willen sich zu verteidigen hatte, *4 D 111/15 v. 15. IV. 1915.*[224]

Die Ausführungen sind überflüssig, weil zum einen etwas Selbstverständliches gesagt wird, nämlich dass der „Handelnde" sich effektiv verteidigen muss, und zum anderen wiederholt wird, was bereits erläutert wurde. Immerhin wird aber noch ein weiterer Entscheid zitiert.

c) Das Maß der Verteidigung richtet sich darnach, wie weit solche erforderlich war. Die Erforderlichkeit ist nur objektiv, nicht nach der Auffassung des Angegriffenen zu beurteilen. Es ist zu entscheiden, welche Gewalt und Gefährlichkeit dem Angriff tatsächlich innewohnt, nicht, was der Verteidiger hiervon wahrgenommen oder angenommen hat. War der Angegriffene des Glaubens, er sei dem Angreifer an Körperkraft überlegen oder hatte er keine Kenntnis davon, daß der Angreifer auch Waffen bei sich trug, und hat er eine Verteidigung aufgewendet, die erforderlich war der wahren Sachlage gegenüber, nicht aber der vom Verteidiger vorgestellten, so hat er dennoch das erforderliche Maß der Verteidigung nicht überschritten. Es liegt nur eine Putativüberschreitung vor. *RGZ. 84 306.*[225]

Der Kommentator zwingt den Leser zunächst in eine zentrierte Rechtslandschaft, indem er auf die Begriffe „Verteidigung" und „erforderlich" aus dem Normtext abstellt. Außerdem gibt er eine Anweisung an den Richterkönig, wonach die „Erforderlichkeit" „objektiv" zu beurteilen ist. Die Objektivität wird zunächst definiert als „nicht nach der Auffassung des Angegriffenen". Daran anknüpfend werden konkrete Wörter verwendet und Beispiele angeführt. Die Kommentierung ist an dieser Stelle sehr gut verständlich. Am Schluss des Absatzes wird der Begriff der „Putativüberschreitung" eingeführt, aber nicht erläutert. Es ist zu prüfen, ob dies an anderer Stelle passiert. Die Ausführungen stützen sich auf einen Entscheid des Reichsgerichts.

Die Verteidigung kann auch bereits vorbereitet werden, bevor der Angriff gegenwärtig ist, so z. B. durch Legen von Fußangeln, Selbstgeschossen, mit polizeilicher Erlaubnis, *§ 367 Nr. 8 usw.*[226]

---

224 Ebd., § 53 N. 3 b).
225 Ebd., § 53 N. 3 c).
226 Ebd., § 53 N. 3 c).

Der Passus ist sehr gut verständlich, weil Beispiele gemacht werden. Zudem wird auf einen anderen Paragrafen im RStGB verwiesen.

Maßgebend ist lediglich, ob die Verteidigung zur Zeit des Angriffs, wenn sie wirksam wird, erforderlich ist.[227]

Erneut verweist der Kommentator auf die „Erforderlichkeit". An dieser Stelle wird zusätzlich noch der zeitliche Aspekt behandelt.

Es darf auch mit der Möglichkeit des hartnäckigen Angriffs solchenfalls gerechnet werden, wie sie nach Art und Zeit möglich sind. Wenn der Garten nicht nur von Kindern, sondern auch von Erwachsenen widerrechtlich stehlenshalber aufgesucht werden kann, sind die gegen die Erwachsenen erforderlichen Maßnahmen zulässig. Gegen einbrechendes Vieh darf vergiftetes Futter gestreut werden, da nicht immer Gelegenheit ist, es zu vertreiben usw. *Oetker, Vergl. Darst. 2 277.*[228]

Maßgeblich ist nicht der effektive Angriff, sondern der potenziell mögliche, d.h., man darf vom „hartnäckigen Angriff" ausgehen. Die Beispiele, die einem anderen Werk entnommen sind, veranschaulichen diesen Gedanken. Der Passus ist sehr gut verständlich.

Maßgebend ist die Hartnäckigkeit und Stärke des Angriffs, nicht der Wert des in Gefahr befindlichen Rechtsgutes.[229]

Zusätzlich zur „Hartnäckigkeit" wird die „Stärke des Angriffs" als maßgeblich erachtet. Zudem wird negativ definiert, dass „der Wert" des gefährdeten „Rechtsguts" nicht maßgeblich ist.

Hierbei kommt es auf die Kräfte des Angreifers zu dem Angegriffenen an. Ein kräftiger Mann kann sich durch einfachere Mittel des Angriffs erwehren, als ein schwächliches Mädchen, ein bewaffneter anders als ein Waffenloser.[230]

An dieser Stelle erfolgen nun Präzisierungen zur „Hartnäckigkeit" und „Stärke des Angriffs", indem auf die Relation zwischen den „Kräften des Angreifers" und jenen des „Angegriffenen" abgestellt wird. Das wird mit Beispielen veranschaulicht, weshalb die Feinsteuerung funktioniert.

Das Recht braucht dem Unrecht nicht zu weichen, daher braucht der Angegriffene nicht obrigkeitliche Hilfe zu rufen, braucht auch nicht die Flucht zu ergreifen und auf sein Notwehrrecht zu verzichten, der Gefahr nicht auszuweichen, *RGZ. VI 142/06 v. 10. XII. 06; a.M. RGStr. 16 69; RGZ. IV*

227 Ebd., § 53 N. 3 c).
228 Ebd., § 53 N. 3 c).
229 Ebd., § 53 N. 3 c).
230 Ebd., § 53 N. 3 c).

130/16 v. 6. VII. 1916 und RGStr in Goltd.Arch. 48 304.* Wenn bei einem Streit und versuchter Sabotage der Fabrikherr den Arbeiter erschießt, um die Zerstörung einer Maschine zu verhindern, und anders nicht den energischen Versuchen der Zerstörung begegnet werden kann, so ist das zulässig. *M. E. Mayer S. 281. Bindung Hdb. I S. 752. A.M. z. T. Baumgarten S. 125.[231]

Zunächst macht der Kommentator deutlich, dass Notwehr nicht subsidiär ist zur „obrigkeitlichen Hilfe" und zur „Flucht". Diese Aussage wird mit Verweisen auf Rechtsprechung begründet. Zwischen den möglichen Notwehrhandlungen besteht scheinbar eine Subsidiarität, wobei aber auch eine Tötung des Angreifers bei Zerstörung von Eigentum möglich sein soll, wenn keine alternativen Verteidigungshandlungen möglich sind („und anders nicht"). Dieser Gedanke findet sich bei zwei Autoren. Es wird ein Autor angeführt, der eine andere Meinung vertritt.

Wenn die Handlung als Abwehr an sich erforderlich war, dabei aber ungewollt andere mit verletzt, wird ihre Rechtmäßigkeit durch den Charakter der Notwehrhandlung gedeckt, *RGStr. 21 168; M. E. Mayer S. 282, bestritten, Frank zu § 53 II.*[232]

Schließlich wird noch die Verletzung anderer beurteilt, wobei sich der Kommentator der Meinung des Reichsgerichts anschließt. Es werden eine befürwortende und eine kritisierende Lehrmeinung angeführt.

4. Notwehrüberschreitung (Exzeß) setzt immer voraus, dass überhaupt ein rechtswidriger Angriff und eine hiergegen unternommene Verteidigung, also eine Notwehr vorliegt. Lediglich das zur Abwehr erforderliche Maß wird überschritten, wenn auch in *Abs. 3* nur von Überschreitung der Grenze der Notwehr gesprochen wird. Daher handelt es sich nicht mehr um bloße Überschreitung, wenn im Anschluß an bereits erfolgte Abwehr noch eine Rechtsgüterverletzung des ursprünglichen Angreifers vorgenommen wird, z. B. der Dieb nachträglich verprügelt wird, *Olshausen Note 15; a. M. v. Bar 3 202, RMG. 7 248.*[233]

Anders als SCHWARTZ, OLSHAUSEN und FRANK setzt der Kommentator am Gesetzestext an und verwendet den Begriff der „Überschreitung". „Exzess" wird lediglich in Klammern gesetzt. So wird der Leser in eine zentrierte Rechtslandschaft gezwungen. Der Kommentator verzichtet auf die Unterscheidung von intensivem und extensivem Exzess. Seine Definition knüpft an den Ausführungen zum Maß der Verteidigung an und folgt so dem bekannten Muster der Kom-

---

231 Ebd., § 53 N. 3 c).
232 Ebd., § 53 N. 3 c).
233 Ebd., § 53 N. 4.

mentierung, wonach die Erläuterungen aufeinander aufbauen und stringent sind. Es wird unterschieden zwischen „Notwehrüberschreitung“ und „Rechtsgüterverletzung“ nach einer abgeschlossenen Verteidigung. Diese Unterscheidung wird mit einem Beispiel veranschaulicht. Der Kommentator vertritt die gleiche Meinung wie OLSHAUSEN. Es wird auf eine abweichende Meinung verwiesen, die u.a. vom Reichmilitärgericht vertreten wird.

Liegt Notwehrüberschreitung vor, so verliert insoweit, als das erforderliche Maß überschritten wird, die zur Abwehr vorgenommene Rechtsgüterverletzung ihre Rechtmäßigkeit und wird selbst zu einem widerrechtlichen Angriff. Daher ist der Überschreitung gegenüber stets wieder Notwehr zulässig, gleichviel, ob die Überschreitung strafbar ist oder nicht.[234]

Der Kommentator präsentiert hier die juristischen Folgen der „Notwehrüberschreitung“. Der Leser kann den Ausführungen sehr gut folgen.

Die Verletzung, die in Überschreitung der Notwehr vorgenommen wurde, macht strafbar, wenn sie als solche strafbar ist. Sie kann fahrlässige und vorsätzliche Rechtsverletzungen enthalten, sie kann aber auch trotz der Überschreitung straflos bleiben, wenn sie als Rechtsverletzung ohne Rücksicht auf Notwehrhandlung straflos sein würde.[235]

Hier wird eine Aussage zur Subsumtion der „Notwehrüberschreitung“ unter Deliktstatbestände gemacht. Auch an dieser Stelle kann der Jurist folgen.

Die in *Abs. 3* aufgezählten Befreiungsgründe sollten allerdings nach der Meinung der Motive eine abschließende Aufzählung der Befreiungsgründe geben und ihnen hat sich die gemeine Meinung angeschlossen, *Rechtspr. 9 120; Olshausen 233; auch E.M. Mayer, wenn auch nicht ohne Tadel der Vorschrift S. 282.*[236]

Erstmals verweist der Kommentator auf die Motive und auf die allgemeine Meinung, die derjenigen in den Motiven entspricht. Die Verweise dürften exemplarisch sein. Ähnlich wie bei OLSHAUSEN stellt sich die Frage, ob der Verweis auf die Motive noch aktuell ist.

Der Wortlaut des Gesetzes zwingt aber keineswegs dazu, auch andere als die dort aufgeführten als Befreiungsgründe gelten zu lassen. Und die Motive sagen: Eine „weitere Ausdehnung der Gründe ist im Hinblick auf die umfassende Bedeutung der aufgenommenen Arten nicht geboten.“ Daraus geht aber nur hervor, daß man annahm, es würden alle Gründe bereits gedeckt, nicht aber, daß man wollte, es sollten nur die aufgeführten in ihrer

234 Ebd., § 53 N. 4.
235 Ebd., § 53 N. 4.
236 Ebd., § 53 N. 4.

Beschränktheit gelten. Der Wille ging also offenbar dahin, alle Schuldbefreiungsgründe gelten zu lassen.[237]

Gemäß dieser Ausführungen gelten die allgemeinen „Schuldbefreiungsgründe" neben den in Absatz 3 aufgeführten Spezialfällen. Die Frage ist durchaus von praktischer Relevanz. Leider werden keine anderen Autoren oder Rechtsprechung angeführt, sodass eine Unsicherheit bleibt. Die Argumentation mit Verweis auf die Motive ist aber nachvollziehbar.

5. In *Abs. 3* wird als persönlicher Schuldausschließungsgrund für den Überschreitenden hingestellt der Umstand, daß er in Bestürzung, Furcht oder Schrecken gehandelt hat.[238]

Zum einen wird hier der Leser in eine zentrierte Rechtslandschaft gezwungen, weil der Normtext wiedergegeben wird, zum anderen werden die in Absatz 3 genannten Gründe als „persönliche Schuldausschließungsgründe" kategorisiert. Der Jurist kann sich aufgrund dieser Ausführungen orientieren.

Die Rechtswidrigkeit der im Exzeß begangenen Rechtsverletzung wird dadurch nicht aufgehoben, aber es handelt sich auch nicht um einen bloßen persönlichen Strafausschließungsgrund, sondern um einen Schuldausschließungsgrund, der die deliktische Natur der objektiv widerrechtlichen Handlung aufhebt, so auch *Mot. z. Entw. § 51*, „Die im Affekt erfolgte Überschreitung der Notwehr ist ebenfalls nicht strafbar, da sie nur die unverschuldete Überschreitung des Rechts ist. Es ist der Notwehr gleichzuachten, wenn der Täter aus Bestürzung usw. die Grenze überschreitet." *A.M. Olshausen u. gem. Mein. RGZ. 21 295.* Der Gedanke ist, daß jemand im Zustand dieser Affekte das erforderliche Maß nicht zu beurteilen vermag, deshalb soll ihm dieser Mangel im Maßhalten nicht zugerechnet werden, er wird behandelt wie jemand, der das Maß eingehalten hat. Daraus folgt, daß es nur darauf ankommt, ob jemand tatsächlich in diesem Affektzustand war, nicht aber, ob er schuldhaft in solchen geraten ist, etwa aus großer Feigheit, Unüberlegtheit und bei gehöriger Aufmerksamkeit diese Erregung hätte vermeiden können.[239]

Der Kommentator erläutert hier ausführlich, was genau aus dem Umstand folgt, dass es sich bei den in Absatz 3 genannten Gründen um „Schuldausschließungsgründe" handelt. Dabei wird auf die Motive zu § 51 verwiesen. In dieser Bestimmung sind die „Schuldausschließungsgründe" geregelt. OLSHAUSEN teilt die in den Motiven vertretene Meinung nicht, hingegen wird die „Gemeine

---

237 Ebd., § 53 N. 4.

238 Ebd., § 53 N. 5.

239 Ebd., § 53 N. 5.

Meinung“ vom Reichsgericht vertreten. Der Kommentator erklärt auch, warum in den aufgezählten Fällen trotz Überschreitung eine zulässige Notwehrhandlung vorliegt. Interessant ist, dass die Frage, warum jemand in einen solchen Zustand geraten ist, keine Relevanz hat. Der Abschnitt ist sehr gut verständlich.

Andererseits decken diese Affekte nicht, wenn trotz ihrer die Erkenntnis der Überschreitung vorhanden war und diese vorsätzlich vorgenommen wurde, so auch *Binding Hdb. I S. 753. A.M. RGStr. 21 und gem. Mein.* [240]

An dieser Stelle wird noch erklärt, dass ein Zusammenhang zwischen den „Affekten“ und „der Überschreitung“ bestehen muss. Der Kommentator vertritt an dieser Stelle die Meinung von Binding und nicht jene des Reichsgerichts (die „Gemeine Meinung“).

Es ist aber nicht zulässig, innerhalb der als Bestürzung, Furcht oder Schrecken zu bewertenden Geistesverfassung zu unterscheiden, ob der in Notwehr Handelnde noch zu der Erwägung fähig war, welche Maßnahmen zur Abwehr erforderlich sind und welche darüber hinausgehen, *3 D 797/11 v. 27. XI. 1911.* [241]

Hier ist eine Anweisung an den Richterkönig enthalten, wie die Bewertung der Situation vorzunehmen ist bzw. wie eben nicht. Die Ausführungen stützen sich auf Rechtsprechung, weshalb nicht vom Kommentarkaiser gesprochen werden kann.

6. Von der Notwehrüberschreitung ist die vermeintliche Notwehr (Putativnotwehr) streng zu unterscheiden. Sie ist keine Notwehr, sondern der tatsächliche Irrtum über das Vorliegen einer Notwehrlage. [242]

Die an anderer Stelle bereits erwähnte „Putativnotwehr“ wird an dieser Stelle erklärt. Der Kommentator systematisiert.

Inwieweit der irrige Glaube, wenn er schuldlos ist, Vorsatz und Fahrlässigkeit ausschließt, wenn er verschuldet ist, fahrlässige Rechtsverletzung übrig läßt, richtet sich nach dem Einfluß des Irrtums, insbesondere nach *§ 59. RGZ. 88 118; RGStr. 21 189; 4 D 204/17 v. 4. V. 1917.* [243]

Der Kommentator verzichtet darauf, das Problem bis ins letzte Detail zu behandeln und verweist auf diejenige Norm, welche den „Irrtum“ regelt, und auf die entsprechende Rechtsprechung.

Vermeintliche Notwehr liegt aber nicht vor, wenn trotz des Irrtums tatsächlich ein Notwehrzustand übrig bleibt, so wenn jemand irrtümlich glaubt, er selbst sei angegriffen, der Angriff sich aber gegen einen Dritten

240 Ebd., § 53 N. 5.
241 Ebd., § 53 N. 5.
242 Ebd., § 53 N. 6.
243 Ebd., § 53 N. 6.

richtet, da auch diesem Dritten Notwehr gewährt werden kann, *Köhler S. 360.*[244]

An dieser Stelle wird ein Spezialfall präsentiert, der von einem anderen Autor erwähnt wird.

Liegt vermeintliche Notwehr vor, so müssen auch die für den Exzeß in wirklicher Notwehr gesetzten Schuldbefreiungsgründe des *Abs. 3* entsprechend angewendet werden. Es entspricht nicht dem Rechtsempfinden, den Exzeß dann hier voll strafbar werden zu lassen, *wie gem. Mein., v. Bar 3 202, RGStr. 21 189; RMG. 11 166; dagegen richtig Köhler S. 360.*[245]

Die „Gemeine Meinung" sowie die Rechtsprechung sind der Auffassung, dass auch bei Putativnotwehr die Schuldausschließungsgründe angewendet werden. Der Kommentator teilt aber diese Meinung nicht, sondern schließt sich jener von KÖHLER an.

B) Überblick über die Kommentierung[246]

Der Kommentator unterteilt die Kommentierung in N. 1–6.

Unter 1. geht es um Abgrenzungen zum Notstand und um den Zusammenhang zwischen Eigenmacht und Notwehr. N. 2 hat den Angriff zum Thema. Dieser Abschnitt wird in lit. a)–f) unterteilt. Thema von lit. a) sind die bedrohten Rechtsgüter. Unter b) geht es darum, dass das angegriffene Rechtsgut nicht dem Verteidigenden zu gehören braucht. c) handelt von der Zurechnungsfähigkeit des Angreifenden. Bei d) geht es um das konkrete Verhalten. e) befasst sich mit der Gegenwärtigkeit und f) schließlich mit der Rechtswidrigkeit. N. 3 handelt von der Verteidigung und wird ebenfalls weiter unterteilt in a)–c). Unter lit. a) geht es um die Frage, wogegen sich die Verteidigung richtet. Unter lit. b) finden sich Erläuterungen zum Verteidigungswillen und c) handelt vom Maß der Verteidigung. Unter N. 4 wird die Notwehrüberschreitung behandelt. In N. 5 geht der Kommentator auf die persönlichen Schuldausschließungsgründe in Absatz 3 ein. In N. 6 wird die Putativnotwehr erläutert.

Der Kommentator orientiert sich stark am Normtext. Insofern ist die Kommentierung näher an jener von OLSHAUSEN als an den anderen. Zwar beginnen die Ausführungen mit Abgrenzungen und Zuordnungen, die über den Normtext hinausgehen, jedoch folgt darauf eine Zentrierung auf den Begriff des Angriffs (N. 2). Der Passus „von sich oder einem anderen" wird nicht in dieser Form übernommen, sondern es ist die Rede von Rechtsgütern, die nicht dem Verteidigenden

244 Ebd., § 53 N. 6.
245 Ebd., § 53 N. 6.
246 Ebd., § 53 N. 1–6.

zu gehören brauchen (lit. a) und b)). Insofern wird der Gesetzestext renoviert. Auch lit. c) und d) übernehmen nicht Begriffe aus dem Normtext, sondern äußern sich zur Handlung, d. h., Angriff wird konkreter definiert (lit. d), und zur geistigen Verfassung der Person des Angreifenden (lit. c). In lit. e) und f) geht es dann wieder um Begriffe aus dem Normtext, d. h. gegenwärtig und rechtswidrig. So wie OLSHAUSEN äußert sich der Kommentator zum Begriff der Verteidigung (N. 2), was sinnvoll ist. Denn es ist nicht nachvollziehbar, warum auf Ausführungen zu diesem Begriff verzichtet werden soll (vgl. die Kritik zu SCHWARTZ und FRANK). Die Untertitel beziehen sich nicht direkt auf den Normtext, sondern spalten den Begriff der Verteidigung auf. Es geht um verschiedene Aspekte, zunächst um das Ziel (a), dann um die subjektive Seite (b) und schließlich um das Maß, d. h. die objektive Seite (c). Anders als bei allen anderen hier analysierten Kommentaren ist unter N. 3 die Rede von der Notwehrüberschreitung, d. h., der Normtext wird beinahe übernommen. Dort ist nämlich die Rede von Überschreitung der Notwehr. In Klammern wird dann auch der von den anderen Kommentatoren verwendete lateinische Begriff des Exzesses angeführt. Die Zentrierung auf den Normtext wird hier deutlich und auch die Komplexität wird nicht erhöht, weil auf andere Begriffe verzichtet wird. In N. 5 wird der Leser ebenfalls in eine zentrierte Rechtslandschaft gezwungen, weil die in Absatz 3 erwähnten Situationen wortwörtlich im ersten Satz des Abschnittes genannt werden. Gleichzeitig wird Absatz 3 ganz am Anfang bereits als persönlicher Schuldausschließungsgrund kategorisiert. Der Kommentator geht davon aus, dass der Abschnitt mit dieser Kategorisierung beginnen kann, weil dem Juristen der Begriff geläufig ist und deshalb sofort Assoziationen weckt. So wird an das Vorverständnis angeknüpft. Die Ausführungen unter N. 6 gehen dann klar über den Normtext hinaus. Dort wird der Begriff der Putativnotwehr behandelt.

Von der Art und Weise der Strukturierung erinnert die Kommentierung an jene von SCHWARTZ (dort sind es sieben Ziffern mit Untertiteln). Jedoch unterscheidet sie sich inhaltlich klar davon, weil sie aufgrund der stärkeren Bezugnahme auf den Normtext weniger eigenwillig erscheint. Zwar wird nicht wie bei OLSHAUSEN auf die Absätze der Norm Bezug genommen, jedoch wird nach einer ersten Durchsicht klar, dass sich N. 1 auf Absatz 1 bezieht. Denn dort geht es um die strafrechtliche Natur der Notwehr. Es wird also erklärt, warum eine strafbare Handlung gerade nicht vorhanden ist. Den Kern der Kommentierung bilden N. 2 und 3, wo Angriff und Verteidigung behandelt werden, wobei dies in anderer Reihenfolge geschieht als das Vorkommen dieser Begriffe im Normtext. Offensichtlich beziehen sich diese Ziffern auf Absatz 2. In N. 4 – 6 geht es schließlich um die Überschreitung, die in Absatz 3 geregelt ist. N. 2 und 3 sind grundsätzlich nach der gleichen Logik aufgebaut. Der Kommentator beginnt mit dem Ziel des Angriffs bzw. der Verteidigung, geht dann zunächst auf die subjektive Seite ein, danach folgt die objektive Seite und schließlich werden beim Angriff noch die im Normtext erwähnten Attribute behandelt. Aufgrund dieses Aufbaus kann gesagt werden, dass die Feinsteuerung, gut funktioniert, weil sie dem Prüfungsschema des Juristen entspricht.

C) Zusammenfassung der Erkenntnisse

Der Kommentator zitiert Literatur und Materialien, die zwischen 1881 (HÄLSCHNER) und 1919 erschienen sind. Außerdem verweist er an zwei Stellen auch auf die CCC von 1532. Es werden Kommentare, Lehrbücher, Monografien und Zeitschriftenartikel zitiert (vgl. Tab. 20), zudem wird auf die im Rahmen dieser Arbeit analysierten Auflagen von SCHWARTZ, FRANK und OLSHAUSEN verwiesen. Auch in dieser Kommentierung erscheinen die verschiedenen Textgattungen als gleichwertig. Der Kommentator zitiert relativ viele Entscheide des Reichsgerichts und teilt in der Regel die Auffassung des obersten Gerichts (vgl. Tab. 21).

Tabelle 20: Notwehr – Literatur bei LOBE

	Anzahl in der Kommentierung
Kommentare	3
Lehrbücher und Vorlesungsunterlagen	15
Monografien	7
Zeitschriftenartikel	3
Andere	1[247]

Tabelle 21: Notwehr – Rechtsprechung bei LOBE

	Reichsgericht[248]	**Reichsmilitärgericht**	**Rechtsprechung[249]**
Anzahl zit. Entscheide	36	8	6
Zustimmung	33	7	6

247 Vergleichende Darstellung des deutschen und ausländischen Strafrechts, Vorarbeiten zur Deutschen Strafrechtsreform (als ein Werk, Beiträge von OETKER und NAGLER).

248 Darunter auch Entscheidungen in Zivilsachen.

249 Im Allgemeinen, d. h. z. B. Urteile aus Zeitschriften.

Tabelle 21: Notwehr – Rechtsprechung bei LOBE *(Fortsetzung)*

	Reichsgericht[248]	Reichsmilitärgericht	Rechtsprechung[249]
Ablehnung	3[250]	1	0
Erläuterungen[251]	4	0	1

Interessanterweise wird sehr oft auf Literatur verwiesen, in über 50 % der Fälle werden die Ausführungen zumindest auf einen gerichtlichen Entscheid gestützt (vgl. Tab. 22). An 26 Stellen in der Kommentierung wird nur auf einen Autor oder einen Entscheid verwiesen.

Tabelle 22: Notwehr – Begründung bei LOBE

	Anzahl Stellen
Nur Literatur	24
Nur Rechtsprechung	18
Literatur und Rechtsprechung	13
Total	55

Der Kommentator folgt relativ häufig der Mehrheitsmeinung bzw. sucht Befürworter (vgl. Tab. 23). Die Darstellung scheint aber ausgeglichener als bei OLSHAUSEN und SCHWARTZ. Nur an drei Stellen spricht der Kommentator von der „Gemeinen Meinung“, der er sich nie anschließt. Die eigene Meinung wird relativ häufig begründet. Trotzdem kann auch über diese Kommentierung gesagt werden, dass die Präsentation der Rechtslage im Vordergrund steht. Der Kommentator führt in der Regel weniger Autoren und Entscheide als OLSHAUSEN an.

Tabelle 23: Notwehr – Meinungsvielfalt bei LOBE

	Zwei Meinungen
Anzahl Stellen	15[252]

250 An einer Stelle werden vom Reichsgericht verschiedene Meinungen vertreten (je nach Entscheid).

251 Es wird zumindest ein Stichwort genannt.

252 Zehnmal wird lediglich gesagt, dass es eine andere Meinung gibt (meist mit der Abkürzung „A.M.“) und die Vertreter werden genannt. Dreimal wird näher auf die andere Meinung eingegangen. Einmal wird gesagt, dass ein Autor die präsentierte Meinung bestreitet („bestritten“ und

Tabelle 24: Notwehr – Mengenverhältnisse bei LOBE

Anzahl Stellen[253]	8	0	5[254]
Meinung Kommentator	mehr Autoren	gleich	weniger Autoren
Andere Meinung	weniger Autoren	gleich	mehr Autoren

An achtzehn Stellen in der Kommentierung arbeitet der Kommentator mit Beispielen. Der Lesefluss wird ab und zu durch Verweise und wörtliche Zitate unterbrochen (vgl. Tab. 25). Trotzdem wirkt die Kommentierung abgeschlossen, weil nur zehnmal auf andere Ausführungen im Kommentar verwiesen wird.

Tabelle 25: Notwehr – Verweise und Zitate bei LOBE

	Wörtliche Zitate	**Stellen Komm.**	**Normen RStGB**	**Andere Normen**	**Total**
Anzahl Stellen	4	10	17	11	42

In Zusammenhang mit der Struktur fällt auf, dass zwar wenige Titel gewählt werden, aber auch mit Untertiteln gearbeitet wird. Insofern erinnert die Kommentierung an jene von SCHWARTZ; dies aber nur bezogen auf die Anzahl Titel und Untertitel. Anders als dieser orientiert sich der Kommentator stärker am Normtext, ähnlich wie dies auch OLSHAUSEN tut.

Bezogen auf die Berücksichtigung von Lehre und Rechtsprechung funktioniert die Kommentierung anders als die anderen drei. Zum Teil werden nur einzelne Lehrmeinungen und Entscheide angeführt, was an die Kommentierung von FRANK erinnert. Zum Teil werden aber auch mehrere Lehrmeinungen und Entscheide zitiert wie bei OLSHAUSEN. Auch hier sind Lehre und Rechtsprechung auf der gleichen Stufe, d. h., sie haben die gleiche Autorität.

Die Feinsteuerung funktioniert sehr gut, da die Ausführungen aufeinander aufbauen, d. h., der Kommentator hat einen stringenten Aufbau gewählt. Bereits definierte Begriffe werden verwendet, um neue Begriffe zu erläutern. Überzeugend ist auch die häufige Kombination von juristischen Begriffen und Beispielen. Die Kommentierung ist leserfreundlich, da mit sehr wenigen Verweisen gearbeitet

---

der Name). An einer Stelle wird eine Meinung präsentiert, dann werden die bestreitenden Autoren aufgeführt und schließlich werden noch diejenigen Autoren genannt, die anderer Meinung sind („A.M."). Neunmal wird die eigene Meinung begründet.

253 In zwei Fällen bleibt das Verhältnis aufgrund der Formulierung offen, daher ein Total von 13 und nicht 15.

254 Dreimal wird bei der Gegenmeinung auch die „Gemeine Meinung" angeführt.

und auf Einschübe sowie viele Nebensätze verzichtet wurde. Zudem gibt es wenig Stellen, an denen viele Autoren aneinandergereiht wurden. Es entsteht der Eindruck, dass die wesentlichen Lehrmeinungen und Entscheide berücksichtigt wurden. Offensichtlich ist auch, dass eine Auswahl stattgefunden hat. Der praktisch tätige Jurist findet die Antworten in der Kommentierung selbst und muss sich nicht durch ein kompliziertes System von Verweisen arbeiten.

5 Zwischenergebnis

A) Organisation des Wissens

SCHWARTZ hatte die Vorauflagen von OLSHAUSEN und FRANK zur Verfügung. OLSHAUSEN hat mit der Vorauflage von FRANK und mit dem Kommentar von SCHWARTZ gearbeitet. FRANK hat den Kommentar von SCHWARTZ gar nicht berücksichtigt. LOBE hat mit allen drei der hier analysierten Kommentare gearbeitet. In Zusammenhang mit der Textmenge fällt auf, dass die Kommentierungen von SCHWARTZ, OLSHAUSEN und LOBE fast gleich lang sind. Die Kommentierung von FRANK ist kürzer, was wohl auf den didaktischen Zweck zurückzuführen ist (vgl. Tab. 26).

Tabelle 26: Notwehr – Erscheinungsjahr und Anzahl Seiten

	Jahr	Anzahl Seiten[255]
SCHWARTZ	1914	6.5
OLSHAUSEN	1916	6.5
FRANK	1919	4.5
LOBE[256]	1920	6

SCHWARTZ arbeitet mit sehr wenigen Entscheiden und beschränkt sich auf die allgemeine Literatur. Spezialliteratur wird nicht berücksichtigt. Er speichert also nicht das gesamte relevante Wissen. Die alten Kommentare hätten durch aktuelle Monografien und Zeitschriften ersetzt werden können. Letztlich wird zu viel gefiltert und die Kommentierung erscheint unvollständig (vgl. Tab. 27). Alle anderen Kommentatoren haben die „Vergleichende Darstellung des deutschen und aus-

255 Das Format und die Schriftgröße der Kommentare variiert, jedoch sind die Unterschiede vernachlässigbar. Der Gesetzestext wird mitberücksichtigt.

256 Die Seiten des Leipziger Kommentars sind etwas größer.

ländischen Strafrechts, Vorarbeiten zur Deutschen Strafrechtsreform“ verarbeitet, SCHWARTZ nicht.

Die Kommentierung von OLSHAUSEN scheint hingegen vollständig zu sein (vgl. Tab. 27). Die Ausgangslage ist eine ganz andere: OLSHAUSEN konnte auf alle Vorauflagen zurückgreifen und hat diese mit aktuellen Quellen angereichert. Der Wissensbestand ist viel größer. Gleichzeitig muss der Kommentator das Wissen filtern. Zwar wurden die alten Kommentare aussortiert, jedoch wird auf die Materialien zum PrStGB und auch auf diverse Artikel dieses nicht mehr geltenden Gesetzes verwiesen. Verglichen mit den anderen Kommentaren scheint OLSHAUSEN zu viel verarbeitet zu haben.

Es erstaunt nicht, dass FRANK als Professor vergleichsweise viele Monografien und Zeitschriftenartikel verarbeitet hat. Er hatte diese Werke zur Hand und arbeitete als Forscher regelmäßig damit. Leider werden wenige Entscheide berücksichtigt (vgl. Tab. 27). Im Verhältnis zur Textmenege hat aber FRANK wohl mehr Quellen verwendet als die anderen (die Kommentierung ist zwei Seiten kürzer). Anders als OLSHAUSEN hat er die Wissensbestände besser gefiltert und auch die Kommentierung scheint nicht organisch gewachsen zu sein. Vermutlich hatte FRANK auch mehr Zeit, um sein Werk zu überarbeiten.

Die Kommentierung von LOBE scheint sehr ausgewogen zu sein. Erwartungsgemäß wurden sehr viele Entscheide verarbeitet und auch einschlägige Spezialliteratur hat Eingang in die Kommentierung gefunden. Die Wissensbestände scheinen vernünftig gefiltert worden zu sein (vgl. Tab. 27).

Tabelle 27: Notwehr – Lehre und Rechtsprechung

	Entsch.	Komm.	Lehrb.	Mon.	Zeitsch.	Total
SCHWARTZ	20 (49%)	5 (12%)	16 (39%)	0	0	41 (100%)
OLSHAUSEN	59 (63%)	2 (2%)	19 (20%)	7 (7%)	7 (7%)	94 (100%)
FRANK	27 (39%)	2 (3%)	11 (16%)	17 (24%)	13 (19%)	70 (101%[257])
LOBE	50 (64%)	3 (4%)	15 (19%)	7 (9%)	3 (4%)	78 (100%)

Alle Autoren außer SCHWARTZ stützen in über 50% der Fälle ihre Argumente zumindest teilweise auf Rechtsprechung (vgl. Tab. 28). So erscheint die Kommentierung von SCHWARTZ, obwohl später erschienen als die Vorauflagen von FRANK und OLSHAUSEN, als nicht zeitgemäß. Gleichzeitig kann gesagt werden,

257 Die Werte wurden nach den mathematischen Regeln gerundet.

dass der Fokus auf der Rechtsprechung kein Alleinstellungsmerkmal des Leipziger Kommentars war.

Tabelle 28: Notwehr – Begründung

	Literatur	Rechtsprechung	Beides	Total
SCHWARTZ	29 (63 %)	8 (17 %)	9 (20 %)	46 (100 %)
OLSHAUSEN	31 (46 %)	26 (38 %)	11 (16 %)	68 (100 %)
FRANK	16 (47 %)	11 (32 %)	7 (21 %)	34 (100 %)
LOBE	24 (44 %)	18 (33 %)	13 (24 %)	55 (101 %[258])

SCHWARTZ und auch LOBE begnügen sich häufig mit dem Verweis auf nur eine Quelle, d. h., die anderen Autoren, insbesondere OLSHAUSEN, erhoffen sich häufig aufgrund einer langen Zitatkette eine höhere Legitimität (vgl. Tab. 29). Tatsächlich ist es so, dass eine bestimmte Ansicht von einem Autor oder mehreren Autoren unabhängig voneinander erstmals vertreten wird. Diese Ansicht wird dann von anderen Autoren bestätigt oder kritisiert.

Tabelle 29: Notwehr – nur eine Quelle

	Anzahl Stellen
SCHWARTZ	23
OLSHAUSEN	9
FRANK	2
LOBE	26

Bei der Wissensgestaltung fällt auf, dass LOBE und SCHWARTZ vergleichsweise häufig mehrere Meinungen präsentieren oder zumindest andeuten, dass eine zweite Meinung besteht. Die Kommentierung von FRANK, die auch für Studenten geschrieben wurde, vermittelt hingegen Sicherheit. FRANK präsentiert nur in den wichtigen Fragen mehrere Meinungen. OLSHAUSEN scheint zu wissen, welche Fragen geklärt sind und wo mehrere Meinungen bestehen (vgl. Tab. 30). Aufgrund des großen Wissensbestandes vermag er auch zu überzeugen.

258 Die Werte wurden nach den mathematischen Regeln aufgerundet.

Tabelle 30: Notwehr – Meinungsvielfalt

	Stellen zwei Meinungen	Stellen drei Meinungen
SCHWARTZ	16	0
OLSHAUSEN	11	2
FRANK	9	0
LOBE	15	0

OLSHAUSEN arbeitet mit der „Geltenden Meinung“, bei SCHWARTZ wird sie nur einmal erwähnt. FRANK als Professor verweist auf die „Herrschende Lehre“, LOBE auf die „Gemeine Meinung“ (vgl. Tab. 31). Die Terminologie ist sehr uneinheitlich und es kann – abgesehen von der „Herrschenden Lehre“ – nicht geklärt werden, was genau mit den Begriffen gemeint ist.

Tabelle 31: Notwehr – Argumentationsfiguren

	Herrschende Lehre	Geltende Meinung	Gemeine Meinung	Überwiegende Meinung	die meisten
SCHWARTZ	0	1	0	0	0
OLSHAUSEN	0	8	0	1	0
FRANK	1	0	0	0	1
LOBE	0	0	3	0	0

Die Kommentierung von FRANK scheint die tatsächlichen Verhältnisse wiederzugeben und ist zurückhaltend geschrieben, SCHWARTZ und auch OLSHAUSEN scheinen Befürworter gesucht oder sich der Mehrheitsmeinung angeschlossen zu haben. Die Kommentierung von LOBE wirkt relativ ausgewogen (vgl. Tab. 32).

Tabelle 32: Notwehr – Mengenverhältnisse

	mehr	gleich	weniger
SCHWARTZ	10	2	1
OLSHAUSEN	7	0	2
FRANK	3	1	3
LOBE	8	0	5

B) Feinsteuerung

SCHWARTZ, LOBE und auch FRANK, dessen Kommentierung kürzer ist, bringen im Vergleich zu OLSHAUSEN viele Beispiele, was ihre Kommentierungen besser verständlich macht. Auch helfen diese Beispiele dem praktisch tätigen Juristen bei der Einordnung der Fälle, mit denen er sich befasst (Tab. 33).

Tabelle 33: Notwehr – Beispiele

	Anzahl Stellen
SCHWARTZ	16
OLSHAUSEN	13
FRANK	12
LOBE	18

Die Kommentierungen von SCHWARTZ und FRANK sind leserfreundlich geschrieben. Der Lesefluss wird nicht durch viele Zitate und Verweise unterbrochen. Die Kommentierung von OLSHAUSEN hingegen ist fast nicht mehr lesbar. Sie ähnelt mehr einer Datenbank auf Papier, die Zusammenhänge zwischen verschiedenen Textbausteinen herstellt. Die Kommentierung von LOBE ähnelt diesbezüglich jener von FRANK, enthält aber vergleichsweise[259] etwas mehr Verweise auf andere Paragrafen des RStGB und andere Normen (vgl. Tab. 34). Gerade bei einer Kommentierung zu einem Paragrafen des Allgemeinen Teils kommt der Kommentator wohl nicht ohne Verweise auf Paragrafen des Besonderen Teils aus. Fraglich ist, ob die Verweise auf BGB-Paragrafen notwendig sind.

Tabelle 34: Notwehr – Zitate und Verweise

	wörtlich	Komm.	RStGB	Normen	Total
SCHWARTZ	4	4	9	5	27
OLSHAUSEN	8	51	12	16[260]	104
FRANK	1	8	7	4	24
LOBE	4	10	17	11	48

259 Die Kommentierung von FRANK ist ca. 30 % kürzer.
260 Fünfmal verweist OLSHAUSEN auf das PrStGB.

II Kommentierung von § 110 RStGB: Widerstand gegen die Staatsgewalt

Anders als bei der Notwehr werden nun zwei Kommentierungen parallel analysiert, d. h., die Kommentierungen werden nebeneinandergelegt und verglichen. Da der Kommentar OLSHAUSEN der alte und der Leipziger Kommentar der neue Standardkommentar ist, werden diese beiden Kommentare verglichen. Der Vergleich zwischen dem Kommentar von SCHWARTZ und jenem von FRANK macht Sinn, weil beide ungefähr die gleiche Länge aufweisen.

1 Kommentar SCHWARTZ und Kommentar FRANK

In den beiden Kommentaren finden sich Vorbemerkungen zum 6. Abschnitt. Dort werden Ausführungen gemacht, die für alle Paragrafen im entsprechenden Abschnitt Geltung haben. Solche Vorbemerkungen gehen über den Normtext hinaus und haben ihren Platz in einem Lehrbuch. Nachfolgend soll deshalb nur auf die Kommentierung von § 110 RStGB eingegangen werden.

Die Kommentierung von SCHWARTZ bildet den Ausgangspunkt, d. h., den Auszügen aus dieser Kommentierung werden ähnliche Passagen in der Kommentierung von FRANK gegenübergestellt.

A) Analyse der Kommentierungen

Kommentar SCHWARTZ:

1. Das Gesetz will die Staatsgewalt gegen die Untergrabung ihrer Autorität durch Aufforderung zum Ungehorsam schützen und setzt zugleich bestimmte Bedingungen fest, unter denen allein die Aufforderung gestraft wird.[261]

Kommentar FRANK:

I. Die öffentliche Aufforderung zum Ungehorsam gegen Gesetze, Verordnungen oder Anordnungen wird deshalb bestraft, weil die Autorität der Staatsgewalt geschützt werden soll. An sich liegt in jedem Angriff auf ein Gesetz usw. auch ein Angriff auf die Autorität der Staatsgewalt, z. B. in der rein theoretischen abfälligen Kritik des Gesetzes. Strafbar aber soll ein solcher Angriff nur dann sein, wenn er in der Aufforderung zum Ungehorsam gegen das Gesetz usw. besteht.[262]

Beide Kommentatoren wählen einen Einstieg im Lehrbuchstil, indem sie sich zu Sinn und Zweck der Bestimmung äußern, anstatt direkt mit der Analyse des

---

261 SCHWARTZ, § 110 N. 1.
262 FRANK, § 110 N. 1.

Wortlautes zu beginnen. Nichtsdestotrotz können Ausführungen über Sinn und Zweck bei der Auslegung hilfreich sein.

SCHWARTZ formuliert zum Einstieg einen einzigen Satz. Nur der erste Teil des Satzes erläutert den Zweck der Norm, während im zweiten Teil bereits abstrakt umschrieben wird, was gemäß Bestimmung strafbar ist: „allein die Aufforderung", wenn „bestimmte Bedingungen" erfüllt sind. Dieser zweite Teil leitet bereits die Kommentierung des Wortlautes ein.

Bei FRANK wird der Zweck im ersten Satz erläutert. Der zweite Satz geht klar über den Normtext hinaus und erhöht die Komplexität. Denn es interessiert nur, was laut § 110 strafbar ist. Die Ausführungen gehören in ein Lehrbuch. Als Professor geht FRANK zunächst vom Allgemeinen aus, um sich dann zum Spezifischen zu äußern. Der dritte Satz ähnelt dem zweiten Satzteil bei SCHWARTZ, ist jedoch konkreter. FRANK nennt, anders als SCHWARTZ, auch „Ungehorsam gegen das Gesetz". Es gilt dasselbe: der dritte Satz eignet sich als Einstieg in die Analyse des Wortlautes.

Kommentar SCHWARTZ:

2. Auffordern ist „eine Erklärung des Inhalts, daß ihr Adressat ein bestimmtes Verhalten „einschlagen solle" ***(Frank N. II Abs. 1).***[263]

Kommentar FRANK:

II. Die Handlung besteht in der Aufforderung zum Ungehorsam. Aufforderung ist eine Erklärung des Inhalts, daß ihr Adressat ein bestimmtes Verhalten einschlagen solle.[264]

SCHWARTZ steigt sogleich in die Kommentierung ein und fokussiert sich auf den Begriff „Auffordern", der zwar nicht der erstgenannte Begriff in der Kommentierung ist, jedoch der sprachlich zentrale. Denn die anderen Ausdrücke sagen, wie und wozu aufgefordert wird. Somit ist es sinnvoll, mit „Auffordern" zu beginnen und dann zu den näheren Umschreibungen zu gehen.

FRANK wendet sich erst unter II. diesem Begriff zu. Unter I. behandelt er auf über einer Seite die Frage, welchen „Gesetzen" „Ungehorsam" geleistet werden kann, und äußert sich im Anschluss daran zu diesen Gesetzen gleichgestellten Erlassen. Mit diesem Vorgehen entfernt er sich vom Normtext und wählt eine eigene Struktur. Ein Bezug bleibt bestehen, weil im Normtext explizit das Wort „Gesetze" genannt wird und er auf diesen Begriff eingeht. Es fällt wieder auf, dass nicht der Normtext den Ausgangspunkt bildet, sondern die theoretische Frage. Die Frage steht nicht im Normtext, sondern wird von FRANK formuliert. Dennoch kann gesagt werden, dass die Ausführungen für das Verständnis der Norm wichtig

263 SCHWARTZ, § 110 N. 2.
264 FRANK, § 110 N. II.

sind, weil es letztlich um die Definition von „Gesetzen" im Sinn von § 110 geht. Weiter handelt es sich um den charakteristischen Punkt in der Norm, weil die genannten Erlasse die „Staatsgewalt" repräsentieren und dies der zentrale Begriff im sechsten Abschnitt des RStGB ist, dessen Bestimmungen die Autorität der Staatsgewalt schützen wollen.

SCHWARTZ zitiert zum Einstieg nur den Kommentar von FRANK[265] und verzichtet darauf, andere Lehrbücher und Kommentare zu erwähnen. FRANK zitiert keine Lehrbücher und Kommentare. Die Formulierung stammt von ihm.

An dieser Stelle wird der Gesetzestext sprachlich und für den Juristen nachvollziehbar erläutert. Die Umschreibung des Begriffs ist weniger abstrakt, sodass die Feinsteuerung funktioniert.

Kommentar SCHWARTZ:

Diese Kundgebung kann ausdrücklich oder durch schlüssige Handlungen, durch Rede, Gebärde, Zeichen, Schriften, andere Darstellungen erfolgen: *Binding Lehrb. II 843, Hälschner II 752, Olshausen N. 3, Schütze 238 N. 2; RG 19./4. 81 E. 4 106.*[266]

Kommentar FRANK:

Subjektiv ist das Bewusstsein erforderlich, daß die Erklärung in diesem Sinne und als Ausdruck einer Willensmeinung des Erklärenden verstanden werde.[267]

Hier unterscheiden sich die Kommentierungen. SCHWARTZ fokussiert sich auf den objektiven, FRANK auf den subjektiven Tatbestand.

Nachdem SCHWARTZ erklärt hat, was „auffordern" genau bedeutet, geht er darauf ein, wie aufgefordert werden kann. Er erwähnt die zwei Varianten „ausdrücklich" und „schlüssige Handlungen" und bringt Beispiele. Die Feinsteuerung funktioniert an dieser Stelle. Die Überlegungen stammen aus anderen Quellen.

FRANK verzichtet an dieser Stelle auf weitere Ausführungen zum objektiven und geht auf den subjektiven Tatbestand ein. Er erläutert unter 1. a) und b) sowie 2. a) und b), wie die „Aufforderung" gemäß § 110 erfolgen muss. Diese Überlegungen sind dogmatischer Natur, helfen aber dem Praktiker. Noch besser wäre es gewesen, wenn FRANK sich zunächst abschließend zum objektiven Tatbestand geäußert hätte und dann auf den subjektiven Tatbestand eingegangen wäre. Der von FRANK formulierte Satz nimmt Bezug auf den vorhergehenden. „In diesem Sinne" meint im Sinn, dass der Adressat ein bestimmtes Verhalten einschlagen solle. Die gewählte Formulierung ist abstrakt, soll aber nur ein Einstieg sein.

---

265 Es handelt sich hierbei aber nicht um die hier analysierte Auflage von 1919, da der Kommentar SCHWARTZ 1914 erschienen ist und sich somit nur auf die ältere Auflage beziehen kann.

266 SCHWARTZ, § 110 N. 2.

267 FRANK, § 110 N. II.

Kommentar SCHWARTZ:

Sie kann als Rat, als Befehl, als Drohung formuliert werden. Somit kann sie auch unter dem Schein des Gegenteils, z. B. der Abmahnung, erfolgen, wofern nur ihr wahrer Charakter erkennbar ist. Dagegen geht es zu weit, mit *RG. a.a.O. und Rüdorff-Stenglein N. 10* unter Aufforderung jede Kundgebung zu verstehen, welche eine Einwirkung auf den Willen Anderer bezweckt, sie also trotz der abweichenden Fassung mit der Anstiftung des *§ 48* gleichzustellen. Wie schwierig immerhin eine scharfe Unterscheidung bleibt, so werden doch Anpreisen, Anreizen, beide ebenso wie die Aufforderung ein geeignetes Mittel zur Anstiftung, nicht als ein Auffordern im Sinne des *§ 110* betrachtet werden dürfen: *Hälschner und Olshausen a.a.O., Merkel 151.*[268]

Kommentar FRANK:

Die Annahme die Äußerung werde als Scherz aufgefasst werden, schließt den Vorsatz aus. Dagegen ist nicht erforderlich, daß der Auffordernde die Betätigung des Ungehorsams beabsichtige, noch auch daß sein Vorsatz darauf gerichtet sei. Auch der agent provocateur, der damit rechnet, daß jede Regung zur Betätigung des Ungehorsams im Keim erstickt werde, fordert auf.[269]

SCHWARTZ erläutert nun in welcher Form die „Aufforderung" erfolgen kann. Seine Ausführungen sind konkret und nachvollziehbar. Sodann setzt er sich mit einer Entscheidung des Reichsgerichts und einer Lehrmeinung auseinander, die er nicht teilt. So kann er auch den Begriff der „Anstiftung" abgrenzen. Am Schluss nennt er nochmals Beispiele und führt Autoren an, die seine Meinung teilen. Der Kommentator ist an dieser Stelle sehr konkret und vermittelt Sicherheit, weil er sich für eine Ansicht entscheidet.

Die Ausführungen von FRANK konkretisieren den subjektiven Tatbestand. Die Feinsteuerung funktioniert.

Kommentar SCHWARTZ:

Der Wunsch des Auffordernden, der Aufgeforderte möge den Ungehorsam begehen, muß in der Kundgebung erkennbar enthalten sein; daher ist jede Art einer listigen Tätigkeit, durch welche der Erklärende dem Anderen seinen Wunsch zu verbergen und ihn dennoch zum Ungehorsam zu bestimmen sucht, ausgeschlossen: *Binding a.a.O., Hälschner I 407, Merkel a.a.O., Olshausen § 49 a N. 5 a.*[270]

---

268 SCHWARTZ, § 110 N. 2.
269 FRANK, § 110 N. II.
270 SCHWARTZ, § 110 N. 2.

Kommentar FRANK:

Der Begriff des Aufforderns ist hier (und im Falle des *§ 111*) ein anderer als in *§ 49 a*. Denn in *§ 49 a* handelt es sich um die Vorbereitung einer strafbaren Handlung, in den *§§ 110. 111* um die Erschütterung der Autorität des Gesetzes. In dieser Beziehung übereinstimmend *E 7 113, Rüd.-Stengl. 12. A.A. M. E. Mayer a.a.O. 374, Olsh. 3. 23, Oppenh.-Del. 20 zu § 85*. Die vertretene Auffassung kann man auch so formulieren: der Auffordernde muß zwar die Erzeugung des Willens zum Ungehorsam beabsichtigen, aber nicht notwendigerweise die Betätigung dieses Willens. S. dazu *§ 46 IV 3* (Rücktritt, etwa bestehend im Widerruf der Aufforderung, befreit nicht von Strafe).[271]

Nun äußert sich auch SCHWARTZ nachvollziehbar zum subjektiven Tatbestand, indem er erklärt, was in der „Aufforderung" „erkennbar sein" muss, und negativ umschreibt, wann der subjektive Tatbestand nicht erfüllt ist. Er zitiert Lehrbücher und den Kommentar von OLSHAUSEN.

FRANK grenzt die §§ 110 und 111 zu § 49a ab. In dieser Bestimmung geht es um die „Aufforderung" zur Begehung eines Verbrechens. Die Abgrenzung geht über den Normtext hinaus, ist aber hilfreich. Es wird auf den Zweck der „Aufforderung" abgestellt. FRANK schließt sich der Meinung derjenigen Autoren an, die § 49a als Vorbereitungshandlung zu einer strafbaren Handlung sehen und § 110 als „Erschütterung der Autorität des Gesetzes". Es scheint die Mindermeinung zu sein. Am Schluss bringt er die vertretene Auffassung durch eine kurze Umschreibung auf den Punkt. Die Formulierung ist nachvollziehbar. Der Absatz endet mit einem Verweis auf die Kommentierung zu § 46, wo der straflose Versuch geregelt ist. An der erwähnten Stelle äußert sich FRANK generell zu den Aufforderungsdelikten und hält fest, dass „Widerruf der Aufforderung" nicht von Strafe befreit. Er systematisiert an dieser Stelle und will dogmatische Fragen klären. Die Ausführungen gehören eher in ein Lehrbuch.

Kommentar SCHWARTZ:

3. Aufgefordert wird zum Ungehorsam, also zur Nichtbefolgung eines Gebotes oder Verbotes. Der Ungehorsam kann ein aktiver und kann ein passiver sein, obgleich der aktive, wenn er sich gegen die Personen richtet, regelmäßig eine strafbare Handlung darstellen, also unter *§ 111* fallen wird: *RG. 4./12. 90 E. 21 192.*[272]

Es geht an dieser Stelle um den Begriff des „Ungehorsams" bei SCHWARTZ, weil FRANK diesen nicht isoliert, sondern nur in Zusammenhang mit den Gesetzen gemäß § 110 behandelt, wobei er sich vom Normtext entfernt. Aufgabe eines

271 FRANK, § 110 N. II.

272 SCHWARTZ, § 110 N. 3.

Kommentares ist nicht die erschöpfende Behandlung einer Rechtsfrage, sondern die Kommentierung des Normtextes.

SCHWARTZ fokussiert sich auf den Begriff des „Ungehorsams" und zwingt den Leser in eine zentrierte Rechtslandschaft. Er umschreibt im ersten Satz die Bedeutung, indem er weniger abstrakte Begriffe wählt. Zudem bildet er Fallgruppen: Es können „Gebote und Verbote" sein. Im zweiten Satz unterscheidet er zwischen „aktivem" und „passivem" „Ungehorsam", d. h. wie jemand „Gebote" und „Verbote" nicht befolgen kann. Gleichzeitig grenzt er § 110 von § 111 ab, indem er auf die Rechtsprechung des Reichsgerichts verweist. Die Feinsteuerung gelingt und die Kommentierung reduziert Komplexität. Außerdem systematisiert der Kommentator.

Kommentar SCHWARTZ:

Streitig ist, in welchem Umfange zum Ungehorsam aufgefordert sein muß.

Nach der einen, insbesondere vom Reichsgericht befolgten Ansicht hat die Strafnorm des *§ 110* mit dem Gehorsam gegen Beamte und Behörden bzw. deren konkrete Amtshandlungen nichts zu tun, sind es vielmehr die in den Gesetzen, Verordnungen, Anordnungen der Obrigkeit ruhenden unpersönlichen Grundlagen der bestehenden Rechtsordnung, deren Autorität nicht durch Aufforderungen zur Mißachtung erschüttert werden soll. Der Begriff des Ungehorsams wird nach dieser Ansicht nicht schon durch jedes konkrete gesetzwidrige Verhalten, sondern erst dann erfüllt, wenn die Art des Handelns und die Umstände, unter denen es erfolgt, ergeben, daß das Gesetz schlechthin und überhaupt seine bindende Kraft mißachtet und verneint wird. Dieser Ansicht sind *Frank § 111 N. II 2, Hälschner II 796, Olshausen N. 16, § 111 N. 9 c, Oppenhoff-Delius N. 7; RG. 21./10.81 E. 5 60, 15./3. 84 E. 10 296, 3./12. 89 E. 20 63, 150, 4./12. 90 E. 21 192, 2./2. 91 E. 21 355, 27./10. 91 E. 22 185, 1./6. 93 E. 24 189.*

Dagegen meint *Binding Lehrb. II 851 – 853*, daß die Unterscheidung unhaltbar sei, es sich immer um Aufforderung zum konkreten Ungehorsam handele, und derselben Ansicht sind anscheinend auch *v. Liszt 565 und Meyer-Allfeld 554 N. 4*, während *Rüdorff-Stenglein* die erste Ansicht überhaupt verwirft und *Frank § 110 N I Abs. 1 a. E.* sich nicht bestimmt ausspricht. Um eine Beispiel der ersten Ansicht zu nehmen! In einer sozialdemokratischen Versammlung wird aufgefordert, polizeiliche Vorladungen künftig nicht zu befolgen: hier greift *§ 110* auf jeden Fall Platz. Nach stattgehabtem Straßenkrawall erlässt die Polizei Zeugenladungen und in der Versammlung wird aufgefordert, diesen Ladungen keine Folge zu leisten, da die Polizei zum Zeugniszwang nicht befugt sei: hier greift *§ 110* nur unter den obigen Voraussetzungen Platz. Für diese erste Ansicht spricht, daß

andernfalls nicht verständlich ist, warum *§ 111* eine geringere Strafe androht als *§ 110* aber dies kann wegen der Verworrenheit des geltenden Strafsystems nicht für ausschlaggebend erachtet werden. Für die zweite Ansicht spricht aber, daß Aufforderungen zu einem solchen allgemeinen Aufbäumen fast niemals vorkommen, wie auch in den reichsgerichtlichen Fällen konkrete Handlungen in Frage gestanden haben. Somit würde die erste Ansicht dahin führen, den *§ 110* nahezu unanwendbar zu machen. Das kann aber unmöglich die Aufgabe der Interpretation sein und widerspricht unzweifelhaft dem Willen des Gesetzgebers. Vielmehr sind beide Ansichten zu verbinden, der *§ 110* also anzuwenden, sowohl wenn es sich um einen Angriff gegen die unpersönlichen Grundlagen der Rechtsordnung, als auch wenn es sich um einen konkreten Ungehorsam handelt.[273]

Kommentar Frank:

Das *RG* stellt die Frage, ob ein Gesetz Gehorsam fordert, nicht in den Vordergrund der Betrachtung, verlangt aber zur Anwendung der vorliegenden Stelle, daß zu einem Ungehorsam gegen das Gesetz schlechthin, gegen das Gesetz als solches, gegen seine Autorität und seine bindende Kraft aufgefordert sein müsse. Die Aufforderung zu einem konkreten Vertragsbruch genüge nicht. So auch ein nicht veröffentlichtes Urteil des *RG's v. 22./12 1902*. Demnach wäre es straflos, wenn in einer Arbeiterversammlung gefragt würde: Stellt morgen eure Arbeit ein – dagegen strafbar, wenn gesagt würde: Haltet euch überhaupt an keine Kündigungsfristen mehr. Gegen diese Unterscheidung *Binding a.a.O.*, nach welchem jeder Ungehorsam ein konkreter ist. *M. E. Mayer* verlegt den Unterschied in den Vorsatz es müsse dem Auffordernden darum zu tun sein, eine Mißachtung der Staatsgewalt herbeizuführen.[274]

Zunächst kann die Frage gestellt werden, ob die Ausführungen von Schwartz an der richtigen Stelle erfolgen. Denn es geht eigentlich nicht um den „Ungehorsam“ an sich, sondern um die Frage, gegen welche „Gebote“ und „Verbote“ „zum Ungehorsam aufgefordert“ wird. Aus diesem Grund wäre es sinnvoller, die Ausführungen unter Ziffer 4 einzuordnen.

Der Kommentar von Frank ist anders aufgebaut und die Ausführungen finden sich sachgerecht unter I., wo es um die Frage geht, welchen „Gesetzen“ „Ungehorsam“ geleistet werden kann.

Schwartz äußert sich ausführlicher als Frank. Der Leser hat den Eindruck, dass die gesamte Diskussion und alle Lehrmeinungen zum Thema berücksichtigt

---

273 Ebd., § 110 N. 3.
274 Frank, § 110 N. I.

werden. Alles scheint relevant zu sein, d.h. die Wissensbestände hätten besser gefiltert werden können. Interessanterweise werden sehr viele Entscheidungen des Reichsgerichts zitiert. Die verschiedenen Meinungen werden verständlich und konkret anhand von Beispielen präsentiert. Dem Kommentator gelingt eine Synthese und er kann so Sicherheit vermitteln.

FRANK fasst sich kürzer und geht von der Rechtsprechung aus, um dann zwei Lehrmeinungen zu zitieren. Seine Ausführungen sind im Kontext der Frage, „ob ein Gesetz Gehorsam fordert“, zu verstehen. Er erachtet die von ihm formulierte Frage als relevant, gibt aber auch die Rechtsprechung wieder, die das Problem aus einer anderen Perspektive betrachtet. Beide Ansätze gehen über den Normtext hinaus und stellen die wissenschaftliche Diskussion in den Vordergrund und nicht den Gesetzestext. Im Gegensatz zu SCHWARTZ beschränkt sich FRANK auf das seiner Meinung nach Wesentliche, lässt aber leider offen, welche der vorgebrachten Meinung maßgeblich sein soll.

Kommentar SCHWARTZ:

4. Aufgefordert wird zum Ungehorsam gegen Gesetze, rechtsgültige Verordnungen, von der Obrigkeit innerhalb ihrer Zuständigkeit getroffene Anordnungen.[275]

Es wird hier nur eine Passage aus der Kommentierung von SCHWARTZ wiedergegeben, weil ähnliche Ausführungen in der Kommentierung von FRANK fehlen.

Die Ausführungen geben im Wesentlichen den Normtext wieder und zwingen den Leser in eine zentrierte Rechtslandschaft. Der Kommentator möchte darauf hinweisen, dass er nachfolgend auf die erwähnten Begriffe eingehen wird.

Kommentar SCHWARTZ:

Die Gesetze usw. müssen bereits bestehende sein. Es genügt somit nicht, wenn unbestimmte Eventualitäten ins Auge gefaßt werden und nur zu eventuellem Ungehorsam aufgefordert wird, wogegen nicht erforderlich ist, daß das bereits erlassene Gesetz usw. schon in Wirksamkeit getreten ist: *Frank N. 1 Abs. 4, Olshausen N. 17, 21, Rüdorff-Stenglein N. 4 Abs. 3.*[276]

Kommentar FRANK:

Zukünftige Gesetze, Verordnungen und Anordnungen fallen, wie sich unmittelbar aus dem Wortlaute ergibt, nicht unter *§ 110*. Zustimmend *Olsh. 17; a.M. Binding Lehrb. 2 850*. Wohl aber wird die öffentliche usw. Aufforderung zum Ungehorsam gegen ein bereits publiziertes Gesetz von dem

275 SCHWARTZ, § 110 N. 4.

276 Ebd., § 110 N. 4.

Tatbestande umfasst, selbst wenn das Gesetz erst später in Wirksamkeit treten sollte.[277]

Bei SCHWARTZ finden sich diese Ausführungen zu Beginn der Kommentierung zu den Gesetzen usw., bei FRANK hingegen ganz am Schluss von N. I.

SCHWARTZ will schon von Beginn an klarstellen, dass nur „bestehende Gesetze" gemeint sind. Berücksichtigt man die ganze Kommentierung zu § 110 fällt auf, dass er unter 4. a) die Rechtsgültigkeit von Gesetzen behandelt. Es wäre sinnvoller auch diese Ausführungen dort unterzubringen, weil nicht bestehende Gesetze auch nicht rechtsgültig sind. SCHWARTZ gibt andere Lehrmeinungen wieder. Die Ausführungen sind nachvollziehbar. Es wird zuerst positiv umschrieben, dann erklärt, was nicht infrage kommt, und schließlich noch ergänzt, dass „Wirksamkeit" nicht erforderlich ist. Die Feinsteuerung funktioniert.

Es liegt der Schluss nahe, dass FRANK von Präzisierungen ausgeht, die nicht so relevant sind, als dass sie zu Beginn erwähnt werden müssten. Diese Annahme wird bestärkt durch die Wortabfolge „wie sich unmittelbar aus dem Wortlaute ergibt". Es handelt sich also um Selbstverständlichkeiten. FRANK zitiert bezogen auf „zukünftige Gesetze" (SCHWARTZ spricht von unbestimmten Eventualitäten) lediglich den Standardkommentar von OLSHAUSEN und erwähnt BINDING, der eine abweichende Meinung vertritt. Die Ausführungen zur Publikation und „Wirksamkeit" stammen von ihm selbst. Auch hier funktioniert die Feinsteuerung.

FRANK hat in den zwei wiedergegebenen Sätzen das Problem abgehandelt, während SCHWARTZ noch genauer darauf eingeht. Deshalb folgt nur ein Auszug aus seiner Kommentierung.

Kommentar SCHWARTZ:

Der hiergegen von *Binding Lehrb. II 850* angeregte Zweifel ist unbegründet, denn ein Gesetz existiert vor seiner Publikation nicht, und wollte man gleichwohl von einem Ungehorsam gegen ein nicht publiziertes Gesetz sprechen, so erhebt sich sofort der Einwurf: und wenn es niemals publiziert wird? Somit ist die anscheinend von *Olshausen N. 21 Abs. 1* gebilligte Ansicht des *RG. 12./3. 07 E. 40 55* irrig, daß ein eventueller Dolus genüge, derartig, daß mit der Möglichkeit der Erlassung von Gesetzen usw. bestimmten Inhalts gerechnet und die Aufforderung auch für den als möglich unterstellten Fall gewollt werde.[278]

Auch an dieser Stelle geht SCHWARTZ zu detailliert auf die wissenschaftliche Auseinandersetzung ein; zumal es sich um eine Selbstverständlichkeit handelt.

277 FRANK, § 110 N. I.

278 SCHWARTZ, § 110 N. 4.

Kommentar SCHWARTZ:

Endlich muß zum Ungehorsam aufgefordert werden gegen bestimmte, erkennbar bezeichnete Gesetze usw., so daß die ganz allgemein gehaltene Aufforderung, „den Gesetzen nicht zu gehorchen“, nicht strafbar ist: *Frank N. 1 Abs. 4, Olshausen N. 21, Rüdorff-Stenglein N. 5, Schütze 263 N. 14.*[279]

Kommentar FRANK:

Mit der herrschenden Lehre wird man ferner annehmen müssen, dass nur die Aufforderung zum Ungehorsam gegen bestimmte Gesetze usw. hierher gehört. *S. Olsh. 21.*[280]

FRANK verweist wieder nur auf den Standardkommentar von OLSHAUSEN während SCHWARTZ gleich vier Lehrmeinungen anführt. Die Wissensbestände wurden also von Ersterem besser gefiltert. Letzterer erachtet es als notwendig, noch ein Beispiel zu machen. Die Feinsteuerung funktioniert bei beiden. Es handelt sich um einen naheliegenden Gedanken.

Kommentar SCHWARTZ:

Dagegen ist die Aufforderung zum Ungehorsam gegen eine Mehrheit unter einem Sammelnamen zusammengefaßter Gesetze dann strafbar, wenn sie eine ausreichende Bezeichnung und Individualisierung derjenigen Gesetze enthält, denen Ungehorsam geleistet werden soll. Ob das Gesetz usw. ein gesetzlich erzwingbares, ist gleichgültig, vgl. z. B. *BGB. § 200: Binding Lehrb. II 849 N. 1 letzte Zeile, Frank N. I Abs. 1, Geyer II 135, Hälschner II 799, Olshausen N. 22; RG. 30./9. 80 E. 2 281, 29./5. 83 E. 8 321.*[281]

Die Ausführungen im ersten Satz ergeben sich bereits aus der Formulierung von weiter oben: „bestimmte, erkennbar bezeichnete Gesetze“. Insofern ist dieser Satz nicht notwendig. Aus dem zweiten Satz folgt, dass das Gesetz nicht „gesetzlich erzwingbar“ sein muss. Hier führt SCHWARTZ wieder diverse Lehrmeinungen an, wobei FRANK in der neuen Auflage eine andere Meinung vertritt. Der Satz vermag die Feinsteuerung zu leisten.

Kommentar SCHWARTZ:

Wenn *Olshausen N. 17 mit RG. 15./3. 84 E. 10 296* zwischen Gesetzen und Verordnungen im materiellen und formellen Sinn unterscheidet und Gebots- oder Verbotsnormen von dauernder Geltung verlangt, welche das allgemeine Verhalten regeln, so ist diese Unterscheidung ohne Anhalt, indem der allgemeine oder spezielle Inhalt des Gesetzes usw. oder der Umkreis der Personen, welche von ihm getroffen werden, für die Anwendung

279 Ebd., § 110 N. 4.

280 FRANK, § 110 N. I.

281 SCHWARTZ, § 110 N. 4.

des *§ 110* nicht in Betracht kommen: *Binding Lehrb. II 847, Rüdorff-Stenglein N. 5.*[282]

Auch an dieser Stelle ist SCHWARTZ bestrebt, zu jeder wissenschaftlichen Meinung Stellung zu nehmen. Seine Kommentierung käme auch ohne diese Ausführungen aus.

Kommentar SCHWARTZ:

Die Norm, gegen welche zum Ungehorsam aufgefordert wird, muß, wie aus dem Begriff des Gehorsams hervorgeht, eine gebietende oder verbietende sein. Von einem Ungehorsam kann nur da gesprochen werden, wo eine absolut ge- oder verbietende, Gehorsam fordernde Vorschrift gegeben ist; er kann mithin nur da eintreten, wo eine rechtliche Pflicht in den Gesetzen begründet ist, nicht da, wo nur Recht vorliegt; somit scheiden die berechtigenden Rechtssätze des öffentlichen Rechts aus, soweit sie nicht sekundär verpflichtende sind: *Binding Lehrb. II 848, John H.H. III 101, N. 1.*[283]

In den Ausführungen von FRANK zur Frage, gegen welche Gesetze Ungehorsam geleistet werden kann, findet sich keine entsprechende Passage, weshalb an dieser Stelle nur ein Auszug aus der Kommentierung von SCHWARTZ wiedergegeben wird.

SCHWARTZ geht an dieser Stelle darauf ein, wie eine Norm inhaltlich ausgestaltet sein muss, damit sie unter § 110 fällt. Er umschreibt zunächst abstrakt, dass es sich um eine „gebietende oder verbietende" Norm handeln muss, wobei der erste Satz und der erste Teil des zweiten Satzes (bis zum Semikolon) die gleiche Aussage enthalten. Eine Wiederholung des gleichen Gedankens ist nicht nötig. Nach dieser abstrakten Umschreibung hält er fest, dass nur „Gesetze", die eine „rechtliche Pflicht" enthalten, infrage kommen. Sodann erklärt er negativ, dass Gesetze, die nur ein Recht enthalten, nicht infrage kommen. Abschließend hält er fest, dass die „berechtigenden Rechtssätze des öffentlichen Rechts" ausscheiden. Der Kommentator zitiert hier zwei Lehrmeinungen. Die Feinsteuerung funktioniert, da nachvollziehbar umschrieben wird, welche Gesetze infrage kommen.

Kommentar SCHWARTZ:

Streitig ist, ob von den verpflichtenden auch die zivilrechtlichen Rechtssätze hierher gehören. Ist, wie *Frank* die Frage formuliert, die an Privatpersonen gerichtete Aufforderung zu einem den Zivilgesetzen widersprechenden Verhalten, besonders die Aufforderung zum Kontraktbruch, zur Arbeitseinstellung, zur Nichtzahlung des Pachtzinses strafbar?[284]

---

282 Ebd., § 110 N. 4.
283 Ebd., § 110 N. 4.
284 Ebd., § 110 N. 4.

Kommentar FRANK:

Es fragt sich daher zunächst: welchen Gesetzen kann Ungehorsam geleistet werden? Offenbar nur solchen, die Gehorsam fordern. Die Auffassung, daß jedes Gesetz auch von dem Privatmann Gehorsam fordere, ist, wie *R. Loening im Handwörterbuch der Staatswissenschaften Artikel „Arbeitsvertragsbruch" hervorhebt, ganz unhistorisch. Vergl. auch R. Loening, Über Wurzeln und Wesen des Rechts (1907), Frank ZStW 14 375, namentlich aber Hurwicz, Die Imperativentheorie u.d. § 110 des RStGB's (1910) und H.A. Fischer, Die Rechtswidrigkeit (1911) 49ff.* Auch kann die Antwort nicht aus solchen Äußerlichkeiten entnommen werden, ob das Gesetz von einem „Müssen", einer „Verpflichtung" spricht oder nicht. Maßgebend kann vielmehr nur der gesamte Inhalt der einschlagenden Rechtsinstitutionen sein. Dieser führt zu dem Ergebnis, daß der Staat im Gesetze nur dann Gehorsam fordert, wenn er aus eigener Initiative gegen den widerstrebenden Willen reagiert. Überläßt er dagegen die Reaktion gegen gesetzwidriges Verhalten der Privatinitiative, so fordert er auch keinen Gehorsam. Es wäre in der Tat ein Widerspruch, wenn der Staat sagen wollte: ich verlange zwar, daß ihr meinen Gesetzen gehorcht, tut ihr es aber nicht, so lasse ich euch ruhig gewähren. Die entgegenstehende Auffassung müßte konsequenterweise den klagenden Privatmann als Mandatar des Staates ansehen. Gegen diese Sätze *Binding, Lehrb. 2 849.* Zugegeben ist, daß auch eine lex imperfecta (wie *BGB § 200*) Gehorsam fordern kann, aber dieser Anspruch muß dann doch irgendwie erkennbar hervortreten. Das aber ist bei bürgerlichen Gesetzen gerade nicht der Fall. Vielmehr folgt aus dem Gesagten, daß die an Privatpersonen gerichtete Aufforderung zu einem den Zivilgesetzen widersprechenden Verhalten, besonders die Aufforderung zum Kontraktbruch, zur Arbeitseinstellung, zur Nichtzahlung des Pachtzinses, straflos ist. Ebenso *Mayer-Allf. 647, v. Liszt § 175, R. Loening im Handwörterbuch, Hurwicz a.a.O., Klöppel, Gesetz und Obrigkeit (1891) 74ff., Frey, Strike und Strafrecht (1906) 65ff., hinsichtlich der Arbeitseinstellung auch Seuffert, Anarchismus und Strafrecht (1999) 128ff. (unter Berufung auf ZPO § 888). A.A. Olsh. 17, Oppenh.-Del. 1, Rüd.-Stengl. 11, Berner 386, Roßmann, ist die öffentliche Aufforderung zum Streit strafbar? (1892), Binding, Lehrb. 2 846ff., M.E. Mayer Vergl. Darst. B 1 364ff. und E. 20 63. 150. 21 192. 299. 304. 355. 22 185.* Von den angeführten Schriftstellern geben *Binding und Meyer* zu, dass ein Bürgerliches Gesetz an sich keinen Gehorsam verlangt. Der erstere nimmt aber eine hinter jeder zivilrechtlichen Pflicht stehende Norm des öffentlichen Rechts an, die ihre Erfüllung vorschreibt, und letzterer ist der Mei-

nung, „Ungehorsam gegen Gesetze" bedeute nur „Nichterfüllung von Rechtspflichten".[285]

An dieser Stelle geht SCHWARTZ nun auf die „zivilrechtlichen Rechtssätze" ein und verweist auf die Kommentierung von FRANK. Hilfreich sind auch Beispiele. Es handelt sich um eine Einleitung, da SCHWARTZ in der nachfolgenden Passage die gestellte Frage beantwortet.

FRANK geht sehr ausführlich auf das Problem ein und zitiert neben Kommentaren auch Monografien. Der Leser hat den Eindruck, dass die gesamte Lehre zu dieser Frage präsentiert wird. Nicht mehr der Normtext steht im Vordergrund, sondern die theoretische Frage. Die Ausführungen dienen zwar dem Verständnis, sind aber zu ausführlich. Auch die Wissenbestände hätten gefiltert werden müssen. Der Text eigent sich für einen Aufsatz oder eine Monografie. Die Argumentation ist nachvollziehbar. Die Ausführungen nach dieser Passage wurden weiter oben behandelt.

Kommentar SCHWARTZ:

Diese Frage wird von *Frank N. I Abs. 1, 2, v. Liszt 565 und Meyer-Allfeld 554* verneint und nur die öffentlich-rechtlichen Gesetze usw. hierherbezogen, namentlich also Strafgesetze, Steuergesetze und Gesetze polizeilichen Charakters. Aber diese Ansicht ist weder aus der Entstehungsgeschichte noch aus dem Wortlaut oder erkennbaren Sinn des *§ 110* zu begründen, vielmehr ist es gleichgültig, welchem Rechtsgebiet speziell das Gebot oder Verbot angehört, da jedes Gesetz, auch das privatrechtliche, der imperative Ausdruck des Staatswillens ist. Hiermit stimmen überein *Berner 386, Binding Lehrb. II 848, Birkmeyer Enzykl. 1194, Olshausen N. 17, Oppenhoff-Delius N. 1a, Rüdorff-Stenglein N. 11; RG. 3./12. 89 E. 20 63, 150, 15./1. 91 E. 21 304, 28./1. 91 E. 21 299, 2./2. 91 E. 21 355.* Wenn *Frank* meint, der Staat verlange im Gesetze nur dann Gehorsam, wenn er aus eigener Initiative gegen den widerstrebenden Willen reagiere, nicht aber, wenn er die Reaktion gegen gesetzwidriges Verhalten der Privatinitiative überlasse, so müßte er konsequent auch die Aufforderung zum Ungehorsam gegen diejenigen Strafgesetze für straflos erklären, bei welchen die Verfolgung nur auf Antrag eintritt. Zudem ist das Verhalten nur deshalb ein gesetzwidriges, weil es dem Gesetze widerspricht; das ist ja aber eben Ungehorsam.[286]

Kommentar FRANK:

Nach der richtigen Ansicht fallen unter den *§ 110* Gesetze nur, soweit sie öffentlich-rechtliche sind, namentlich also Strafgesetze, Steuergesetze und

---

285 FRANK, § 110 N. I.

286 SCHWARTZ, § 110 N. 4.

Gesetze polizeilichen Charakters. Zu den letzteren gehört z. B. *Vereinsgesetz § 7; RG in GoltdA 58 185.* Etwas weitergehend *Hurwicz a.a.O. 33,* der bei energischem Ausschluß aller privatrechtlichen Gesetze dem *§ 110* alle publizistischen Rechtsverhältnisse unterstellt, also annimmt, daß jedes ein solches Rechtsverhältnis regelnde Gesetz Gehorsam fordere. Daher sei strafbar die öffentliche Aufforderung zum Fernbleiben von den Parlamentsverhandlungen oder zur Nichtausübung des Wahlrechts.[287]

SCHWARTZ nimmt zu der Ansicht von FRANK Stellung und spricht sich dagegen aus. Seine Argumentation ist plausibel, da FRANK in der Tat weder auf den Wortlaut noch auf die Entstehungsgeschichte eingeht. Um seine Meinung zu stützen, führt er zahlreiche Lehrmeinungen und viele Entscheidungen des Reichsgerichts an. SCHWARTZ weist nicht nur darauf hin, dass die FRANK'sche Argumentation keine Grundlage hat, sondern formuliert auch selbst zwei Gegenargumente. Seine Ausführungen sind zwar weniger ausführlich als jene von FRANK, jedoch steht auch bei ihm an dieser Stelle die wissenschaftliche Diskussion im Vordergrund und nicht der Normtext.

FRANK fährt mit seiner eingehenden Behandlung der von ihm formulierten Frage fort. Zunächst präsentiert er die seiner Meinung nach „richtige Ansicht" und zählt auf, welche Gesetze infrage kommen. Diese Ausführungen sind für den Praktiker zentral, weil sie Sicherheit vermitteln. Die darauf folgenden Ausführungen sind zu spezifisch und zu detailliert. Sie sind für das Verständnis nicht zwingend notwendig und erhöhen die Komplexität. Zudem bestätigen sie, dass die erschöpfende wissenschaftliche Behandlung der Frage im Vordergrund steht.

Kommentar SCHWARTZ:

a) Das Gesetz muß rechtsgültig sein. Somit darf das Landesgesetz nicht in Widerspruch stehen zu dem Reichsrecht, widrigenfalls es ungültig ist: *Binding Lehrb. I 95, II 849, Frank N. I Abs. 2, RG. 4./2. 01 E. 34 121.* Im übrigen ist für die Rechtsgültigkeit eines Landesgesetzes nur das territoriale Staatsrecht maßgebend.[288]

Kommentar FRANK:

– Treffen die mitgeteilten Voraussetzungen zu, so ist zwischen Reichs- und Landesgesetzen nicht zu unterscheiden. Nur wird bei den letzteren selbstverständlich Gültigkeit vorausgesetzt. Indem das *RG E 34 121* das landesrechtliche Verbot des Streitpostenstehens für ungültig erklärt, spricht es auch die Straflosigkeit der Aufforderung zum Ungehorsam dagegen aus. Die Frage, ob die Aufforderung zum Ungehorsam gegen ein

287 FRANK, § 110 N. I.
288 SCHWARTZ, § 110 N. 4 a).

verfassungswidrig erlassenes Gesetz unter *§ 110* fällt wird von *E 36 417* für den Fall bejaht, daß landesrechtlich (*preuß. Verfassungsurk. Art. 106*) dem Richter kein Prüfungsrecht zusteht.[289]

An dieser Stelle behandeln die Kommentatoren den Aspekt der „Rechtsgültigkeit". Der Begriff „Rechtsgültigkeit" findet sich nicht im Normtext, dient aber der Feinsteuerung, weil er eine Eigenschaft des Begriffes „Gesetze" ist. Sie systematisieren.

SCHWARTZ zitiert zwei Lehrmeinungen und einen Gerichtsentscheid. Das Verhältnis von „Landesgesetzen" zu Reichsgesetzen ist für die „Rechtsgültigkeit" von Bedeutung und es macht Sinn darauf einzugehen. Die Ausführungen sind nachvollziehbar und vermögen die Feinsteuerung zu leisten.

FRANK hält fest, dass bei „Landesgesetzen" Gültigkeit vorausgesetzt wird. Anstatt abstrakt zu erläutern, was damit gemeint ist, wie dies SCHWARTZ tut, führt er zwei Beispiele an. Es bleibt unklar, warum genau diese Beispiele so wichtig sind.

Kommentar SCHWARTZ:

Nicht zu den Gesetzen gehören die sog. Kirchengesetze, welche in Wirklichkeit nur privilegierte autonomische Beliebungen öffentlich-rechtlicher Korporationen sind: *Binding Lehrb. II 849, Merkel 388.* A.M. sind bezüglich der vom Landesherren in seiner Eigenschaft als summus episcopus erlassenen Kirchengesetze *Olshausen N. 17a, Oppenhoff-Delius N. 1 a und Rüdorff-Stenglein N. 5*, ohne einen Grund dafür anzugeben, warum sie nicht auch die vom Papst für die deutschen Katholiken und die von katholischen Bischöfen für ihre Sprengel erlassenen Gesetze – und Verordnungen – hierherziehen.[290]

Eine vergleichbare Passage fehlt bei FRANK, weshalb hier nur ein Auszug aus der Kommentierung von SCHWARTZ wiedergegeben wird.

Offenbar spricht SCHWARTZ die Kirchengesetze an, weil diese auch von anderen Kommentatoren behandelt werden. So zitiert er etwa den damaligen Standardkommentar von OLSHAUSEN. Genauso gut hätte er auf andere spezifische Regelungsbereiche aus dem öffentlichen Recht eingehen können. Die Ausführungen scheinen an dieser Stelle zu spezifisch. Sie dienen zwar der Feinsteuerung, aber es bleibt die Frage, warum nicht auch auf andere Bereiche des öffentlichen Rechts eingegangen wird.

---

289 FRANK, § 110 N. I.

290 SCHWARTZ, § 110 N. 4 a).

Kommentar SCHWARTZ:

b) Für die Verordnungen verlangt *§ 110* ausdrücklich die Rechtsgültigkeit. Wie aus seiner Entstehungsgeschichte hervorgeht, versteht er darunter solche Verordnungen, welche nicht bloß wegen ihrer Bekanntmachung in der vom Gesetz vorgeschriebenen Form rechtsverbindlich sind, sondern auch materiell dem Staatsrecht entsprechen.[291]

Kommentar FRANK:

Diesen Gesetzen sind nach ausdrücklicher Bestimmung des *§ 110* (aber immer nur, insofern sie Gehorsam fordern) gleichgestellt:

1. rechtsgültige Verordnungen, d.h. solche, die staatsrechtlich gültig sind, nicht auch solche, die, ohne staatsrechtlich gültig zu sein, gleichwohl vom Richter bis zu ihrer formellen Aufhebung als verbindlich behandelt werden müssen. Ebenso *Olsh. 17, Hälschner 2 797. A.A. Oppenh.-Del. 3* und wohl auch das oben angeführte *Urteil des RG's (E 36 417).*[292]

Beide Kommentatoren fokussieren sich auf den Begriff der „Verordnung" und zwingen den Leser in eine zentrierte Rechtslandschaft.

SCHWARTZ stellt auf die Entstehungsgeschichte ab, wobei er keine Fundstelle angibt. Er formuliert zwei Voraussetzungen, die gegeben sein müssen. Seine Ausführungen sind nachvollziehbar und die Feinsteuerung gelingt.

FRANK formuliert seine Ansicht, ohne auf externe Quellen zu verweisen. Er definiert positiv, welche gültigen Verordnungen gemeint sind. Es handelt sich um eine der zwei Voraussetzungen bei SCHWARTZ. Sodann formuliert er negativ, welche Verordnungen nicht infrage kommen. Am Schluss führt er noch Autoren an, die seine Meinung teilen und verweist auch auf eine andere Ansicht, auf die er aber nicht näher eingeht. Auch ihm gelingt die Feinsteuerung.

Kommentar SCHWARTZ:

Wenn also – ähnliche Bestimmungen finden sich *Oldenburg Art. 141 § 2, Schwarzb.-Rudolstadt § 26, Schwarzb.-Sondershausen § 109* und *Waldeck § 94* – z.B. die *Preußische Verfassungsurkunde v. 31 Jan. 1850 Art. 106* bestimmt: „Gesetze und Verordnungen sind verbindlich, wenn sie in der vom Gesetze vorgeschriebenen Form bekannt gemacht worden sind. Die Prüfung der Rechtsgültigkeit gehörig verkündeter königlicher Verordnungen steht nicht den Behörden, sondern nur den Kammern zu", so ist die Aufforderung zum Ungehorsam gegen die Verordnung, deren Verbindlichkeit unangetastet, nur dann strafbar, wenn sie rechtsgültig ist, was festzustellen, natürlich nur mit Wirkung für den einzelnen Straffall, Sache des Richters ist.

---

291 Ebd., § 110 N. 4 b).

292 FRANK, § 110 N. I 1.

Hiermit stimmen überein *Berner 386, Bindung Lehrb. II 849, Frank N. I 1, Hälschner II 797, John H.H. III 104, Meyer-Allfeld 554 N. 6, Olshausen N. 17 b, Schwartz, Die Verfassungsurkunde für den Preußischen Staat vom 31. Januar 1850 2. Aufl. 1898 S. 333.* A.M. sind, indem sie offenbar die Begriffe Verbindlichkeit und Rechtsgültigkeit verwechseln, *Oppenhoff N. 3, Rüdorff-Stenglein N. 4, Schütze 263 N. 12; RG. 6./11. 03 E. 36 417.*[293]

Kommentar FRANK:

Unerheblich ist es, von welcher Stelle die Verordnung ausgeht (königliche Verordnung, Ministerialverordnung, Regierungsverordnung usw.);[294]

SCHWARTZ präsentiert einen spezifischen Fall und zitiert sehr viele Lehrmeinungen sowie einen Entscheid des Reichsgerichts. Offenbar stammt das Beispiel aus einer von ihm publizierten Monografie. Dies erklärt, warum er es anführt. Die Ausführungen sind auch an dieser Stelle zu spezifisch und nicht zwingend notwendig. Auch muss nicht die gesamte Lehre und Rechtsprechung zitiert werden (Funktion des Wissensfilters).

FRANK nimmt eine Präzisierung vor, die dem Verständnis dient und zeigt so, dass SCHWARTZ zu ausführlich ist. Die Feinsteuerung funktioniert.

Kommentar SCHWARTZ:

c) Unter Obrigkeit sind hier nur solche Organe der Staatsgewalt zu verstehen, welche in einem gewissen Umfange die Staatsgewalt selbstständig auszuüben haben und zum Erlasse allgemeiner verpflichtender Vorschriften berufen sind.[295]

Kommentar FRANK:

Denn zum Begriff der Obrigkeit gehört die Befugnis, die Staatsgewalt in gewissem Umfange selbstständig auszuüben und generelle Vorschriften zu erlassen. In dieser Beziehung übereinstimmend *R 6 605*. Vergl. auch *E 10 296*, ein Urteil, das im wesentlichen auf dem Boden der hier vertretenen Ansicht steht.[296]

Beide Kommentatoren fokussieren sich auf den Begriff der „Obrigkeit“. So zwingen sie den Leser in eine zentrierte Rechtslandschaft. Die wiedergegebene Passage von SCHWARTZ findet sich zu Beginn der Ausführungen zur „Obrigkeit“, während FRANK den in diesem Auszug ausgedrückten Gedanken erst gegen Ende seiner Ausführungen zur „Obrigkeit“ äußert.

SCHWARTZ erläutert nachvollziehbar, welche „Organe“ infrage kommen und wozu diese „Organe“ befugt sind. Die Überlegungen mit diesem Gedanken zu

---

293 SCHWARTZ, § 110 N. 4 b).

294 FRANK, § 110 N. I 1.

295 SCHWARTZ, § 110 N. 4 c).

296 FRANK, § 110 N. I 2.

beginnen ist sinnvoll, da der praktisch tätige Jurist wohl beim Begriff Obrigkeit an ausführende Organe denkt. Insofern überzeugt die Kommentierung von SCHWARTZ.

Kommentar SCHWARTZ:

Somit sind die Amtshandlungen und Aufforderungen, Befehle, Verbote bloßer Vollzugsorgane in einem konkreten Fall keine obrigkeitlichen Anordnungen im Sinne des *§ 110*. Übereinstimmend *Frank N. I 2, Merkel 388, Olshausen R. 19 a, Oppenhoff-Delius N. 5, Rüdorff-Stenglein N. 7, RG. 4./12. 90 E. 21 192, wogegen nach Binding Lehrb. II 851 N. 1* unter Obrigkeit jedes Organ zu verstehen ist, das einen verbindlichen Amtsbefehl erlassen oder die Erlaubnis zu einer sonst verbotenen Handlung erteilen kann, ganz einerlei, auf welcher Stufe der Amtshierarchie es steht.[297]

Kommentar FRANK:

Allerdings ist nicht jede von einem Beamten, z. B. einem Schutzmann oder einem Gendarmen, ausgehende Anweisung eine von der Obrigkeit getroffene Anordnung.[298]

SCHWARTZ hält nun noch fest, welche „Organe" nicht infrage kommen und verweist auf fünf Lehrmeinungen und einen Entscheid, die diese Meinung teilen. Sodann geht er auch noch auf eine abweichende Lehrmeinung ein, was nicht zwingend notwendig ist. So wird nämlich die Komplexität erhöht. Durch die Verwendung des Begriffs „Vollzugsorgane" gelingt die Feinsteuerung an dieser Stelle, indem ein juristischer Begriff mit einem anderen juristischen Begriff erklärt wird.

Die Ausführungen von FRANK finden sich im Text vor dem Satz, der im vorhergehenden Abschnitt wiedergegeben wurde. Die hier zitierte Passage ist, wenn man sie allein liest, zu vage, d. h. klärt die Frage nicht abschließend. Erst die positive Umschreibung sorgt für Klarheit. Zwar ist FRANK konkreter als SCHWARTZ, letzterer liefert jedoch durch Kombination von positiver und negativer Umschreibung eine abschließende Lösung.

Kommentar SCHWARTZ:

Daß diese Anordnungen begrifflich eine weitergehende Bedeutung haben müssen, als sie einer vereinzelten Exekutivmaßregel im Sinne des *§ 113* beiwohnt, daß sie nicht auf Einen Fall oder Ein Moment beschränkt sein dürfen, sondern eine das allgemeine Verhalten regelnde behördliche Maßnahme darstellen müssen, wie *Olshausen N. 19 b, Oppenhoff-Delius N. 4 und Rüdorff-Stenglein N. 6 mit RG. 4./12. 90 E. 21 192* annehmen, oder daß sie, wie *Frank a.a.O.* meint, umgekehrt sich von den Verordnungen durch ihren

297 SCHWARTZ, § 110 N. 4 c).
298 FRANK, § 110 N. I 2.

konkreten Inhalt, z.B. Sperrung einer bestimmten Straße für den Verkehr, unterscheiden, kann nicht zugegeben werden. Vielmehr ist unter Anordnung jeder Amtsbefehl zu verstehen, sei er generell oder speziell oder individuell: *Bindung Lehrb. II 850, Geyer II 135, Hälschner II 798, John H.H. III 107, v. Liszt 565 („auch"), Merkel 389, Meyer-Allfeld 554; RG. 29./5. 83 E. 8 321, 13./3. 84 E. 10 296.*[299]

Kommentar Frank:

Die Anordnungen unterscheiden sich von den Verordnungen durch ihren konkreten Inhalt. Z.B. Sperrung einer bestimmten Straße für den Verkehr. Ebenso bes. *Binding Lehrb. 2 850.* Gerade umgekehrt wollen *Rüd.-Stengl. 6 und E. 21 192* die konkreten Anordnungen ausnehmen, während *E. 8 321, R 6 605* generelle und konkrete Anordnungen einander gleichstellen. Daß danach kein Unterschied zwischen Verordnungen und Anordnungen übrig bleibt, liegt auf der Hand.[300]

Schwartz äußert sich hier ausführlicher als Frank und verweist auf deutlich mehr Lehrmeinungen und Entscheide. Die beiden Kommentatoren vertreten unterschiedliche Ansichten, wobei nach Lektüre des Auszuges aus dem Kommentar von Schwartz der Eindruck entsteht, dass sich dieser der Mehrheitsmeinung angeschlossen hat. Frank begründet seine Meinung mit dem notwendigen Unterschied zu den „Verordnungen", während Schwartz sich auf mehr Autoritäten beruft.

Die Ausführungen von Schwartz fallen an dieser Stelle wieder zu ausführlich aus. Der letzte Satz allein genügt, um das Problem abschließend zu klären. Wieder scheint die wissenschaftliche Diskussion wichtiger als die Kommentierung des Normtextes.

Frank wählt nur einzelne Lehrmeinungen aus: eine, welche seiner Meinung entspricht, und eine abweichende Lehrmeinung. Außerdem ist es für den praktisch tätigen Juristen hilfreich, dass die Meinung des obersten Gerichts klar gekennzeichnet ist.

Kommentar Schwartz:

In Preußen haben nach Lage der Gesetzgebung die Polizeibehörden in ihrer Eigenschaft als Organe der Staatsanwaltschaft keine Zwangsmittel – *vgl. Schwartz, Die Verfassungsurkunde für den Preußischen Staat 60 ff.* -, aber ihre Befugnis zu Vorladungen ist unabhängig von der Erzwingbarkeit, was *Binding a.a.O. N. 5* übersieht; *vgl. oben Abs. a E.*[301]

---

299 Schwartz, § 110 N. 4 c).

300 Frank, § 110 N. I 2.

301 Schwartz, § 110 N. 4 c).

Eine Passage mit ähnlichem Inhalt fehlt in der Kommentierung von FRANK, weshalb hier nur ein Auszug aus der Kommentierung von SCHWARTZ wiedergegeben ist.

Die Ausführungen sind zu spezifisch und haben keinen Bezug zu den vorhergehenden Überlegungen. Der Eindruck entsteht, dass der Kommentator noch auf seine Monografie eingehen will.

Kommentar SCHWARTZ:

Die Obrigkeit muß die Anordnung innerhalb ihrer sachlichen, örtlichen und zeitlichen Zuständigkeit erlassen haben, worüber das Reichsrecht bzw. das Landesrecht entscheidet. Die Prüfung, ob die materiellen Voraussetzungen gegeben sind, liegt nicht den Richtern ob, sondern ist dem Ermessen der Obrigkeit selbst überlassen.[302]

Kommentar FRANK:

2. die von der Obrigkeit innerhalb ihrer Zuständigkeit getroffenen Anordnungen. Damit ist gesagt, dass auch diese rechtsgültig sein müssen. *S. dazu E 40 55. 251* (Gültigkeit gewisser ministerieller und oberpräsidialer Anordnungen über deutschen Unterricht an polnische und littauische Kinder). *44 20* (Ungültigkeit des Verbots. Turnunterricht an die entlassene Schuljugend zu erteilen, nach preuß. Recht).[303]

SCHWARTZ äußert die hier wiedergegebenen Gedanken am Ende seiner Ausführungen zu „Obrigkeit", während FRANK ganz zu Beginn auf die Rechtsgültigkeit eingeht. Wie bereits weiter oben gesagt, ist die Struktur bei SCHWARTZ geschickter und orientiert sich stärker am Normtext, indem er zuerst auf die „Obrigkeit" und dann auf die „Anordnungen" eingeht.

SCHWARTZ übernimmt den Begriff „Zuständigkeit" aus dem Normtext und zwingt den Leser so in eine zentrierte Rechtslandschaft. Sodann erläutert er die drei Ebenen des Begriffs und erklärt, nach welchem Recht die „Zuständigkeit" beurteilt wird. Schließlich äußert er sich zur Frage, welcher Behörde die Prüfung der „materiellen Voraussetzungen" obliegt. Die Feinsteuerung funktioniert an dieser Stelle.

FRANK geht nicht auf die Zuständigkeit, sondern auf die Rechtsgültigkeit ein. So erhöht er die Komplexität, denn Rechtsgültigkeit ist der abstraktere Begriff und setzt u. a. die Zuständigkeit voraus. Sodann nennt er zwei konkrete Beispiele zur Gültigkeit. Der praktisch tätige Jurist weiß nach der Lektüre nicht, was Zuständigkeit im Sinn von § 110 bedeutet.

302 Ebd., § 110 N. 4 c).
303 FRANK, § 110 N. I 2.

Kommentar Schwartz:

5. Damit die Aufforderung strafbar sei, muß sie in bestimmter Form erfolgen.

a) Sie erfolgt entweder öffentlich vor einer Menschenmenge.

Wie in den *Motiven zu dem Abschn. 7* ausgeführt wird – *vgl. Rüdorff-Stenglein 285* – soll für den Begriff der Öffentlichkeit der öffentliche Ort, die öffentliche Zusammenkunft nicht entscheidend sein.[304]

Kommentar Frank:

Strafbar ist die Aufforderung:

1. wenn sie öffentlich, und zwar vor einer Menschenmenge ergeht. Die Öffentlichkeit allein genügt also nicht.

a) Öffentlich bezeichnet entweder eine Beziehung auf ein politisches Gemeinwesen oder auf einen größeren, nicht scharf begrenzten, jedermann zugänglichen Personenkreis.[305]

Beide Kommentatoren fokussieren sich auf den Normtext, indem sie auf den Ausdruck „öffentlich vor einer Menschenmenge" eingehen. Zunächst erklären sie, was unter „öffentlich" zu verstehen ist.

Schwartz verweist auf die Motive zum Abschnitt 7, indem er eine Lehrmeinung zitiert, welche auf die Motive abstellt. Sodann erklärt er, welche Bedeutung von „öffentlich" nicht gemeint ist. Seine Ausführungen sind nachvollziehbar und als Einleitung zu diesem Thema zu verstehen.

Frank unterscheidet philologisch zwei Bedeutungen des Wortes „öffentlich", auch sein Einstieg ist nachvollziehbar.

Kommentar Schwartz:

Vielmehr ist dem Sprachgebrauch gemäß eine Handlung nur dann als öffentlich geschehen zu betrachten, wenn sie in einer Art und Weise vorgenommen wird, daß sie, unbestimmt von welchen oder wie vielen Personen, wahrgenommen werden kann, wogegen keine Öffentlichkeit vorliegt, wenn die Handlung so vorgenommen wird, daß sie nur für die Wahrnehmung gewisser Personen bestimmt ist und, von Zufälligkeiten abgesehen, auch nur von diesen bemerkt werden kann. Somit ist es gleichgültig, ob die Aufforderung an einem öffentlichen oder privaten Ort, Platz, Lokal stattfindet: *RG. 22./2. 81 E. 3 361, 15./3. 84 E. 10 296, 17./3 03 E. 35 159, 28./10. 04 E. 37 289, 13./11. 05 E. 38 207, 10./12. 08 E. 42 112.*[306]

---

304 Schwartz, § 110 N. 5.

305 Frank, § 110 N. II 1 a).

306 Schwartz, § 110 N. 5 a).

Kommentar FRANK:

Hier trifft das letztere zu; und zwar könnte die Beziehung gefunden werden in der allgemeinen Zugänglichkeit des Ortes oder darin, daß die Aufforderung von einem Personenkreis der bezeichneten Art wahrgenommen wurde, oder endlich darin, daß sie wenigstens von einem solchen wahrgenommen werden konnte.[307]

SCHWARTZ umschreibt nun positiv, was mit „Öffentlichkeit" gemeint ist. Dabei stellt er auf den „Sprachgebrauch" ab. Er verwendet für die Umschreibung weniger abstrakte Begriffe, so dass die Feinsteuerung gelingt. Im zweiten Satzteil sagt er auch noch, wann „keine Öffentlichkeit vorliegt". Auffällig ist, dass er nur auf Rechtsprechung verweist und keine Lehrmeinungen zitiert. Der praktisch tätige Jurist kann davon ausgehen, in den zitierten Entscheiden Beispiele zu finden, welche die Umschreibung ergänzen.

FRANK hat zu Beginn zwei Bedeutungen aufgezeigt und erklärt nun, welche dieser zwei Bedeutungen infrage kommt. Interessant ist, dass er bei seiner Beschreibung auch auf „die allgemeine Zugänglichkeit des Ortes" abstellt, während für SCHWARTZ die Öffentlichkeit des Ortes nicht maßgeblich ist. Er erläutert drei Varianten und verwendet, ähnlich wie SCHWARTZ, weniger abstrakte Begriffen, sodass auch ihm die Feinsteuerung gelingt.

Kommentar SCHWARTZ:

Die Öffentlichkeit ist ausgeschlossen, wenn die Aufforderung tatsächlich oder nach dem Willen des Täters beschränkt ist oder beschränkt bleiben soll auf die Wahrnehmung einer einzelnen Person oder eines engeren, vermöge der besonderen Umstände des Falles als in sich verbunden und bestimmt abgeschlossen anzusehenden Kreises von Personen, wie das RG. es einmal formuliert: wenn die mehreren Personen, welche die Äußerung gehört haben bzw. hätten hören können, dergestalt mit dem Täter in inneren vertrauten Beziehungen stehen, daß sie als eine Einheit gedacht werden können: durch den unbefugten Eintritt einzelner, diesem Personenkreis nicht angehörender Personen wird die Öffentlichkeit nicht hergestellt: *RG. 5./1. 91 E. 21 254, 23./11. 91 E. 22 241, 27./6. 07 E. 40 262, 10./12. 08 E. 42 112. Vgl. Frank N. II 1 a und Olshausen N. 5.*[308]

Kommentar FRANK:

Die letztere Auffassung ist die durch den Sprachgebrauch des Lebens gebotene, überdies durch die Motive bestätigte (*s. Rüd.-Stengl. Vorbm. 3 zum sechsten Abschnitt*, auch fast allgemein angenommene. Man wird der

307 FRANK, § 110 N. II 1 a).
308 SCHWARTZ, § 110 N. 5 a).

Rechtsprechung des *RG's* auch darin beizutreten haben, daß den Gegensatz zu einem größeren, nicht scharf abgegrenzten Personenkreis ein solcher bildet, der durch persönliche Beziehungen zusammengehalten wird. *E. 21 254. 22 241.* Gleichheit der Lebensbedingungen und der sozialen Interessen genügt dazu nicht. *E. 44 132* (auch eine nur für Arbeiter derselben Fabrik veranstalte Versammlung könne eine öffentliche sein). Demgemäß ist die Aufforderung eine öffentliche, wenn sie so erfolgt, daß sie von einem tatsächlich vorhandenen größeren, durch persönliche Beziehungen nicht zusammengehaltenen Kreise von Personen unmittelbar wahrgenommen werden konnte. Der Öffentlichkeit steht es daher nicht entgegen, wenn der Personenkreis zufällig individuell bekannt ist (z.B. die Anwesenden haben ihre Namen in eine Liste eingetragen). *Vergl. Lutz, Der Begriff der Öffentlichkeit (1901), bes. 40ff.* Bestehen aber zwischen den Anwesenden die Beziehungen, welche den Begriff der Öffentlichkeit ausschließen, so wird er nicht dadurch begründet, daß der Täter (hier der Auffordernde) außerhalb jener Beziehungen steht. *E 42 112.* – Nicht erforderlich ist, daß sich die Aufforderung an den die Öffentlichkeit begründenden Personenkreis richte. War allerdings die Aufforderung nur für die Wahrnehmung gewisser Personen bestimmt und konnte, abgesehen von Zufälligkeiten, nicht damit gerechnet werden, daß sie auch von einem größeren Kreise wehrgenommen werde, so kann von Öffentlichkeit keine Rede sein. *Ähnlich E 35 159. 37 289, RMG 9 105.*[309]

Abschließend präzisiert SCHWARTZ nochmals den zweiten Satzteil von oben. Er verweist wieder vorwiegend auf Rechtsprechung, nennt am Schluss aber auch zwei Lehrmeinungen. Die Präzisierung ist nicht zwingend notwendig, da sie nicht über die Aussage in der vorhergehend zitierten Passage hinausgeht. Der Ausdruck „gewisse Personen" schließt „eine einzelne Person" und „enger Personenkreis" ein.

FRANK entscheidet sich für eine der oben skizzierten Möglichkeiten und verweist auch, wie SCHWARTZ, auf die Motive, indem er die gleiche Lehrmeinung zitiert. Er ist etwas spezifischer, indem er konkreter auf den Gegensatz eingeht und den Inhalt eines höchstrichterlichen Entscheides wiedergibt. Sodann fasst er zusammen, was unter „Öffentlichkeit" zu verstehen ist, erläutert spezifische Situationen und zitiert eine Monografie. Die Ausführungen fallen etwas zu ausführlich aus, insbesondere die Präzisierungen am Schluss sind nicht zwingend notwendig und erhöhen die Komplexität.

---

309 FRANK, § 110 N. II 1 a).

Kommentar Schwartz:

Diese öffentliche Aufforderung muß vor einer Menschenmenge stattfinden. Daß sich von einer Menge nicht sprechen läßt, wenn sich die Zahl an den Fingern abzählen läßt, daß vielmehr eine größere Anzahl von Personen dazu gehört, am wenigsten „mehrere", also zwei genügen, ist klar: *v. Liszt 400, Olshausen N. 7 Abs. 1, Oppenhoff-Delius § 85 N. 11; RG. 23./10. 83 E. 9 143.*[310]

Kommentar Frank:

b) Was den Begriff der Menschenmenge anlangt, so wird sich eine bestimmte Minimalzahl nicht angeben lassen, wohl aber kann man sagen, daß eine Menschenmenge dann vorhanden ist, wenn es zur Bestimmung der Zahl einer längeren Zeit bedarf. *Ähnlich Meyer-Allf. 462, M.E. Mayer a.a.O. 376* (eine Menschenmenge liege vor, wenn es auf den Zu- und Abgang einzelner nicht mehr ankommt).[311]

Die Kommentatoren fokussieren sich auf den Begriff der „Menschenmenge". So zwingen sie den Leser in eine zentrierte Rechtslandschaft.

Schwartz stellt bei seiner Argumentation auf drei Lehrmeinungen und einen höchstrichterlichen Entscheid ab. Er definiert „eine Menge" über die Ermittlung der „Zahl" und erläutert auch, wann eine solche nicht vorliegt. Die Ausführungen sind nachvollziehbar.

Nach Frank kommt es auf die Dauer an, die benötigt wird, um die „Zahl" zu bestimmen. Er zitiert zwei Autoren, die Schwartz nicht erwähnt, und liefert in der Klammer eine weitere Definition. Auch in diesem Fall sind die Ausführungen nachvollziehbar.

Kommentar Schwartz:

Auf der anderen Seite ist der Begriff der Menge nicht auf eine ungezählte Menge, eine ungemessene Vielheit zu beschränken, vielmehr müssen die Umstände des Einzelfalls entscheiden, z.B. die Verhältnisse des Ortes, die Zeit, die zur Aufrechterhaltung der öffentlichen Ruhe und Ordnung vorhandenen Kräfte der Obrigkeit, und ist jeder Versuch einer ziffernmäßigen Abgrenzung verfehlt: *Binding Lehrb. II 800, Geyer II 26, v. Liszt a.a.O., Olshausen N. 7 Abs. 2: RG a.a.O. und 12./3. 07 E. 40 76. Wenn Hälschner II 751 und anscheinend auch v. Liszt a.a.O.* eine ungeordnete, nach Zahl und Individualität nicht bestimmte Vielheit verlangen, so wird damit in den Begriff ein dem Gesetze fremdes Merkmal hineingetragen: *Binding Lehrb. II 844 (N. 4 „daß eine geordnete Menschenmenge keine Menschenmenge sei, ist mir ganz*

310 Schwartz, § 110 N. 5 a).
311 Frank, § 110 N. II 1 b).

unverständlich"), Frank N. II 1 b, Meyer-Allfeld 553, Olshausen N. 7 Abs. 3: RG. 12./3. 07 E. 40 76.[312]

Kommentar Frank:

Dagegen lehnt *E 40 76* das mitgeteilte Kriterium ab, ohne freilich ein anderes an dessen Stelle zu setzen. Mit Recht aber spricht sich diese Entscheidung gegen das vereinzelt aufgestellte Erfordernis aus, nach dem zur Menschenmenge der Begriff des ungeordneten gehören soll. *Vergl. Auch E 9 143 und Heilborn ZStW 18 183ff.*[313]

Schwartz zitiert an dieser Stelle viele Lehrmeinungen und Entscheide. Neben dem einleitend definierten Kriterium „einer größeren Anzahl von Personen" verlangt er nun eine Berücksichtigung der „Umstände des Einzelfalls". Er führt Beispiele für solche Umstände an, jedoch fehlt die Erläuterung einer konkreten Situation, in der aufgrund der „Umstände des Einzelfalls" von einer „Menschenmenge" ausgegangen wird. Am Ende der hier zitierten Passage spricht sich Schwartz gegen das Kriterium der „ungeordneten Vielheit" aus, da so „ein dem Gesetz fremdes Merkmal hineingetragen" werde. Dieses Kriterium ist somit nicht mehr vom Wortlaut gedeckt, weil aus dem Begriff „Menschenmenge" nicht zwingend Unordnung dieser Menge folgt. An dieser Stelle steht die wissenschaftliche Auseinandersetzung mit anderen Lehrmeinungen im Vordergrund und nicht der Normtext. Denn der Leser muss nicht wissen, welche Kriterien nicht relevant, sondern welche relevant sind.

Die zum Begriff der „Menschenmenge" eher kurz ausgefallene Kommentierung von Frank setzt sich an dieser Stelle mit einem Entscheid auseinander. Die wissenschaftliche Auseinandersetzung scheint somit auch hier wichtiger als die Kommentierung. Zudem wird außer dem eingangs definierten Kriterium nur erläutert, was nicht maßgeblich ist. Somit muss sich der Praktiker mit dem Kriterium der längeren Zeit zur Bestimmung der Zahl begnügen.

Kommentar Schwartz:

Das Gesetz sagt ausdrücklich „vor" der Menschenmenge, verlangt also nicht, daß die Aufforderung „an" die Menschenmenge gerichtet sei: *Frank N. II 1 b, Hälschner II 751, v. Liszt 565 N. 3, Olshausen N. 8 Abs. 1. Oppenhoff-Delius § 85 N. 13; RG. 21./10. 81 E. 5 60.* Aus dem Begriff der Aufforderung, der notwendig einen Adressaten verlangt, ergibt sich, daß die Aufforderung wenigstens an Einen oder Einzelne der Anwesenden geschehen muß: *Olshausen N. 8 Abs. 2.* Die an Einen oder an Einzelne gerichtete Aufforderung genügt jedoch, wie *Rüdorff-Stenglein N. 2* zutreffend bemerkt, nur dann,

312 Schwartz, § 110 N. 5 a).
313 Frank, § 110 N. II 1 b).

wenn die Beziehung zu der anwesenden Menschenmenge und eine hierdurch herbeigeführte Gefährlichkeit der Aufforderung feststeht. Die Ansichten hierüber gehen allerdings in einer sehr unbehaglichen Weise auseinander. So verlangen *Geyer II 135 und RG. a.a.O.* nicht einmal, daß sich die Aufforderung an einen Einzigen der Anwesenden richte, wogegen *Binding Lehrb. II 844*, nach welchem die hier für richtig erachtete Ansicht „zu den sinnlosesten Ergebnissen führt“, erklärt, daß die Aufforderung vor der Menschenmenge sich an die Menge richten müsse. *Über die verschiedenen Meinungen vgl. Binding a.a.O. N. 5.*[314]

Kommentar FRANK:

Daß sich die Aufforderung an die Menschenmenge richte, ist nicht erforderlich. Es genügt, wenn sie für die Menschenmenge wahrnehmbar ist. *E. 5 60.* Dagegen *Binding a.a.O. 884. S. dazu ob. a. a.E.* Entsprechendes Bewusstsein gehört selbstverständlich zum Vorsatz.[315]

Beide Kommentatoren zwingen den Leser in eine zentrierte Rechtslandschaft, indem sie sich auf den Begriff „vor einer Menschenmenge“ fokussieren. SCHWARTZ äußert sich sehr ausführlich, während FRANK seine Erläuterungen kurzhält.

SCHWARTZ beginnt mit einem Gedanken, der sich bei fünf Autoren und in einem Reichsgerichtsentscheid findet. Die Formulierung an sich genügt als Erläuterung nicht und muss weiter konkretisiert werden. In der Folge unternimmt er den Versuch, den Einleitungssatz zu konkretisieren. Anstatt sich aber kurzzufassen, geht er auf verschiedene Lehrmeinungen ein und bleibt zu vage. Die wissenschaftliche Auseinandersetzung steht im Vordergrund und nicht die Kommentierung des Normtextes.

Bei FRANK hingegen funktioniert die Feinsteuerung. Er stellt auf die Wahrnehmbarkeit ab und zitiert den gleichen Reichsgerichtsentscheid wie SCHWARTZ. Er verweist, wie SCHWARTZ, auf die abweichende Meinung von BINDING, verzichtet aber sinnvollerweise darauf, auf weitere Lehrmeinungen einzugehen. So bleibt noch Platz für einen kurzen, gut formulierten Satz zum subjektiven Tatbestand. Seine Kommentierung vermittelt Sicherheit.

Kommentar SCHWARTZ:

b) Oder die Aufforderung erfolgt durch die Verbreitung von Schriften oder anderen Darstellungen.

Wegen der Schriften und der anderen Darstellungen *vgl. oben § 41 N. 4.* Der Plural entspricht dem Sprachgebrauch des Gesetzes und schließt auf

---

314 SCHWARTZ, § 110 N. 5 a).

315 FRANK, § 110 N. II 1 b).

der einen Seite den Singular nicht aus, gibt aber auf der anderen Seite zu erkennen, daß selbst bei Verbreitung usw. mehrerer Schriften usw. nur eine Handlung anzunehmen ist: *RG. 22./10. 83 E. 9 292, 24./11. 84 E. 11 282.*[316]

Es wird nur ein Auszug aus der Kommentierung von SCHWARTZ wiedergegeben, weil ähnliche Ausführungen im Kommentar von FRANK fehlen.

SCHWARTZ zwingt den Leser in eine zentrierte Rechtslandschaft, weil er sich auf Begriffe aus dem Normtext fokussiert. Er verweist zunächst auf seine Kommentierung von § 41 aus dem Allgemeinen Teil des RStGB. Diese Norm regelt, was mit „Schriften", „Abbildungen" sowie „Darstellung" geschehen soll, die strafbare Inhalte vermitteln. Ein solcher Verweis ist sinnvoll und zeigt, dass ein Begriff, der in mehreren Paragrafen des gleichen Gesetzes vorkommt, auch gleich verstanden wird. So werden Widersprüche vermieden. Weiter bleibt SCHWARTZ beim Normtext und erklärt, was aus der Verwendung des Plurals folgt. Seine Ausführungen stützt er auf Entscheide des Reichsgerichts. Die Feinsteuerung funktioniert.

Kommentar SCHWARTZ:

Verbreiten ist Zugänglichmachen nicht bloß dem Inhalt, sondern auch der Substanz nach; bloßes Vorlesen ist nicht strafbar: *Frank N. II 2 a, v. Liszt 379, Olshausen N. 11, Schütze Anhang 14 N. 2; RG. 24./11. 84 E. 11 382.*[317]

Kommentar FRANK:

– Die Aufforderung ist ferner strafbar, wenn sie ergeht

2. durch Verbreitung oder öffentlichen Anschlag oder öffentliche Ausstellung von Schriften oder anderen Darstellungen.

a) Der Begriff des Verbreitens gehört dem Preßrecht an. Man wird darunter eine Tätigkeit zu verstehen haben, durch die eine Schrift ihrem Inhalte und ihrer Substanz nach (also nicht Vorlesen: *s. Gaze, D. strafrechtl. Haftung f. Preßdelikte [1906] 13*) einem größeren Personenkreise zugänglich gemacht wird. *E 30 224.*[318]

Die Ausführungen der beiden Kommentatoren decken sich im Wesentlichen inhaltlich. SCHWARTZ zitiert vier Lehrmeinungen und einen Reichsgerichtsentscheid, während FRANK eine Monografie und einen (anderen) Entscheid des Reichsgerichts zitiert. Vom Inhalt her gibt es zwei kleine Unterschiede: FRANK verweist auf das Presserecht und sagt, wem „die Schrift" „zugänglich gemacht wird". Insofern ist seine Kommentierung klarer und leistet die Feinsteuerung etwas besser.

---

316 SCHWARTZ, § 110 N. 5 b).
317 Ebd., § 110 N. 5 b).
318 FRANK, § 110 N. II 2.

Kommentar Schwartz:

Verbreiten ist nicht, wie *v. Liszt 379 N. 4* meint, Veröffentlichen, die Verbreitung braucht, wie schon der Wortlaut des Gesetzes ergibt, keine öffentliche zu sein: *Binding Lehrb. II 846, Frank a.a.O., Hälschner II 751, Olshausen N. 10 Abs. 1, Schütze Anhang a.a.O. und RG. 5./10. 82 E. 7 113*; *vgl. Preßgesetz § 21* „öffentlich verbreitet". Verbreitet wird das Schriftstück, wenn der Kreis seiner Besitzer, sei es gleichzeitig, sei es nacheinander, breiter, größer gemacht wird, wenn es einem größeren Personenkreis mitgeteilt wird: *Olshausen und Schütze Anhang a.a.O.; RG. a.a.O. und 10./9. 97 E. 30 224.*

Hieraus ergibt sich, daß der Kreis der Personen, in welchen die Schrift usw. eindringt, sowohl ein geschlossener als ein nicht geschlossener sein kann, eine Verbreitung im Publikum also nicht gefordert wird: *Frank und Hälschner a.a.O., Olshausen N. 10a; RG. 5./10. 82 E. 7 113, 22./10. 83 E. 9 292; a.M. v. Liszt 379 und Meyer-Allfeld 637.*[319]

Kommentar Frank:

Insofern wird also von dem Begriffe der Verbreitung der der Öffentlichkeit eingeschlossen. Individuelle Bestimmbarkeit der Personen steht aber weder dem einen, noch dem anderen Begriffe entgegen. Abweichend fordert *v. Liszt § 109* Zugänglichmachung an das Publikum schlechthin.[320]

An dieser Stelle schafft es Frank wieder mit einigen kurzen und prägnanten Sätzen, den Inhalt des Normtextes zu erläutern, während Schwartz bemüht ist, alle einschlägigen Lehrmeinungen und Entscheide zu berücksichtigen. Es wirkt fast so, als bestünde die Kommentierung von Schwartz aus Textbausteinen anderer Autoren oder Gerichtsentscheiden.

Frank knüpft an seine einleitenden Bemerkungen an und präzisiert den Begriff „einem größeren Personenkreis", indem er festhält, dass die „Öffentlichkeit" auch erfasst wird und dass die „Bestimmbarkeit der Personen" kein Hindernis ist. Schließlich verweist er auf eine abweichende Meinung.

Die von Frank formulierten Gedanken finden sich im Wesentlichen auch in der Kommentierung von Schwartz, nur dass sie umständlicher und ausführlicher geäußert werden. Z.B. wiederholt Schwartz „nicht Veröffentlichung", indem er im letzten Satz von „Verbreitung im Publikum" spricht, die „nicht gefordert wird". Weiter erhöht der Verweis auf einen „geschlossenen" oder „nicht geschlossenen Personenkreis" die Komplexität, d.h., das Verständnis wird nicht erleichtert, sondern erschwert.

---

319 Schwartz, § 110 N. 5 b).

320 Frank, § 110 N. II 2 a).

Kommentar Schwartz:

Sodann, daß im Gegensatz zur Hingabe an eine oder einige wenige Personen die Zahl derjenigen, welchen die Schrift zugeht, eine größere sein muss, auch wenn es sich um der Zahl oder Individualität nach bestimmte Personen handelt: *RG. 22./10. 83 E. 9 292, 10./9. 97 E. 30 224.* Nach der Rechtsprechung des *RG* ist schon die Hingabe an Eine Person eine Verbreitung, wenn dabei der Wille obwaltet, die Schrift einem größeren Personenkreis zugänglich zu machen: *28./9. 80 E. 2 270, 5./10. 82 E. 7 113, 28./3. 83 E. 9 71, 10./10. 87 E. 16 245,* aber diese den Willen zur Tat der Tat selbst gleichsetzende subjektive Auffassung ist mit *Meyer-Allfeld 637 N. 61 und Olshausen N. 10 b* zurückzuweisen, zumal der Versuch des Delikts nicht strafbar ist.[321]

An dieser Stelle wird nur ein Auszug aus der Kommentierung von Schwartz wiedergegeben, weil ähnliche Ausführungen in der Kommentierung von Frank fehlen.

Die Auseinandersetzung mit der einschlägigen Rechtsprechung steht hier offensichtlich im Vordergrund. Der erste Satz scheint auf den ersten Blick eine Präzisierung zum Begriff „größerer Personenkreis" zu sein, sagt aber letztlich nur aus, dass es mehr als eine Person sein muss und auf die Bestimmbarkeit nicht ankommt. Mehr als „einige wenige Personen" kann nicht exakt ermittelt werden, weil unklar bleibt, wie viel „einige wenige Personen" genau sind. Dass es mehr als eine Person sein muss und nicht auf die Bestimmbarkeit ankommt, ergibt sich aber bereits aus dem Ausdruck „größerer Personenkreis". Insofern liefert der erste Satz keine weiteren Informationen, die das Verständnis erleichtern. Die Präzisierung, wonach es nicht auf den Willen allein ankommt, erleichtert das Verständnis. Interessant ist hier, dass nicht die Meinung des obersten Gerichts maßgeblich sein soll, sondern die Auffassung zweier Lehrmeinungen, von denen sich eine immerhin im damaligen Standardkommentar findet (Olshausen).

Kommentar Schwartz:

Nach *Meyer-Allfeld a.a.O.* liegt Verbreitung schon vor, wenn mehrere, sei es auch individuell bestimmte Personen die Schrift erhalten, sobald die Möglichkeit, daß diese auch an beliebige andere Personen gelange, objektiv naheliegt, weil entweder die Zahl der Empfänger eine sehr große ist oder zwischen der hingebenden Person und den Empfängern keinerlei Vertrauensverhältnis besteht. Auch dies ist irrig, denn die bloße Möglichkeit der Verbreitung ist nicht schon selbst Verbreitung, ist aber die Zahl der

321 Schwartz, § 110 N. 5 b).

Empfänger eine sehr große, so liegt eben Verbreitung vor und wird durch eine etwaige Vertraulichkeit der Mitteilung nicht ausgeschlossen.[322]

Auch an dieser Stelle fehlen ähnliche Ausführungen in der Kommentierung von FRANK.

Hier geht SCHWARTZ näher auf eine der Lehrmeinungen ein, die er in der oberen Passage zitiert hat. Das Ziel dieser Ausführungen ist die Kritik an der Lehrmeinung. Nicht die Kommentierung der Norm, sondern die wissenschaftliche Auseinandersetzung steht im Vordergrund. Die Komplexität wird erhöht, weil sich der Leser auf einen Gedankengang einlassen muss, der aber letztlich nicht zum Verständnis beiträgt. Dass „Verbreitung" vorliegt, wenn eine große Zahl von Empfängern gegeben ist, ergibt sich bereits aus den Ausführungen weiter oben.

Kommentar SCHWARTZ:

Ob das Original oder eine Kopie hingegeben wird, ist gleichgültig; daher liegt eine Verbreitung vor, wenn eine Schrift dadurch dem Publikum zugänglich gemacht wird, daß sie nur in Einem Exemplar fortgegeben wird, der Empfänger aber Kopien verfertigt und diese weiter gibt, oder jeder weitere Empfänger eine Kopie macht und diese mitteilt: *Binding Lehrb. II 845 N. 2, Olshausen N. 11.* In der bloßen Aufgabe zur Post liegt nicht, wie *Rüdorff-Stenglein N. 3 und RG. 10./10. 87 E. 16 245* meinen, eine Verbreitung, sondern nur ein – strafloser – Versuch der Verbreitung: *Binding Lehrb. II 845 N. 2, Frank N. II 2 a.*[323]

Kommentar FRANK:

Die Aufgabe zur Post ist an sich noch nicht Verbreitung; sie wird dazu erst dann, wenn durch den Postboten die Schrift tatsächlich einem größeren Personenkreis zugänglich gemacht wird. Deren Mitteilung an nur eine Person, damit sie demnächst die Schrift weitergebe, kann noch nicht als Verbreitung angesehen werden. *Im wesentlichen übereinstimmend Binding, Lehrb. 2 845, Olsh. 10., M. E. Mayer a.a.O. 376/7. A.A. dagegen Köhler GoltdA 51 274/5, R 6 703. 9 490 (die Verbreitung beginne schon mit der Aufgabe zur Post), E. 16 245 (Mitteilung an nur eine Person zum Zwecke des Umlaufes sei schon Verbreitung).* Wird allerdings tatsächlich die Schrift von Hand zu Hand gegeben oder von den Empfängern abgeschrieben und die Abschrift dann in Kurs gesetzt, so liegt Verbreitung vor. *So auch Binding, Lehrb. 2 845, Köhler a.a.O. 275/6, Olsh. 6, E 9 71.*[324]

322 Ebd., § 110 N. 5 b).
323 Ebd., § 110 N. 5 b).
324 FRANK, § 110 N. II 2 a).

Die beiden Passagen aus den Kommentierungen stimmen inhaltlich weitgehend überein.

Die beschriebenen Konstellationen (Anfertigung von „Kopien" und „Aufgabe zur Post") kommen in der Praxis häufig vor, weshalb es sinnvoll ist, darauf einzugehen. Beide Kommentierungen gehen auf zahlreiche Lehrmeinungen ein und berücksichtigen die Rechtsprechung des Reichsgerichts. Die Feinsteuerung funktioniert an dieser Stelle, weil klar beschrieben wird, wann „Verbreitung" vorliegt und wann nicht. Es fällt wieder auf, dass die vom Reichsgericht vertretene Auffassung nicht immer maßgeblich ist. Bezogen auf den Begriff der „Verbreitung" vermag die Kommentierung von FRANK die Feinsteuerung besser zu leisten, weil auf unnötige Ausführungen verzichtet wird. Gewisse Passagen in der Kommentierung von SCHWARTZ erhöhen die Komplexität. Die wissenschaftliche Auseinandersetzung scheint häufig wichtiger als die Erklärung des Normtextes.

Kommentar SCHWARTZ:

c) Oder endlich die Aufforderung erfolgt durch öffentlichen Anschlag oder öffentliche Ausstellung der Schriften und Darstellungen.

Diese beiden Tätigkeiten, durch welche nicht die Substanz, sondern nur der Inhalt zugänglich gemacht wird, müssen, ebenso wie die Aufforderung vor einer Menschenmenge, öffentlich, also der Inhalt unabhängig von der Örtlichkeit unbestimmt welchen und wie vielen Personen wahrnehmbar sein: *Frank II 2 b, Olshausen N. 13.*[325]

Kommentar FRANK:

b) Das Anschlagen und das Ausstellen unterscheiden sich von der Verbreitung dadurch, daß nur der Inhalt, nicht die Substanz der Schrift zugänglich gemacht wird.[326]

Beide Kommentatoren definieren „Anschlagen" und „Ausstellen" mithilfe der im vorhergehenden Abschnitt analysierten Begriffe. Es wird „nicht die Substanz, sondern nur der Inhalt zugänglich gemacht". Ein solches Vorgehen ist sinnvoll, da der Leser die Ausführungen von weiter oben noch präsent hat.

SCHWARTZ erläutert zudem, dass die „Öffentlichkeit" ebenfalls gegeben sein muss, wobei hier die „Öffentlichkeit" so zu verstehen ist wie in den Ausführungen zur „öffentlichen Aufforderung vor einer Menschenmenge". Seine Ausführungen stützen sich auf zwei Lehrmeinungen.

Kommentar SCHWARTZ:

Beide Ausdrücke sind im weiteren Sinn zu nehmen, unter Aufstellen ist auch Auslegen und Aushängen zu verstehen, unter Anschlagen auch An-

325 SCHWARTZ, § 110 N. 5 c).
326 FRANK, § 110 N. II 2 b).

heften, Ankleben, überhaupt jede mechanische Tätigkeit, durch welche die Schrift usw. mit einem festen Gegenstand als ihrem Träger sichtbar wird, z. B. Zeichnen, Malen, Anschreiben an eine Mauer, Vorführung von Films durch eine Kinematographen: *Frank N. II b, v. Liszt 379, Olshausen N. 12; RG. 24./11. 84 E. 11 382, 2./10. 06 E. 39 183.*[327]

Kommentar FRANK:

Das öffentliche „Anschreiben", z. B. an eine Mauer, ist mit den meisten als ein Ausstellen anzusehen. *So v. Liszt § 109, Olsh. 12 und E 11 282. Vergl. auch E 39 183* (Anschlagen und Ausstellen bedeute dem Anblick zugänglich machen). Das Anschlagen oder das Ausstellen muss öffentlich erfolgen. *S. darüber ob. 1a.*[328]

SCHWARTZ fokussiert sich auf Begriffe aus dem Normtext und nennt Tätigkeiten die gleichbedeutend sind. Danach führt er Beispiele an und verweist auf drei Lehrmeinungen und zwei Entscheidungen. Der Normtext wird nachvollziehbar erläutert.

Die Ausführungen von FRANK vermögen auch die Feinsteuerung zu leisten. Er nennt ein gleichbedeutendes Wort in Kombination mit einem Beispiel, geht auf die gleichen Lehrmeinungen wie SCHWARTZ ein und zitiert zwei Entscheide des Reichsgerichts (einer von diesen Entscheiden wird auch von SCHWARTZ zitiert), wobei er in Klammern eine gerichtliche Umschreibung wiedergibt. Schließlich verweist er zum Begriff „öffentlich" auf seine Ausführungen von weiter oben.

An dieser Stelle überzeugt die Kommentierung von SCHWARTZ, weil sie kompletter erscheint.

Kommentar SCHWARTZ:

6. Das Delikt ist vollendet, wenn die Aufforderung wahrgenommen, von dem Inhalt der Schrift usw. Kenntnis genommen ist. Daß die Aufforderung Erfolg habe, wird nicht gefordert. Daher ist es von dem Tatbestand nicht von Belang, aus welchem Grund der Erfolg ausgeblieben ist, so daß die Aufforderung auch dann strafbar ist, wenn der Aufgeforderte zum Gehorsam gar nicht verpflichtet war: *Olshausen N. 4 b; RG. 21./10. 81 E. 5 60.* Das Eintreten des Erfolges ist nur Strafzumessungsgrund. Ist der Erfolg nicht eingetreten, so wird der Richter mit Hinblick auf das in *§ 111 Abs. 2* bestimmte Strafmaß regelmäßig zuhöchst auf Ein Jahr Gefängnis erkennen: *John H.H. III 100, Olshausen § 111 N. 11, Oppenhoff-Delius N. 14, Schütze 264 N. 14, nach Binding*

327 SCHWARTZ, § 110 N. 5 c).
328 FRANK, § 110 N. II 2 b).

Lehrb. II 854 **darf der Richter nicht höher gehen, zu welchem Nichtdürfen der gesetzliche Anhalt fehlt.**[329]

Kommentar FRANK:

III. Vollendung. – In allen Fällen gehört zum Begriffe der Aufforderung und damit zum Tatbestande des Delikts, daß von dem Inhalt Kenntnis genommen werde. Dies gilt namentlich auch dann, wenn die Aufforderung durch Verbreitung oder durch Anschlag oder Ausstellen von Schriften erfolgt. Verurteilung kann erst dann eintreten, wenn die Kenntnisnahme durch jemanden (keineswegs nur durch die Menschenmenge) bewiesen ist. ***So Olsh. 4, Binding a.a.O 843, 4. A.A. E. 5 60, Rüd.-Stengl. 3, Mayer a.a.O. 374.*** **Verständnis der Aufforderung bei der Menschenmenge (oder an wen sie sich sonst richtet) fordern** ***nicht Binding a.a.O. 843 und Olsh. 4. A.A. wohl mit Recht M.E. Mayer a.a.O. 374 und preuß. Obertribunal bei Oppenhoff, Rechtsprechung 19 75.*** **– Wegen Rücktritts** ***s. o. II Abs. 1 a.E.***[330]

An dieser Stelle gehen die Ausführungen beider Autoren über den Normtext hinaus. Denn die „Vollendung“ wird dort nicht umschrieben. Im Vordergrund steht eine dogmatische Systematik, sodass die Ausführungen eher in ein Lehrbuch als in einen für Praktiker geschriebenen Kommentar gehören. Nichtsdestotrotz finden sich Sätze, die sich auf Begriffe aus dem Normtext beziehen. Die „Kenntnisnahme“, auf welche beide Autoren eingehen, kann bei der „Aufforderung“ abgehandelt werden und muss nicht unter einem separaten Untertitel „Vollendung“ erklärt werden. Inhaltlich dienen die Ausführungen dem Verständnis und nehmen Bezug auf Lehre und Rechtsprechung. Während SCHWARTZ sich fragt, ob die „Aufforderung“ erfolgreich sein muss, unterscheidet FRANK nicht nur die „Kenntnisnahme“, sondern auch das „Verständnis“. Die Frage des „Erfolgs“ muss nicht zwingend explizit beantwortet werden. Es genügt, wenn festgehalten wird, dass „Kenntnisnahme“ ausreicht. Daraus folgt bereits, dass der „Erfolg“ nicht eintreten muss. Insofern leisten die Ausführungen von FRANK die Feinsteuerung etwas besser.

SCHWARTZ geht auch noch auf die Strafzumessung ein und zeigt in diesem Kontext die Relevanz des Erfolgs auf. Diese Ausführungen sind wichtig, weil sie sich zur Rechtsfolge äußern. Die Kommentierung von SCHWARTZ ist somit kompletter. Aber auch hier gilt: Dieser Aspekt soll unter Bezugnahme auf den Normtext kommentiert werden und nicht unter dem Titel „Vollendung“.

---

329 SCHWARTZ, § 110 N. 6.
330 FRANK, § 110 N. III.

Kommentar SCHWARTZ:

7. Das Delikt setzt Vorsatz voraus. „Der Vorsatz richtet sich durchaus nach den „allgemeinen Regeln“ (*Frank N. IV*). Er ist bei der öffentlichen Aufforderung vor einer Menschenmenge schon durch das Bewußtsein gegeben, daß die Aufforderung an sich geeignet sei, in dem Aufgeforderten den Willen zu einem bestimmten Tun oder Unterlassen zu erwecken: *Frank N. II Abs. 1, Olshausen N. 23, Rüdorff-Stenglein N. 12; RG. 15./1. 91 E. 21 304, 27./10. 91 E. 22 185*. Der Verbreiter einer Schrift muß, da die Verbreitung auch zu anderen Zwecken erfolgen kann, z.B. zu wissenschaftlichen, nachweisbar den Willen gehabt haben, zum Ungehorsam aufzufordern: *Binding Lehrb. II 854 N. 2, Frank N. V, Hälschner II 799, Olshausen N. 23 Abs. 2 a.E., Oppenhoff-Delius § 85 N. 20; RG. 5./10. 82 E. 7 113*. Ebenso muss der Täter wissen, dass das Gesetz, die Verordnung eine rechtsgültige, die Anordnung innerhalb der obrigkeitlichen Zuständigkeit erlassen sei: *Binding Lehrb. II 854, Frank N. IV, v. Liszt 566, Olshausen § 23 Abs. 2. Es ist völlig verfehlt, wenn Rüdorff-Stenglein N. 12 und RG. 10./2. 85 E. 12 6, 12./3. 07 E. 40 55* hier nicht ein Tatbestandsmerkmal nach *§ 59*, sondern einen objektiven Strafausschließungsgrund annehmen.[331]

Kommentar FRANK:

IV. Über den Vorsatz *s. ob. II.*. Im übrigen gelten die allgemeinen Regeln. Wird zum Ungehorsam gegen obrigkeitliche Anordnungen aufgefordert, so gehört zum Vorsatz das Bewußtsein, daß sie von der Obrigkeit innerhalb ihrer Zuständigkeit erlassen seien. *Ebenso Olsh. 23, v. Liszt § 175. Abweichend E. 12 6. 40 55 (64), Rüd.-Stengl. 12. Bedenklich auch E. 36 417* (die irrtümliche Annahme der Ungültigkeit eines Landesgesetzes stehe dem Vorsatz nicht entgegen). Allerdings reicht dol. event. aus.[332]

Es gilt das bereits zur „Vollendung“ Gesagte. Hier wird eine dogmatische Systematik gewählt, die an ein Lehrbuch erinnert. Beide Kommentatoren machen deutlich, dass die Ausführungen über den Normtext hinausgehen, indem sie auf die allgemeinen Regeln verweisen. FRANK verweist zudem auf seine Ausführungen von weiter oben. Die Erläuterungen dienen aber dem Verständnis. Bei SCHWARTZ scheint die wissenschaftliche Auseinandersetzung im Vordergrund zu stehen, weshalb die Kommentierung etwas zu ausführlich ausfällt. Es entsteht der Eindruck, dass zu allen Lehrmeinungen und relevanten Entscheidungen Stellung genommen wird.

331 SCHWARTZ, § 110 N. 7.
332 FRANK, § 110 N. IV.

Kommentar FRANK:

V. Wer Täter ist, ergibt sich, wenn die Handlung vor einer Menschenmenge begangen wird, von selbst. Bei Begehung durch Verbreitung usw. von Schriften und anderen Darstellungen ist hervorzuheben, daß nicht der Verfasser als Täter erscheint, sondern wer verbreitet, anschlägt oder ausstellt. Aber auch bei diesem muß hinzukommen, daß er gleichzeitig auffordert. Denn bestraft wird nicht die Verbreitung, sondern die Aufforderung durch Verbreitung. *Vergl. darüber Oppenh.-Del. 20 zu § 85, E. 7 113, Oppenhoff, Rechtsprechung des Obertribunals 16 631. 786. 17 815. 18 426.*

VI. Wegen der Verjährung ist auf *Preßges.* § 22 zu verweisen.[333]

Da ähnliche Ausführungen bei SCHWARTZ fehlen, wird nur eine Passage aus der Kommentierung von FRANK wiedergegeben.

Die Ausführungen gehen über den Normtext hinaus, da eine dogmatische Systematik gewählt wird. Der erste Satz ist überflüssig und sagt nicht mehr aus als der Normtext. Die darauffolgenden Ausführungen dienen grundsätzlich dem Verständnis, können aber auch unter einem anderen Titel, d. h. bei der Kommentierung des Normtextes, eingeordnet werden. Die letzten zwei Sätze sind unklar und müssten noch genauer konkretisiert werden. Wann liegt nicht nur „Verbreitung", sondern nur „Aufforderung durch Verbreitung" vor?

Ziff. VI. geht ebenfalls über den Normtext hinaus, enthält aber eine wichtige Information, weil offenbar nicht nur der Allgemeine Teil des RStGB maßgeblich ist.

B) Überblick über die Kommentierungen

SCHWARTZ unterteilt seine Kommentierung in Ziffer 1 bis 7, wobei er in Ziffer 4 Unterpunkte von a)–c) macht. Die Ausführungen unter Ziffer 5 werden ebenfalls in a)–c) unterteilt.

Unter 1. erläutert er das mit der Bestimmung verfolgte Ziel. In Ziffer 2 wird der in der Gesetzesbestimmung genannte Begriff „Auffordern" definiert. In Ziffer 3 befasst er sich mit dem Begriff „Ungehorsam", der sich ebenfalls im Normtext findet. In Ziffer 4 klärt er, wogegen zum Ungehorsam aufgefordert wird, d. h. Gesetze, rechtsgültige Verordnungen und von der Obrigkeit innerhalb ihrer Zuständigkeit getroffene Verordnungen. In 4. a) geht es um die Rechtsgültigkeit von Gesetzen, in 4. b) um die Rechtsgültigkeit von Verordnungen und in 4. c) wird der Begriff „Obrigkeit" erläutert. Ziffer 5 behandelt die Formen der Aufforderungen: Unter a) geht es um die öffentliche Aufforderung vor einer Menschenmenge, unter b) um die Aufforderung durch die Verbreitung von Schriften und anderen Dar-

333 Ebd., § 110 N. V und VI.

stellungen und unter c) schließlich um die Aufforderung durch öffentlichen Anschlag oder öffentliche Ausstellung der Schriften und Darstellungen. Ziffer 6 handelt von der Vollendung des Delikts, die bei Wahrnehmung der Aufforderung vorliegt. In Ziffer 7 befasst sich SCHWARTZ mit dem Erfordernis des Vorsatzes.[334]

FRANK unterteilt seine Kommentierung in Ziffer I. bis VI. In Ziffer I. nimmt er eine weitere Unterteilung in Ziffer 1. und 2. vor. Ziffer II. beginnt mit einer Einführung und wird dann in 1. und 2. unterteilt, wobei hierzu wieder die Unterpunkte a) und b) gebildet werden.

Unter I. äußert er sich zunächst, gleich wie SCHWARTZ, zur Zielsetzung der Gesetzesbestimmung. In der Folge erörtert er die Frage, gegen welche Gesetze Ungehorsam geleistet werden kann. In Ziffer 1. und 2. geht es um den von ihm definierten Gesetzen gleichgestellten Objekten, d. h. in 1. um rechtsgültige Verordnungen und in 2. um die von der Obrigkeit innerhalb ihrer Zuständigkeit getroffenen Anordnungen. Unter II. geht es um den im Normtext erwähnten Begriff der „Aufforderung", wobei er unter 1. die öffentliche Aufforderung vor einer Menschenmenge behandelt (den Begriff „öffentlich" unter a) und „Menschenmenge" unter b)) und unter 2. die Verbreitung oder den öffentlichen Anschlag oder die öffentliche Ausstellung von Schriften und anderen Darstellungen („verbreiten" unter a) und „anschlagen" sowie „ausstellen" unter b)). In Ziffer III. befasst er sich mit der Vollendung des Delikts bei Kenntnisnahme. Ziffer IV. hat den Vorsatz zum Thema, in Ziffer V. geht es um erläuternde Ausführungen zum Täter. Schließlich formuliert FRANK in Ziffer VI. noch einen Satz zur Verjährung.[335]

Es fällt auf, dass sich beide Autoren am Normtext orientieren, d. h., sie wählen häufig die dort genannten Begriffe als Ausgangspunkt. So zwingen sie den Leser in eine zentrierte Rechtslandschaft. SCHWARTZ bezieht sich in den Ziffern 2., 3., 4., 4.c) sowie 5. (auch in den Untertiteln) auf Begriffe aus dem Normtext, FRANK in den Ziffern I. und II. (auch in den Untertiteln). Beide erläutern die Begriffe „Auffordern" mit den Präzisierungen „öffentliche vor einer Menschenmenge" sowie „Verbreitung oder öffentlicher Anschlag oder öffentliche Ausstellung von Schriften oder anderen Darstellungen", „Ungehorsam", „Gesetze", „rechtsgültige Verordnungen" und „von der Obrigkeit innerhalb ihrer Zuständigkeit getroffenen Anordnungen". Auch bei beiden finden sich Erläuterungen zur Vollendung des Delikts und zum Vorsatz. Diese Ausführungen gehen über den Normtext hinaus, dienen aber dem Verständnis. Nur bei FRANK finden sich Präzisierungen zum Täter und ein Verweis zur Verjährung.

---

334 SCHWARTZ, § 110 N. 1–7.

335 FRANK, § 110 N. I–VI.

Beide Kommentatoren beginnen mit dem Ziel, welches durch die Norm erreicht werden soll. Nach diesen Ausführungen erörtert FRANK grundsätzlich, gegen welche Gesetze „Ungehorsam" geleistet werden kann, während SCHWARTZ mit dem „Auffordern" beginnt. Als Professor beginnt FRANK mit einer theoretischen Grundsatzfrage, die auch in einem juristischen Lehrbuch stehen könnte. Der Praktiker SCHWARTZ fokussiert sich sogleich auf den Normtext.

Obwohl FRANK lehrbuchmäßig beginnt, kann gesagt werden, dass seine Ausführungen für den praktischen Anwender nützlich sind und den Kern der Norm betreffen. Denn nach der Lektüre weiß der Praktiker, welche Gesetze überhaupt infrage kommen und welche nicht. Insofern gelingt die Feinsteuerung. Konsequenterweise behandelt FRANK unter I. auch andere Erlasse oder Handlungen, gegen die zu „Ungehorsam" aufgefordert werden kann. Unter II. geht er dann auf die Handlung ein, indem er sinnvolle Untertitel bildet, wo er die verschiedenen Formen der Aufforderung behandelt. In den Ziffern III.–IV. entfernt er sich dann völlig vom Normtext. FRANK beginnt also mit dem letzten Teil der Norm und kommt dann zum Anfang. Überzeugend ist aber, dass er die Handlung und die Objekte, auf welche sich die Handlung bezieht, klar trennt.

SCHWARTZ scheint sich zunächst auf den objektiven Tatbestand zu fokussieren, hält sich jedoch nicht an die Reihenfolge der Begriffe in der Norm. Denn dort geht es zunächst um die Form der Aufforderung, er aber beginnt mit der „Aufforderung" an sich. Liest man seine Kommentierung, wird deutlich, dass er die „Aufforderung" als zentrale Umschreibung der Handlung sieht, die in der Norm in inhaltlicher und formeller Hinsicht konkretisiert wird. Konsequenterweise beginnt er mit ihr und geht dann auf den Begriff „Ungehorsam" ein. Es folgen Ausführungen zur Frage, wogegen zu „Ungehorsam" aufgefordert wird. Danach erklärt er die Form der „Aufforderung". Schließlich äußert er sich zur Vollendung und zum Vorsatz. Mit diesem Vorgehen bleibt er grundsätzlich näher am Normtext als FRANK. Jedoch würde die Struktur noch mehr überzeugen, wenn er die „Aufforderung" als Obertitel gewählt und dann darunter die verschiedenen Formen behandelt hätte. Genau genommen handelt es sich bei den Formen um Präzisierungen. In einem zweiten Schritt hätte er dann den Inhalt der „Aufforderung" behandeln können.

C) Zusammenfassung der Erkenntnisse

Die Kommentierung von FRANK ist etwas kürzer als jene von SCHWARTZ (vgl. Tab. 35).

Tabelle 35: Widerstand gegen die Staatsgewalt – Anzahl Seiten bei SCHWARTZ und FRANK

	Anzahl[336]
SCHWARTZ	5
FRANK	4.5

Beide Kommentatoren arbeiten mit den relativ alten Kommentaren von OPPENHOFF-DELIUS (14. Auflage 1901) und RÜDORFF-STENGLEIN (4. Auflage 1892). FRANK berücksichtigt den Kommentar von SCHWARTZ nicht. Ähnlich wie bei der Kommentierung der Notwehr fällt auf, dass FRANK vergleichsweise viele Monografien und Zeitschriftenartikel zitiert, SCHWARTZ zitiert nur eine von ihm selbst verfasste Monografie (vgl. Tab. 36). SCHWARTZ verarbeitet viel mehr Entscheide als FRANK, wobei Letzterer auch einen Entscheid des Reichsmilitärgerichts und vier Entscheide des Preußischen Obertribunals zitiert (vgl. Tab. 36). Ersterer bildet oft Ketten aus vielen Entscheidungen (String-Zitate). Achtmal widerspricht SCHWARTZ dem Reichsgericht, wobei an manchen Stellen sich widersprechende Enscheide des Reichsgerichts angeführt werden. FRANK lehnt die Meinung des Reichsgerichts in drei Fällen ab.

Tabelle 36: Widerstand gegen die Staatsgewalt – Lehre und Rechtsprechung bei SCHWARTZ und FRANK

	Entsch.	Komm.	Lehrb.	Mon.	Zeitsch.	Total
SCHWARTZ	60 (80 %)	4 (5 %)	10 (13 %)	1 (1 %)	0	75 (99 %[337])
FRANK	40[338] (56 %)	3 (4 %)	9 (13 %)	17 (24 %)	3 (4 %)	72 (101 %[339])

Beide Kommentatoren stützen in über 50 % der Fälle ihre Argumente zumindest teilweise auf Rechtsprechung. Überraschend ist, dass für den Professor FRANK die Rechtsprechung noch wichtiger zu sein scheint als für den Praktiker SCHWARTZ (vgl. Tab. 37).

336 Das Format ist bei diesen zwei Kommentaren ähnlich.

337 Die Werte wurden nach den mathematischen Regeln gerundet.

338 Davon ein Entscheid des Reichsmilitärgerichts und vier Entscheide des Preußischen Obertribunals.

339 Die Werte wurden nach den mathematischen Regeln gerundet.

Tabelle 37: Widerstand gegen die Staatsgewalt – Begründung bei SCHWARTZ und FRANK

	Literatur	Rechtsprechung	Beides	Total
SCHWARTZ	25 (43 %)	5 (9 %)	28 (48 %)	58 (100 %)
FRANK	13 (36 %)	12 (33 %)	11 (31 %)	36 (100 %)

FRANK verweist häufiger als SCHWARTZ auf nur eine Quelle. Letzterer erhofft sich aufgrund einer langen Zitatkette eine höhere Legitimität (vgl. Tab. 38).

Tabelle 38: Widerstand gegen die Staatsgewalt – eine Quelle bei SCHWARTZ und FRANK

	Anzahl Stellen
SCHWARTZ	10
FRANK	16

SCHWARTZ präsentiert häufiger als FRANK mehrere Meinungen. Die Kommentierung des Letztgenannten vermittelt mehr Sicherheit (vgl. Tab. 39). FRANK erwähnt an einer Stelle die „herrschende Lehre“. Ansonsten finden sich keine Verweise auf Argumentationsfiguren in den Kommentierungen. Im Fall von mehreren Meinungen entscheiden sich die Kommentatoren in der Regel für eine. SCHWARTZ spricht sich in einem Fall für eine Synthese aus und FRANK beschränkt sich nur an einer Stelle auf die zurückhaltende Präsentation der Meinungen. SCHWARTZ scheint Befürworter gesucht oder sich häufig der Mehrheitsmeinung angeschlossen zu haben, während FRANK wohl die tatsächlichen Verhältnisse darstellt (vgl. Tab. 40).

Tabelle 39: Widerstand gegen die Staatsgewalt – Meinungsvielfalt bei SCHWARTZ und FRANK

	Stellen zwei Meinungen
SCHWARTZ	19
FRANK	11

Tabelle 40: Widerstand gegen die Staatsgewalt – Mengenverhältnisse bei SCHWARTZ und FRANK

	mehr	gleich	weniger
SCHWARTZ	12	5	1
FRANK	1	7	2

FRANK, dessen Kommentierung etwas kürzer ist, verwendet mehr Beispiele als SCHWARTZ, was das Verständnis erleichtert (vgl. Tab. 41).

Tabelle 41: Widerstand gegen die Staatsgewalt – Beispiele bei SCHWARTZ und FRANK

	Anzahl Stellen
SCHWARTZ	10
FRANK	15

Die Kommentierungen von SCHWARTZ und FRANK sind leserfreundlich geschrieben. Der Lesefluss wird nicht durch viele Zitate und Verweise unterbrochen. Die Kommentierungen scheinen abgeschlossen (vgl. Tab. 42).

Tabelle 42: Widerstand gegen die Staatsgewalt – Zitate und Verweise bei SCHWARTZ und FRANK

	Wörtlich	Komm.	RStGB	Normen	Total
SCHWARTZ	3	2	6	7	18
FRANK	0	4	2	4	10

2 Kommentar von OLSHAUSEN und Leipziger Kommentar

Im Kommentar von OLSHAUSEN und im Leipziger Kommentar finden sich, genauso wie in den Kommentaren von FRANK und SCHWARTZ, Vorbemerkungen zum 6. Abschnitt. Weil solche Bemerkungen über den Normtext hinausgehen und in ein Lehrbuch gehören, wird im Rahmen dieser Arbeit nicht näher darauf eingegangen.

Es folgt die Gegenüberstellung und Analyse der Kommentierung. Ausgangspunkt ist N. 3 bei OLSHAUSEN. Denn N. 1 bezieht sich auf die Entstehungsgeschichte der Norm, die über den Normtext hinaus geht und für den praktisch tätigen Jurist nicht von Relevanz ist, so lange sich daraus nichts ergibt, was die

Erläuterung der Begriffe aus dem Normtext erleichtert. In N. 2 finden sich einige systematische Ausführungen, die zwar dem Verständnis dienen, aber genau genommen nicht den Normtext kommentieren. Im Leipziger Kommentar werden die Ausführungen ab N. 2 berücksichtigt, da N. 1 allgemeine Ausführungen zu Abschnitt 6 enthält.

A) Analyse der Kommentierungen

Kommentar Olshausen:

Zu § 110 R. 3–27.

3) Ein „Auffordern" *(§§ 49a R. 5a)* bezeichnet eine an einen anderen sich richtende Kundgebung, durch welche der Auffordernde diesen in einer erkennbaren, wenn auch vielleicht von ihm nicht erkannten *(R. 4a)*, Weise zu einem Tun oder Lassen bestimmen will. Wenn *RG. II 19. IV. 81 E. 4 106* „jede Kundgebung, welche eine Einwirkung auf den Willen andere bezweckt", zum Auffordern für genügend erachtet, so geht das nicht nur über den geltend gemachten „üblichen Sprachgebrauch" hinaus, sondern widerstreitet auch insofern der Entstehungsgeschichte, als das *RStGB* die Worte des *PrStGB. § 87* „oder anreizt", die der Entw. I noch enthielt, nicht aufgenommen hat.[340]

Leipziger Kommentar:

4. Die Handlung besteht in der Aufforderung zum Ungehorsam: Aufforderung ist eine Kundgebung, welche eine Einwirkung auf den Willen eines anderen bezweckt, *RGSt. 4 108, von Olsh. 3* als zu weit gehend bezeichnet: „nur solche Kundgebungen, durch welche der Aufgeforderte in erkennbarer, wenn auch vielleicht von ihm nicht erkannter Weise zu einem Tun oder Lassen bestimmt werden soll."[341]

Die Kommentierung von Olshausen orientiert sich stärker am Normtext, denn sie beginnt mit dem umschriebenen Verhalten. Die Kommentierung von Ebermayer ähnelt jener von Frank, indem sie mit allgemeinen Ausführungen beginnt und daran anschließend auf die Erlasse eingeht, gegen welche zum Ungehorsam aufgefordert wird.

Beim Werk von Olshausen handelt es sich um den zur Zeit der ersten Auflage des Leipziger Kommentars von den Juristen als Standardkommentar bezeichneten Kommentar. Die hier maßgebliche Auflage dieses Kommentars ist 1916 erschienen, d.h. vor dem Leipziger Kommentar. Die Olshausen-Zitate im Leipziger Kommentar beziehen sich auf die Auflage von 1916.

340 Olshausen, § 110 N. 3).
341 Ebermayer, § 110 N. 4.

Beide Autoren zwingen den Leser in eine zentrierte Rechtslandschaft, indem sie sich auf den Begriff „Auffordern“ fokussieren.

OLSHAUSEN beginnt mit einem Verweis auf die Kommentierung zu Art. 49a RStGB (Aufforderung zur Begehung oder Teilnahme an einem Verbrechen). Im Normtext dieses Paragrafen findet sich der gleiche Begriff. Unklar ist, was aus diesem Verweis folgt. Soll der Leser den Abschnitt der Kommentierung lesen, weil dies dem Verständnis von § 110 dient? Wie ist das Verhältnis der beiden Kommentierungen zueinander? Da die Kommentierung von § 110 Abschnitte enthält, die diesen Begriff kommentieren, kann nicht davon ausgegangen werden, dass die beiden Kommentierungen identisch sind. Der erste Satz bei OLSHAUSEN enthält eine Umschreibung, die weniger abstrakte Begriffe verwendet. Eine solche Umschreibung vermag die Feinsteuerung zu leisten. Einer der Nebensätze enthält einen Verweis auf den folgenden Abschnitt Ziff. 4a). Dieser Verweis bedeutet wohl, dass der im Nebensatz erwähnte Gedanke in ebendiesem Abschnitt erläutert wird. Ein solches Vorgehen kann sinnvoll sein, jedoch ist dann nicht mehr der Normtext maßgeblich, sondern die Kommentierung wird kommentiert. Danach führt OLSHAUSEN einen Gedanken aus einem Entscheid an, den er mit Verweis auf den „üblichen Sprachgebrauch“ und die „Entstehungsgeschichte“ kritisiert. An dieser Stelle steht die wissenschaftliche Auseinandersetzung im Vordergrund und nicht die Kommentierung des Normtextes. Die Komplexität wird erhöht, indem mögliche, aber gemäß dem Kommentator nicht maßgebliche Definitionen eingeführt werden. Interessant ist auch, dass nicht die Meinung des höchsten Gerichts maßgeblich ist.

Gemäß EBERMAYER ist die Definition des Reichsgerichts maßgeblich. Auch seine Umschreibung verwendet weniger abstrakte Begriffe und vermag die Feinsteuerung zu leisten. EBERMAYER verzichtet auf eine wissenschaftliche Diskussion und bleibt bei der Kommentierung der Norm.

Kommentar OLSHAUSEN:

Demnach kann zwar mit dem *zit. RG.* „in dem Rate zur Nichtbefolgung in Verbindung mit der Darlegung des im Falle der Verfolgung zu erwartenden Nachteils“ eine „Aufforderung“ gefunden werden, dagegen in der unter dem Scheine des Gegenteils, z. B. der Abmahnung, erfolgenden Aufforderung (*vgl. § 48 R. 13*) nur dann, wenn sie erkennbar die wahre Absicht des Auffordernden zum Ausdruck brachte; *so: Binding Lb. 2 843, M. E. Mayer VDB 1 374, Schwartz R. 2; aM. Geyer HH. 4 151*, Aufforderung liege nicht vor.“[342]

342 OLSHAUSEN, § 110 N. 3).

Leipziger Kommentar:

Der Auffordernde muss das Bewusstsein haben, dass seine Aufforderung in dem von ihm gewollten Sinne verstanden werden kann, deshalb kommt eine nur im Scherz gemachte, nicht ernst gemeinte Aufforderung nicht in Frage.[343]

Olshausen setzt die Auseinandersetzung mit dem zitierten Reichsgerichtsentscheid fort und verweist auf seine Kommentierung zur Anstiftung (§ 48). Auch hier ist nicht klar, was aus dem Verweis folgt. Am Ende dieses Abschnitts macht er ein Beispiel und verweist auf diverse zustimmende und abweichende Lehrmeinungen. Der Leser bekommt den Eindruck, dass der Kommentator an dieser Stelle sämtliche Lehrmeinungen anführen möchte, wobei die Auseinandersetzung damit und nicht die Kommentierung im Vordergrund steht. Die Präsentation eines konkreten Falles erleichtert immerhin das Verständnis und stellt einen Bezug zur kommentierten Norm her.

Anders als in der Kommentierung von Olshausen befasst sich Ebermayer mit einem neuen Gedanken. Im einleitenden Satz ging es um das objektiv Wahrnehmbare. An dieser Stelle steht nun die subjektive Seite der „Aufforderung" im Vordergrund. Die Feinsteuerung funktioniert, indem eine verständliche Umschreibung mit einem Beispiel kombiniert wird.

Kommentar Olshausen:

Im übrigen gibt das Gesetz betreffs der Form oder des Mittels der Aufforderung keinerlei Vorschriften; *so zit. RG. E. 4 106.* Demnach kann die Aufforderung ausdrücklich oder durch schlüssige Hdlgen geschehen; *RG. IV 28. I. 02 G. 49 124, Binding aO, Hälschner 2 752.*[344]

Leipziger Kommentar:

Mittel und Form der Aufforderung sind gleichgültig, die Aufforderung kann ausdrücklich oder durch schlüssige Handlungen geschehen, *RGSt. 4 106, GA. 49 124, RG. V, 971/14 vom 26.1.1915:* Aufforderung zum Ungehorsam gegen usw. das Impfgesetz in der Form der Aufforderung, die Rechtsmittel zu erschöpfen. Überredung, Ratserteilung, ironisches Abreden zum Ungehorsam, Aufmerksammachen auf die nachteiligen Folgen des Gehorsams gebügen, auch Anpreisen und Anreizen; *a.M. Schwartz 2.*[345]

Die Kommentatoren äußern sich hier zur Frage, wie die „Aufforderung" erfolgen muss. Anzumerken ist, dass die hier wiedergegebenen Ausführungen aus dem Leipziger Kommentar nicht unmittelbar an die im vorherigen Abschnitt zi-

---

343 Ebermayer, § 110 N. 4.

344 Olshausen, § 110 N. 3).

345 Ebermayer, § 110 N. 4.

tierten Sätze anschließen, sondern etwas weiter unten wiedergegeben werden. Zwar werden im Normtext Varianten umschrieben, wie die „Aufforderung“ erfolgen muss, jedoch gehen die Kommentatoren hier nicht auf diese ein. Vielmehr umschreiben sie grundsätzlich mögliche „Mittel und Formen“ der „Aufforderung“. Während sich EBERMAYER im Wesentlichen auf die Rechtsprechung stützt und nur eine abweichende Lehrmeinung anführt, verweist OLSHAUSEN auch auf zwei Autoren. Seine Kommentierung scheint vollständiger.

Die von EBERMAYER formulierte Passage ist leichter zu verstehen, weil er mit Beispielen arbeitet.

Kommentar OLSHAUSEN:

4a) Der Begriff der Auffordrg. bedingt, dass sie zur sinnlichen Kenntnis – wenn auch nicht zum Verständnis – des anderen komme, an den sie sich richtet *(§ 49 R. 6)*; sonst liegt nur ein Versuch der Auffordrg. vor; *so: Binding Lb. 2 843 f., Frank R. III, Köhler G. 51 273 (vgl. aber 276 R. 80a; a.M.: RG. II, III 21. X. 81 E. 5 60 (vgl. aber § 112 R. I_2), M.E. Mayer aO. 374.*[346]

Leipziger Kommentar:

Nach *RGSt. 5 71* ist es nicht erforderlich, dass die Aufforderung zur Kenntnis des Aufgeforderten gekommen ist; *ebenso RGSt. 7 115*; doch muss mindestens die Möglichkeit der Kenntnisnahme vorhanden sein, *Urteil des II. vom 21.11.1913 Recht 1914 Nr. 283*, erst dann ist die Aufforderung vollendet.[347]

Die Kommentatoren vertreten an dieser Stelle verschiedene Ansichten. OLSHAUSEN stützt seine Meinung auf drei Autoren, EBERMAYER argumentiert mit der Rechtsprechung. Wieder scheint die Kommentierung von OLSHAUSEN vollständig zu sein, auch weil er auf die andere Meinung hinweist. EBERMAYER erklärt nur die Rechtsprechung für maßgeblich und vermittelt Sicherheit. Beide Kommentatoren formulieren verständlich.

Kommentar OLSHAUSEN:

Daraus folgt, dass eine Aufforderung zwar vorliegen kann, wenn der Aufgeforderte die Sprache, in der sie geschah, nicht versteht (*so Binding Lb. 2 843; aM.: Berlin 19. II. 78 O. 19 75, Wachenfeld 550, Frank aO.*), nicht aber da, wo tatsächlich eine Kenntnisnahme nicht stattgefunden hat; die Kenntnisnahme in o.S. muss auch durch die Auffordrg. selbst vermittelt sein, so dass z.B. eine durch nachträgliche Mitteilung veranlasste Kenntnisnahme nicht in Betracht kommt; *vgl. auch das zit. RG. E. 5 60*, das von seinem Standpunkte aus zutreffend annimmt, es können, da das D. mit der

346 OLSHAUSEN, § 110 N. 4 a).
347 EBERMAYER, § 110 N. 4.

Auffordrg. vollendet sei, nichts darauf ankommen, ob nachträglich die Auffordrg. zur Kunde von Nichtanwesenden, denen eine Gehorsamspflicht obliege, gelangt sei. Die durch den Auffordernden bewirkte Verhinderung der Kenntnisnahme macht daher seine Hdlg. straflos.[348]

Leipziger Kommentar:

Diese Möglichkeit wird vom *II. Strafsenat Urteil vom 2.11.1913 Recht 1914 Nr. 286* verneint, so lange sich die Schriften verschlossen auf dem Eisenbahntransport befinden; *vgl. aber A. 6a:* dagegen verlangt *Olsh. 4a* sinnliche Kenntnis, wenn auch nicht Verständnis; *ebenso Binding Lehrb. 2 843*) es schadet nicht, wenn der Aufgeforderte die Sprache, in der die Aufforderung geschah, nicht verstand); weiter gehen *Frank III und Mayer VDB. 1 374*, die neben der Kenntnis Verständnis fordern. Je nachdem man der einen oder anderen Anschauung folgt – diejenige des Reichsgerichts dürfte zu billigen sein, da *§ 110* die Autorität des Gesetzes gegen jede Gefährdung schützen will – bestimmt sich der Zeitpunkt der Vollendung, die entweder schon mit der erfolgten Aufforderung (*so RGSt. 5 71*) oder mit der Kenntnisnahme durch irgend jemanden oder erst nach geschehenem Verständnis vorliegt. Der Anschauung *Franks II*, der Auffordernde brauche die Bestätigung des Ungehorams nicht zu beabsichtigen, ist, wie *Mayer S. 374* zutreffend bemerkt, wohl nur dann beizutreten, wenn man Absicht im engsten Sinne des „Geradedaraufankommens" versteht.

Nimmt man mit dieser Entscheidung an, dass die Straftat schon mit der Aufforderung vor einer Menschenmenge vollendet ist, so kann auch nichts darauf ankommen, ob nachträglich die Aufforderung zur Kunde von Nichtanwesenden, denen die Pflicht zum Gehorsam auferlegt ist, gelangt oder nicht. Dem gegenüber nimmt *Olsh. 4a*, der sinnliche Kenntnis, wenn auch nicht Verständnis fordert, von seinem Standpunkt aus zutreffend, an, dass die durch den Auffordernden bewirkte Verhinderung der Kenntnisnahme straflos mache. Widerruf nach erfolgter Kenntnisnahme bildet keinen Fall straffrei machenden Rücktritts. *Frank § 46, IV 3.*[349]

Die beiden Kommentatoren erläutern nun ihre im vorhergehenden Abschnitt analysierten Bemerkungen genauer.

Der erste Teil der aus der Kommentierung von Olshausen zitierten Passage enthält eine Präzisierung mit Verweis auf diverse Lehrmeinungen. Der erste Teil des ersten Satzes vermag die Feinsteuerung zu leisten und ist breit abgestützt (vier Lehrmeinungen). Im zweiten Teil steht die Auseinandersetzung mit dem zitierten

---

348 Olshausen, § 110 N. 4 a).

349 Ebermayer, § 110 N. 4.

Entscheid im Vordergrund und nicht die Kommentierung des Normtextes, sodass in diesem Teil kein wesentlicher Beitrag zum Verständnis geleistet wird.

Auch im Leipziger Kommentar steht die Auseinandersetzung mit der Rechtsprechung sowie den verschiedenen Lehrmeinungen im Vordergrund und nicht die Kommentierung des Normtextes. Immerhin hält der Kommentator fest, dass die Meinung des Reichsgerichts maßgeblich ist. Die Passage enthält auch einen Verweis auf einen anderen Abschnitt der Kommentierung, sodass die Ausführungen nicht abgeschlossen scheinen. Die Ausführungen im zweiten Abschnitt finden sich erst am Ende von N. 4, werden aber an dieser Stelle wiedergegeben, weil sie sich auf die oben zitierte Passage aus der Kommentierung von OLSHAUSEN beziehen.

Kommentar OLSHAUSEN:

b) Dagegen erfordert weder das Gesetz noch der Begriff der Auffordrg. dass letztere vom Erfolg begleitet sei. Deshalb ist auch (die Kenntnisnahme seitens des Aufgeforderten vorausgesetzt) für den Tatbestand nicht von Belang, aus welchem Grunde der Erfolg ausgeblieben ist, insb. ob die Anwesenden der Auffordrg. nicht Folge leisten konnten oder nicht wollten, und im ersteren Fall, ob die Unmöglichkeit in tatsächlichen Hindernissen oder in dem Mangel einer den btr. Personen obliegenden Gehorsamspflicht ihren Grund hatte; *so zit. RG. E. 5 60*, insbs. In letzterem Punkte (den *Geyer 2 135* als sehr bestreitbar bezeichnet).[350]

Leipziger Kommentar:

Auf den Erfolg kommt es nicht an; es ist gleichgültig, aus welchem Grunde er ausblieb, ob die Aufgeforderten der Aufforderung nicht Folge leisten konnten oder nicht wollten, ob die Unmöglichkeit in tatsächlichen Hindernissen oder in dem Mangel einer den betreffenden Personen obliegenden Pflicht zum Gehorsam ihren Grund hatte, *RGSt. 5 71*.[351]

Die Kommentatoren sind sich an dieser Stelle einig und beantworten eine Frage, die sich dem praktisch tätigen Juristen stellt. Dabei beschränken sich die Ausführungen nicht auf die bloße Aussage, dass es „auf den Erfolg" nicht ankomme, sondern es werden auch konkrete mögliche Gründe dafür genannt. EBERMAYER gelingt eine klare und leichter verständliche Formulierung.

Kommentar OLSHAUSEN:

Dieser Umstand gibt Veranlassung zur Auffassung, dass in den strafb. Auffordrgen. an und für sich nur eine Versuchshdlg. zu einer selbstständigen strafb. Hdlg. erhoben sei, eine Auffassung, die Bedenken unterliegt,

350 OLSHAUSEN, § 110 N. 4 b).

351 EBERMAYER, § 110 N. 4.

sowohl weil der Erfolg in dem eben bezeichneten Sinne von dem Tatbestande der Aufforderungsdelikte keineswegs ausgeschlossen ist, z. B. die Strafe des *§ 110* gleichmäßig Anwendung findet, mag der Ungehorsam geleistet sein oder nicht *(vgl. § 111₁)*, als auch weil, wie zu a bemerkt, ein Versuch der Auffordrg. begrifflich denkbar ist.[352]

An dieser Stelle wird nur eine Passage aus der Kommentierung von OLSHAUSEN wiedergegeben, weil ähnliche Ausführungen im Leipziger Kommentar fehlen.

OLSHAUSEN befasst sich an dieser Stelle mit dogmatischen Fragen, die eher in ein Lehrbuch als in einen Kommentar gehören. Die Komplexität wird erhöht, weil die Kommentierung über den Normtext hinausgeht. Thema ist nur die Strafbarkeit gemäß § 110 und nicht die Strafbarkeit, die sich aus dem Allgemeinen Teil ergibt.

Kommentar OLSHAUSEN:

5) Der Begriff der „Öffentlichkeit" ist, wie im gemeinen Leben, so auch im *StGB.* ein sehr mannigfacher, so dass deshalb das letztere von einer Begriffsbestimmung dessen, was unter Öffentlchkt. zu verstehen sei, abgesehen hat; *vgl. RG. I 12. IV. 80 E. 1 357 sowie namentlich Meves G. 35 309 ff. R. **. Für den Begriff der „Öffentlichkeit einer Handlung" insbesondere sollte nach den Motiven das Merkmal des „öffentlichen Ortes", so wenig es für den Tatbestand gewisser strafb. Hdlgen *(§ 116 R. 2)* zu entbehren ist, nicht mehr entscheidend sei. Man ging vielmehr davon aus, dass „dem Sprachgebrauch gemäß eine Hdlg. nur dann als öffentlich geschehen zu betrachten sei, wenn sie in einer Art und Weise vorgenommen werde, dass sie unbestimmt von welchen und wie vielen Personen wahrgenommen werden konnte", gleichgültig, ob die Hdlg. an einem öffentlichen o. einem privaten Orte geschah; *so RG. II 22.II.81 E. 3 361 (den Tatbestand des § 183 bejahend bei Hdlgen, die an einem Privatorte vorgenommen waren), I 13. XI. 05 E. 38 207 (btr. § 200, die „Öffentlchkt." könne nicht nur darauf gestützt werden, dass die Beldgg. in einem öffentl. Lokal geschah; ebenso München ObstLG. 18 II 11 E. 11 90 btr. einer in öffentl. Gerichtssitzung erfolgten Beldgg.*[353]

Leipziger Kommentar:

5. Die Aufforderung muss öffentlich und vor einer Menschenmenge ergehen.

a) Öffentlich ist die Aufforderung dann erfolgt, wenn sie – gleichgültig ob an einem öffentlichen oder nicht öffentlichen Ort – in einer Weise geschah, dass sie von einem tatsächlich vorhandenen, größeren, durch per-

---

352 OLSHAUSEN, § 110 N. 4 b).

353 Ebd., § 110 N. 5.

sönliche Beziehungen nicht zusammengehaltenen Kreise von Personen unmittelbar wahrgenommen werden konnte (*Frank II, 1a*), oder wie es in einer Reihe reichsgerichtlicher Entscheidungen ausgedrückt wird: „von unbestimmt welchen und wie vielen Personen" wahrgenommen werden konnte. *RGSt. 3 392, 10 297, 21 355, 22 242, 35 159, 37 290, 38 208, 42 113, 44 133.* [354]

Beide Kommentatoren zwingen den Leser in eine zentrierte Rechtslandschaft, indem sie sich auf den Begriff „öffentlich" fokussieren.

OLSHAUSEN beginnt mit einer Differenzierung des Begriffs. Er unterscheidet zwischen der Bedeutung „im gemeinen Leben" und der Bedeutung gemäß StGB, wobei er erklärt, dass das StGB „von einer Begriffsbestimmung abgesehen hat". EBERMAYER ist überzeugender, weil er sogleich mit der Kommentierung beginnt. Letztlich interessiert es den Leser nicht, welches Verständnis nun maßgeblich ist. Er möchte nur wissen, was „Öffentlichkeit" gemäß § 110 bedeutet. OLSHAUSEN erhöht durch seine Nuancen die Komplexität.

Mit Verweis auf die Motive und die Rechtsprechung gelingt OLSHAUSEN eine Umschreibung, die nachvollziehbar ist. Danach geht er noch genau auf einige Entscheide des Reichsgerichts ein, indem er in Klammern kurz erklärt, worum es darin geht. Dabei fällt auf, dass sich die Entscheide auf andere Normen des RStGB beziehen, in denen der Begriff „öffentlich" vorkommt. Da es nicht um den § 110 geht und die Ausführungen zu spezifisch sind, wird dadurch das Verständnis nicht erleichtert und die Ausführungen scheinen nicht zwingend notwendig zu sein.

EBERMAYER übernimmt die Umschreibung von FRANK und nennt zudem die Definition, die sich aus der Rechtsprechung des Reichsgerichts ergibt. Die Kommentierung überzeugt, weil auf die spezifische Auseinandersetzung mit den Entscheiden verzichtet wird.

Kommentar OLSHAUSEN:

Diesen Standpunkt nimmt auch im wesentlichen, obschon demnächst unter näherer Begrenzung (s.u.), das *RG.* ein mit der daraus sich ergebenden Folge, dass es wesentlich Tatfrage sei, ob im Einzelfalle Öffentlichkt. der Hdlg. anzunehmen oder nicht; *so RG. III 15. III. 84 E. 10 296*, die „Öffentlichkeit" sei speziell für *§ 110* dadurch nicht beteiligt, dass die Auffordrg. in einer Wirtschaftslokalität geschah, die einem Hochzeitgeber gegen eine Vergütung zur Abhaltung einer sog. Gebehochzeit eingeräumt war, zu der

354 EBERMAYER, § 110 N. 5 a).

jede „ordentliche Person, auch ohne geladen zu sein, gegen die Verpflichtung der Verabreichung einer Gabe Zutritt hat“.[355]

An dieser Stelle wird nur eine Passage aus der Kommentierung von OLSHAUSEN wiedergegeben, weil ähnliche Ausführungen im Leipziger Kommentar fehlen. Zwar wird der Entscheid auch dort erwähnt, jedoch wird nicht ausführlich darauf eingegangen.

Die Kommentierung enthält einen Hinweis an den Richter, indem sie die Frage nach der „Öffentlichkeit der Handlung“ zur „Tatfrage“ erklärt. Der Kommentarkaiser steht hier über dem Richterkönig. Weiter fällt auf, dass OLSHAUSEN hier „speziell“ von „Öffentlichkeit“ gemäß § 110 spricht. Es stellt sich die Frage, ob ein Widerspruch zu den Ausführungen weiter oben besteht, wo auf die „Öffentlichkeit“ gemäß anderer Paragrafen des RStGB eingegangen wurde. Sind diese Ausführungen unwesentlich oder nicht? In jedem Fall besteht hier Unklarheit, da der Leser nicht weiß, ob die „Öffentlichkeit“ nun gleich oder verschieden als in anderen Paragrafen zu verstehen ist. Weiter schildert OLSHAUSEN einen konkreten Fall, in dem „Öffentlichkeit“ nicht vorliegt. Es entsteht der Eindruck, die Kommentierung sei eine Zusammensetzung von verschiedenen Entscheiden und Lehrmeinungen. Da es sich nicht um die erste Auflage handelt, liegt der Schluss nahe, dass neuere Entscheide und Meinungen hinzugefügt wurden, ohne dass die Kommentierung sonst angepasst wurde. So entsteht ein Durcheinander. Dafür spricht auch, dass die Sätze in der Regel sehr lang sind und immer Verweise auf viele Lehrmeinungen und Entscheide enthalten. Für den Leser wäre es hilfreich, wenn ein Aspekt umschrieben wird und der Kommentator dann seine Argumente auf Entscheide und Lehrmeinungen stützt. Er kann dann vereinzelt auch konkreter werden. EBERMAYER geht so vor, weshalb es manchmal schwierig ist, den Passagen von OLSHAUSEN Abschnitte aus dem Leipziger Kommentar gegenüberzustellen.

Kommentar OLSHAUSEN:

Aus dem Gegenteil ergibt sich, dass eine nur für die Wahrnehmung gewisser Personen bestimmte Hdlg., die, von Zufälligkeiten oder Möglichkeiten, die erfahrungsgemäß nicht zur Wirklichkeit zu werden pflegen, abgesehen, auch nur von diesen bemerkt werden konnte, schon rein objektiv genommen, keine öffentliche ist (*RG. I 17. III. 03 E. 35 159 btr. § 166, II 28. X. 04 E. 37 289 btr. § 200*), während überall, wo die öffentliche Vornahme einer Hdlg. mit zum Deliktsvorsatz gehört, aus subjektivem Grunde die Öffentlichkt. dem Täter auch da nicht zugerechnet werden kann, wo ihm das Bewusstsein vom objektiven Vorliegen der Öffentlchkt. fehlte; *Hälschner 2*

355 OLSHAUSEN, § 110 N. 5.

695, Billnow GS. 30 157, Kohler Studien 1 171; weiter geht Binding LB. 2 845, **wenn er als ö. Auffordrg. nur eine solche ansieht, die nicht für die ausschließliche Wahrnehmung individuell bestimmter Personen berechnet ist (dagegen jedoch *Weil Klassenkampf 54*).**[356]

Leipziger Kommentar:

Deshalb ist die Öffentlichkeit einer Handlung nicht anzunehmen, wenn diese so vorgenommen ist, dass sie nur für die Wahrnehmung gewisser Personen bestimmt war und, von Zufälligkeiten abgesehen, auch nur von diesen bemerkt werden konnte, *RGSt. 35 159, 37 290, RMG. 9 105.*[357]

Die aus dem Leipziger Kommentar zitierte Passage findet sich erst am Schluss des Abschnittes 5a) und muss auch im Kontext der vorhergehenden Ausführungen verstanden werden. Nichtsdestotrotz wird sie hier angeführt. Ausführungen zum subjektiven Tatbestand, der bei OLSHAUSEN auch angesprochen wird, finden sich nicht in dem Abschnitt zur „Öffentlichkeit" des Leipziger Kommentars.

OLSHAUSEN macht wieder einen sehr langen Satz und baut viele Lehrmeinungen und Entscheide ein. Die Leserlichkeit wird so erschwert. Der erste Teil des Satzes deckt sich inhaltlich mit der Formulierung im Leipziger Kommentar und ist nachvollziehbar. OLSHAUSEN gibt auch an, auf welche Paragrafen sich die Entscheidungen des Reichsgerichts beziehen. Keine der Entscheidungen bezieht sich auf § 110. Offensichtlich soll „Öffentlichkeit" in verschiedenen Paragrafen gleich verstanden werden. Im zweiten Teil äußert er sich zum subjektiven Tatbestand. Die Ausführungen an sich sind nachvollziehbar, es entsteht aber der Eindruck, dass diese nur angeführt werden, um den zitierten Autoren Rechnung zu tragen.

EBERMAYER stützt seine Ausführungen wieder auf die Rechtsprechung des Reichsgerichts und formuliert kurz und prägnant.

Kommentar OLSHAUSEN:

Die hiernach das Wesen der Öffentlichkt. bildende Unbestimmtheit des Personenkreises ist aber nicht im „absolutesten" S. zu verstehen, findet vielmehr ihre begriffliche Begrenzung in dem Gegensatze, wonach die Öffentlchkt. ausgeschlossen ist, wenn die Äußerung tatsächlich o. nach dem Willen des Täters auf die Wahrnehmung einer einzelnen Person oder eines engeren, vermöge der besonderen Umstände des Falles als in sich verbunden u. bestimmt abgeschlossen anzusehenden Kreises von Personen sich beschränkt; *so: RG. III 5. I. 91, 27. VI. 07, I 23. XI. 91, E 21 254, 40 262, 22 241,*

356 OLSHAUSEN, § 110 N. 5.
357 EBERMAYER, § 110 N. 5 a).

RMG. II 13. IX. 05 E. 9 105 (sämtlich btr. § 166), I 19. XI. 04 E. 8 29 (btr. § 200).[358]

Leipziger Kommentar:

Dabei ist aber die Unbestimmtheit des Personenkreises, für dessen Wahrnehmung die Aufforderung bestimmt oder zugänglich war, nicht im absolutesten Sinne zu verstehen. Die das Wesen der Öffentlichkeit bildende Unbestimmtheit des Personenkreises findet vielmehr ihre begriffliche Begrenzung im dem Gegensatze, wonach die Öffentlichkeit ausgeschlossen ist, wenn die Äußerung tatsächlich oder nach dem Willen des Täters beschränkt war oder beschränkt bleiben sollte auf die Wahrnehmung einer einzelnen Person oder eines engeren, vermöge der besonderen Umstände des Falles als in sich verbunden und bestimmt abgeschlossen anzusehenden Kreises von Personen.[359]

Die Ausführungen der beiden Kommentatoren decken sich inhaltlich und sind fast gleich formuliert. Da der Kommentar von Olshausen der ältere ist, handelt es sich in der Passage aus dem Leipziger Kommentar um eine Abschrift. Interessant ist, dass sich kein Verweis auf die Quelle findet.

Olshausen stützt seine Ausführungen ausschließlich auf Rechtsprechung, wobei sich die angeführten Entscheide wieder nicht auf § 110 beziehen. Die Passage ist für einen Juristen verständlich geschrieben, da dieser die verwendeten Begriffe und auch komplizierten Sätze versteht.

Kommentar Olshausen:

Demgemäß ist z. B. die Öffentlchkt. einer Äußerung, die in einer nur von Vereinsmitgliedern besuchten u. nur diesen zugänglichen Versammlung eines Vereins, bzw. in einem Raume, zu welchem lediglich die in der Fabrik beschäftigten Arbeit Zutritt haben, vor solchen geschah, nicht schlechthin als ausgeschlossen anzusehen; *so RG. IV. 29. XI. 10 E. 44 132* btr. einer Vesammlung, bei der seitens der Veranstalter die Teilnahme auf die Arbeiter einer bestimmten Fabrik u. einzelne beladene Personen beschränkt war.[360]

Leipziger Kommentar:

Wesentlich für die Nichtöffentlichkeit einer für Wahrnehmung einer größeren oder geringeren Mehrheit von Personen bezeichneten Äußerung ist danach das Bestehen eines inneren Bandes von wechselseitigen persönlichen Beziehungen, welche zwischen den einzelnen, diesen Personenkreis bildenden Personen vorhanden sind und dem letzteren den Cha-

358 Olshausen, § 110 N. 5.
359 Ebermayer, § 110 N. 5 a).
360 Olshausen, § 110 N. 5.

rakter eines in sich geschlossenen nach außen bestimmt abgegrenzten geben, *RGSt. 21 256, 44 133.* Ob diese Geschlossenheit bei einer Vereins- oder Wahlversammlung, bei den Angehörigen einer Fabrik, bei den Teilnehmern an einer Gebhochzeit (*RGSt. 10 296*) usw. vorhanden ist, muss nach der Lage des einzelnen Falles beurteilt werden.[361]

Die Ausführungen scheinen sich auf den ersten Blick inhaltlich zu decken. Liest man genauer, fällt auf, dass EBERMAYER zunächst ein Kriterium nennt („inneres Band"). Dieses Kriterium findet sich in einem Entscheid des Reichsgerichts. Erst danach werden Beispiele gemacht, wobei offenbleibt, in welchen der genannten Fälle nun „Öffentlichkeit" vorliegt und in welchen eben nicht.

Die gleichen Beispiele finden sich auch bei OLSHAUSEN, aber auch er lässt offen, in welchen Fällen Öffentlichkeit vorliegt.

EBERMAYER gelingt eine nachvollziehbare Kommentierung, da er zuerst abstrakt definiert und dann Beispiele anführt (vom Allgemeinen zum Spezifischen). OLSHAUSEN nennt nur Beispiele.

Kommentar OLSHAUSEN:

Wenn das *zit. RG. E. 22 241* ausführt, der Ausschluss der Öffentlchkt. einer Äußerung innerhalb einer beliebigen, noch so umfangreichen, bestimmten Personenkreises ergebe sich nur dann, „wenn die mehreren Personen, die die Äußerung gehört haben, bzw. hätten hören können, dergestalt mit dem Täter in inneren vertrauten Beziehungen ständen, dass sie als Einheit gedacht werden könnten", so ist daraus nicht abzuleiten, dass, wenn nach den maßgebenden Feststellungen zwischen den versammelten Personen ein derartig naher Zusammenhang bestand, dass die Versammlung als eine nicht öffentl. angesehen werden musste (so z. B. die geschlossene Versammlung von Wählern einer Landgemeinde), durch den unbefugten Eintritt einer einzelnen, diesem Personenkreis nicht angehörenden Person (eines nicht Wahlberechtigten) in den Versammlungsraum nunmehr die Öffentlchkt. hergestellt werde; *RG. III 10. XII. 08 E. 42 112 (btr. § 200).*[362]

Leipziger Kommentar:

Die Geschlossenheit des Personenkreises wird nicht dadurch aufgehoben, dass der Angeklagte selbst für den Kreis ein Fremder ist, wie in missverständlicher Auffassung von *RGSt. 22 241* angenommen werden könnte, *RGSt. 42 113.* Ob die Möglichkeit bestand, dass eine Handlung von unbestimmt welchen und wievielen Personen wahrgenommen wird, ist nach den

361 EBERMAYER, § 110 N. 5 a).
362 OLSHAUSEN, § 110 N. 5.

Erfahrungen des täglichen Lebens zu beurteilen; dabei müssen, soll nicht der Begriff der Öffentlichkeit überspannt werden, Möglichkeiten ausscheiden, welche erfahrungsgemäß nicht zur Wirklichkeit zu werden pflegen, deren Verwirklichung vielmehr nur durch besondere ungewöhnliche Umstände herbeigeführt wird.[363]

Zwar zitieren beide Kommentatoren den gleichen Entscheid, jedoch ist die Darstellung von EBERMAYER verständlicher. Denn dort wird der Inhalt in eigenen Worten reformuliert, während OLSHAUSEN die relevante Passage in der genauen Formulierung wiedergibt und einen sehr langen Satz konstruiert. Am Schluss erläutert OLSHAUSEN nur eine konkrete Situation, während EBERMAYER auf die Erfahrungen des täglichen Lebens abstellt und so eine abstraktere Umschreibung wählt. Optimal wären eine abstrakte Umschreibung und ein Beispiel.

Kommentar OLSHAUSEN:

Übrigens ist, wie auch *Meves aO. 311* annimmt, trotz Beziehung der Öffentlchkt. auf die Ausführung der Handlung dennoch der Begriff der „Öffentlichkeit" in einzelnen Gesetzesbestimmungen (*vgl. §§ 115 R. 1b, 124 f., 286 R. 7, 290 R. 2*) nicht, wie in den meisten übrigen, die Wahrnehmbarkeit, sondern vielmehr die Beteiligungsmöglichkeit seitens unbestimmt welcher und wie vieler Personen.[364]

Eine ähnliche Passage fehlt im Leipziger Kommentar, weshalb nur der Abschnitt aus dem Kommentar von OLSHAUSEN wiedergegeben wird.

Hier geht es um den Begriff der „Öffentlichkeit" in verschiedenen Gesetzesbestimmungen. Die Ausführungen verwirren eher und erhöhen die Komplexität, weil den Leser nur interessiert, wie der Begriff der „Öffentlichkeit" gemäß § 110 zu verstehen ist.

Kommentar OLSHAUSEN:

6) Der erste Mischtatbestand des *§ 110* betrifft eine „öffentliche (*R. 5*) Aufforderung" (*R. 3f.*) vor (*R. 8*) einer Menschenmenge" (*R. 7*). Hier wird sonach zweifellos die Öffentlichkeit der Handlung erfordert und zwar in dem Sinne, dass es auf deren Wahrnehmbarkeit ankommt; das Merkmal der „Öffentlichkeit" ist demgemäß in dem in *R. 5₁* dargelegten Sinne zu verstehen.[365]

Eine ähnliche Passage fehlt im Leipziger Kommentar.

---

363 EBERMAYER, § 110 N. 5 a).

364 OLSHAUSEN, § 110 N. 5.

365 Ebd., § 110 N. 6.

OLSHAUSEN formuliert hier die erste Variante des Tatbestandes nochmals mit Verweis auf die relevanten Stellen in der Kommentierung. Der Abschnitt hilft dem Leser.

Kommentar OLSHAUSEN:

7) Eine „Menschenmenge" ist einerseits zu unterscheiden von einer bloßen Personenmehrheit, die schon durch zwei Personen gebildet wird (*§ 47 R. 1*); zu jener ist eine größere Anzahl von Personen erforderlich; *RG. II. 23. Okt. 83 E. 9 143 (btr. § 125).*[366]

Leipziger Kommentar:

Unter welchen Umständen eine Mehrheit von Personen eine Menschenmenge *i.S. der §§ 110, 111* darstellt, unterliegt wesentlich der Beurteilung im Einzelfalle, wobei von dem dem Gesetze zugrunde liegenden Gedanken auszugehen ist, dass die Gefährlichkeit der Aufforderung in strafwürdiger Weise sich steigert, wenn sie vor einer größeren Anzahle, einer Vielheit von Menschen vorgenommen wird; deshalb kann der Begriff der Menschenmenge bei anderen Straftaten (z.*B. § 125*) auch ein anderer sein als hier (*vgl. RGSt. 9 144*).[367]

In N. 5b) in der Kommentierung des Leipziger Kommentars wird im ersten Abschnitt zunächst geklärt, was „vor einer Menschenmenge" bedeutet. Erst im zweiten Abschnitt wird der Begriff „Menschenmenge" definiert. Im Kommentar von OLSHAUSEN ist der Ausdruck „vor einer Menschenmenge" Gegenstand von N. 8, sodass der zweite Abschnitt von N. 5b) aus dem Leipziger Kommentar N. 7 in der Kommentierung von OLSHAUSEN gegenübergestellt wird.

OLSHAUSEN beginnt mit der Unterscheidung von der bloßen Personenmehrheit und verweist auf seine Kommentierung zu § 47. Den Ausdruck „größere Anzahl von Personen" entnimmt er einer Entscheidung des Reichsgerichts, die sich aber auf § 125 bezieht. Er verzichtet, anders als EBERMAYER, auf einleitende Bemerkungen und beginnt sogleich mit der Kommentierung des Normtextes.

Im Leipziger Kommentar wird eine Selbstverständlichkeit festgehalten. Denn vorliegend geht es natürlich um den Begriff im Sinn von § 110 und nicht im Sinn anderer Strafnormen. Die Ausführungen zur „Gefährlichkeit der Aufforderung" gehen ebenfalls über den Normtext hinaus und gehören eher in ein Lehrbuch. Schließlich hilft der Verweis auf die „Beurteilung im Einzelfall" nicht weiter, weil der Leser Kriterien erwartet, anhand derer er die „Beurteilung" vornehmen kann, oder Beispiele, die ihm bei der „Beurteilung" helfen können. Der von OLSHAUSEN gewählte Einstieg ist geschickter als jener von EBERMAYER.

366 OLSHAUSEN, § 110 N. 7.
367 EBERMAYER, § 110 N. 5 b).

Kommentar Olshausen:

Man wird eine „Menge“ jedenfalls dann nicht annehmen dürfen, falls ihre Zahl sofort auf den ersten Blick festgestellt werden kann (*Binding Lb. 2 800, Hälschner 2 492, Merkel 378*), was nicht dahin zu verstehen ist, dass umgekehrt jedesmal, wo das nicht der Fall ist, eine Menschenmenge anzunehmen sei (*so jedoch Frank R. II 1b*); damit erledigen sich die *z.B. von M.E. Mayer VDB. 1 376 R. 3 u. Köhler S. 51 274* gegen jenen Satz erhobene Einwendungen; *vgl. auch RG. II 12. III. 07 E. 40 76.*[368]

Leipziger Kommentar:

***Frank II, 16* findet das Entscheidende darin, dass es zur Bestimmung der Zahl einer längeren Zeit bedarf. Dass dies nicht zutrifft, ist *RGSt. 40 77* nachgewiesen.[369]**

Nachdem Olshausen einleitend eine Abgrenzung vorgenommen hat, definiert er negativ, wann eine „Menschenmenge“ nicht vorliegt. Daran anschließend erklärt er, dass aus dem Umkehrschluss nicht das Bestehen einer „Menschenmenge“ folge. Er verweist auf verschiedenen Lehrmeinungen sowie auf einen Entscheid des Reichsgerichts und nimmt Stellung zu den angeführten Meinungen. Seine Formulierung ist schwer verständlich. Die Auseinandersetzung mit den verschiedenen Meinungen steht im Vordergrund.

Ebermayer hält nur fest, dass die Meinung von Frank nicht zutrifft. Den Leser interessieren Kriterien und Beispiele, welche helfen, den Begriff zu verstehen. Auch hier steht die wissenschaftliche Auseinandersetzung im Vordergrund und nicht die Kommentierung des Normtextes.

Kommentar Olshausen:

Andererseits ist der Begriff der Menschenmenge nicht auf eine „ungezählte Menge“ oder eine „ungemessene Vielheit“ zu beschränken, vielmehr ist, ohne die Möglichkeit einer ziffernmäßigen Abgrenzung, nach Zeit, Ort und Umständen des Falles zu entscheiden, ob eine größere Personenzahl als Menschenmenge anzusehen sei; *so: RG. II. zit. E. 9 143, E. 40 76, IV 4. VI. 01 E. 48 351 (btr. § 116), Binding aO., Geyer 2 26, v. Liszt 409; Meyer-A. 462* erachtet als Menge die Zahl von Personen, bei der es auf das Fehlen o. Hinzutreten einer einzelnen Person nicht mehr ankomme, ähnlich *M.E. Mayer aO. 376.*[370]

368 Olshausen, § 110 N. 7.

369 Ebermayer, § 110 N. 5 b).

370 Olshausen, § 110 N. 7.

Leipziger Kommentar:

Auch auf die „Ungeordnetheit" der Menge, *Mayer VDB. 1 376*, kann es nicht ankommen; eine in einem Theater wohlgeordnete nach Plätzen sitzende große Anzahl von Personen kann sehr wohl eine Menschenmenge i.S. der *§§ 110, 111* sein: *Mayer a.a.O* erachtet als weiteres Charakteristikum, dass es auf einen mehr oder weniger nicht ankomme, *Liszt 388* fordert eine ungeordnete Mehrheit, nicht eine ungemessene Vielheit, *Olsh. 7* unterscheidet die Menschenmenge einerseits von einer bloßen Personenmehrheit, andererseits beschränkt er den Begriff nicht auf eine ungezählte Menge oder eine angemessene Vielheit, geht vielmehr davon aus, dass, ohne die Möglichkeit einer ziffernmäßigen Abgrenzung, nach Zeit, Ort und Umständen des Falles zu entscheiden sei, ob eine größere Personenzahl als Menschenmenge anzusehen ist. *So im wesentlichen auch RGSt. 9 144; 40 76, GA. 48 351.*[371]

Olhausen hält zunächst fest, worauf der Begriff „nicht zu beschränken" sei, um dann zu erklären, dass „nach Zeit, Ort und Umständen des Falls zu entscheiden [sei], ob eine größere Personenzahl als Menschenmenge anzusehen sei". Es entsteht der Eindruck, dass möglichst alle Entscheide und Lehrmeinungen berücksichtigt werden sollen. Der Leser wird aber allein gelassen, weil letztlich nicht Kriterien geliefert werden, sondern auf die Beurteilung im Einzelfall verwiesen wird.

Ebermayer setzt seine Auseinandersetzung mit den Lehrmeinungen fort und nennt nur ein Beispiel, in dem von einer „Menschenmenge" auszugehen ist. Die wissenschaftliche Auseinandersetzung steht ganz klar im Vordergrund, gleichzeitig fehlt aber eine eigene Meinung.

Kommentar Olshausen:

Bei der konkreten Beurteilung, ob eine „Menschenmenge" anzunehmen sei, wird hier und wo sonst die Gefährdung der öffentl. Ordnung in Frage steht, wesentlich entscheidend sein, ob die versammelte Personenzahl eben ihrer Anzahl wegen eine solche Gefährdung in sich birgt; *zitt. RG. E. 9 143, E. 48 351 (vgl. auch § 115 R. 2); hiergegen jedoch v. Hippel VDB. 2 6.*[372]

Eine vergleichbare Passage fehlt im Leipziger Kommentar.

Mit Verweis auf die Rechtsprechung des Reichsgerichts versucht Olshausen, nun doch noch eine Hilfestellung zu geben, indem er den Begriff der „Gefährdung" einführt. Der Leser versteht zwar, was gemeint ist, jedoch bleibt der Kommentar noch zu vage.

371 Ebermayer, § 110 N. 5 b).

372 Olshausen, § 110 N. 7.

Kommentar Olshausen:

Fraglich ist, ob jede „größere Anzahl" oder „Vielheit" von Menschen eine „Menschenmenge" darstellen können, oder, ob begrifflich eine „ungeordnete", nach „Zahl und Individualität nicht bestimmte" Vielheit (*so Hälschner 2 751 u. ähnlich M.E. Mayer aO. 376*) erfordert werde; es ist jedoch dem *zit. RG. E. 40 76* zuzugeben, dass damit in den Begriff ein dem Gesetze fremdes Merkmal hineingetragen wird; *Binding Lb. 2 844, Frank R. II Ib, Köhler aO.* Das nötige Korrektiv bildet für den Tatbestand des § das Erfordernis der „Öffentlichkeit" des Handlung (*R. 5*).[373]

Leipziger Kommentar:

Jedenfalls zeigt die Unsicherheit, die über den Begriff herrscht, dass der Entwurf gut daran getan hat, „auf das mit Rücksicht auf die geforderte Öffentlichkeit leicht entbehrliche" Tatbestandsmerkmal hier zu verzichten.[374]

Olshausen stellt schließlich noch eine Frage in den Raum, um nachher zu erklären, dass die Frage letztlich nicht vom Normtext gedeckt sei. Die Überlegung erleichtert nicht das Verständnis, sondern erhöht die Komplexität. Der letzte Satz ähnelt der Aussage im Leipziger Kommentar, ist aber etwas vorsichtiger formuliert. Während Olshausen vom Erfordernis der „Öffentlichkeit" als „Korrektiv" spricht, erklärt Ebermayer, das Tatbestandsmerkmal der „Menschenmenge" sei „leicht entbehrlich".

Ebermeyer macht es sich zu einfach. Im Normtext stehen der Begriff der „Öffentlichkeit" und der Begriff der „Menschenmenge". Daraus folgt, dass die beiden Begriffe nicht das Gleiche bedeuten, sonst stünde der eine Begriff nicht dort. Zudem werden die vorhergehenden Ausführungen überflüssig.

Kommentar Olshausen:

8) Die öffentl. Auffordrg. muss „vor einer Menschenmenge" geschehen, sie braucht nicht „an" eine solche gerichtet zu werden; *so: RG. II, III 21. X. 81 E. 5 60, II 25. I. 87 R. 9 92, Hälschner 2 751, M.E. Mayer aO. 375, Frank aO., Schwartz R. 5a; aM. Binding aO. U. 845.* Der Grund für die Strafandrohung liegt in der objektiven Gefährlichkeit der Hdlg., namentl. weil derartige vor einer Vielheit von Menschen vorgenommene Kundgebungen der Nichtachtung obrigkeitlicher Gebote, die Autorität der Obrigkeit allgemein und damit eine Grundlage der öffentlichen Rechtsordnung zu untergraben geeignet sind; *so zitt. RG. E. 5 60, R. 9 92; vgl. auch das R. 7 zit. E. 40 76.* Deshalb bildet eine weitere besondere „Beziehung der Aufforderung zu der Anwe-

---

373 Ebd., § 110 N. 7.

374 Ebermayer, § 110 N. 5 b).

senheit einer Menschenmenge, nach welcher durch letztere die erstere einen gemeingefährlichen Charakter erhält", keine Voraussetzung des §.[375]

Leipziger Kommentar:

b) Vor einer Menschenmenge muss aufgefordert sein. [...]. Darüber hinaus fordert *Schwartz 5a Abs. 3* und mit ihm *Rüdorff-Stenglein*, dass die Beziehung zu der Menschenmenge und eine hierdurch herbeigeführte Gefährlichkeit der Aufforderung feststeht; nach einem *Urteil des V. Senats vom 14.2.1913 V 1165/12* braucht die Menge gar nicht zuzuhören; sie kann in einzelnen Gruppen herumstehen.[376]

Die Ausführungen im Leipziger Kommentar stehen im ersten Absatz von b), während sich die Erklärungen zum Begriff „Menschenmenge" im zweiten Absatz finden. Auf Letztere wurde bereits eingegangen, da im Kommentar von OLSHAUSEN die Reihenfolge anders ist. Der zweite Satz in der Passage aus dem Leipziger Kommentar steht ganz am Ende des ersten Absatzes, wurde aber zuerst angeführt, weil er inhaltlich zum ersten Absatz in N. 8 der Kommentierung von OLSHAUSEN passt.

Der erste Satz bei OLSHAUSEN steht offensichtlich in vielen Entscheiden und juristischen Werken. Der zweite Satz beinhaltet Ausführungen die eher in ein Lehrbuch gehören. Den Leser interessiert nicht, warum die Handlung strafbar ist. Denn es steht fest, dass sie strafbar ist. Offen ist, welche Voraussetzungen für die Strafbarkeit erfüllt sein müssen. Der Kommentar muss sich hierzu äußern. Im letzten Satz wird ein Bezug zu den Ausführungen betreffend Gefährlichkeit hergestellt.

EBERMAYER verweist diesbezüglich auf zwei Lehrmeinungen, die eine durch „die Beziehung zu der Menschenmenge" „herbeigeführte Gefährlichkeit" fordern. Am Schluss wird noch ein Entscheid des Reichsgerichts zitiert. Im Leipziger Kommentar werden lediglich Meinungen aus Lehre und Rechtsprechung wiedergegeben. Es fehlt eine eigene Meinung oder zumindest eine Bewertung. Der Leser muss davon ausgehen, dass der Kommentator die angeführten Lehrmeinungen teilt, auch weil keine Gegenpositionen präsentiert werden. Die Ausführungen bleiben vage.

Kommentar OLSHAUSEN:

Die „vor einer Menschenmenge" stattfindende Auffdg. erfüllt auch dann den Tatbestand, wenn sie nur an eine oder mehrere Personen sich richtet; *so: RG. II 25.1.87 R. 9 92, Hälschner 2 751, Meyer-A. 647; aM.: Berlin 9. XI. 76 O. 17 727, Binding aO.* Es erscheint sogar notwendig, dass die Auffdg., wenn sie

375 OLSHAUSEN, § 110 N. 8.
376 EBERMAYER, § 110 N. 5 b).

nicht an die Menge selbst gerichtet ist, wenigstens an einen oder einzelne der Anwesenden geschehe, weil sonst mangels fehlender Kenntnisnahme (*R. 4a*) eine vollende Aufforderdrg. nicht vorliegen würde; *so: M.E. Mayer aO. 375, Schwartz R. 5a; aM.: zit. RG. E. 5 60, Geyer 2 135.* [377]

Leipziger Kommentar:

Die Aufforderung vor einer Menschenmenge bedingt nicht, dass sie an die Menge in ihrer Gesamtheit gerichtet ist; nach *RGSt. 5 71* braucht sie nicht einmal an einzelne der Anwesenden gerichtet zu sein, was jedoch *Olsh. 8 Abs. 2* mit Rücksicht auf die von ihm verlangte Kenntnisnahme (*vgl. oben A. 4*) fordert. *Vgl. auch Rechtspr. 9 92.* [378]

Es fällt auf, dass Olshausen deutlich mehr Lehrmeinungen zitiert als Ebermeyer. Letzterer erklärt die Meinung des Reichsgerichts für wesentlich und verweist auf die abweichende Meinung von Olshausen. Der Leser bekommt den Eindruck, dass die Kommentierung des Normtextes im Vordergrund steht. Entscheide und Lehrmeinungen werden nur angeführt, wenn sie zu den Ausführungen passen. Die Ausführungen beider Kommentatoren sind nachvollziehbar.

Kommentar Olshausen:

9) Die durch den zweiten Mischtatbestand des *§ 110* erforderte „Aufforderung durch Verbreitung, öffentlichen Anschlag oder öffentliche Ausstellung von Schriften oder anderen Darstellungen“ (*§ 41 R. 3*) wird der des ersten Mischtatbestandes (*R. 6 – 8*) völlig gleichgestellt, so dass auch bei der Anwendung jener Mittel der Auffordrg. die dort hervorgehobenen in entsprechender Weise Platz greifen; *RG. II, III 21. X. 81 E. 5 60.* [379]

Leipziger Kommentar:

6. Neben die öffentlich vor einer Menschenmenge geschehene Aufforderung zum Ungehorsam treten als gleichwertige Mittel der Aufforderung (*RGSt. 5 72*) das Verbreiten, der öffentliche Anschlag oder die öffentliche Ausstellung von Schriften oder anderen Darstellungen. [380]

Die zweite Variante des Tatbestandes wird an dieser Stelle reformuliert. Es wird auf die Ausführungen weiter oben verwiesen. Olshausen verweist zudem auf einen Entscheid des Reichsgerichts, um sich nicht wiederholen zu müssen.

Die zweite Variante des Tatbestandes wird an dieser Stelle reformuliert. Es wird auf die Ausführungen weiter oben verwiesen. OLSHAUSEN verweist zudem auf einen Entscheid des Reichsgerichts, um sich nicht wiederholen zu müssen.

---

377 Olshausen, § 110 N. 8.

378 Ebermayer, § 110 N. 5 b).

379 Olshausen, § 110 N. 9.

380 Ebermayer, § 110 N. 6.

Kommentar OLSHAUSEN:

Nach dem Entw. sollte durch die Fassung „Wer durch Schriften u., welche verbreitet u. werden", der Verfasser der demnächst verbreiteten Schrift direkt als Täter getroffen werden (*vgl. jedoch Fohn HH. 3 100*), während nach der jetzigen, auf dem Antrage des Abg. Fries beruhenden, Fassung der Verfasser als solcher aus *§ 110* unzweifelhaft nicht als Täter, sondern höchstens als Anstifter oder Gehilfe strafbar ist (*StB 390 f.*); *Binding Lb. 2 846, M. E. Mayer aO. 376 f.*[381]

Leipziger Kommentar:

Der Verfasser ist in der Regel nicht der Täter, wenn er nicht gleichzeitig verbreitet und durch die Verbreitung auffordert; wohl aber kann er Anstifter oder Gehilfe sein neben dem Verbreiter als Täter; fehlt jedoch diesem der Wille, durch die Verbreitung aufzufordern, ist dieser Wille aber beim Verfasser vorhanden, so kann dieser als mittelbarer Täter in Betracht kommen. Mittäterschaft wurde angenommen in einem Falle, in dem der eine mit Täterwillen die Schrift in Druck gab und korrigierte, der andere sie verbreitete, *Urteil vom 15.5.08, II 349/80 DJZ. 08 1035.*[382]

Der Auszug aus dem Leipziger Kommentar steht am Ende des Absatzes zum „Verbreiten".

Die Ausführungen bei OLSHAUSEN zum Entwurf gehen klar über den Normtext hinaus. Letztlich interessiert nur, was heute gilt.

Der Verweis auf die Strafbarkeit des „Verfassers" bei beiden Kommentatoren scheint nicht überflüssig zu sein, da dadurch immerhin klargestellt wird, dass dieser nicht nach § 110 zu bestrafen ist. Dennoch gehen diese Ausführungen über den Normtext hinaus, denn aus diesem geht hervor, dass es für die Strafbarkeit nicht auf „das Verfassen", sondern auf „das Verbreiten" ankommt. Zudem werden allgemeine dogmatische Überlegungen präsentiert. Der Verweis auf die Rechtsprechung des Reichsgerichts bei EBERMAYER kann hilfreich sein.

Kommentar OLSHAUSEN:

10) Die „Verbreitung" von Schriften u., als Mittel der Aufforderung, braucht zunächst, wie die Wortfassung deutlich ergibt, keine öffentliche zu sein; *so: RG. II, III 5. X. 82 E. 7 113, Binding Lb. 2 846, Hälschner 2 751, Meyer aO. 637 R. 61, Schütze Anh. 14 R. 2, Klöppel Pressr. 401, Köhler S. 51 274; aM.: Fohn HH. 3 98, v. Liszt 581 R. 3, auch Frank R. II 2a*, insofern nach ihm vom Begriffe der V. der der Öffentlichkeit eingeschlossen sein soll. Im übrigen ist aber aus der Zusammenstellung der Auffordrg. durch Schriftenverbreitung

381 OLSHAUSEN, § 110 N. 9.

382 EBERMAYER, § 110 N. 6 a).

mit den übrigen im *§ 110* bezeichneten Arten der Auffordrg. der Schluss zu ziehen, dass hier unter „Verbreitung einer Schrift" deren Mitteilung an einen größeren, auf „breiter" Grundlage beruhenden, Personenkreis zu verstehen sei; so im wesentlichen auch das *zit. RG. sowie FS. 10 IX. 97 E. 30 224* (für alle Fälle, wo die „Verbreitung von Schriften" unter Strafe gestellt sei; *vgl. jedoch RG. IV 28. VI. 01 E. 48 360 btr. § 186; das. R. 2b); ferner. Schütze aO., Schwartz R. 5b, Köhler aO. 275;* deshalb erschöpft sich dieser Mischtatbestand ohne weiteres in der Verbreitung der Schrift ohne dass noch die Feststllg. Erforderlich wäre, an wen die Aufforderung sich richte; *Berlin 4. V. 76 S. 24 543.*[383]

Leipziger Kommentar:

Aus der Wortfassung des *§ 110* (Wiederholung des Wortes „wer") ergibt sich, dass die Verbreitung keine öffentliche zu sein braucht, *RGSt. 7 113*, wohl aber muss die Schrift einem größeren, wenn auch individuell bestimmten und in sich abgeschlossenen Personenkreise zugänglich gemacht werden oder doch nach der Meinung des *RG.* die Absicht des Täters hierauf gerichtet sein.[384]

Im Leipziger Kommentar wird vor dem Absatz zum „Verbreiten" ein Gedanke geäußert, der sich im Kommentar von OLSHAUSEN erst in N. 15 befindet. Zudem wird auch der Begriff „Schriften" in einem Absatz vorher definiert. Auf diesen Begriff geht OLSHAUSEN ebenfalls später ein. Die oben zitierten Sätze finden sich eher am Schluss des Absatzes, passen aber gut zu den einleitenden Ausführungen im Kommentar von OLSHAUSEN.

Es fällt auf, dass beide Kommentatoren mit der „Wortfassung" argumentieren, wobei OLSHAUSEN dann auf die Rechtsprechung und sehr viele Lehrmeinungen verweist. Letztlich weiß der Leser nicht, woher dieser Gedanke kommt, d. h., wer ihn zuerst geäußert hat. Der Leipziger Kommentar verweist hingegen nur auf die Rechtsprechung des Reichsgerichts. Durch die vielen Verweise und Nebensätze ist der zweite Satz im Kommentar von OLSHAUSEN schwer zu lesen. Es ergibt sich quasi schon daraus, dass es sich nicht um die erste Auflage handeln kann. Denn es entsteht der Eindruck, die vielen Nebensätze seien im Nachhinein ergänzt worden und der Kommentar sei so organisch gewachsen. Zudem erscheinen die Ausführungen wie eine Collage von Gedanken, die sich bei verschiedenen Autoren und in verschiedenen Entscheiden finden. Nicht die klare Kommentierung des Normtextes steht im Vordergrund, sondern das Eingehen auf

---

383 OLSHAUSEN, § 110 N. 10.
384 EBERMAYER, § 110 N. 6 a).

alle Meinungen und Entscheidungen zu dieser Teilfrage. Die Ausführungen von EBERMAYER sind klarer und verständlicher.

Kommentar OLSHAUSEN:

Hieraus ergibt sich:

a) Verbreiten setzt nicht die Zugänglichmachung an das Publikum i.S. eines nicht individuell bestimmten und begrenzten Personenkreises voraus; *so: RG. zit. E. 7 113, III 22. X. 83 E. 9 292, Hälschner, Köhler aO.; aM v. Liszt 387 u. 15. DFT. 1 62.*[385]

Leipziger Kommentar:

Eine Zugänglichmachung an das Publikum, ist nicht erforderlich.[386]

Der Satz aus dem Leipziger Kommentar folgt auf die im vorhergehenden Abschnitt zitierten Ausführungen.

Inhaltlich decken sich die beiden Sätze weitgehend, wobei OLSHAUSEN etwas präziser ist, indem er „Publikum" definiert. Deshalb vermag der von ihm formulierte Satz die Feinsteuerung besser zu leisten. EBERMAYER äußert sich zum „individuell bestimmten und begrenzten Personenkreis" im vorhergehenden Abschnitt. Weiter fällt auf, dass OLSHAUSEN Lehre und Rechtsprechung zitiert, während im Leipziger Kommentar ein Verweis fehlt; dies obwohl klar ist, dass dieser Gedanke schon vor Erscheinen des Leipziger Kommentars geäußert wurde.

Kommentar OLSHAUSEN:

b) Nicht schon jede Vergrößerung der Zahl der Wissenden stellt als eine Verbreitung sich dar; es muss eine größere Anzahl von, wenn auch der Zahl u. der Individualität nach bestimmten, Personen sein, denen die Schrift zugeht (*zit. RG. E. 30 224*), weshalb auch das *zit. RG. E. 9 292* annahm, dass „Verbreitung" den Gegensatz zu einer Hingabe nur an eine oder einige wenige bestimmte Personen bilde.[387]

Leipziger Kommentar:

a) Verbreiten. Die allerdings vielfach angefochtene Anschauung des Reichsgerichts hinsichtlich des Begriffs der Verbreitung geht dahin, dass Verbreitung einer Schrift die Tätigkeit ist, durch welche die Schrift aus dem engen Kreise des Verfassers, Verlegers, Druckers usw. heraus, in welchem sie sich zuerst befindet, in einen größeren, wenn auch nach Zahl und Individualität bestimmten Personenkreis gebracht und diesem zugänglich gemacht wird.[388]

---

385 OLSHAUSEN, § 110 N. 10 a).

386 EBERMAYER, § 110 N. 6 a).

387 OLSHAUSEN, § 110 N. 10 b).

388 EBERMAYER, § 110 N. 6 a).

Beide Kommentatoren stützen ihre Auffassung auf die Rechtsprechung des Reichsgerichts. Die Feinsteuerung gelingt in beiden Fällen, wobei die Ausführungen für sich allein genommen noch nicht verdeutlichen, was „Verbreiten" bedeutet. Der Leser weiß nur, dass „die Schrift" „einer größeren Anzahl von Personen" „zugänglich gemacht werden muss". Unklar bleibt, wann „von einer größeren Anzahl" gesprochen werden kann.

Kommentar OLSHAUSEN:

Nach *RG. II 10. I. 82 R. 4 29* soll aber schon die Versendung einer Schrift an eine Person eine Verbreitung (*i.S. des § 184*) darstellen können, welcher Ansicht demnächst *RG. II 28. IX. 80, 28. IX. 83, II, III 5. X. 82, 10. X. 8, E. 2 270., 9 71, 7 113, 16 245, III 27. IX. 82, &. XI. 84, R. 4 716, 6 703*, unter der Voraussetzung sich angeschlossen hat, dass dabei der Wille obwaltet, die Schrift einem größeren Personenkreis zugänglich zu machen.[389]

Leipziger Kommentar:

Dazu genügt nicht die bloß vertrauliche Mitteilung an andere, wohl aber reicht aus – und hier beginnt der Widerspruch gegen die reichsgerichtliche Auffassung – die Mitteilung auch nur an eine Person dann, wenn dabei die Absicht, die Schrift des Übergebenden vorgelegen hat, dass der Empfänger die Druckschrift durch Weitergabe an einen größeren Personenkreise zugänglich mache.[390]

Die beiden Kommentatoren setzen ihre Auseinandersetzung mit der Rechtsprechung fort, wobei die im Leipziger Kommentar gewählten Formulierungen etwas geschickter sind.

Während sich OLSHAUSEN zunächst festlegt und sagt, dass die Hingabe an nur eine oder wenige Personen nicht reiche, lässt EBERMAYER diesen Punkt noch offen. OLSHAUSEN muss dann neu ansetzen, um die Meinung des Reichsgerichts zu präsentieren, die der eingangs präsentierten Meinung widerspricht. Im Leipziger Kommentar hingegen erscheint die Meinung wie eine Präzisierung. OLSHAUSEN hätte diesen Punkt besser vor der Präsentation der maßgeblichen Ansicht behandeln sollen. Dem Leser wird nämlich zunächst Sicherheit vermittelt, diese Sicherheit wird aber gleich wieder zerstört. Weiter fällt auf, dass OLSHAUSEN sehr viele Entscheide zitiert. Es entsteht der Eindruck, dass er alle relevanten Entscheide anführt.

Kommentar OLSHAUSEN:

Allein dieses subjektive Moment (*vgl. M. E. Mayer aO. 378 u. Meyer-A. 582 R. 20*) würde in einem solchen Falle wohl die Annahme einer versuchten

---

389 OLSHAUSEN, § 110 N. 10 b).

390 EBERMAYER, § 110 N. 6 a).

Verbreitung rechtfertigen, erscheint aber zur Herstellung der objektiven Unterlage des Begriffs nicht ausreichend; *so auch Gabler ÜbleNachr. 82 btr. § 186.*[391]

Leipziger Kommentar:

Es kommt also außer der Übertragung des Gewahrsams – denn die Verbreitung erfordert immer Zugänglichmachung der Substanz noch, bloßes Vorlesen genügt nicht – stets die Absicht, die Schrift auf breiter Grundlage in Umlauf zu setzen, als entscheidend in Betracht.[392]

Die Meinungen der beiden Kommentatoren gehen hier auseinander. Interessant ist, dass der Leipziger Kommentar wieder der Auffassung des Reichsgerichts folgt, während OLSHAUSEN mit Meinungen aus der Lehre argumentiert. Er ist bemüht, substantiiert zu begründen, warum es auf die Absicht allein nicht ankommen kann. Hier steht die wissenschaftliche Diskussion im Vordergrund, denn er hat die maßgebliche Auffassung schon präsentiert.

EBERMAYER gelingt es, in wenigen Worten die wesentliche Auffassung zu präsentieren. An dieser Stelle erläutert er sogar noch einen weiteren Aspekt („Zugänglichmachung der Substanz") und fasst zusammen, worauf es ankommt.

Kommentar OLSHAUSEN:

Gegen diese Auffassung wendet sich das *zit. RG. E. 16 245* mit der Ausführung, dass, wenn die Absicht vorhanden, für den Begriff der Verbreitung ein Anfang u. ein Ende nicht zu unterscheiden sei; auch die begonnene V. sei V.; sie beginne ev. mit der Aufgabe zur Post; V. umfasse im allg. sprachlichen S. wie i.S. des Gesetzes sowohl die Verbreitungstätigkeit wie das Ergebnis derselben, ohne ein solches Ergebnis für den Begriff zu fordern.[393]

Leipziger Kommentar:

Ist diese Absicht vorhanden, so ist auch die begonnene Verbreitung Verbreitung, und wenn die Verbreitung durch Versendung mit der Post geschieht, so beginnt die Verbreitung mit der Aufgabe zur Post ohne Rücksicht, ob die Schrift in die Hände des Adressaten gelangt, die Versendung ist die begonnene Verbreitung und die umfasst im allgemeinen sprachlichen Sinn, wie im Sinne des Gesetzes sowohl die Verbreitungstätigkeit, das Verbreiten, wie die Verbreitung als Ergebnis dieser Tätigkeit, ohne aber solches Ergebnis für den Begriff zu fordern. So *RGSt. 16 245* und in gleichem Sinne *RGSt. 5 72, 7 113, 9 71, 30 224*; dagegen, soweit schon in der Hingabe an eine Person mit der Absicht, dass diese die Schrift weitergebe,

---

391 OLSHAUSEN, § 110 N. 10 b).
392 EBERMAYER, § 110 N. 6 a).
393 OLSHAUSEN, § 110 N. 10 b).

eine Verbreitung gefunden wird, *Olsh. 10b, Frank II 2a, Bindung Lehrb. 2 845, Mayer VDB. 1 376/77, zustimmend Köhler Goltd. 51 274/5, der jedoch S. 276 ebenso wie Mayer VDB. 1 378* zutreffend darauf hinweist, dass, wenn auch zum Begriff des Verbreitens das Gelangen in die Hände des Adressaten nicht gefordert werde, dasselbe immernoch gefordert werden könne zur Aufforderung durch Verbreitung; das *RG.* bezeichnet allerdings auch hier die Kenntnisnahme nicht als erforderlich, *vgl. A. 4 und RGSt. 5 71, 7 115*, wohl aber die Möglichkeit der Kenntnisnahme, *Urteil des II. Strafsenats vom 2. Und 21.11.1913 Recht 1914 Nr. 283, 286.*[394]

Die Ausführungen der beiden Kommentatoren decken sich inhaltlich. Gemeint sind hier die Passage aus dem Kommentar OLSHAUSEN und der erste Satz aus der Passage im Leipziger Kommentar. Nur erscheinen die gleichen Sätze bei OLSHAUSEN als eine Auseinandersetzung mit der Rechtsprechung des Reichsgerichts, während EBERMAYER seine Meinung referiert und präzisiert. In der Kommentierung von OLSHAUSEN muss der Leser sich auch mit – nach der Meinung des Autors – nicht maßgeblichen Überlegungen befassen. Im Leipziger Kommentar hingegen werden die wesentlichen Punkte präsentiert. Die Sprache ist konkret und der Autor macht Beispiele. Im zweiten Teil des oben zitierten Abschnitts aus dem Leipziger Kommentar erfolgt eine Auseinandersetzung mit abweichenden Lehrmeinungen. Die wissenschaftliche Diskussion steht im Vordergrund, wobei die Ausführungen aber knapper ausfallen als bei OLSHAUSEN.

Kommentar OLSHAUSEN:

Wie groß übrigens der Personenkreis, dem die Schrift zugänglich gemacht wird, sein muss, um eine Verbreitung anzunehmen, lässt nicht allgemein, sondern nur nach den konkreten Verhältnissen sich bestimmen (so auch das *RG.; vgl. R. 7_2*); der vertrauliche Charakter der Mitteilung kann wohl ein gegen die Verbreitungsabsicht ins Gewicht fallendes Moment sein, keineswegs aber ist bei einer tatsächlichen „auf breiter Grundlage“ erfolgenden Mitteilung der Umstand, dass den einzelnen Personen die „Vertraulichkeit der Mitteilung“ ans Herz gelegt wird, geeignet, die Annahme der Verbreitung auszuschließen; *zit. RG. E. 7 113.*[395]

Hier wird an die Ausführungen von weiter oben angeknüpft. Die Kommentierung weist einen Bruch auf. Zunächst wird nämlich erklärt, dass es sich um einen „großen Personenkreis“ handeln muss. Dann wird ausführlich auf die gegenteiligen Meinungen eingegangen, um schließlich an dieser Stelle wieder an die Ausführungen von oben anzuknüpfen. Dem Leser wird es so nicht leicht gemacht

394 EBERMAYER, § 110 N. 6 a).
395 OLSHAUSEN, § 110 N. 10 b).

und die Ausführungen an dieser Stelle bleiben etwas vage. Anstatt Kriterien zu liefern, wird auf die „konkreten Verhältnisse" verwiesen. Im letzten Teil wird eine konkrete Situation beschrieben. Das Beispiel ist sinnvoll und zeigt die Lösung für eine mögliche Situation auf.

Kommentar Olshausen:

11) Das Verbreiten setzt ein Zugänglichmachen der Schrift selbst, eine Mitteilung derselben von Hand zu Hand voraus; *RG. III 24. XI. 84 E. 11 382 (btr. § 184).*[396]

Eine ähnliche Passage fehlt im Leipziger Kommentar.

Diese erste Umschreibung bezogen auf die „Verbreitung der Schrift" ist verständlich, weil sie weniger abstrakte Begriffe verwendet. Interessant ist, dass hier nur auf Rechtsprechung verwiesen wird, wobei sich diese nicht auf § 110 bezieht, sondern auf § 184.

Kommentar Olshausen:

Demgemäß findet ein solches durch bloße Mitteilung o. Vorlesung des Inhalts der Schrift nicht statt; *Berlin 12. VII. 77. O. 18 527, Schütze Anh. 15 R. 2, Frank R. II 2a.*[397]

Nach einer ersten allgemeinen Umschreibung erfolgt eine gelungene Präzisierung. Diese Präzisierung findet sich auch im Leipziger Kommentar.[398] Olshausen verweist an dieser Stelle nur auf Lehrmeinungen.

Kommentar Olshausen:

Gleichgültig ist aber, ob eine Schrift in Urschrift oder in Abschrift verbreitet wird; *RG. II 28. IX. 83 E. 9 71*, das deshalb in dem planmäßigen Unternehmen, eine Schrift dadurch dem Publikum zugänglich gemacht wird, dass sie nur in einem Exemplar fortgegeben wird, der Empfänger aber Abschrift fertigt und diese mitteilt, mit Recht eine „Verbreitung der Schrift" fand; ferner zustimmend: *Binding Lb. 2 845 R. 2, Frank aO., Köhler aO. 275 R. 27, 276.*[399]

Im Leipziger Kommentar fehlt ein ähnlicher Abschnitt.

An dieser Stelle erfolgt eine weitere Präzisierung, die mit einem konkreten Fall veranschaulicht wird. Zudem wird die relevante Lehre und Rechtsprechung verarbeitet. Der Abschnitt ist gelungen.

---

396 Ebd., § 110 N. 11.
397 Ebd., § 110 N. 11.
398 Vgl. S. 234.
399 Ebd., § 110 N. 11.

Kommentar Olshausen:

Die Einsendung einer Annonce an eine Zeitung ist noch nicht „Verbreitung" einer Schrift, wohl aber stellt die Aufnahme in die Zeitung eine solche dar; *vgl. § 111 R. I_2.* [400]

Dieser Abschnitt endet mit einem Beispiel, das in der Praxis häufig vorkommen kann. Olshausen verweist hier auf seine Kommentierung zu § 111. Offensichtlich findet sich dort Genaueres.

Kommentar Olshausen:

12) Die Ausdrücke „Anschlag" und „Ausstellung" von Schriften u. *(§ 184 R. 7 c)* sind nicht im engen Wortsinne aufzufassen, sondern nach dem Zwecke der Strafbestimmung, die hier wider solche Akte sich richtet, die ein oder mehrere Exemplare der Schrift unmittelbar dem Anblicke einer Mehrheit von Menschen zugänglich machen; wie „Ausstellen" auch das Auslegen und Aushängen umfasst, so „Anschlagen" das Anheften, Ankleben und überhaupt jede mechanische Tätigkeit, durch welche eine Schrift mit einem festen Gegenstand als Träger derselben sichtbar wird; beide fließen ineinander über, so dass z. B. Zeichnen oder Malen an einer Mauer sowohl als „Anschlagen" wie auch als „Ausstellen" angesehen werden kann; *so: RG. III 24. XI. 84, II 2. X. 06, E. 11 282, 39 183 (beide btr. § 184 letzteres insb. die Vorführung von Films durch den Kinematographen), v. Liszt 388, M. E. Mayer aO. 377 R. 2, Frank R. II b, Schwartz R. 5.* Aus der Bedeutung dieser Begriffe und dem des „Verbreitens" (*vgl. inbs. R. 11*) folgt, dass dieses nicht in Frage kommen kann, wo ein „Anschlagen" oder „Ausstellen" vorliegt; *zit. RG. E. 11 282.* [401]

Leipziger Kommentar:

6. Öffentlicher Anschlag oder öffentliche Ausstellung. Beim Anschlagen und Ausstellen wird nicht, wie beim Verbreiten, auch die Substanz, sondern nur der Inhalt der Schrift Dritten zugänglich gemacht. Die Ausdrücke sind nicht im engen Wortsinne zu nehmen, jede Handlung genügt, durch welche der Inhalt der Schrift der Allgemeinheit im Wege des Anschauens zur Kenntnisnahme vermittelt wird, Auslegen, Aushängen, Ankleben, Anheften, Anschreiben an eine Mauer, Vorführen durch einen Kinematographen, *RGSt. 11 282, 39 183.* [402]

In der Kommentierung von Ebermayer gibt es zwei N. 6. Es handelt sich wohl um einen Druckfehler. Es müsste eigentlich Abschnitt b) zu N. 6 sein.

---

400 Ebd., § 110 N. 11.

401 Ebd., § 110 N. 12.

402 Ebermayer, § 110 N. 6.

Die Ausführungen der beiden Kommentatoren decken sich inhaltlich weitgehend, jedoch erscheinen die Ausführungen im Leipziger Kommentar etwas strukturierter, indem dort zunächst abstrakt umschrieben wird und am Schluss Synonyme und Beispiel präsentiert werden. Die Abgrenzung zum „Verbreiten" erfolgt präzise über den Begriff der „Substanz". OLSHAUSEN hält lediglich fest, dass im Fall von „Anschlagen" oder „Ausstellen" „Verbreiten" nicht vorliegen kann. Weiter fällt auf, dass der Leipziger Kommentar wieder die Rechtsprechung des Reichsgerichts für maßgeblich erklärt. Auch OLSHAUSEN verweist auf das Reichsgericht, erwähnt aber auch noch einige Lehrmeinungen.

Kommentar OLSHAUSEN:

13) Wenn erfordert wird, dass die Auffordrg. durch „öffentlichen Anschlag" bzw. „öffentliche Ausstellung" von Schriften u. erfolge, so erhellt ohne weiteres, dass es hier, obschon jene Worte weniger die Handlung selbst als deren Ergebnis bezeichnen, doch nur auf die Wahrnehmbarkeit des Anschlags u. ankommt, so dass „öffentlich" in dem *R.* 5_1 angegeben S. zu verstehen ist.[403]

Leipziger Kommentar:

Anschlagen und Ausstellen muss öffentlich erfolgen. *Vgl. A. 5.*[404]

Die Ausführungen im Leipziger Kommentar überzeugen aufgrund ihrer Knappheit. OLSHAUSEN ist etwas ausführlicher, erwähnt aber auch die „Wahrnehmbarkeit". Da „Öffentlichkeit" bereits definiert wurde, macht der Verweis bei beiden Kommentatoren Sinn.

Kommentar Olshausen:

14) Weder das „Verbreiten" noch das „Anschlagen o. Ausstellen" erfordert eine Mehrzahl von Schriften u.; obschon im Gesetze der Plural gebraucht ist, hat der Gesetzgeber doch damit hier so wenig wie in zahlreichen anderen Fällen (vgl. Register „Plural statt Singular") den Tatbestand auf eine Mehrheit einschränken wollen; es handelt sich vielmehr nur um einen häufig wiederkehrenden Sprachgebrauch, vielleicht auch um die Andeutung, dass selbst bei Verbreitung v. mehreren Schriften nur eine juristische Einheit anzunehmen sei *(§ 73 R. 7 b)*; *RG. III 22. X. 83 (btr. Verbreitens), 24. XI. 84 (btr. Ausstellens und Anschlagens), E. 9 292, 11 282, Hälschner 2 751.*[405]

Leipziger Kommentar:

Unter Schriften sind nur Presserzeugnisse zu verstehen, auch Handschriften sind hierher zu rechnen, nach *RGSt. 38 345* fallen auch die durch

403 OLSHAUSEN, § 110 N. 13.

404 EBERMAYER, § 110 N. 6.

405 OLSHAUSEN, § 110 N. 14.

den Stift des Phonographen auf den Walzen oder Platten bewirkten Einätzungen wenigstens unter den allgemeinen Begriff der Darstellungen, der selbstverständlich auch Zeichnungen, Abbildungen usw. umfasst. Auch bei einmaliger Verbreitung mehrerer Schriften ist nur juristische Einheit anzunehmen, *RGSt 9 292, 11 282.*[406]

Die Ausführungen stehen im Leipziger Kommentar vor dem Abschnitt zum „Verbreiten".

Auch an dieser Stelle überzeugen die klaren Ausführungen im Leipziger Kommentar. Olshausen äußert sich nur zum „Plural" und zur „juristischen Einheit" bei Verbreitung von mehreren Schriften, während Ebermayer präzisiert, was unter den Begriff „Schriften" fällt. Solche Präzisierungen fehlen bei Olshausen. Wieder verweist Ebermayer nur auf Rechtsprechung, während Olshausen mehrere Entscheide und eine Lehrmeinung zitiert.

Kommentar Olshausen:

15) „Durch Verbreitung v." muss die Auffordrg. geschehen sein, d. h. es muss der Täter der Schriftverbreitung v. als Mittel der Auffordrg. sich bedient haben. Deshalb findet diese Alternative keine Anwendung, wenn die Schriftverbreitung nur den Anlass zum Ungehorsam gab.[407]

Leipziger Kommentar:

Das Verbreiten, Anschlagen, Ausstellen muss das vom Täter gewollte Mittel der Aufforderung gewesen sein, es genügt deshalb nicht, wenn das Verbreiten usw. nur den nicht beabsichtigten Anlass zum Ungehorsam gab, *Olsh. 15.*[408]

Diese Ausführungen stehen im Leipziger Kommentar vor dem Abschnitt zum „Verbreiten".

Die Ausführungen decken sich, da Ebermayer die Inhalte aus dem Kommentar von Olshausen übernommen hat. Beide Formulierungen sind verständlich.

Kommentar Olshausen:

16) Die Auffordrg. muss inhaltlich gerichtet sein auf „Ungehorsam" und zwar gegen „Gesetze" oder „rechtsgültige Verordnungen" (*R. 17*) oder gegen „die von der Obrigkeit innerhalb ihrer Zuständigkeit getroffenen Anordnungen" (*R. 18*), wobei durchweg (*vgl. Abschn. 6 R. 1*) deutsche Gesetze usw.

---

406 Ebermayer, § 110 N. 6.

407 Olshausen, § 110 N. 15.

408 Ebermayer, § 110 N. 6.

vorausgesetzt werden; *Binding Lb. 2 846, 854, Wachenfeld 549 R. 1; vgl. auch ORA. zu RG. E. 34 121.*[409]

Leipziger Kommentar:

3. Aufforderung zum Ungehorsam gegen Gesetze oder rechtsgültige Verordnungen oder gegen die von der Obrigkeit innerhalb ihrer Zuständigkeit getroffenen Anordnungen wird verlangt.[410]

Die Ausführungen stehen im Leipziger Kommentar nach dem ersten Absatz der Kommentierung zu § 110.

Beide Kommentatoren zwingen den Leser in eine zentrierte Rechtslandschaft, indem sie sich auf Begriffe aus dem Normtext fokussieren. OLSHAUSEN hält noch fest, dass es sich um „deutsche Gesetze" handeln muss und verweist auf Lehre und Rechtsprechung, während EBERMAYER nur den Normtext paraphrasiert.

Kommentar OLSHAUSEN:

Demnach hat die Strafnorm des *§ 110* mit dem Gehorsam gegen Beamte u. Behörden bzw. deren konkrete Amtshdlgen es unmittelbar nicht zu tun, vielmehr sind es die in den Gesetzen u. ruhenden unpersönlichen Grundlagen der Rechtsordnung, deren Autorität gegen Erschütterung durch öffentliche Proklamation zur Missachtung geschützt werden soll; *RG. II, III 21. X. 81, III 15. III. 84, 4. XII. 90, 2. II. 91, IV 3. XII. 89 (2 Entsch.), E. 5 60, 10 296, 21 192, 355, 20 63, 150, I 9. X. 84, 1. VI. 93, R. 6 605, E. 24 189; vgl. jedoch ORA. E. 21 359, 24 191.*[411]

Leipziger Kommentar:

2. *§ 110.* Die Autorität der Staatsgewalt soll durch *§ 110* geschützt werden, deshalb wird die Aufforderung zum Ungehorsam gegen das Gesetz usw. unter Strafe gestellt. Hieraus ergibt sich, wie das *Reichsgericht* in ständiger Rechtsprechung angenommen hat, dass unter *§ 110* nicht fällt die Aufforderung zur Begehung einzelner strafbarer Handlungen, zur Nichtbefolgung des in einem einzelnen Falle gegebenen Befehls eines polizeilichen Exekutivorgans, dass es sich vielmehr stets handeln muss um die Aufforderung zur grundsätzlichen Auflehnung gegen die unpersönlichen Grundlagen der Rechtsordnung, gegen das Gesetz an sich, *RGSt. 5 72, 10 299, 20 65, 21 196, 355, 24 190 (und die dort angeführten weiteren Entscheidungen), ferner 50 148. 150.*[412]

---

409 OLSHAUSEN, § 110 N. 16.

410 EBERMAYER, § 110 N. 3.

411 OLSHAUSEN, § 110 N. 16.

412 EBERMAYER, § 110 N. 2.

Die Ausführungen im Leipziger Kommentar stehen zu Beginn der Kommentierung, werden aber erst hier angeführt, weil die Struktur der beiden Kommentare unterschiedlich ist.

Die Abgrenzungen an dieser Stelle helfen dem Praktiker, da sie den Anwendungsbereich der Norm abstecken. Beide Kommentatoren stützen ihre Ausführungen auf die Rechtsprechung des Reichsgerichts, wobei OLSHAUSEN viel mehr Entscheide anführt. Die lange Entscheidkette soll die Legitimität erhöhen (String-Zitat).

Kommentar OLSHAUSEN:

Folgeweise ist *§ 110* unanwendbar, sobald die Aufforderung lediglich zur Verübung einer konkreten Hdlg. in Frage steht (*so ausdrücklich RG. IV 27. X. 91 E. 22 185, sowie III 1. II. 15 E. 62 342; auch I 15. I. 91 E. E. 21 304* steht nicht entgegen, da es nur bejahen wollte, dass ein bewusst gewolltes Handeln genüge, die Absicht sonach nicht auf die Gesetzesverletzung gerichtet zu sein brauche; *vgl. das zit. E. 24 189*), während es wesentlich die Auffordrg. zum sog. passiven Widerstande ist, die unter *§ 110* fällt, denn da der gegen die Personen sich richtende aktive Widerstand meist eine „strafb. Hdlg.“ darstellen wird, so findet bei der Auffordrg. zu solchen regelmäßig *§ 111* Anwendung; *so: zit. RG. E. 21 192, Berlin 14. V. 74, 3. V. 76, 8. XI. 77, St. 4 11, S. 24 543, O. 16 698 (Auffordrg. mit dem Staatskommissar für die Bistumsverwaltung nicht zu korrespondieren), Hälschner 2 796, v. Liszt 582, M. E. Mayer aO. 365, 370, Wachenfeld 549, Frank § 111 R. II 2; aM. Binding Lb. 2 851f.*, die gemachte Unterscheidung sei unhaltbar, es handele sich immer um Aufforderungen zum konkreten Ungeh., ferner *Schwartz R. 3*, der beide Ansichten verbindet. Unter jenen Voraussetzungen kann übrigens auch bei einem bereits vorliegenden Ungeh. die Auffordrg. zum fortgesetzten Ungeh. gegen das Gesetz den Tatbestand erfüllen; vgl. über diese Frage das *zit. RG. E. 21 355 sowie Binding Lb. 2 854.*[413]

Leipziger Kommentar:

Dagegen *Binding Lehrb. II, 851–853*, der die Unterscheidung bekämpft, weil es sich immer um Aufforderung zum Ungehorsam im einzelnen bestimmten Fall handle, die Aufforderung zu grundsätzlicher Auflehnung nur selten vorkomme und *§ 110* damit fast ausgeschaltet würde. Dies trifft nicht zu. Geht auch im einzelnen Fall die Aufforderung vielfach zunächst dahin, dem Gesetz usw. eben in diesem Falle zuwider zu handeln, so kann darin doch zugleich unter Umständen sehr wohl die Aufforderung zum Ungehorsam, zur Auflehnung gegen das Gesetz schlechthin liegen. Das eben sind

413 OLSHAUSEN, § 110 N. 16.

die Fälle, die *§ 110* treffen will. Hierin liegt auch der Unterscheid zwischen *§ 110* und *§ 111*, über den das *Urteil des I. Strafsenats vom 22.10.1914 (LZ. 1915 S. 58)* sagt: „*§ 111* bedroht die Aufforderung zu einer einzelnen bestimmten Straftat, *§ 110* die Aufforderung zum Ungehorsam, zur Auflehnung gegen das Gesetz im allgemeinen, zur grundsätzlichen Auflehnung gegen die im Gesetz enthaltenen Grundlagen der Rechtsordnung. Dabei muss, um aus *§ 111* Strafen zu können, die Handlung so bestimmt bezeichnet sein, dass der Auffordernde als Anstifter bestraft werden kann, wenn sie begangen oder versucht wird, oder dass, wenn die Aufforderung ohne Erfolg blieb, ermittelt werden kann, mit welcher Strafe die Tat bedroht ist, zu der aufgefordert wurde," *RGSt. 36 417, 422; 39 387.* Fehlt diese Bestimmtheit, so kann aus *§ 111* nicht bestraft werden, wohl aber kann der Tatbestand des *§ 110* vorliegen, wenn der Wille des Täters auf Aufforderung zur Auflehnung gegen das Strafgesetz überhaupt, zur grundsätzlichen Missachtung desselben schlechthin in allen seinen Erscheinungsformen gerichtet ist. Würde jede Aufforderung zur Begehung einer im einzelnen bestimmten Straftat schon unter *§ 110* fallen, so bliebe für *§ 111 Abs. 1* überhaupt kein Raum, *RGSt. 21 357.*[414]

Beide Kommentatoren gehen nun genauer auf die in den vorhergehenden Abschnitten geäußerten Gedanken ein. Sie konzentrieren sich auf die Abgrenzung zwischen § 110 und § 111 und gehen detailliert auf verschiedene Lehrmeinungen ein. Die wissenschaftliche Diskussion steht an dieser Stelle im Vordergrund und nicht die Kommentierung des Normtextes. Es muss aber anerkannt werden, dass die Abgrenzung hilfreich ist. Denn der praktisch tätige Jurist wird sich bei der Behandlung eines konkreten Falles fragen, ob § 110 oder § 111 anwendbar ist.

Leipziger Kommentar:

Diese Unterscheidung auf das Zivilrecht übertragen – denn auch zivilrechtliche Bestimmungen fallen unter den Schutz des *§ 110 (vgl. A. 3)* – ergibt sich, dass z. B. bei einer Aufforderung zum Kontraktbruch die Richtung der Aufforderung zum Ungehorsam gegen das Gesetz schlechthin, eine auf das Allgemeine sich erstreckende Richtung erkennbar sein muss, um aus *§ 110* strafen zu können, dass dagegen eine strafbare Handlung nicht vorliegt, wenn es sich nur um eine solcher allgemeinen Beziehung entbehrende Aufforderung an einzelne bestimmte Personen handelt, in einem konkreten Falle gegenüber einem bestimmten Unternehmer kontraktbrüchig zu wer-

414 Ebermayer, § 110 N. 2.

den, ***RGSt. 20 63, 150, 154, 21 299, 304 und besonders 357; vgl. jedoch dazu die Erklärung des ORA. S. 359.***[415]

Eine ähnliche Passage fehlt im Kommentar von OLSHAUSEN, weshalb hier nur der Leipziger Kommentar zitiert wird.

Der Kommentator hält fest, dass auch zivilrechtliche Bestimmungen vom Paragrafen erfasst sind, und versucht anhand eines Beispiels zu erklären, wann der Tatbestand erfüllt ist. Klar ist, wann die Norm nicht verletzt wird, unklar bleibt, wann Strafbarkeit gegeben ist. Die Ausführungen stützen sich auf die Rechtsprechung des Reichsgerichts.

Kommentar Olshausen:

17) Bei der Auffordrg. zum Ungehorsam gegen – bereits erlassene, wenn auch noch nicht in Wirksamkeit getretene (*Frank R. 1 letzt. Abs.*) – „Gesetze oder rechtsgültige Verordnungen" sind Akte der Gesetzgebungsgewalt in ihren verschiedenen staatsrechtl. Formen Gegenstand des Angriffs.[416]

Es fällt auf, dass OLSHAUSEN zunächst allgemeine Ausführungen zu „Gesetzen oder rechtsgültigen Verordnungen" macht, um dann unter a) und b) auf die einzelnen Begriffe einzugehen. Im Leipziger Kommentar finden sich nur Ausführungen zur jeweiligen Erlassform.

OLSHAUSEN beginnt mit einer allgemeinen Umschreibung, indem er die Erlasse als „Akte der Gesetzgebungsgewalt" definiert. Die Feinsteuerung funktioniert, indem die Begriffe aus dem Normtext unter Zuhilfenahme von anderen, dem praktisch tätigen Juristen bekannten Rechtsbegriffen beschrieben werden. Neben der Umschreibung gelingt es ihm zudem, mittels Einschub kurz zu erklären, dass die Gesetze noch nicht wirksam sein müssen. Dabei verweist er auf FRANK. Die Kommentierung überzeugt an dieser Stelle mit einem kurzen und prägnanten Satz.

Kommentar OLSHAUSEN:

Der Ungehorsam muss demnach geleistet werden, soweit es um den materiellen Gesetzesbegriff sich handelt (*Laband Staatsr. 2 1*), gegen sanktionierte Rechtssätze oder, *wie RG. III 15. III. 84 E. 10 296* sich ausdrückt, gegen Gebots- o. Verbotsnormen von dauernder Geltung, die das allgemeine Verhalten regeln (vgl. über die Frage, ob die an vorläufig in die Heimat beurlaubte Rekruten gerichtete Auffordrg., nach ihrem bevorstehenden Eintritt in das Heer die sozialdemokratischen Lehren während der Dienstzeit unter ihren Kameraden zu verbreiten, das sr. Tatbestandsmerkmal erfülle; *RG. II 8. XI. 95 E. 27 406*); *aM. Schwartz R. 4.* Dabei bezieht *§ 110* sich sowohl

415 Ebd., § 110 N. 2.

416 OLSHAUSEN, § 110 N. 17.

auf den Ungehorsam gegen Strafgesetze, als auch auf den gegen bürgerliche Gesetze; letzteres wird weder durch die Entstehungsgeschichte, noch durch den Wortlaut o. Sinn des § ausgeschlossen; *so: RG. IV 3. XII. 89 (2 Entsch.), I. 15. I., II. 28 I., III. 2. II. 91, E. 20 63, 150, 21 304, 299, 355, M. E. Mayer aO. 369, Oppenh.-D.. R. I a, Schwartz R. 4; sachlich aber nicht in der Begründung übereinstimmend Binding Lb. 2 848 f.; aM.: v. Liszt 582, Meyer-A. 647, Wachenfeld 549, Frank R. I u. ZStM. 14 375., Fren Strike u. Strafr. 69; vgl. auch Rossmann Öffentl. Aufforderung z. Streit, Klöppel Pressr. 399 u. Seuffert Anarchismus 128 ff.*[417]

Leipziger Kommentar:

a) Gesetze. In Frage kommen nur deutsche Gesetze (Verordnungen usw.), denen gegenüber eine Gehorsamspflicht besteht (*verneint für staatsanwaltschaftliche Zeugenladungen RGSt. 9 434 und RG. III. 1054/14 vom 1.2.1915; LZ. 1915 546; bejaht für polizeiliche Ladungen, RGSt. 2 282*); für Gebots- und Verbotsnormen von dauernder Geltung, die das allgemeine Verhalten regeln, *RGSt. 10 296*, und zwar nicht nur, wie *Frank I* annimmt, öffentlich-rechtliche Gesetze, also Straf-, Steuer- und Polizeigesetze, sondern auch bürgerliche Gesetze, *RGSt. 20 65, 150, 21 304, 299, 355.*[418]

Olshausen erwähnt an anderer Stelle, dass nur deutsche Gesetze infrage kommen.[419]

Die beiden Sätze bei Olshausen sind sehr lang, was die Lesbarkeit erschwert. Ebermayer fasst sich kürzer.

Ebermayer stellt nach dem Hinweis auf „deutsche Gesetze" auf die „Gehorsamspflicht" ab, wobei er auch auf einen Fall als Beispiel verweist. Olshausen geht nicht auf die „Gehorsamspflicht" ein, hingegen wird der „materielle Gesetzesbegriff" eingeführt. So wird die Komplexität erhöht, denn für das Verständnis von § 110 ist dieser Hinweis nicht notwendig. Der Leipziger Kommentar kommt ohne diesen abstrakten Gesetzesbegriff aus. Bezüglich der „Gebots- und Verbotsnormen von dauernder Geltung" fasst sich Ebermayer kürzer, während Olshausen zunächst von „sanktionierten Rechtssätzen" spricht. Er macht aber auch ein Beispiel, was das Verständnis erleichtert. Zu den „bürgerlichen Gesetzen" äußert sich wieder Ebermayer kürzer, indem er Frank mit Verweis auf die Rechtsprechung des Reichsgerichts kritisiert. Olshausen hingegen verweist auf Entstehungsgeschichte, Wortlaut und Sinn.

417 Olshausen, § 110 N. 17.

418 Ebermayer, § 110 N. 3 a).

419 Vgl. S. 240.

Wieder stützt sich der Leipziger Kommentar nur auf die Rechtsprechung des Reichsgerichts, während OLSHAUSEN in sechseinhalb Zeilen scheinbar alle Entscheide und Lehrmeinungen aufführt. Der Leser wird von so vielen Verweisen beinahe erschlagen, da er keine Zeit hat, all diesen Verweisen nachzugehen. Die Wissensbestände wurden nicht gefiltert.

Kommentar OLSHAUSEN:

Wird insbs. zum Ungehorsam gegen eine in einem Strafgesetze aufgestellte Norm aufgefordert, so kann hiernach darauf nichts ankommen, ob gerade auch die Zuwiderhdlg., deren Begehung durch die Auffordrg bezweckt wird, gleichfalls mit Strafe bedroht ist; *RG. V 3. VI. 10 S. 58 185* btr. Aufforderung zur Teilnahme an polizeil. nicht genehmigten öffentl. Aufzügen als Ungehorsam gegen die dem *RVerG. § 7* zugrunde liegende Norm, trotzdem nach *§ 19* das. nur die Veranstalter u. Leiter des Aufzuges mit Strafe bedroht sind.[420]

Leipziger Kommentar:

Ob auch ein erst in Aussicht stehendes Gesetz usw. unter *§ 110* fällt, ist zweifelhaft, *RGSt. 40 65* (es genüge, dass der Täter mit der Möglichkeit der Erlassung von Gesetzen bestimmten, ihm bekannten Inhalts gerechnet habe); dagegen ist nicht erforderlich, dass das Gesetz schon in Wirksamkeit getreten ist, es genügt seine ordnungsgemäß Veröffentlichung; immer muss es sich aber um Aufforderung zum Ungehorsam gegen bestimmte Gesetze handeln, es muss in der Aufforderung das Gesetz derart erkennbar gemacht sein, dass verstanden wird, welchem Gesetz Ungehorsam entgegengesetzt werden soll, *GA. 54 178*. Die bloße Aufforderung „den Gesetzen nicht zu gehorchen", genügt nicht, *vgl. Rechtspr. 6 433*, wohl aber die Aufforderung: „Ihr braucht den Landräten nicht mehr zu folgen" *RG. IV 402/19 v. 7.10.19.*[421]

Inhaltlich decken sich die hier wiedergegebenen Passagen aus den beiden Kommentaren nicht, wobei anzumerken ist, dass die Frage der Wirksamkeit von OLSHAUSEN bereits behandelt wurde.[422]

Der von EBERMAYER formulierte Satz ist sehr lang und deshalb schwierig zu lesen. Der Text ist sehr dicht geschrieben. Die gewählten Umschreibungen sind sehr präzise, sodass die Feinsteuerung gelingt, wobei wieder die Rechtsprechung des Reichsgerichts maßgeblich ist. Ergänzend werden Beispiele aus der Rechtsprechung wiedergegeben.

---

420 OLSHAUSEN, § 110 N. 17.

421 EBERMAYER, § 110 N. 3 a).

422 Vgl. S. 243.

Das von OLSHAUSEN beschriebene Problem scheint eher theoretischer Natur zu sein, aber es ist nachvollziehbar, was gemeint ist. Auch er stützt sich auf die Rechtsprechung des Reichsgerichts.

Kommentar OLSHAUSEN:

Soweit der formelle Gesetzesbegriff in Frage kommt (*Laband aO. 61ff.*) handelt es sich um den Ungehorsam gegen Rechtsvorschriften (*so auch M.E. Mayer aO. 367*), die erlassen sind entweder von den sog. gesetzgebenden Faktoren („Gesetze") oder von Organen der Regierungsgewalt („Verordnungen"); *vgl. Hälschner 2 797* btr. Des Begriffs der Verordnungen. Ob die Rechtspflicht, die durch Ungehorsam zu verletzen Gegenstand der Auffordrg. ist, auf einem Gesetze o. einer Verordnung beruht oder aus dem Zusammenhange mehrerer Gesetzesbestimmungen u. herzuleiten ist, ist gleichgültig; *Berlin 26. I. 76 O. 17 53.*[423]

Ähnliche Ausführungen fehlen im Leipziger Kommentar.

An dieser Stelle geht OLSHAUSEN auf einen Punkt ein, den er bereits weiter oben erwähnt hat.[424] Dort war die Rede von „Akten der Gesetzesgebungsgewalt", während hier zwischen „Gesetzen" und „Verordnungen" unterschieden wird. Es ist nicht sinnvoll an zwei Stellen auf das gleiche Problem einzugehen. Zudem wird eine einmal gemachte Aussage wieder relativiert. Die Ausführungen an dieser Stelle wären ausreichend. Die weiter oben gemachte Aussage kann auch weggelassen werden. Hier wird, nach Einführung des Begriffs „materieller Gesetzesbegriff", nun auch der „formelle Gesetzesbegriff" eingeführt. Wie bereits erläutert, wird so die Komplexität erhöht. Der Normtext wird von dogmatischen Kategorien überlagert.

Kommentar OLSHAUSEN:

Im einzelnen ist noch zu bemerken:

a) Unter „Gesetze" fallen auch die vom Landesherren in seiner Eigenschaft als oberster Inhaber der Kirchengewalt erlassenen Kirchengesetze; *so: Berlin 4. XII. 78 O. 19 566, Oppenh.-D. R. I a; aM.: Binding Lb. 2 381, 849, Schwartz R. 4a.*[425]

Leipziger Kommentar:

Ob Kirchengesetze unter *§ 110* fallen, ist streitig, von *Binding Lehrb. 2 849 und Schwartz 4a* verneint, da sie nur privilegierte autonomische Beliebungen öffentlich-rechtlicher Korporationen sind; dagegen erachtet *Berlin OT. 19 566* die vom Landesherrn in seiner Eigenschaft als oberster

423 OLSHAUSEN, § 110 N. 17.
424 Vgl. S. 243.
425 OLSHAUSEN, § 110 N. 17 a).

Inhaber der Kirchengewalt erlassenen Kirchengesetze als unter *§ 110* fallend. Ebenso *Olsh. 17a.* Über die Rechtsgültigkeit eines mit den Reichsgesetzen nicht in Widerspruch stehenden, nach dem Staatsrecht des Einzelstaates verbindlichen Gesetzes ohne Rücksicht auf dies Staatsrecht zu urteilen, steht den Gerichten nicht zu. Ein Gesetz, welches nach dem anzuwendenden Staatsrecht rechtswirksam besteht, ist ein Gesetz i.S. des *§ 110, RGSt. 36 421. (Wegen Irrtums vgl. A. 7, wegen der Rechtsgültigkeit von Verordnungen RGSt. 34 121 und unten 3b).* [426]

Es scheint, dass in der Lehre eine Diskussion über die „Kirchengesetze" geführt wird und die beiden Kommentatoren deshalb darauf eingehen. Genauso gut hätte man sich zu einer anderen Kategorie von Gesetzen äußern können.

Ebermayer geht detailliert auf die verschiedenen Lehrmeinungen ein, sodass die wissenschaftliche Diskussion klar im Vordergrund steht und nicht die Kommentierung des Normtextes. Er liefert aber eine nachvollziehbare Lösung und abstrahiert von der spezifischen Gesetzeskategorie. Die Formulierung von Olshausen ist überzeugender, da kurz und prägnant.

Der Leipziger Kommentar enthält auch eine Anweisung an den Richter, sodass hier der Kommentarkaiser über dem Richterkönig zu stehen scheint.

Kommentar Olshausen:

b) Der Ausdruck „rechtsgültige Verordnungen" bedarf einer Erläuterung dahin, dass er – wie nach der Entstehungsgeschichte (*R. 1*) nicht zweifelhaft sein kann – in Anlehnung an *PrVerf. v. 31. I. 50 Art. 106* solche Verordnungen bezeichnet, die nicht bloß wegen ihrer Bekanntmachung in der vom Gesetze vorgeschriebenen Form rechtsverbindlich sind, sondern auch zugleich materiell dem Staatsrechte entsprechen (*RG. III 4. II. 01 E. 34 121 hinsichtl. der Ungültigkt. der Lübecker V. btr. Verbot Streitpostenstehens*), während die Frage der Zweckmäßigkeit außer Betracht bleibt. [427]

Leipziger Kommentar:

b) Rechtsgültige Verordnung. Die Verordnung muss nicht nur von der zuständigen Stelle in vorgeschriebener Form erlassen und verkündet, formell verbindlich sein, sondern inhaltlich dem geltenden Recht entsprechen, materielle Gültigkeit haben; dies ergibt sich daraus, dass bei den Verordnungen auf Beschluss des Reichstags das Erfordernis der Rechtsgültigkeit besonders hervorgehoben wurde, *RGSt. 34 126 (Lübecker Verordnung usw. Streitpostenstehen).* [428]

---

426 Ebermayer, § 110 N. 3 a).
427 Olshausen, § 110 N. 17 b).
428 Ebermayer, § 110 N. 3 b).

Beide Kommentatoren stützen ihre Ausführungen auf die Rechtsprechung des Reichsgerichts.

Inhaltlich decken sich die beiden Kommentierungen weitgehend, wobei die aus dem Leipziger Kommentar zitierte Passage etwas kürzer ist, aber gleichzeitig mehr Gedanken enthält. Die Feinsteuerung gelingt EBERMAYER somit besser als OLSHAUSEN. Der Leipziger Kommentar enthält keine weiteren Ausführungen zu „rechtsgültigen Verordnungen". Es ist zu prüfen, ob die bei OLSHAUSEN folgenden Sätze wirklich notwendig sind.

Kommentar OLSHAUSEN:

Das Erfordernis der Rechtsgültigkeit geht hiernach also weiter als das der bloßen Rechtsverbindlichkeit und deshalb ist durch *§ 110* eine Bresche in das staatsrechtliche Prinzip derjenigen Bundesstaaten, nach dem, wie z. B. in Preußen, auch eine rechtsungültige Verordnung, wenn sie nur in der gesetzlich vorgeschriebenen Form bekannt gemacht ist, als rechtsverbindlich befolgt werden muss; denn auch der preußische Richter kann die Aufforderung zum Ungehorsam gegen eine zwar rechtsverbindliche, aber rechtsungültige Verordnung nicht bestrafen. *So: RG. II 28. VI. 10 E. 44 20 (die Gültigkeit gew. Anordnungen PrSchulaufsichtsbehörden btr. die Einholung einer Erlaubnis der Schulbehörden für die Erteilung von Turnunterricht und damit die Strafbarkeit der Aufforderung z. Ungehorsam dagegen verneinend; vgl. zur ersten Frage den entgegenstehenden Beschl. der BStr.S. v. 7. XII. 12 E. 46 312) sowie die R. 18 zitt. E. 40 55, 251, ferner: Binding Lb. 2 849, Hälschner 2 797, Fohn HH. 3 104, M. E. Mayer aO. 366 R. 1, Meyer-A. 646 R. 6, Frank R. I 2, Schwartz R. 4 b. AM. Schütze R. 12.*[429]

Es handelt sich hier um eine Konkretisierung zum Begriff der „Rechtsgültigkeit", wobei die Ausführungen sehr spezifisch sind und deshalb wohl zu weit gehen. Letztlich genügt der Verweis darauf, dass „Rechtsgültigkeit" gegeben sein muss. OLSHAUSEN zitiert wieder die gesamte Lehre und Rechtsprechung, ohne eine Auswahl zu treffen.

Kommentar OLSHAUSEN:

Wenn auch nach dem zu b) Ausgeführten ein Irrtum über die materielle Gültigkeit einer Verordnung als auf staatsrechtl. Gebiete liegende nach *§ 59 R. 2* für beachtlich gehalten werden muss, so kann doch – i.S. der *GM.* – ein gleiches von einem Irrt. über die Rechtsverbindlichkeit eines gehörig verkündeten Gesetzes (bzw. einer solchen Verordnung) nicht gelten; *so RG. II 6. XI. 03 E. 36 417 (btr. ehem. PrVereinsG.), im Ergebnis übereinstimmend Arndt*

429 OLSHAUSEN, § 110 N. 17 b).

Recht 8 348; aM. M. E. Mayer aO., der darin unzutreffend einen Widerspruch mit dem zit. E. 34 121 sieht.[430]

Auch diese Ausführungen sind sehr spezifisch. Letztlich geht es um rechtsdogmatische Fragen und um Fragen aus dem Allgemeinen Teil.

Kommentar Olshausen:

18) Wenn weiter mit Strafe bedroht ist die Auffordrg. zum Ungehorsam gegen „von der Obrigkeit ... getroffene Anordnungen" (*R. 16*), so sind unter „obrigkeitlichen Anordnungen", mögen sie auch sonst (*vgl. §§ 131 R. 9b, 367²*) nicht in einen Gegensatz zu „Gesetz und Verordnungen" gestellt sein, hier, wie der Gegensatz zu den vorher bezeichneten Akten der Gesetzgebung ergibt, lediglich solche Akte zu verstehen, die einerseits nicht von der Gesetzgebungsgewalt ausgehen, andererseits nicht Rechtsätze aufstellen, d. h. weder formell noch materielle Gesetz sind (*R. 17*); *so im wesentlichen Hälschner 2 798 (Verfügungen der Behörden, die nicht einen verbindlichen Rechtssatz aufstellen, sondern nach Maßgabe von Gesetz u. Verordnung anordnen, was geschehen solle); vgl. auch Binding Lb. 2 850; aM. jedoch RG. I 9. X. 84 R. 6 605, die obrigkeitl. Anordnungen schlössen sich den neben ihnen genannten Gesetzen und Verordnungen als Grundlagen der Rechtsordnung an, während andererseits II 29. V. 83 E. 8 321 (gebilligt von Klöppel Pressr. 406)* zutreffend anerkennt, dass es nach der beregten Gegenüberstellung bei den obrigkeitl. Anordnungen nicht um Ausflüsse der gesetzgebenden Gewalt, sondern um Betätigungen der Staatsgewalt nach anderer Richtung hin sich handelt; *ähnlich IV 12. III., 28. VI. 07, E. 40 55, 251*, die Verfügungen des Pr. Unterrichts-Ministers bzw. der Oberpräsidenten u. der Regierungen, Abt. für Kirchen- u. Schulwesen, die Bestimmungen über die Erteilung des Religionsunterrichts in D. Sprache in den kath. Volksschulen treffen, als Anordnungen i.S. des *§ 110* ansehen, indem aus der Nebeneinanderstellung von „obrigkl. Anordnungen" neben „Gesetzen u. rechtsg. Verordnungen" folge, dass damit auch den „eigentlichen Verwaltungsakten" der gesetzl. Schutz zuteil werden solle.[431]

Leipziger Kommentar:

c) Die von der Obrigkeit innerhalb ihrer Zuständigkeit getroffenen Anordnungen. Darunter sind nach Rechtspr. *6 665* zunächst solche zu verstehen, die, um etwaige Lücken genereller Normen zu auszufüllen, da erlassen werden, wo es die besonderen Verhältnisse eines beschränkten Kreises fordern und sich den Gesetzen und Verordnungen als, wenn auch auf tie-

430 Ebd., § 110 N. 17.

431 Ebd., § 110 N. 18.

ferer Stufe stehende, Grundlagen der Rechtsordnung anschließen und innerhalb ihres Kreises allgemein bindende Kraft haben (*vgl. auch RGSt. 10 296*); ferner aber fallen darunter nicht nur generelle, sondern auch spezielle, auf einzelne Fälle bezügliche Anordnungen, die allgemeine Beachtung und damit den Charakter einer Rechtsnorm (*vgl. dagegen RGSt. 40 63:* dass sie Rechtsnormen im eigentlichen Sinne enthalten, ist nicht erforderlich) beanspruchen, nicht aber auf Gesetz oder Verordnung beruhende konkrete Amtshandlungen obrigkeitlicher Vollzugsorgane (z. B. die Aufforderungen auseinanderzugehen); letztere schon deshalb nicht, weil unter Obrigkeit i.S. des *§ 110* nur solche Organe der Staatsgewalt zu verstehen sind, die in einem gewissen Umfange die Staatsgewalt selbstständig auszuüben haben und zum Erlass allgemein verpflichtender Vorschriften berufen sind.[432]

Im Kommentar von Olshausen wird die Passage „gegen die von der Obrigkeit innerhalb ihrer Zuständigkeit getroffenen Anordnungen“ unterteilt in „von der Obrigkeit [...] getroffenen Anordnungen“ (18), „obrigkeitliche Anordnungen“ (19), „Obrigkeit“ (19a), „von der Obrigkeit innerhalb ihrer Zuständigkeit getroffenen Anordnungen“ (Ziff. 20) und „gegen die von der Obrigkeit getroffenen Anordnungen“ (21). Hier geht es um N. 18. Ebermayer äußert sich zum ganzen Thema in N. 3c).

Zunächst fällt auf, dass hier „nur“ zwei Sätze wiedergegeben wurden (aus jedem Kommentar ein Satz). Die Sätze sind sehr lang und erschweren die Lesbarkeit. Mit mehreren kürzeren Sätzen könnte die Feinsteuerung wesentlich besser geleistet werden.

Olshausen beginnt seine Erklärung, indem er, anknüpfend an die Definition von „Gesetzen“ und „Verordnungen“, auf die erlassende Gewalt (negativ, d. h. „nicht von Gesetzgebungsgewalt“) sowie den „materiellen“ und „formellen“ Gesetzesbegriff abstellt. Danach geht er aber ausführlich auf Lehre und Rechtsprechung ein, wobei er sehr spezifisch wird. Die wissenschaftliche Auseinandersetzung steht ganz klar im Vordergrund und nicht die Kommentierung des Normtextes. Es sind zu viele Nebensätze mit zu vielen Informationen, so dass die Kommentierung sehr schwer zu lesen ist.

Ebermayer formuliert auch einen langen Satz, der aber einfacher zu lesen ist und mehr Informationen enthält. Es werden zwei Kategorien von „obrigkeitlichen Anordnungen“ erläutert. Am Schluss wird skizziert, welche Handlungen nicht als „obrigkeitliche Anordnungen“ gelten und warum diese Handlungen nicht unter diese Begriffe subsumiert werden können. Die Ausführungen stützen sich auf Rechtsprechung.

---

432 Ebermayer, § 110 N. 3 c).

Kommentar Olshausen:

19) Im einzelnen ist btr. der obrigkeitlichen Anordnungen hervorzuheben:

a) Unter „Obrigkeit" i.S. des *§ 110* ist nur ein solches staatliches Organ (*Binding Lb. 2 381*) zu verstehen, dass die Regierungsgewalt in gewissem Umfange selbstständig auszuüben hat; bloße polizeiliche Vollzugsorgane sind demnach keine Obrigkeiten; *so: RG. I 9. X. 84 R. 6 605, III 4. XII. 90 E. 21 192, Frank R. I 2, Schwartz R. 4c; aM. Binding Lb. 2 851 R. 1.* Welche Behörden und Beamte *(§ 114 R. 1)* hiernach als Obrigkeiten i.S. des *§ 110* anzusehen sind, bestimmt sich nach den maßgebenden Reichs- und Landesgesetzen; *vgl. RG. II 7. VI. 89 E. 19 308* btr. der Frage, welche Anordnungen eines PrGemeindevorstehers in kommunalen Wegebausachen als obrigkeitliche anzusehen seien.[433]

Leipziger Kommentar:

Polizeiliche Vollzugsorgane sind nicht Obrigkeit in diesem Sinne, ihre Amtshandlungen nicht obrigkeitliche Anordnungen, mögen auch ihre im einzelnen Falle vorgenommenen Amtshandlungen auf einem allgemein verbindenden Gesetz beruhen.[434]

Der Kommentar von Olshausen leistet an dieser Stelle mehr als der Leipziger Kommentar. Letzterer geht nur auf die „polizeilichen Vollzugsorgane" als Beispiel ein. Olshausen nennt ein Kriterium, anhand dessen sich beurteilen lässt, welche Behörden und Beamte als „Obrigkeit" anzusehen sind. Seine Ausführungen sind wieder breit abgestützt.

Kommentar Olshausen:

b) Aus dem Begriffe der obrigktl. Anordnungen scheiden nicht nur nach dem zu a Bemerkten die Amtshandlungen bloßer Vollzugsorgane aus, sondern überhaupt alle konkreten Amtshandlgen, bei denen es lediglich um den Vollzug eines obrigkeitl. Auftrages sich handelt, mag er selbst von einem Organ ausgehen, dass an sich auch obrigkeitliche Funktionen hat; *zit. RG. R. 6 605.*[435]

Eine vergleichbare Passage fehlt im Leipziger Kommentar.

An dieser Stelle wird verständlich und mit Verweis auf einen Entscheid des Reichsgerichts umschrieben, was nicht als „obrigkeitliche Anordnung" gilt.

---

433 Olshausen, § 110 N. 19.

434 Ebermayer, § 110 N. 3 c).

435 Olshausen, § 110 N. 19 b).

Kommentar OLSHAUSEN:

Hieraus ergibt sich, dass den von *§ 110* ins Auge gefassten „obrigkeitl. Anordnungen" begrifflich eine weitergehende Bedeutung beiwohnen muss, als sie einer vereinzelten Vollstreckungsmaßregel *i.S. des § 113* beiwohnt; sie dürfen nicht eine auf einen Fall o. ein Moment beschränkte, sondern müssen eine das allgemeine Verhalten regelnde behördliche Maßnahme darstellen. *So: RG. II 29. V. 83 E. 8 321, zit. E. 21 192 (s.o.; abweichend noch III 15. III. 84 E. 10 296), M.E. Mayer aO. 366 R. 2, Wachenfeld 549, Klöppel Pressr. 407. AM. einerseits: Frank R. I 2, der unter Anordnungen lediglich Sonderbestimmungen versteht, andererseits: Binding Lb. 2 850 (vgl. jedoch auch 853), Geyer 2 135, Hälschner 2 798, Fohn HH. 3 108, v. Liszt 582, Meyer-A. 647, Thomsen 231,* nach denen „Anordnungen" sowohl allgemeine Bedeutung haben, als auch auf den konkreten Fall und das Verhalten einer bestimmten Person sich beziehen können; *ebenso wohl das zit. RG. R. 6 605.* Jedoch bereits mit Hinneigung zu der oben vertretenen Ansicht.[436]

Leipziger Kommentar:

Ob die von der Obrigkeit im vorerwähnten Sinne erlassenen Anordnungen sich unmittelbar an das Publikum oder zunächst an bestimmte Verwaltungsorgane wenden, ist gleichgültig, entscheidend ist lediglich der Inhalt der erlassenen Verfügung; über den Bereich der Gesetze und mit Gesetzeskraft ausgestalteten Verordnungen hinaus soll auch den eigentlichen Verwaltungsakten, soweit sie die oben bezeichneten Merkmale an sich tragen, der gesetzliche Schutz zuteil werden, *RGSt. 40 62, 63* (deutscher Schulunterricht in polnischen Schulen); man kann also wohl *mit Mayer VDB. 1 366* sagen: es muss sich immer um abstrakte Befehle mit spezialisiertem Inhalt, darf sich aber nicht um konkrete Befehle an einzelne Personen handeln. *Vgl. RGSt. 8 321, 324; 19 316.*[437]

Wieder fällt auf, dass OLSHAUSEN möglichst die gesamte Lehre und Rechtsprechung berücksichtigen will, während EBERMAYER im Wesentlichen auf die Rechtsprechung des Reichsgerichts abstellt und nur eine Lehrmeinung zitiert. Weiter kann gesagt werden, dass die Passage aus dem Leipziger Kommentar mehr Ideen enthält und prägnanter geschrieben ist, während OLSHAUSEN umständlich formuliert.

Kommentar OLSHAUSEN:

20) Nur die „von der Obrigkeit innerhalb ihrer Zuständigkeit getroffenen Anordnungen" kommen in Betracht, d.h. nur die, zu denen sie auf

436 Ebd., § 110 N. 19 b).

437 EBERMAYER, § 110 N. 3 c).

Grund der Reichs- bzw. Landesgesetze örtlich und im allgemeinen (abstrakt) sachlich berufen ist; *vgl. RG. I. 9. X. 84. R. 6 605 sowie das R. 17b zit. E. 44 20.* [438]

Leipziger Kommentar:

Die Anordnungen müssen von der Obrigkeit innerhalb ihrer Zuständigkeiten getroffen sein, sie muss zu deren Erlassung auf Grund der Reichs- oder Landesgesetze örtlich und im allgemeinen sachlich berufen sein; ob dies der Fall ist, hat das Gericht zu prüfen, *RGSt. 44 20 (28)* btr. Turnunterricht an jugendliche Arbeiter. Wegen Irrtum des Täters *s. A. 7.* [439]

Die wiedergegebenen Ausführungen decken sich weitgehend, wobei die Kommentierung von Ebermayer noch Anweisungen an das Gericht und ein Beispiel enthält. Zudem verweist er betreffend „Irrtum" auf sich selbst. Beide Kommentatoren stützen sich auf das Reichsgericht, wobei Olshausen zwei Entscheide zitiert.

Bei der „Zuständigkeit" handelt es sich um einen juristischen Begriff, der dem praktisch tätigen Juristen bekannt ist, insbesondere wenn er durch die Adjektive „örtlich" sowie „sachlich" umschrieben wird. Die Feinsteuerung gelingt an dieser Stelle.

Kommentar Olshausen:

Verschieden von der Frage nach der Zuständigkeit zu der Anordnung ist die nach den Voraussetzungen, der Form und dem Inhalte der Anordnung, die stets eine rechtliche, häufig daneben auch eine praktisch-politische Seite hat. Zwischen dem Entw., der nach der Erklärung des Bundeskommissars Friedberg „zunächst den Gehorsam gegen jede obrigkeitliche Anordnung erzwingen" wollte (*StB. 391*), und dem Antrage Fries, der nur die Aufforderung zur Widersetzlichkeit „gegen gesetzlich gerechtfertigte Anordnungen und zwar der zuständigen Obrigkeit" bestrafen wollte, hält der demnächst zum Gesetz erhobene Plantsche Antrag die Mitte, wie es vom Antragsteller beabsichtigt wurde (*StB. 390*). Wenn dieser später bei der Beratung des *§ 113* (*Entw. II § 111*) den Begriff der Zuständigkeit in einer von obiger Darstellung abweichenden Weise erläutert, wobei unklarerweise das Vorliegen gewisser gesetzlicher Voraussetzungen (Bedingungen) in ihn hineingezogen wurden, so fällt das um so weniger ins Gewicht, als zu *§ 113* demnächst in dritter Beratung der in zweiter Beratung angenommene Plantsche Antrag beseitigt und dort – den Plantschen Ausführungen sachlich entsprechend – an Stelle der zuständigen Amtshdlg. die rechtmäßige

438 Olshausen, § 110 N. 20.

439 Ebermayer, § 110 N. 3 c).

gesetzt wurde (*R. 1*). In diesem Vorgange liegt eine Bestätigung der Richtigkeit der oben vertretenen Ansicht.[440]

Vergleichbare Ausführungen fehlen im Leipziger Kommentar.

Es handelt sich um einen Exkurs zu den parlamentarischen Beratungen, der klar über den Normtext hinausgeht und die Komplexität erhöht. Der Kommentator sagt selbst, dass es sich um eine von der „Zuständigkeit" verschiedene Frage handle. Am Schluss verweist er auf die Richtigkeit der oben vertretenen Ansicht.

Kommentar Olshausen:

21) Lediglich die Auffordrg. zum Ungehorsam „gegen die von der Obrigkeit getroffenen Anordnungen" ist strafbar, d. h. gegen bestimmte, erkennbar bezeichnete und bereits erlassene Anordnungen, also nicht gegen Anordnungen ganz im allgemeinen bzw. gegen in Aussicht stehende Anordnungen; *Dresden 5. II. 72 St. 1 345, Frank R. I letzt. Abs.*[441]

Vergleichbare Ausführungen fehlen im Leipziger Kommentar.

An dieser Stelle erfolgen sinnvolle Präzisierungen, die verständlich erläutert werden und sich auf Lehre und Rechtsprechung stützen.

Kommentar Olshausen:

Dementsprechend ist auch Voraussetzung, dass die „Gesetze und Anordnungen", denen Ungehorsam geleistet werden soll, näher bezeichnet werden; jedoch genügt es für die Annahme einer Aufforderung *i.S. des § 110*, wenn in ihr das btr. Gesetz in einer Weise erkennbar gemacht ist, dass verstanden wird, welchem Ges. Ungehorsam entgegengesetzt werden soll; *RG. IV 12. I. 04 G. 51 178.* Die ganz allgemein gehaltene Auffordrg., strafbare – nicht näher bezeichnete – Hdlgen zu begehen", unter *§ 111 (das. R. 4 b): Schütze 263 R. 14; vgl. auch RG. III 16. VI. 84 R. 6 433.*[442]

Ähnliche Überlegungen finden sich im Leipziger Kommentar an anderer Stelle.

Auch hier macht Olshausen im ersten Satz sinnvolle Präzisierungen, wobei er sich auf eine Entscheidung des Reichsgerichts stützt. Der zweite Satz bezieht sich auf § 111 und steht somit an der falschen Stelle. Denn es geht um die Kommentierung des Normtextes von § 110 und nicht von § 111. Dennoch ist der Hinweis hilfreich.

Kommentar Olshausen:

Hinreichend zur Bestrafung ist aber die Auffordrg. zum Ungehorsam gegen eine Reihe von Gesetzen, falls nur dadurch eine ausreichende Be-

---

440 Olshausen, § 110 N. 20.

441 Ebd., § 110 N. 21.

442 Ebd., § 110 N. 21.

zeichnung und Individualisierung derjenigen Gesetze, denen Ungehorsam entgegengesetzt werden soll, erfolgt, wie z.B. bei der Auffordrg. „zum passiven Widerstand gegen die PrKirchengesetze"; *Berlin 4. V. 76 G. 24 543.*[443]

Ähnliche Überlegungen fehlen im Leipziger Kommentar. OLSHAUSEN möchte scheinbar auf alle Spezialfälle eingehen und zitiert auch unterinstanzliche Entscheide. Seine Kommentierung ist vollständig.

Kommentar OLSHAUSEN:

22) Gleichgültig ist, ob die obrigkeitl. Anordnung eine gesetzlich erzwingbare ist, wenn nur die gesetzliche Pflicht des Folgeleistens besteht; *RG. I 30. IX. 80 E. 2 281 (vgl. § 113 R. 19f), Geyer 2 135, Hälschner 2 799, Schwartz R. 4.*[444]

Auch in diesem Fall fehlen Ausführungen im Leipziger Kommentar. Der Rechtsanwender wird sich die Frage der Erzwingbarkeit eventuell stellen, dennoch gehen die Ausführungen über den Normtext hinaus. Dort fehlt ein Hinweis auf die Erzwingbarkeit. Wenn es auf die Erzwingbarkeit ankommen würde, wäre der Paragraf entsprechend formuliert.

Kommentar OLSHAUSEN:

23) Der Vorsatz des Auffordernden muss dahin gehen, dass der Aufgeforderte den Ungehorsam gegen das Gesetz u. an den Tag lege *(§ 49a R. 6)*, er muss somit den Willen eines anderen in dieser Richtung bestimmen wollen; so: *München 14. III. 74 G. 22 282, Binding Lb. 2 853f.; vgl. jedoch Klöppel Pressr. 400.*[445]

Leipziger Kommentar:

7. Innerer Tatbestand. Dieser verlangt vorsätzliches, bewusst gewolltes Handeln, der Auffordernde muss tätig werden mit dem Bewusstsein, dass das Tun die Aufforderung zu einem Ungehorsam gegen das Gesetz als solches, über den Umfang der Gesetzesverletzung im einzelnen Fall hinaus, enthalte, gleichviel durch welche sonstigen oder nebenliegenden Motive oder Zwecke die Handlung bestimmt wird, *GA. 50 122, RGSt. 22 185, 24 189*; der Verbreiter muss ebenso wie der öffentlich vor einer Menschenmenge Auffordernde den Willen haben, auf den Willen der anderen bestimmend einzuwirken und das Bewusstsein, dass der Inhalt der verbreiteten Schrift geeignet ist, den Willen zum Ungehorsam gegen das Gesetz als solches in den Personen, in deren Hände die Schrift gelangen soll oder nach der Vorstellung des Täters gelangen kann, hervorzurufen, *RGSt. 7 114.*[446]

---

443 Ebd., § 110 N. 21.
444 Ebd., § 110 N. 22.
445 Ebd., § 110 N. 23.
446 EBERMAYER, § 110 N. 7.

Beide Kommentierungen entfernen sich vom Normtext. Bei OLSHAUSEN ist von „Vorsatz" die Rede, während im Leipziger Kommentar vom „inneren Tatbestand" gesprochen wird. Es handelt sich um dogmatische Kategorien, welche in die Kommentierung eingeführt werden. Statt diesem Vorgehen wäre es möglich, die subjektive Seite bei der Erklärung der entsprechenden Begriffe zu behandeln.

Im Leipziger Kommentar wird ein sehr langer Satz formuliert, was die Leserlichkeit erschwert. Immerhin kann aber gesagt werden, dass der Kommentator viele Ideen unterbringt. Er stellt zum wiederholten Mal nur auf die Rechtsprechung des Reichsgerichts ab. Trotz des sehr langen Satzes gelingt die Feinsteuerung, weil der Kommentator den subjektiven Tatbestand im Hinblick auf die zwei Varianten der Begehung konkretisiert.

OLSHAUSEN beginnt mit einer Umschreibung und verweist auf seine Kommentierung zur Norm, wo die Aufforderung zur Begehung eines Verbrechens geregelt ist. Zudem stützt er seine Ausführungen auf zwei Lehrmeinungen und auf einen unterinstanzlichen Entscheid. Die Ausführungen sind verständlich.

Kommentar OLSHAUSEN:

Nicht erforderlich ist, dass der Täter das Gesetz u., gegen das er den Ungehorsam hervorrufen will, nach seiner gegebenen Erscheinungsform, namentl. die Stelle, von der es ausgegangen ist, kenne; es genügt seine Kenntnis davon, dass vom Gesetzgeber o. von einer Behörde Vorschriften des in Betracht kommenden Inhalts erlassen sind, wobei in dieser Beziehung Eventualdolus ausreicht; *so RG. IV 12. III. 07 E. 40 55* (dessen Wortlaut insofern zu Bedenken Anlass gibt, weil daraus entnommen werden kann, Eventualdolus werde auch insoweit für ausreichend erachtet, als Täter damit rechne, es könne in Zukunft ein Gesetz usw. von ihm angenommenen Inhalts erlassen werden; das würde nicht ausreichen; *s.o. R. 21₁* sowie *Schwartz R. 4*).[447]

Leipziger Kommentar:

Nicht erforderlich ist, dass der Täter das Gesetz, die Verordnung, die Anordnung nach ihrer gegebenen Erscheinungsform, namentlich die Stelle, von der sie ausgegangen sind, oder den Tag ihrer Erlassung kennt; es genügt seine Kenntnis davon, dass vom Gesetzgeber oder von einer Behörde Vorschriften des in Betracht kommenden Inhalts erlassen sind, *RGSt. 40 64 und IV 4420/03 vom 12.1.04.* Ob bloßes Rechnen mit der Möglichkeit der Erlassung eines Gesetzes usw. schon genügt, wie *RGSt. 40 64* angenommen wird, erscheint zweifelhaft. *Vgl. Olsh. 23.*[448]

---

447 OLSHAUSEN, § 110 N. 23.
448 EBERMAYER, § 110 N. 7.

Der aus dem Leipziger Kommentar wiedergegebene Absatz schließt nicht an die im vorherigen Abschnitt zitierte Passage an, wird aber an dieser Stelle genannt, weil er sich inhaltlich mit der Passage aus der Kommentierung von OLSHAUSEN deckt, was auch der Verweis auf den Kommentar von OLSHAUSEN im Leipziger Kommentar belegt.

Die Ausführungen sind verständlich, wobei keiner der Autoren sich klar zum zitierten Entscheid äußert. Es werden lediglich Zweifel bekundet. Interessant ist, dass EBERMAYER an dieser Stelle nicht dem Reichsgericht folgt.

Kommentar OLSHAUSEN:

Auf seiten des Täters ist hiernach das Bewusstsein erforderlich, dass sein Handeln geeignet sei, in dem anderen den Willen zu einem bestimmten Tun oder Unterlassen hervorzurufen, während es einer auf den Ungehorsam hinzielenden Absicht nicht bedarf; dabei reicht auch in dieser Beziehung Eventualdolus aus; *RG. I 15. I., IV 27. X. 91, E. 21 304, 22 185, IV 28. I., III 22. XII. 02, G. 49 124, 50 122; aM. M. E. Mayer aO. 1 371, insbs. gg. E. 21 304* (auf das Motiv komme alles an). Die Verbreitung einer Auffordrg. schließt hiernach nicht ohne weiteres eine gleiche Auffordrg. in sich; *RG. II, III 5. X. 82 E. 7 113, Binding Lb. 2 854 R. 2, Hälschner 2 799, M. E. Mayer aO. 377.*[449]

Leipziger Kommentar:

Dabei genügt überall Eventualdolus, das Rechnen mit der Möglichkeit und das Einverstandensein mit dem als möglich erkannten Erfolge. Eine Absicht im engeren Sinne des Endzwecks als eine über das bewusste Wollen hinausgehende Willensrichtung ist nicht erforderlich, und wenn in einzelnen reichsgerichtlichen Urteilen bei Hervorhebung des Unterschiedes zwischen *§ 110* und *§ 111* davon die Rede ist, im Falle des *§ 110* müsse die Absicht des Täters darauf gerichtet sein, die Autorität des Gesetzes selbst zu untergraben, während sie bei *§ 111* nur dahin gehe, zu einer einzelnen strafbaren Handlung aufzufordern, so ist auch dort der Ausdruck „Absicht" nicht in dem erwähnten engen Sinne zu verstehen, das zeigen deutlich die vorerwähnten Urteile; *vgl. auch GA. 49 124*; ob gerade mit Rücksicht auf den Unterschied zwischen *§ 110* und *§ 111* der in verschiedenen Urteilen wiederkehrende Satz: auf das Motiv des Täters komme nichts an (*z. B. RGSt 21 304*), das Verständnis zu fördern geeignet ist, kann dahingestellt bleiben, *vgl. hierzu Mayer VDB. 1 371.*[450]

Die Ausführungen aus dem Leipziger Kommentar schließen an den vorletzten Absatz an.

449 OLSHAUSEN, § 110 N. 23.

450 EBERMAYER, § 110 N. 7.

Das Eingehen auf eine allfällige „Absicht" erhöht die Komplexität, da sich diesbezüglich kein Hinweis im Normtext findet. Auch die Erläuterungen zum Unterschied zwischen § 110 und § 111 gehören nicht in die Kommentierung, sondern in ein Lehrbuch. Die wissenschaftliche Auseinandersetzung steht an dieser Stelle klar im Vordergrund. OLSHAUSEN fasst sich kürzer, verweist aber wieder auf viele Entscheide und Lehrmeinungen. Er verwendet ein String-Zitat.

Kommentar OLSHAUSEN:

Steht eine Auffordrg. zum Ungehorsam gegen obrigkeitl. Anordnungen in Frage, so muss der Täter auch in dem Bewusstsein gehandelt haben, dass sie von der Obrigkeit „innerhalb ihrer Zuständigkeit" (*§ 20*) erlassen worden seien; jedoch genügt auch hier Eventualdolus. *So: Berlin 31. X. 78 O. 19 498, Binding Lb. 2 854, v. Liszt 582, Wachenfeld 550, Frank R. IV, Rosenberg ZStW. 23 224. AM.: RG. II 10. II. 85 E. 12 6* (es handele sich hier nicht um ein „Tatbestandsmerkmal", dem gegenüber *§ 59* in Betracht kommen könne, sondern um einen objektiven Strafausschließungsgrund; zugunsten dieser Ansicht griffen alle Erwägungen Platz, die für die Auffassung des Erfordernisses der „rechtmäßigen Amtsausübung" im *§ 113* – das. *R. 28* – maßgebend gewesen seien), ferner darauf sich beziehende *IV 12. III. 07 E. 40 55 (64), u. Galli DJZ. 12 1354 auf E. 39 342 verweisend (vgl. § 111 R. 2b).*[451]

Leipziger Kommentar:

Gleichgültig ist es, ob der Täter, soweit es sich um Aufforderung zum Ungehorsam gegen obrigkeitliche Anordnungen handelt, Zweifel an der Zuständigkeit der fraglichen Behörde zur Erlassung der Anordnung gehegt oder die Behörde für geradezu unzuständig gehalten hat. Die Zuständigkeit bildet hier kein Tatbestandsmerkmal, das vom Vorsatz des Täters umfasst zu sein braucht, sondern nur eine Voraussetzung der Strafbarkeit (die Nichtzuständigkeit einen Strafausschließungsgrund), *RGSt. 12 6, 40 64*. Die subjektive Auffassung des Einzelnen kann nicht über die Grenzen der Zuständigkeit entscheiden, sonst wäre die obrigkeitliche Autorität dem Urteile des Einzelnen untergeordnet. Hier greift die gleiche Erwägung Platz, wie bei *§ 113* hinsichtlich der Rechtmäßigkeit der Amtsausübung. Da *§ 110*, soweit es sich um Gesetze handelt, nicht mehr erfordert, als dass sie nach dem anzuwendenden Staatsrecht rechtswirksam bestehen, dass sie gehörig bekannt gemacht und nach dem anzuwendenden Staatsrecht verbindlich sind, so liegt ein Irrtum des Angeklagten, Gesetze i.S. des *§ 110* seien nur solche, die nicht nur rechtmäßig zustandegekommen und deshalb rechtsverbindlich, sondern auch materiell rechtsgültig seien, auf strafrechtlichem

---

451 OLSHAUSEN, § 110 N. 23.

Gebiet, *RGSt. 36 422 (vgl. hierzu Mayer VDB. 1 366, der diese Entscheidung als unrichtig und mit RGSt. 34 121 in Widerspruch stehend bezeichnet; siehe auch RGSt. 46 312).* Hinsichtlich der Verordnungen nimmt *Olsh. 17 b Abs. 2* zutreffend an, dass ein Irrtum über die materielle Gültigkeit auf staatsrechtlichem Gebiet liegt und deshalb beachtlich ist, *vgl. 3b.*[452]

Die Kommentatoren vertreten an dieser Stelle unterschiedliche Auffassungen hinsichtlich der „Zuständigkeit". Die Ausführungen von OLSHAUSEN überzeugen, da sich EBERMAYER zu extensiv zum Thema äußert. Er stellt zu viele dogmatische Überlegungen an, welche ihren Platz in einem Lehrbuch haben, wobei er hauptsächlich auf die Rechtsprechung des Reichsgerichts abstellt. OLSHAUSEN ist wieder bemüht, auf alle Lehrmeinungen und Entscheide einzugehen.

Kommentar OLSHAUSEN:

24) Die Natur der Auffordrg. (*R. 3*) lässt eine Anstiftung *§ 48 R. 23*) zu; *Binding Gr. 177 Nr. 5, 178.*[453]

Ähnliche Ausführungen finden sich nicht im Leipziger Kommentar. Der hier formulierte Satz geht über den Normtext hinaus. Er behandelt ein Problem aus dem Allgemeinen Teil und enthält dogmatische Ausführungen.

Kommentar OLSHAUSEN:

25) Wegen des Verhältnisses zum *§ 111 vgl. das. R. 9c.*[454]

Leipziger Kommentar:

8. Über das Verhältnis des *§ 110 zu § 111 vgl. A. 2.* Dazu ist hier im Hinblick auf *§ 73* noch folgendes zu bemerken: [...].[455]

Die Kommentare verweisen hier auf sich selbst, wobei es um einen Aspekt geht, der sich nicht aus dem Normtext ergibt. Die Ausführungen im Leipziger Kommentar zur Konkurrenz gehen über den Normtext hinaus, sind dogmatischer Natur und gehören deshalb nicht in die Kommentierung. Aus diesem Grund werden sie auch nicht wiedergegeben.

Kommentar OLSHAUSEN:

26) Strafe. Wahlweise Geldstr. von 3–600 M (*§ 27*) o. Gef. von 1 T. bis 2 J. (*§ 16*); wegen einer Strafe über 1 J. vgl. *§ 111 R. 11.* Jene kann als „an erster Stelle" angedroht, bei Uneinbringlichkeit auch in Haft umgewandelt werden; *§ 28_2 (das. R. 6b).*[456]

452 EBERMAYER, § 110 N. 7.
453 OLSHAUSEN, § 110 N. 24.
454 Ebd., § 110 N. 25.
455 EBERMAYER, § 110 N. 8.
456 OLSHAUSEN, § 110 N. 26.

Immerhin geht OLSHAUSEN auf die Rechtsfolge ein; dies in knapper Form und mittels vieler Verweise.

Kommentar OLSHAUSEN:

27) Verjährung der Strafverfolgung in fünf J. (*§ 67*$_2$), i. F. des *PressG. § 22* aber in sechs Mt. Strafr. *GVG. §§ 73*^{1}*, 27.*[457]

Leipziger Kommentar:

8. Bei der Verjährung ist unter Umständen *§ 22 Pressg.* zu berücksichtigen.[458]

Im Leipziger Kommentar findet sich wieder ein Druckfehler. N. 8 kommt zwei Mal vor.

Die Ausführungen gehen klar über den Normtext hinaus, weil sie den Allgemeinen Teil betreffen. EBERMAYER bleibt näher am Normtext, da er nur eine Besonderheit im Hinblick auf die kommentierte Norm präsentiert.

B) Überblick über die Kommentierungen

OLSHAUSEN unterteilt seine Kommentierung in N. 1–27, wobei er zu N. 4, N. 10, N. 17 und N. 19 Unterpunkte a) und b) bildet.

In N. 1 geht es um die Entstehungsgeschichte der Norm. Unter N. 2 vergleicht OLSHAUSEN die §§ 110 – 112 mit den §§ 49a und 85. In N. 3 beginnt die eigentliche Kommentierung der Norm. Im Zentrum steht der Begriff „Auffordern“. N. 4a) behandelt die sinnliche Kenntnisnahme der Aufforderung, während es in N. 4b) um den Erfolg der Aufforderung geht. In N. 5 kommentiert OLSHAUSEN den Begriff „Öffentlichkeit“. N. 6 definiert den ersten Mischtatbestand der öffentlichen Aufforderung vor einer Menschenmenge. In den darauffolgenden Abschnitten geht es um ebendiesen Tatbestand. N. 7 erklärt den Begriff der „Menschenmenge“ und N. 8 erläutert, was „vor einer Menschenmenge“ meint. N. 9 definiert den zweiten Mischtatbestand der Aufforderung durch Verbreitung, öffentlichen Anschlag oder öffentliche Ausstellungen von Schriften oder anderen Darstellungen. In den darauffolgenden Abschnitten geht es um ebendiesen Tatbestand. N. 10 hat die Verbreitung zum Thema, wobei es unter a) um die Zugänglichmachung an das Publikum und unter b) um die Zahl der Wissenden geht. In N. 11 setzt sich OLSHAUSEN mit der Zugänglichmachung der Schrift auseinander. N. 12 behandelt den „Anschlag“ und die „Ausstellung“ und N. 13 den „öffentlichen Anschlag“ bzw. die „öffentliche Ausstellung“. In N. 14 geht es um die Frage, ob eine Mehrzahl von Schriften vorliegen muss. N. 15 hat die Verbreitung der Aufforderung zum Inhalt. In N. 16 geht OLSHAUSEN auf den Begriff „Ungehorsam“ ein. N. 17 be-

457 Ebd., § 110 N. 25.

458 EBERMAYER, § 110 N. 8.

inhaltet die Erläuterungen zu den Begriffen „Gesetze“ (a) und „rechtsgültige Verordnungen“ (b). In N. 18 geht es um „von der Obrigkeit getroffene Anordnungen“. In N. 19 werden einige Präzisierungen dazu vorgenommen, wobei unter a) der Begriff „Obrigkeit“ genauer präzisiert wird und unter b) erklärt wird, was nicht als „von der Obrigkeit getroffene Anordnungen“ gilt. N. 20 behandelt die „von der Obrigkeit innerhalb ihrer Zuständigkeit getroffenen Anordnungen“. In N. 21 wird präzisiert, was genau mit Anordnungen gemeint ist. In N. 22 geht OLSHAUSEN auf die gesetzliche Erzwingbarkeit der obrigkeitlichen Anordnungen ein. Schließlich folgen Ausführungen zum Vorsatz (N. 23), zur Anstiftung (N. 24), zum Verhältnis zu § 111 (N. 25), zur Strafe (N. 26) und zur Verjährung (N. 27).[459]

Die Kommentierung im Leipziger Kommentar ist unterteilt in N. 1–10, wobei N. 1 allgemeine Ausführungen zum 6. Abschnitt enthält. Die eigentliche Kommentierung der Norm beginnt also in N. 2. N. 3 ist weiter unterteilt in a), b) und c) und N. 5 in a) und b). In N. 6 findet sich ein Abschnitt a) und ein Abschnitt b), der irrtümlicherweise als N. 6 gekennzeichnet ist.

In N. 2 geht der Kommentator darauf ein, wogegen zum Ungehorsam aufgefordert wird und erläutert den Unterschied zu § 111. Es handelt sich hier eher um allgemeine Ausführungen. In N. 3 geht EBERMAYER auf Gesetze (a), rechtsgültige Verordnungen (b) und die von der Obrigkeit innerhalb ihrer Zuständigkeit getroffenen Anordnungen (c) ein. In N. 4 finden sich die Erläuterungen zum Begriff „Aufforderung zum Ungehorsam“. N. 5 beinhaltet die Ausführungen zu „öffentlich“ (a) und „vor einer Menschenmenge“ (b). Unter N. 6 wird das „Verbreiten, der öffentliche Anschlag oder die öffentliche Ausstellung von Schriften oder anderen Darstellungen“ behandelt, wobei es im Abschnitt a) um das „Verbreiten“ und im Abschnitt b) um „öffentlicher Anschlag oder öffentliche Ausstellung“ geht. In N. 7 äußert sich EBERMAYER zum „inneren Tatbestand“. Die Kommentierung endet mit Ausführungen zum Verhältnis des § 110 zu § 111 (N. 9) und zur Verjährung (irrtümlicherweise auch N. 8).[460]

Beide Kommentierungen orientieren sich mehrheitlich am Normtext und zwingen den Leser so in eine zentrierte Rechtslandschaft.

Bei OLSHAUSEN beziehen sich im Wesentlichen N. 3–21 auf Begriffe aus dem Normtext, wobei er gewisse Begriffe weiter unterteilt. So unterscheidet er beim „Auffordern“ die sinnliche Kenntnis (N. 4 a) sowie den Erfolg (N. 4 b) und bei der Verbreitung „die Zugänglichmachung an das Publikum“ (N. 10 a) sowie die „Vergrößerung der Zahl der Wissenden“ (N. 10 b). In N. 11 definiert er das Zugänglichmachen der Schrift selbst als eine Voraussetzung der „Verbreitung“ und

459 Vgl. OLSHAUSEN, § 110 N. 1–27.
460 EBERMAYER, § 110 N. 1–8.

entfernt sich ein wenig vom Normtext. Im Leipziger Kommentar beziehen sich N. 3–6 klar auf Begriffe aus dem Normtext.

Beide Kommentierungen gehen auf den inneren Tatbestand, das Verhältnis zu § 111 sowie auf die Verjährung ein. Diese Ausführungen gehen über den Normtext hinaus. OLSHAUSEN behandelt außerdem die Anstiftung und als einziger die Strafe. Die Strafe als Rechtsfolge ist Teil des Normtextes und eine Kommentierung sollte konsequenterweise auch Ausführungen dazu enthalten.

Die Kommentierung von OLSHAUSEN orientiert sich auch unter Berücksichtigung der gewählten Reihenfolge sehr stark am Normtext. Zwar beginnt er mit dem Begriff „Auffordern", der erst am Ende des Normtextes steht, jedoch ist dies sinnvoll. Auffordern umschreibt nämlich die zentrale Handlung und die übrigen Begriffe erklären, wie genau aufgefordert wird. Diesbezüglich wird auf die Ausführungen zu SCHWARTZ verwiesen, der seine Kommentierung auch so beginnt. In der Folge geht OLSHAUSEN genau in der Reihenfolge, in der die Begriffe im Normtext vorkommen, auf diese ein. Insofern ist sein Text tatsächlich ein „Kommentar".

Der Einstieg im Leipziger Kommentar in N. 2 erinnert an jenen in der Kommentierung von FRANK. Anders als dort formuliert EBERMAYER zwar nicht eine eigene Frage, die er dann selbst beantwortet, jedoch werden auch hier allgemeine Gedanken präsentiert. Thema ist „die Aufforderung zur grundsätzlichen Auflehnung gegen die unpersönlichen Grundlagen der Rechtsordnung" und was darunter zu verstehen ist. Solche Ausführungen gehören in ein Lehrbuch zur Dogmatik und nicht in einen Kommentar. Dennoch kann gesagt werden, dass sie dem Verständnis dienen, da sie letztlich konkretisieren, wogegen zu Ungehorsam aufgefordert wird. In der Folge ist die Kommentierung anders strukturiert als jene von OLSHAUSEN und gleicht auch in dieser Hinsicht der Kommentierung von FRANK. In N. 3 wird nämlich zuerst erklärt, was unter „Gesetze", „rechtsgültige Verordnungen" und „die von der Obrigkeit innerhalb ihrer Zuständigkeit getroffenen Anordnungen" zu verstehen ist. Erst danach geht es um die Handlung in den im Normtext beschriebenen Varianten. Hier wird also eine eigene Struktur gewählt, die auf dogmatischen Überlegungen beruht. Denn die Erlasse erscheinen aus dogmatischer Sicht als zentrales Element, da sie die Staatsgewalt repräsentieren, gegen welche in den im 6. Abschnitt geregelten Delikten zum Widerstand aufgerufen wird. Ab N. 4 ähnelt die Kommentierung jener von OLSHAUSEN, indem mit der Aufforderung begonnen wird und dann die Tatvarianten gemäß ihrer Reihenfolge im Normtext abgehandelt werden.

C) Zusammenfassung der Erkenntnisse

Die Kommentierung von OLSHAUSEN ist länger als jene von EBERMAYER. Zieht man bei Letzterem die allgemeinen Ausführungen ab (Allgemeines zu Abschnitt 6 und Konkurrenzen), so ergeben sich nur sechs Seiten. Bei OLSHAUSEN sind die Ausführungen zur Entstehungsgeschichte abzuziehen, die ungefähr eine halbe Seite ausmachen (vgl. Tab. 43).

Tabelle 43: Widerstand gegen die Staatsgewalt – Anzahl Seiten bei OLSHAUSEN und EBERMAYER

	Anzahl[461]
OLSHAUSEN	9.75
EBERMAYER	7

OLSHAUSEN verarbeitet sehr viele Quellen, unter anderm auch den sehr alten Kommentar von MEVES (erschienen 1876) und jenen von OPPENHOFF-DELIUS (14. Auflage 1901). Die Wissensbestände hätten besser gefiltert werden können. Bei der Rechtsprechung fällt auf, dass vierzehn unterinstanzliche Entscheide verarbeitet wurden, die meisten aus Berlin (vgl. Tab. 44). In der Regel teilt der Kommentator die Meinung der unterinstanzlichen Gerichte, abgesehen von zwei Fällen. Dem Reichsgericht widerspricht er nur in fünf Fällen, wobei z.T. auch das Reichsgericht je nach Entscheid eine andere Meinung vertritt.

EBERMAYER arbeitet fast nur mit Enscheiden des Reichsgerichts. Ein unterinstanzlicher Entscheid und ein Entscheid des Reichsmilitärgerichts werden zitiert. Die Meinung des Reichsgerichts ist immer maßgeblich. Alle hier analysierten Kommentare werden verwendet. Außerdem berücksichtigt er auch den Kommentar von RÜDORFF-STENGLEIN (4. Auflage 1892). Warum nur diesen und den etwas jüngeren von OPPENHOFF-DELIUS (14. Auflage 1901) nicht, bleibt unklar. Es werden nur die Lehrbücher der Größen v. LISZT und BINDING berücksichtigt, außerdem noch die „Vergleichende Darstellung des Deutschen und ausländischen Strafrechts. Vorarbeiten zur Deutschen Strafrechtsreform" (vgl. Tab. 44). Alles andere soll nicht maßgeblich sein. Hier zeigt sich ein Paradigmenwechsel.

461 Das Format ist bei diesen zwei Kommentaren ähnlich.

Tabelle 44: Widerstand gegen die Staatsgewalt – Lehre und Rechtsprechung bei OLSHAUSEN und EBERMAYER

	Entsch.	Komm.	Lehrb.	Mon.	Zeitsch.	Total
OLSHAUSEN	110[462] (77 %)	4 (3 %)	16 (11 %)	8 (6 %)	5 (3 %)	143 (100 %)
EBERMAYER	103[463] (93 %)	4 (4 %)	3 (3 %)	0	1 (1 %)	111 (101 %[464])

In rund 80 % der Fälle stützen beide Kommentatoren ihre Ausführungen zumindest teilweise auf Rechtsprechung. Dass in rund 20 % der Fälle beide, also auch der auf die Rechtsprechung fokussierte EBERMAYER, auf Literatur verweisen, könnte ein Indiz für nicht praxisrelevante Probleme sein, die trotzdem noch in den Kommentierungen besprochen werden (vgl. Tab. 45). Es fällt auf, dass häufig auf die Entscheide eingegangen wird. Der Kommentar scheint ein Raum zu sein, um die Rechtsprechung auszuwerten.

Tabelle 45: Widerstand gegen die Staatsgewalt – Begründung bei OLSHAUSEN und EBERMAYER

	Literatur	Rechtsprechung	Beides	Total
OLSHAUSEN	16 (19 %)	30 (36 %)	38 (45 %)	84 (100 %)
EBERMAYER	14 (21 %)	42 (64 %)	10 (15 %)	66 (100 %)

EBERMAYER verweist häufiger als OLSHAUSEN auf nur eine Quelle (vgl. Tab. 46). Bei der Menge der Quellen, die OLSHAUSEN verarbeitet hat, erstaunt das nicht.

Tabelle 46: Widerstand gegen die Staatsgewalt – eine Quelle bei OLSHAUSEN und EBERMAYER

	Anzahl Stellen
OLSHAUSEN	29
EBERMAYER	35

462 95 Entscheide des Reichsgerichts, ein Entscheid des Reichsmilitärgerichts und 14 unterinstanzliche Entscheide (Berlin, München und Dresden).

463 101 Entscheide des Reichsgerichts, ein Entscheid des Reichsmilitärgerichts und ein Entscheid aus Berlin.

464 Die Werte wurden nach den mathematischen Regeln gerundet.

Olshausen präsentiert häufiger als Ebermayer mehrere Meinungen. Die Kommentierung des Letztgenannten vermittelt mehr Sicherheit (vgl. Tab. 47). Olshausen erwähnt an einer Stelle die „Geltende Meinung". Ansonsten finden sich keine Verweise auf Argumentationsfiguren in den Kommentierungen. Im Fall mehrerer Meinungen entscheiden sich die Kommentatoren in der Regel für eine. Ebermayer präsentiert an einer Stelle die Meinungen zu den Kirchengesetzen und spricht sich für ein abstrakt definiertes Beurteilungskriterium aus. Olshausen verweist an einer Stelle auf die nur von Schwartz geforderte Synthese von zwei Meinungen. Olshausen schließt sich häufig der Mehrheitsmeinung an. Aufgrund des großen Wissensbestandes, mit dem er arbeitet, scheint seine Darstellung plausibel. Da das Reichsgericht als ein Autor zählt und Ebermayer nur mit wenigen anderen Quellen arbeitet, sind bei ihm häufig Befürworter und Kritiker von der Anzahl gleich (vgl. Tab. 48).

Tabelle 47: Widerstand gegen die Staatsgewalt – Meinungsvielfalt bei Olshausen und Ebermayer

	Stellen zwei Meinungen
Olshausen	23
Ebermayer	8

Tabelle 48: Widerstand gegen die Staatsgewalt – Mengenverhältnisse bei Olshausen und Ebermayer

	mehr	gleich	weniger
Olshausen	15	5	3
Ebermayer	0	6	2

Ebermayer, dessen Kommentierung etwas kürzer ist, verwendet mehr Beispiele als Olshausen, was das Verständnis erleichtert (vgl. Tab. 49).

Tabelle 49: Widerstand gegen die Staatsgewalt – Beispiele bei Olshausen und Ebermayer

	Anzahl Stellen
Olshausen	13
Ebermayer	15

Die Kommentierung von EBERMAYER ist leserfreundlich geschrieben und scheint abgeschlossen. Der Lesefluss wird nicht durch viele Zitate und Verweise unterbrochen. OLSHAUSEN verweist hingegen häufig auf andere Stellen im Kommentar und auch auf andere Normen (vgl. Tab. 50).

Tabelle 50: Widerstand gegen die Staatsgewalt – Zitate und Verweise bei OLSHAUSEN und EBERMAYER

	wörtlich	Komm.	RStGB	Normen	Total
OLSHAUSEN	6	40	22	7	75
EBERMAYER	3	7	13	2	28

3 Zwischenergebnis

Die Unterschiede zwischen den Kommentierungen sind größer als beim Tatbestand der Notwehr. Die Paarungen SCHWARTZ-FRANK und OLSHAUSEN-EBERMAYER sind nicht nur aufgrund der Textlänge sinnvoll. Die Letztgenannten verarbeiten viel mehr Entscheide als die Erstgenannten.

Die zwei Kommentierungen in den jeweiligen Kommentaren von FRANK, SCHWARTZ und OLSHAUSEN unterscheiden sich im Wesenlichen nur in der Bedeutung der Rechtsprechung. Alle genannten Kommentatoren haben beim Widerstand gegen die Staatsgewalt deutlich mehr Rechtsprechung verarbeitet als beim eher von der Dogmatik geprägten Tatbestand der Notwehr. Entsprechend wird auch häufiger auf Rechtsprechung verwiesen (vgl. Tab. 51–56).

Tabelle 51: Lehre und Rechtsprechung bei FRANK

	Entsch.	Komm.	Lehrb.	Mon.	Zeitsch.	Total
§ 59	27 (39 %)	2 (3 %)	11 (16 %)	17 (24 %)	13 (19 %)	70 (101 %[465])
§ 110	40[466] (56 %)	3 (4 %)	9 (13 %)	17 (24 %)	3 (4 %)	72 (101 %[467])

465 Die Werte wurden nach den mathematischen Regeln gerundet.

466 Davon ein Entscheid des Reichsmilitärgerichts und vier Entscheide des preußischen Obertribunals.

467 Die Werte wurden nach den mathematischen Regeln gerundet.

Tabelle 52: Begründung bei FRANK

	Literatur	Rechtsprechung	Beides	Total
§ 59	16 (47 %)	11 (32 %)	7 (21 %)	34 (100 %)
§ 110	13 (36 %)	12 (33 %)	11 (31 %)	36 (100 %)

Tabelle 53: Lehre und Rechtsprechung bei SCHWARTZ

	Entsch.	Komm.	Lehrb.	Mon.	Zeitsch.	Total
§ 59	20 (49 %)	5 (12 %)	16 (39 %)	0	0	41 (100 %)
§ 110	60 (80 %)	4 (5 %)	10 (13 %)	1 (1 %)	0	75 (99 %[468])

Tabelle 54: Begründung bei SCHWARTZ

	Literatur	Rechtsprechung	Beides	Total
§ 59	29 (63 %)	8 (17 %)	9 (20 %)	46 (100 %)
§ 110	25 (43 %)	5 (9 %)	28 (48 %)	58 (100 %)

Tabelle 55: Lehre und Rechtsprechung bei OLSHAUSEN

	Entsch.	Komm.	Lehrb.	Mon.	Zeitsch.	Total
§ 59	59 (63 %)	2 (2 %)	19 (20 %)	7 (7 %)	7 (7 %)	94 (100 %)
§ 110	110[469] (77 %)	4 (3 %)	16 (11 %)	8 (6 %)	5 (3 %)	143 (100 %)

468 Die Werte wurden nach den mathematischen Regeln gerundet.

469 95 Entscheide des Reichsgerichts, ein Entscheid des Reichsmilitärgerichts und 14 unterinstanzliche Entscheide (Berlin, München und Dresden).

Tabelle 56: Begründung bei OLSHAUSEN

	Literatur	Rechtsprechung	Beides	Total
§ 59	31 (46 %)	26 (38 %)	11 (16 %)	68 (100 %)
§ 110	16 (19 %)	30 (36 %)	38 (45 %)	84 (100 %)

Im Leipziger Kommentar gibt es Unterschiede. EBERMAYER ist viel radikaler als LOBE und sortiert fast alle Lehrbücher und Monografien aus. Nur die Koryphäen VON LISZT und BINDING werden berücksichtigt. Außer diesen noch die „Vergleichende Darstellung". Somit erklärt EBERMAYER die Rechtsprechung des Reichsgerichts für maßgeblich und rückt diese ins Zentrum der Kommentierung. Auch die anderen haben die Bedeutung der höchstrichterlichen Rechtsprechung erkannt, richten ihren Kommentierungen aber nicht konsequent danach aus. Es dürfte für LOBE wohl schwierig gewesen sein, den Tatbestand der Notwehr mehrheitlich anhand der Rechtsprechung zu kommentieren. Insofern hatte EBERMAYER die bessere Ausgangssituation, um die Kommentarlandschaft im deutschen Strafrecht neu zu gestalten (vgl. Tab. 57 und 58).

Tabelle 57: Lehre und Rechtsprechung im Leipziger Kommentar

	Entsch.	Komm.	Lehrb.	Mon.	Zeitsch.	Total
§ 59 LOBE	50 (64 %)	3 (4 %)	15 (19 %)	7 (9 %)	3 (4 %)	78 (100 %)
§ 110 EBERMAYER	103[470] (93 %)	4 (4 %)	3 (3 %)	0	1 (1 %)	111 (101 %[471])

Tabelle 58: Begründung im Leipziger Kommentar

	Literatur	Rechtsprechung	Beides	Total
§ 59 LOBE	24 (44 %)	18 (33 %)	13 (24 %)	55 (101 %[472])
§ 110 EBERMAYER	14 (21 %)	42 (64 %)	10 (15 %)	66 (100 %)

470 101 Entscheide des Reichsgerichts, ein Entscheid des Reichsmilitärgerichts und ein Entscheid aus Berlin.

471 Die Werte wurden nach den mathematischen Regeln gerundet.

472 Die Werte wurden nach den mathematischen Regeln gerundet.

III Ergebnisse der Analysen

1 Allgemeines

Die Organisation des Wissens lässt sich gut anhand der zitierten Quellen untersuchen und auch quantifizieren. Der Vergleich zeigt klar, wer zu Vollständigkeit neigt, wer zu viel aussortiert und wer sinnvoll gefiltert hat. Die Feinsteuerung lässt sich letztlich nur anhand einer Analyse in Textform beurteilen. Beispiele und Verweise können zwar gezählt werden, sind aber letztlich nur Indizien für Verständlichkeit und Lesefluss. So lässt sich eine gewisse Subjektivität nicht vermeiden. Die Meinungen darüber, wie ein verständlicher und aussagekräftiger Text geschrieben sein soll, können variieren.

Der Leser dieser Arbeit kann aufgrund seiner eigenen Leseerfahrung Schlussfolgerungen ziehen. Bestimmte Passagen sind aussagekräftig und verständlich formuliert, während andere Abschnitte fast nicht lesbar sind.

Für diese Arbeit wurde jede Kommentierung in Abschnitte eingeteilt: je kürzer diese Abschnitte, desto verständlicher die Kommentierung. In der Regel sind die Sätze dann kürzer, aussagekräftiger und zielführender.

2 Wissensorganisation

Alle hier analysierten Kommentierungen sind Wissensspeicher, wobei der Speicher von OLSHAUSEN sehr voll und unaufgeräumt wirkt. Der Rechtshistoriker freut sich, während der Praktiker den Überblick verliert. Wer die Geschichte des Reichsstrafgesetzbuches schreiben will, der wird bei OLSHAUSEN fündig. FRANK und LOBE scheinen vernünftig gefiltert zu haben, während SCHWARTZ unvollständig wirkt. Der Professor FRANK verweist erwartungsgemäß häufig auf Monografien und Zeitschriftenartikel. Die Kommentierung von EBERMAYER ist nicht vollständig, aber konsequent: Kommentare, Lehrbücher von Koryphäen und höchstrichterliche Entscheide sind relevant, alles andere nicht. Braucht der Praktiker mehr?

Auch bei der Wissensgestaltung zeigen sich Unterschiede. FRANK präsentiert die Meinungen zurückhaltend sowie objektiv, während SCHWARTZ und OLSHAUSEN Befürworter gesucht oder sich der Mehrheitsmeinung angeschlossen haben. Die Kommentierung von LOBE scheint etwas ausgeglichener zu sein. EBERMAYER präsentiert nur an wenigen Stellen zwei Meinungen und folgt fast immer der Ansicht des Reichsgerichts, d. h., er vermittelt Sicherheit und ist wieder konsequent. Alle Kommentatoren arbeiten mit String-Zitaten.

Die „herrschende Meinung" wird von keinem Kommentator erwähnt. Außer OLSHAUSEN, der häufig auf die „Geltende Meinung" verweist und so Sicherheit vermittelt, verwenden die Kommentatoren kaum Argumentationsfiguren.

In den Kommentierungen zum Widerstand gegen die Staatsgewalt wurden deutlich mehr Gerichtsentscheide verarbeitet, während beim dogmatischen Tatbestand der Notwehr noch relativ oft auf Literatur verwiesen wird. Auch wird in den Kommentierungen zur Notwehr stellenweise an die Dogmatik angeknüpft und nicht am Normtext.

3 Feinsteuerung

In allen Kommentierungen finden sich gute Beispiele zur Feinsteuerung, sodass keine allgemeinen Aussagen zu den verschiedenen Kommentaren gemacht werden können.

Kommentierungen, die an das Vorverständnis anknüpfen, d. h. in der Sprache der Juristen geschrieben sind, scheinen erfolgsversprechend und effizient zu sein.

Ein Normtext wird verständlich, wenn die Rechtslage zunächst allgemein und abschließend mit juristischen Fachbegriffen umschrieben wird. Die Entscheidfindung wird vorbereitet, wenn in einem zweiten Schritt praxisrelevante Fallgruppen präsentiert werden. Dabei kann auf ergangene Entscheide zurückgegriffen werden. Allenfalls muss der Kommentator selbst Beispiele finden und neue Kategorien entwickeln.

4 Bewertung der Kommentare

Die vier verglichenen Werke unterscheiden sich voneinander. Drei Kommentare wurden von einzelnen Autoren verfasst, ein Kommentar von einem Autorenteam. Dass sich die zwei Kommentierungen im letzten Fall unterscheiden, wurde gezeigt.

Die Kommentare von FRANK und OLSHAUSEN sind späte Auflagen. Die hier analysierte Auflage von OLSHAUSEN scheint organisch gewachsen zu sein; dies auf Kosten der Lesbarkeit. FRANK ist die Überarbeitung besser gelungen, vermutlich hatte er mehr Zeit zur Verfügung bzw. konnte seine wissenschaftliche Arbeit mit der Kommentierung verbinden. OLSHAUSEN hat den Kommentar neben seiner praktischen Tätigkeit überarbeitet.

Im Gegensatz zu den anderen Kommentatoren arbeitet OLSHAUSEN mit sehr vielen Abkürzungen, die der Leser auch sofort versteht. Leider sind diese nicht einheitlich, was vermutlich mit den vielen Überarbeitungen zusammenhängt. Die abgekürzte Sprache wird heute noch in einigen Kommentaren verwendet.

FRANK gelingt es in seinen Kommentierungen, die Materie wissenschaftlich zu durchdringen und gleichzeitig für Studenten verständliche Texte zu schreiben. Außerdem hat er erkannt, dass die Formatierung der Abschnitte die Lesbarkeit erleichtern kann. Nur in seinen Kommentierungen lässt sich die Struktur mit wenigen Blicken erfassen. Sein Kommentar unterscheidet sich aufgrund seines Zwecks von den anderen.

Es wurde die erste Auflage des Leipziger Kommentars und des Kommentars von SCHWARTZ analysiert. Warum das letztgenannte Werk sich nicht durchsetzen konnte, kann nicht abschließend erklärt werden. FRANK als Professor und OLSHAUSEN, LOBE sowie EBERMAYER als Reichsrichter hatten vermutlich eine andere Ausgangssituation als SCHWARTZ. Letzterer hatte wohl weniger Werke und Entscheide zur Verfügung, was erklären würde, warum er weniger Material verarbeitet hat als die anderen. Vermutlich waren die Werke zur damaligen Zeit deutlich teurer und der Zugang war nicht immer gewährleistet. Auch hat SCHWARTZ nichts grundlegend Neues geliefert, sondern einen Kommentar der Lehre und Rechtsprechung verarbeitet, wie es damals üblich war. Er war nicht klarer als FRANK und auch nicht vollständiger als OLSHAUSEN.

Die hier analysierte Auflage des Kommentars von OLSHAUSEN ist sehr schwer lesbar und scheint nicht „entrümpelt" worden zu sein. Verweise auf das Preußische Strafgesetzbuch oder auf alte Entscheide aus Berlin (OLSHAUSEN war dort Richter) hätten zum Beispiel aussortiert werden müssen. Da die Menge an Entscheiden und die Literatur stark zugenommen hatten, war es vermutlich für eine Person einfach nicht mehr möglich, einen Kommentar so zu überarbeiten, dass er gleichzeitig vollständig und lesbar war; und das neben der praktischen Tätigkeit. Der Kommentar von FRANK konnte seinen Platz als Standardkommentar nicht einnehmen, da er für ein anderes Publikum und von einem Professor geschrieben war. So konnte der Leipziger Kommentar, in dem gewisse Kommentierungen eher konservativ (LOBE), andere revolutionär geschrieben waren (EBERMAYER), die Lücke füllen.

Dass die Rechtsprechung immer wichtiger wurde, lässt sich aufgrund der Analysen klar sagen. Denn alle Kommentatoren verweisen mehrheitlich auf Gerichtsentscheide und folgen in der Regel auch der Meinung des Reichsgerichts. Ein Verlagsprojekt in Zusammenarbeit mit Reichsrichtern war das, was die Praxis brauchte. Und da die Kommentierungen nicht alle so radikal waren wie die hier analysierte von EBERMAYER, konnten sich die damaligen Juristen langsam an den neuen Stil gewöhnen.

5 Ausblick

Die im Rahmen dieser Arbeit entwickelte Analysemethode soll als Anregung und Diskussionsgrundlage verstanden werden. Aktuelle Kommentierungen können ähnlich analysiert werden.

Im Zeitalter der Datenbanken müssen sich Kommentare neu ausrichten. Die Funktion der Wissensorganisation kann allenfalls ausgelagert und automatisiert werden. Vom Subsumtionsautomaten sind wir aber noch weit entfernt. Die Feinsteuerung muss sich an der Vielfalt und Wandelbarkeit des Lebens orientieren, die in den richterlichen Entscheidungen nur teilweise abgebildet ist. Auslegung bedeutet immer auch Bewertung. Diese kann nicht einfach durch einen Algorithmus an eine Maschine delegiert werden.

3. Teil: Schlussfolgerung

Die definierten Kommentarfunktionen lassen sich anhand von konkreten Kommentartexten prüfen, gewisse Funktionen sogar auf Grundlage von quantitativ erhobenen Daten. Wie gut eine Kommentierung die Feinsteuerung leistet, lässt sich am besten im Rahmen einer Textanalyse in Schriftform ermitteln. Das bedingt Wertungen, die z.T. subjektiv erscheinen.

Es scheint schwierig zu sein, dem Anspruch der Vollständigkeit und jenem der Verständlichkeit zu genügen. Ein Kommentar ist keine Datenbank, auch wenn es seine Aufgabe ist, die „Textschichten, die Recht ausmachen", miteinander zu verknüpfen.

Ein weiteres Spannungsfeld besteht zwischen dem Anspruch, die objektive Rechtslage zu präsentieren und gleichzeitig Sicherheit zu vermitteln. Recht ist keine exakte Wissenschaft und die Meinungen gehen auseinander. Werden zu oft zu viele Meinungen präsentiert, wird dem praktisch tätigen Juristen, der in der Regel wenig Zeit zur Verfügung hat, nicht geholfen. Die Meinungen müssen in jedem Fall klar gekennzeichnet sein, d. h., was sagt die Rechtsprechung und was sagt die Lehre. So kann der Anwalt die Prozesschancen einschätzen und gleichzeitig Argumente finden, um vielleicht die Rechtsprechung zu ändern.

Ausführliche Begründungen und Exkurse sind nicht hilfreich. Der juristische Diskurs ist von Autoritäten geprägt, der Kommentar muss nur sagen, was gilt. Gibt es zu einer Frage noch keine Meinung, so kann der Kommentator mögliche Lösungen vorschlagen. Ist aber der Anwalt auf der Suche nach kreativen Argumenten, so soll er besser die einschlägigen Zeitschriften oder Monografien konsultieren. Eine Letztbegründung gibt es ohnehin nicht und die Varianz der Meinung lässt sich letztlich auf unterschiedliche Wertungen zurückführen. Vor diesem Hintergrund spielt dann auch die Argumentationsverkürzung durch Verweise nur noch eine untergeordnete Rolle. Effizienz ist heute gefragt.

Zusammenfassung

Die vorliegende Arbeit befasst sich mit den Funktionen von Gesetzeskommentaren. In einem ersten Teil werden die wissenschaftlichen Publikationen zu diesem Thema verarbeitet und die Funktionen im Hinblick auf die Textanalyse im Hauptteil konkretisiert.

Kern der Arbeit ist die Analyse von Kommentartexten aus vier zwischen 1910 und 1920 publizierten Kommentaren zum Reichsstrafgesetzbuch. Es wird gezeigt, wie die im ersten Teil definierten Kommentarfunktionen überprüft und Kom-

https://doi.org/10.1515/9783110787177-008

mentartexte miteinander verglichen werden können. Um die Aussagekraft der Analyse zu verstärken, werden je vier Kommentierungen zu zwei Tatbeständen miteinander verglichen. Die Kommentierungen zum dogmatischen Tatbestand der Notwehr werden je separat analysiert und am Schluss miteinander verglichen. Bei der Analyse der Kommentierungen zum Widerstand gegen die Staatsgewalt werden zwei Paare gebildet und so zwei Kommentartexte einander gegenübergestellt, um sie direkt vergleichen zu können. Die zwei Kommentierungen aus dem gleichen Kommentar werden am Schluss anhand der Analyseergebnisse miteinander verglichen, um allgemeine Aussagen zum Kommentar machen zu können und normbedingte Unterschiede zu identifizieren.

Index

abweichende Meinung 31, 63, 73, 84, 86, 95, 129, 159, 180, 197, 199, 230
ADHGB 8, 16, 24
Adressaten 6, 196, 235
Aktualität 8, 25
allgemeine Meinung 31
Angriff 59–76, 78, 80–83, 85, 87, 90–92, 95–104, 106–109, 114, 119–122, 123–128, 130, 133–135, 141–147, 151–153, 157–159, 161–163, 172, 178
Annotationsmethode 15
Anordnungen 101, 172, 177, 179, 189–191, 205, 240f., 207, 249f., 252–255, 259, 262f.
Anstiftung 175, 214, 260, 262f.
Anwendungsbezug 14, 26f.
Argumentationsfigur 30, 36, 118, 170, 210, 266, 270
Aufforderung 172f., 175–185, 187, 192–198, 202–208, 212–218, 222, 224f., 228–231, 236, 240–243, 245f., 249, 254–256, 257, 259, 261–263
Aufsätze 1, 28, 36, 121, 143
Auslegung 3f., 12, 15, 25, 27, 29, 33, 37, 39, 70, 126, 128, 173, 273
Autorität 2f., 5, 7, 10, 14, 17, 22f., 27, 29, 31, 33, 38, 44, 52, 90, 119, 166, 172, 174, 176–178, 190, 216, 228, 241, 258f., 274

Bambergensis 73, 149
Besitz 65, 74, 127, 143
Besitzesentziehung 74
Bestimmtheitsgebot 14
BGB 6, 10, 12, 14, 18–20, 24f., 27, 55, 59, 63–65, 67, 74, 91, 98f., 101, 121, 123, 126f., 133, 142f., 146–148, 153f., 171, 181, 183
Binding, Karl 12, 16, 21–23, 44, 48, 50, 63–65, 67–69, 73–76, 78, 80f., 84, 92f., 95, 98–101, 103f., 107, 109–111, 122, 125–128, 131, 141, 143, 147, 150–152, 154, 161, 174f., 180, 189f., 195, 197, 199, 201, 203–205, 213–216, 221, 226, 228f., 231, 237, 241f., 245, 247, 249f., 252f., 256, 258–260, 264, 269

Constitutio Criminalis Carolina 16, 73, 145, 149

Demokratieprinzip 34
Deutscher Juristentag 46
Diskurs 1, 5–7, 9–11, 13, 15, 17, 21, 24f., 27–29, 33, 35, 41, 65, 274
Diskursmedium 9
Dokumentation 27

Eigenmacht 141f., 146, 162
Entscheidsammlungen 23, 32, 35
Entscheidungswissenschaft 14, 33
Entstehungsgeschichte 24, 84, 91, 111–113, 115, 184, 185, 187, 211, 213, 245, 248, 261, 264
Erforderlichkeit 77, 79, 92, 114, 132, 156f.
Erlasse 174, 188, 208, 212, 244, 263
Erläuterungsfunktion 37

Fahrlässigkeit 48, 62, 85, 109, 132, 161
Fallgruppen 29, 66–68, 70f., 100f., 106–108, 114, 148, 155, 177, 271
Feinsteuerung 36, 38, 40, 44f., 47, 52, 57, 102, 105, 109, 112, 120, 125, 128, 135, 138, 140–145, 148–150, 152, 154, 157, 164, 166, 171, 174f., 177, 180–182, 186–189, 191, 193, 197f., 202–204, 208, 213f., 216, 233f., 244, 246, 249, 251, 254, 257, 270f., 273f.
Form 3, 7, 22, 28, 45, 52, 80, 86, 134, 142, 146, 162, 175, 187, 192, 208, 214, 248f., 254, 261
Formatierung 124, 271
Forschungsstand 9
Frank'sche Formeln 48
frühneuzeitliche Kommentarliteratur 10

https://doi.org/10.1515/9783110787177-009

Gebote und Verbote 177 f.
Gebotsnormen und Verbotsnormen 245
Gefährdung 63 f., 121, 126, 146, 149, 216, 227
Gefährlichkeit 156, 197, 225, 228 f.
Gegenmeinung 78, 89, 101, 117, 121, 123, 137 f., 147, 166
Gegenwärtigkeit 71 f., 80, 87, 103, 114, 123 f., 135, 150, 162
Gehorsam 177 f., 182–185, 187, 203, 216 f., 241, 254
Gehorsamspflicht 216 f., 245
Geltende Meinung 85, 89, 94, 96, 100, 102–105, 109, 111, 113, 117–119, 170, 266, 270
Gemeine Meinung 161 f., 165 f., 170
Gemeines Strafrecht 16
Generalklausel 66, 91, 111
Gesamtdarstellung 18
Gesetzesbegriff 244, 245, 247, 251
Gesetzeskommentar 3 f., 6, 11, 14–16, 18, 26, 28, 38, 40
Gesetzespositivismus 3, 7
Gesetzessystematik 8, 29
Gesetzgebung 6, 21–23, 38, 190, 250
Gesetzgebungsgewalt 244, 250, 251
Gewaltenteilung 7
Gewohnheitsrecht 23
Glossen 10
Grenzfälle 144, 150, 152
Großkommentar 1 f., 5, 16, 20, 24, 58
Grundlagenwerke 120, 125, 152

Handelsrecht 6, 12, 14, 24
herrschende Lehre 30, 210
herrschende Meinung 7, 28, 30–34, 36 f., 57, 62, 270
herrschende Rechtsprechung 31
HGB-Kommentar 6
Historische Rechtsschule 21

inhaltliche Zitate 35 f.
Intercisum-Format 3, 15
Irrtum 67, 85, 87, 90, 101, 105, 115, 152, 161, 249, 254, 259

Judikatur 6, 15, 18, 21, 23–25
Jurisprudenz 14, 21 f.

Kenntnisnahme 204, 207, 215–217, 230, 236, 238, 261
Kirchengesetze 186, 247, 248, 266
Kodifikation 3, 11 f.
Kommentarkaiser 40, 78, 86, 150, 155, 161, 220, 248
Kommentarpositivismus 7
Kommunikation 5, 14, 19, 29 f.
Komplexitätsreduktion 7, 28, 33, 177
Kontextualisierung 2, 10, 18, 51, 54, 105, 113, 143, 179, 204, 221
Kurzkommentar 5

Landesgesetze 185, 186, 252
Lehrbuch 8 f., 11, 16, 18, 36, 44, 52, 57, 61, 63, 65 f., 70, 74, 88, 93, 95, 99, 115, 116, 125 f., 136, 139, 155, 164, 172–174, 176, 204 f., 208, 211, 218, 225, 229, 259 f., 263 f., 269 f.
Lehrbuchstil 172
Lehre 1, 17, 24 f., 27 f., 30 f., 33, 36 f., 39, 50, 63 f., 67 f., 71 f., 75 f., 78, 81, 90, 93, 96, 99, 101, 105, 111, 113, 118 f., 122, 125, 137 f., 146, 148, 154, 166, 168, 170, 181, 184, 188, 204, 209, 229, 233, 235, 237, 241, 248 f., 251, 253, 255, 265, 267–269, 272, 274
Leitfunktion 6, 15 f.
lemmatisch 5
Literatur 9, 11–15, 19, 25, 27, 30–32, 35–37, 41, 43–45, 47, 49, 51, 88–90, 101, 115–117, 121, 129, 136, 137, 138, 164 f., 167, 169, 210, 265, 268 f., 271 f.

Materialien 5, 12, 24, 92 f., 115, 164, 168
materielle Gerechtigkeit 38
Medium 5, 11, 14, 17, 35
Mehrheitsmeinung 89 f., 117, 165, 170, 190, 210, 266, 270
Meinungsführerschaft 24
memoria-Maschine 28
Menschenmenge 192, 195–197, 202, 204–207, 216, 218, 224–230, 256, 261 f.
Methode Staub 6

Mindermeinung 31, 67, 78, 82, 176
Mittelmeinung 92f., 98f.
Monografien 8f., 28, 32, 36, 46, 54, 88, 115, 116, 120–122, 126, 128, 136, 138, 148, 164, 167f., 184, 188, 191, 194, 198, 209, 269f., 274
Moral 141
Motive 91, 96, 100, 108f., 111f., 114, 159f., 192f., 194, 218, 219, 256

natürliche Eigenmacht 141
Naturrecht 141
Normativität 4f.
Nothilfe 75f., 122f.
Nötigung 106, 122f.
Notstand 63–65, 67, 81, 95, 97, 99, 106, 120f., 123–127, 129f., 133, 134, 139f., 143, 145–147, 152–154, 162
Notwehrexzess 71, 79, 81, 83–85, 87, 90, 110, 112, 115, 132f., 134f., 150, 158, 163
Notwehrüberschreitung 158f., 159, 161, 162f.

Oberreichsanwalt 46, 54
objektiver Tatbestand 140, 174, 208
Obrigkeit 69, 78, 101, 132, 135, 177, 179, 183, 188f., 191, 195, 205, 206f., 228, 240f., 250–255, 259, 262f.
öffentlich 19, 35, 172, 179, 183–186, 192, 194f., 198f., 202f., 206f., 218–220, 224, 230–232, 238f., 241, 245, 247, 256, 261f.
öffentliches Recht 182f., 186
Öffentlichkeit 192–194, 199, 202, 218–222, 223f., 228, 231, 239, 261
Organe 188f., 190, 251

Pandektenwissenschaft 11
Paradigmenwechsel 11, 264
Partikulargesetzbücher 14
Partikulargesetzgebung 11
Personenkreis 192–194, 199–201, 222f., 232–234, 236
Personenmehrheit 225, 227
persönlicher Strafausschließungsgrund 85, 112, 115, 160
Präjudizien 22, 28, 30–33, 47
Präjudizwirkung 16, 23f.
Praktikerkommentar 5
Praxisbezug 8, 18
Presserecht 198
Preußisches Strafgesetzbuch 11f., 24, 91–93, 109–111, 115, 118, 168, 171, 212
Privatrecht 9, 21, 49, 60, 64, 143
Publikum 199, 201, 233, 237, 253, 261f., 272
Putativdelikt 61f.
Putativnotwehr 85f., 109f., 132f., 150, 161–163

Rechte und Pflichten 60
Rechtfertigung 84, 146
Rechtfertigungsgrund 133, 135
Rechtsanwendung 38
Rechtsdogmatik 6, 8, 12, 15f., 25, 30f., 33, 37, 40f., 59, 61, 83, 85–88, 90, 112, 115, 120, 130, 133, 135, 147, 174, 176, 204–206, 218, 231, 247, 250, 257, 260, 263, 267, 271, 275
Rechtsfolge 204, 261, 263
Rechtsfortbildung 6, 21, 38
Rechtsgrundsätze 29
Rechtsgültigkeit 180, 185–187, 191, 206, 248f.
Rechtsgüter 65f., 96, 119, 121f., 127, 142–144, 153f., 162
Rechtsharmonisierung 22f.
Rechtsmethode 28
Rechtsordnung 21, 33, 38, 61, 150, 177f., 228, 241, 243, 250f., 263
Rechtspraxis 6, 21, 23, 28, 38, 46
Rechtsprechung 1, 3, 6, 11f., 15f., 18–21, 23–25, 27–33, 35–39, 41, 44f., 47, 49, 51, 56–58, 63, 66f., 71f., 78–80, 88–90, 93, 96, 101, 110–112, 116–119, 130f., 134, 136, 137, 149f., 152, 154–156, 158, 160–162, 164–166, 168f., 177, 179, 188, 193f., 200, 202, 204, 206, 209, 210, 215, 217, 219, 221f., 227, 229, 231–234, 236f., 239–242, 244–247, 249, 251, 253, 255, 257, 260, 264f., 267–269, 272, 274
Rechtsquelle 7, 20
Rechtssicherheit 27, 33, 95

Rechtssphäre 65 f., 72, 76, 96 f., 102 f., 140, 145 f., 151
Rechtssprache 37
Rechtstheorie 28
Rechtswidrigkeit 59–62, 64, 66 f., 69–71, 75, 80–83, 85, 87, 91, 97–100, 108 f., 114, 119 f., 123–125, 127 f., 133, 135, 141 f., 150–153, 154 f., 158, 160, 162 f., 183
Rechtswissenschaft 1, 6, 10, 20–24, 33, 43, 48 f., 93
Referentenkommentar 5
Referenzobjekt 2
Referenztext 2–6, 8, 15, 24, 27, 36
Reichsgericht 12, 16, 21–24, 30 f., 44–47, 49, 54–57, 63, 65, 67, 71, 77–79, 81 f., 84, 86, 88 f., 93, 95 f., 99–101, 104, 106, 108 f., 111, 113, 116, 118 f., 121, 126 f., 129–133, 136, 140, 156, 158, 161, 164 f., 175, 177, 179, 185, 188, 198, 202 f., 209, 213 f., 216, 217, 219, 221, 225–227, 229–233, 234–236, 239, 241–242, 244–247, 249, 252–255, 257 f., 260, 264–266, 268–270, 272
Reichsgerichtsräte-Kommentare 16
Reichsgesetze 186, 248
Reichsmilitärgericht 94, 96, 99, 103 f., 108–110, 116, 121, 130–132, 134, 136, 164 f., 209, 264 f., 268 f.
Reichsoberhandelsgericht 16, 23 f.
Reichsstrafgesetzbuch 2, 11 f., 15 f., 21, 24, 46 f., 59, 71, 87, 90, 109, 118, 121, 138, 153, 157, 166, 171 f., 174, 183, 198, 206, 211–213, 219 f., 267
Renovierung des Gesetzes 39
Retorsion 70 f.
Rezensionen 7 f., 43
Richterkönig 40, 78, 86, 156, 161, 220, 248
Richterrecht 21, 31

Schuld- und Strafausschließungsgründe 61 f.
Schuldausschließungsgründe 66, 160, 162 f.
Schuldbefreiungsgründe 160, 162
Schuldlosigkeit 146
Schweiz 13
Selbsterhaltung 139 f.
Selbsthilfe 59, 63, 69, 74, 86, 88, 101, 120, 127, 142, 146 f.
Selbstverteidigung 92, 125, 142
Spezialliteratur 44, 167 f.
Staatsgewalt 41 f., 49, 53, 152, 172, 174, 178, 188, 209–211, 241, 250 f., 263–267, 271, 275
Staatshilfe 141
Stabilisierung 33, 38
Standardkommentar 7, 16, 24, 28, 32, 46, 56, 172, 180 f., 186, 200, 212, 272
statthafte Schutzhandlung 64
Staub, Herrmann 6
Strafgesetzbuch für den Norddeutschen Bund 11, 24
Strafgesetzgebung 21 f.
strafloser Versuch 176
Straflosigkeit 84, 100, 105, 109 f., 112, 127 f., 185
Strafrecht 1, 6, 9, 11 f., 14–17, 21–24, 26, 49, 54, 56, 60, 62, 64 f., 70, 73, 79, 86, 93 f., 99, 120, 124, 127, 134, 141, 143 f., 145, 146, 148, 183, 269
Strafrechtskodifikationen 11
Strafrechtsreform 54, 56, 93, 116, 136, 164, 168, 264
Strafrechtswissenschaft 9, 16, 21 f., 52, 99, 134
Strafzumessung 84, 204
String-Zitate 35 f., 65, 89, 117, 209, 242, 259, 270
Struktur 1, 3, 8 f., 31, 33, 40, 88, 92, 114, 118, 135, 138, 166, 173, 191, 208, 242, 263, 271
Subjektionsverhältnis 70
subjektiver Tatbestand 62, 174–176, 197, 221, 257
subjektives Recht 153
Subsidiarität 141, 158
Subsumtionsautomat 273
Systematik 3, 103, 110, 204–206
systematisch 5 f., 8, 11 f., 37, 52
systematische Darstellung 10
systematische Gesamtdarstellung 8

Systematisierung 7, 29, 40, 62, 71 f., 83, 86, 90, 92, 94 f., 105, 114 f., 120, 133–135, 161, 176 f.

Tatbestandsirrtum 62
Tatfrage 97, 108 f., 155, 219, 220
Textmenge 167

überwiegende Meinung 31, 82, 98 f.
Ungehorsam 128, 172 f., 175–185, 205–208, 212, 214, 218, 230, 240–244, 246 f., 249 f., 255–259, 261–263
Urteilsanmerkungen 8

v. Liszt, Franz 16, 23, 29, 44, 47–50, 63–69, 73 f., 78, 80 f., 84, 98 f., 103, 106 f., 112, 122, 124, 125, 126 f., 128, 132, 147, 177, 183 f., 190, 195 f., 198 f., 203, 205, 226 f., 231, 233, 238, 242, 245, 253, 259, 264, 269
Verbreiten 198 f., 230, 231–234, 237–240, 262
Verbreitung 97, 197–202, 204–207, 230–240, 258, 261 f.
Verjährung 206, 207, 261, 262 f.
Verlag 43, 56
Verordnung 51, 172, 177, 179, 181, 186–190, 205, 206 f., 240 f., 244 f., 247–251, 253, 257, 260, 262 f.
Verteidigung 59–62, 65, 68–71, 76 f., 79–85, 87, 90–92, 104–110, 112–115, 128, 130 f., 133–135, 140, 143, 153–158, 162 f.
Vollendung 47, 50, 65, 72, 74, 103, 122, 123, 149, 204 f., 207 f., 216
Vorbereitungshandlung 130, 176
Vorentwurf zum StGB 50, 54
Vorsatz 132, 133, 161, 175, 178, 197, 205, 207 f., 256, 257, 259. 262

Weimarer Republik 12, 53
Widerruf der Aufforderung 176
Wirksamkeit 179 f., 244, 246
Wissensfilter 28, 30, 32, 36, 45, 73, 188
Wissensgestalter 30
Wissensgestaltung 29 f., 36, 169, 270
Wissensorganisation 28 f., 41, 44, 46, 51, 56, 62, 67, 154, 167, 270, 272
Wissensspeicher 28, 30, 270

Zeitschriften 23, 32, 88, 115–116, 136, 164, 167 f., 209, 270, 274
zentrierte Rechtslandschaft 38, 92, 95, 120, 124, 132, 135, 148, 150, 156, 158, 160, 163, 177, 179, 187 f., 191, 195, 197 f., 207, 213, 219, 241, 262
Zielgruppe 18–20
Zitatkette 169, 210
Zivilrecht 12, 64, 182–184, 243–244
Zugänglichmachung 199, 233, 235, 261 f.
Zuständigkeit 179, 191, 205, 206 f., 240 f., 250, 251, 253–256, 259–260, 262 f.
Zweikampf 70 f.

www.ingramcontent.com/pod-product-compliance
Lightning Source LLC
LaVergne TN
LVHW042233300926
849161LV00003B/343
9783110787092